| 개정판 |

글쓰기와 말하기를 어떻게 할 것인가

이만식 · 김용경 저

한올출판사

책을 내면서

익히 알고 있듯이 인간의 특성 중 하나가 '언어적 인간(homo loquens)'이다. 언어는 다른 동물과 변별되는 요소인 동시에 인간의 삶에 있어서 필수 요건이다. 누구나 언어를 사용하여 남과 소통하고 세계와 만난다. 남과 나를 소통시키는 도구로서 언어활동은 '쓰기, 읽기, 말하기, 듣기'라는 네 가지 영역으로 나눈다. 이 중에서 '쓰기'와 '말하기'는 자신을 드러내기 위한 언어활동이다. 말하자면, 남과 소통하는데 있어서 나를 알리고 나의 생각을 전달하며 나와 더불어 하기를 기대하는 수단이다.

오늘날 사회를 경쟁과 협력이 공존하는 시대(returns Society)라고 한다. 경쟁과 협력은 표현을 통해서 그 결과를 이끌어 낸다. '쓰기'와 '말하기' 능력이 긴요한 이유가 여기에 있다.

글쓰기 능력은 정보화시대란 말을 통해 짐작할 수 있듯이 정보를 주고받는 수단으로서 현대 생활의 필수도구로 자리 잡고 있다. 한 예로, 대학생은 논술, 면접 기술(記述), 전자우편, 과제, 보고서, 발표(프레젠테이션), 논문 등을 써야 하고, 사회로 나가면 자기소개서, 각종 문서, 보고서와 기획서 등과 마주친다. 자신의 생각을 체계적이고 명료하게 전달하지 못하는 직장인이나, 상대방에게 자신의 의사를 효과적으로 전달하지 못하는 사람은 그만큼 사회생활에서 어려움을 겪게 될 것이다.

글쓰기는 사회 기능적 측면에서만 의의가 있는 것은 아니다. 글을 쓸 때는 깊은 사고력과 지식이 필요하다. 지식은 저절로 생성되지 않는다. 다른 사람의 생각과 접하여 새로운 지식을 습득하거나, 자기 사고를 거듭 수정함으로 형성된다. 글쓰기는 세계에 대한 이해의 폭을 넓히는 동시에 세계 지식을 증대시키는 촉진제가 된다. 아울러, 문제를 해결하는 능력도 키울 수 있다. 이것은 점차 창의적인 사고로 발전하고, 자신을 표현하는 능력으로 연결된다. 그러므로 글쓰기는 그 자체가 자기를 개발하는 적극적인 도구이자 새로운 문화를 창조하는 행위라 할 수 있다.

말하기는 글쓰기보다 더 직접적인 행위이자 일상화된 활동이다.

에리히 프롬은 개성을 상실한 현대의 인간을 시장지향형 인간이라고 한 바 있다. 이 시장지향형의 인간들 사이에서는 전인격적인 접촉보다는 주로 이해타산 등에 의해서 맺어지는 우연적인 또는 부분적인 접촉만을 갖게 된다. 인간과 인간이 서로 마음의 문을 열어 놓고 전인격적으로 접촉을 하지 못하게 된 결과 각자는 더욱 고독감을 느끼게 된다는 것이다. 이러한 고독감을 벗어나려고 사람들은 더 많은 사람들과의 교제와 접촉을 희구하지만 마음의 위안을 느끼기는커녕 도리어 더 심한 고독감에 사로잡히게 된다.

이처럼 소외되기 쉬운 사회에서 진심이 통할 수 있는 상대자가 있다면 그 자체가 행복이고 기쁨이 될 것이다. 그러나 우리가 바라는 대화를 하기란 쉽지 않다. 대화하는 도중에도, 말하는 방식이나 관심의 차이, 문화 환경의 차이 등 다양한 요인들로 인해 전달하고자 하는 목적을 달성하지 못하는 경우가 많다. 서로에게 유익하고 즐거운 대화를 만들기 위해서는 노력이 필요하다. 대화의 능력은 선천적으로 타고나는 것이 아니다. 좋은 대화를 이끌어가기 위해서는 대화와 관련된 여러 가지 특성을 잘 이해하고 다양한 훈련을 쌓는 것이 필요하다.

이 책은, 글쓰기의 요건과 방법, 그리고 말하기의 원리와 유형 등을 제시하고, 각각 실제 활용 분야를 실어 이론 습득과 동시에 실생활에서 응용할 수 있는 능력 키우기에 주안점을 두었다.

글쓰기 편은 글쓰기의 의의와 태도를 알아보고, 좋은 글의 요건과 본격적인 글쓰기의 절차와 방법, 그리고 실제 글쓰기에 임하여 자주 접하는 실용문을 중심으로 그 요령을 제시한다. 특히 실제 활용면에서, 리포트와 논문 쓰기는 대학생에게 요긴하고, 수험생이나 취업준비생에게는 논술문과 이력서·자기소개서가 도움이 될 것이며, 직장인에게는 문서와 프레젠테이션이 참고가 될 것이다.

말하기 편은 유익한 대화를 위한 지식과 구체적인 방법을 제시한다. 곧, 동작언어의 종류와 역할, 대화의 정의나 요소, 대화의 원리와 구조 그리고 장애요인을 알아본다. 그리고 효과적인 말하기와 듣기, 남녀의 대화 유형의 차이, 통신상에서의 대화의 특성을 각각 살펴본다.

참고로, 글쓰기 편은 이만식, 말하기 편은 김용경이 맡아 집필하였다. 두 사람이 집필하고 발간하는 데 도움을 주신 분들께 감사드린다. 인용하고 참조한 제현의 선구적 결과물이 없었던들 불가능한 일이다. 교정에 애쓴 최영미 선생, 한명숙 선생과 열성적으로 편집에 임해주신 한울출판사의 최혜숙 실장님, 쾌히 출간을 응낙해주신 임순재 사장님께 감사를 드린다. 그리고 여러분의 애정 어린 질정으로 이 책이 거듭 보정되기를 기대한다.

이만식, 김용경

CONTENTS

제1편 글쓰기

제2편 대화

CONTENTS

CONTENTS

부 록

제1편 글쓰기

제1장 글쓰기란 무엇인가?

제2장 좋은 글이란 어떤 글인가?

제3장 본격적인 글쓰기의 절차와 방법

제4장 글쓰기의 실제

제1장 글쓰기란 무엇인가?

1 작문의 의의

"글은 사람이다." G.L.L 퓌퐁의 말이다. 이 말의 의미를 몇 가지로 나누어 생각해 볼 수 있다.

① 글은 글쓴이의 인격을 드러낸다.
② 글은 글쓴이의 생각(느낌, 의사, 이해, 사상, 정보 등)을 드러낸다.
③ 글은 글쓴이의 양식을 드러낸다.
④ 글은 글쓴이의 환경을 드러낸다.
⑤ 글은 글쓴이의 의식, 무의식의 세계를 드러낸다.

이로 볼 때 글은 인간의 모든 사고 과정과 그 결과, 나아가 삶의 내면과 외면을 아우르게 담은 언어활동이라 할 수 있다. 따라서 글을 쓰는 행위, 즉 글쓰기는 '개인의 사상이나 감정, 의견 등을 소통하고자 문자언어로 표현하는 것'을 의미한다. 표현은 전달의 목적을 지닐 수도 있고 단순히 표현의 욕구에 의한 것일 수도 있다. 그러나 대개의 글은 남에게 자신의 생각을 전달하여 공감을 이끌어 내고자 한다. 정서를 나누거나 설득하거나 이해시키려 한다.

인간의 특성 중 하나가 '언어적 인간(homo loquens)'이라고 한다. 언어는 다른 동물과 변별되는 요소인 동시에 인간의 삶에 있어서 필수 요건이다. 누구나 언어를 사용하여 남과 소통하고 세계와 만난다. 참고로 Halliday(1973)는 언어의 기능(functions)을 다음과 같이 7가지로 나누고 있다.

- 도구적 언어(instrumental language): 필요를 충족해야 함(상업용 편지)
- 규정적 언어(regulatory language): 다른 사람의 행동을 통제(지시문, 법률문)
- 상호작용적 언어(interactional language): 사회적 관계를 위한 언어(펜팔)
- 개인적 언어(personal language): 개인적인 의견을 피력하는 언어(소견서)
- 상상적 언어(imaginative language): 상상이나 창의성을 표현하는 언어(시, 소설)
- 발견적 언어(heuristic language): 정보 탐색을 위한 언어(학습 저널, 면담)
- 정보적 언어(informative language): 정보 전달을 위한 언어(보고서, 전기문)

남과 나를 소통시키는 도구로서 언어활동은 '쓰기, 읽기, 말하기, 듣기'라는 네 가지 영역으로 나눈다. 말하기를 구두작문(口頭作文)이라 하여 작문의 영역에 포함시킬 수도 있으나 일반적으로 쓰기라 하면 글쓰기, 즉 문장작문(文章作文)을 뜻한다.

오늘날 글쓰기 능력은 매우 긴요하다. 정보화 시대란 말을 통해 짐작할 수 있듯이 남과 소통하는 수단으로써 글쓰기는 말과 영상매체만큼이나 현대 생활에 있어서 필수도구로 자리 잡고 있기 때문이다. 한 예로, 대학생은 논술, 면접 기술(記述), 전자우편, 과제, 보고서, 발표 프레젠테이션, 논문 등을 써야 하고, 사회로 나가면 자기소개서, 각종 문서, 보고서와 기획서 등과 마주친다. 자신의 생각을 체계적이고 명료하게 전달하지 못하는 직장인이나, 상대방에게 자신의 의사를 효과적으로 전달하지 못하는 사람은 그만큼 사회생활에서 어려움을 겪게 될 것이다.

글쓰기는 사회 기능적 측면에서만 의의가 있는 것은 아니다. 글은 말보다 보존성과 보급성 그리고 정확성이 강하여 그 행위가 신중하다 할 수 있다. 그러므로 글을 쓸 때는 목적과 방법, 체계와 언어규범 등을 고려하게 되고, 이에 따른 사고력과 지식이 필요하다. 글쓴이는 좋은 글을 쓰기 위해서 깊은 사고와 사고의 수정을 거듭하고, 다양한 세계를 알기 위하여 다른 사람의 생각을 접하기도 한다. 그러한 행위로 인하여 점차 창의적인 사고 능력과 세계 지식이 증대되는 것이다. 이뿐 아니라, 자신의 생각을 효과적으로 전달하기 위해 논리와 체계를 갖추고 상황과 대상을 고려하고, 세계 지식을 활용함으로써 자신을 표현하는 능력과 더불어 세계를 이해하거나 문제를 해결하는 능력도 키울 수가 있다. 이러한 능력의 신장은 다른 어떤 표현 수단보다 글을 씀으로 얻는 효과가 크다 하겠다.

그러므로 글쓰기는 그 자체가 자기를 계발하는 적극적인 도구이자 새로운 문화를 창조하는 행위라 할 수 있다.

2 좋은 글을 쓰기 위한 태도

아무렇게 쓴 낙서나 소위 댓글(reply)을 좋은 글의 형태로 여기는 사람은 별로 없을 것이다. 설사 좋은 글귀를 발견하였더라도 가치의 보존성은 희박하다. 말에 있어서도 모든 발성이 말이 아니듯, 글로 표현되었다고 해서 모두 바람직한 문장이나 한 편의 글이 되는 것은 아니다.

좋은 글을 쓰려면 어떠한 태도를 지녀야 할까? 어문학을 전공한 사람을 만나면 "글을 참 잘 쓰겠네." 하는 경우가 많다. 그러나 글쓰기는 전공과 무관하다. 다만, 어문학을 전공으로 하는 사람은 어문학적인 글을 자주 접하고 쓰는 기회가 다른 전공자보다 많았을 뿐이다. 문학적인 글은 지극히 글의 한 분야에 불과하며 빼어난 명문을 남긴 사람은 각계에 두루 있다. 무턱대고 글쓰기가 어렵다고 생각하는 사람은 진정 글쓰기를 위해 노력하지 않은 탓이다. 인간은 누구나 사고하고, 그 결과가 글인 만큼 사고를 중단하지 않는 한, 누구나 글을 쓸 수 있는 능력을 지녔다. 이 전제가 좋은 글을 쓰기 위한 출발점이다.

1) 자신감을 가지고 쉽게 접근한다.

우선 명문을 쓰겠다는 욕심은 글을 경직되게 만든다. 자연스럽게 자신의 생각을 차근차근 풀어가는 것이 중요하다. 억지로 꾸미거나 어려운 말, 유식한 어휘를 의도적으로 쓰고자 했을 때 오히려 잡문을 만들고 글을 쓰고자 하는 자신의 의지나 흥미마저 상실하게 만든다. 명문은 자신이 생각하고 있는 바를 올바르고 효과적으로 표현한 이후에 평가된 결과물이다. 글재주는 주어지는 것이 아니라 자신이 만들어 가는 것이다.

자신의 생각을 말로 표현할 수 있는 사람이라면 글로 표현할 수 있다는 자신감을 가지고 글쓰기에 임하여야 한다. 우선, 말하듯이 쉽게 접근한다. 글쓰기는 말하기보다 시간제한이 없고 수정이 가능하기 때문에 자신의 생각을 좀 더 여유 있게 드러낼 수 있다. 우선 자연스럽게 생각을 펼쳐 놓은 이후에 좀 더 알맞은 어휘와 효과적인 구성을 모색해도 늦지 않다. 글쓰기를 반복하다보면 언젠가 수정이 거의 필요 없을 정도의 경지에 이를 수 있다.

성인의 글쓰기는 일기를 쓰는 아이가 '오늘 아침 세수를 하고 학교에 갔다." 라고 했을 때와는 다르다. 이는 인상적인 일이나 전달의 목적이 없기 때문이다. 글을 쓰고자 했을 때는 읽는 사람에게 어떠한 영향을 기대하여 쓴다. 그 기대를 말로 한다면 좀 더 적극적이고 효과적으로 의사를 전하려 할 것이다. 자신의 의사를 글로 표현할 때 자신감이 없어지는 요인 중의 하나는 다루려고 하는 문제에 대하여 유식하게 답하려는 욕심 때문인 경우가 많다. 가능하면 주제의 범위를 좁히고, 제시하고자 하는 결론 역시 한두 가지로 압축하여 자신 있게 말할 수 있는 부분부터 쓰는 것이 좋다. 글을 쓰다보면 미리 생각하여 두지 않았음에도 쓰는 중간 중간 추가해야 할 사항이나 해결하지 못한 문제가 무엇이고 수정해야 할 부분이 무엇인지 알 때가 많다. 구상을 거창하고도 완벽하게 해두고 글을 쓰고자 했을 때 이것이 오히려 걸림돌이 될 수 있다.

한 가지 유념해야 할 것은 이 책에서 제시하는 여러 가지 글쓰기 방법도 글을 쓰는 시작 행위에 비해 중요하지 않다. 처음부터 글쓰기의 이론을 그대로 적용하여 완성하는 것보다 말하고자 하는 내용을 자연스럽게 펼쳐 놓는 것으로 글쓰기를 시작하는 습관이 더 중요하다. 그러한 글쓰기를 거듭하면서 작문에 관한 이론을 참조한다면 점차 말보다 정제된 글을 쓸 수가 있고, 처음 쓴 글보다 더욱 짜임새 있는 글로 완성될 것이다. 이러한 태도가 어렵지 않게 글쓰기 생활을 할 수 있는 첫 단추이다.

더욱이, 한글은 소리글자여서 말과 글과의 장벽이 없는 편이다. 글쓰기에 좋은 문자 환경을 지니고 있어 글재주가 없다는 선입견과 핑계를 버리고, 자신감을 지니고 글을 써 간다면 누구나 즐거운 글쓰기를 할 수 있다. 비록 단순한 표현을 한 아이의 일기라 할지라도 "세수를 잘 하는구나. 네가 세수를 어떻게 했는지 알려 줘"라고 한다면 그 내용이 풍부해진다. 쉽게 접근할 수 있는 자기 일상을 부담감 없이 자연스럽게 쓰되, 약간의 요령이라도 알아두면 좀 더 나은 글쓰기를 할 수 있다.

2) 많이 읽어야 한다.

그리스 속담에 '글을 쓰는 사람은 두 번 읽는다.'라는 말이 있다. 글쓰기는 체험과 사고 과정을 필요로 한다. 독서는 견문을 넓히고 글을 쓰는 요령을 체득할 수 있는 좋은 방법이다.

쓰기와 읽기는 밀접한 관계가 있다. 우선 의사소통의 수단이라는 점에서 공통점이 있다. 의사소통은 문명 발전의 원동력이다. 이는 정보와 지식을 교류케 하고 전승시키기 때문이다. 독서는 정보와 지식의 보고이자 참된 정서를 기를 수 있는 터전이다. 또 쓰기와 읽기는 다같이 창조적인 사고 활동을 하게 한다. 남의 글을 읽음으로써 재료를 온전히 얻기도 하지만 새로운 재료를 찾을 수 있는 능력이나 계기를 준다. 독서는 자신이 미처 생각하지 못했던 점을 알게 하고 어휘력과 표현 능력, 논리나 체계성, 비평 능력까지 갖추게 하여 글쓰기에 매우 유용하다.

'삼일부독서어언무미(三日不讀書語言無味)<世說新語>'라는 말이 있다. 사흘만 독서하지 않더라도 사상이 비열하여 말마저 이치가 없어진다는 뜻이다. 비단 말만이 아니라 글쓰기에 있어서도, 다양하고 풍부한 독서 경험이 없이 글을 쓴다는 것은 사고가 편협하여 그만큼 내용과 표현이 진부하거나 단조롭게 된다.

3) 깊이 생각하고 새롭게 본다.

앞에서 글은 인간의 모든 사고 과정과 그 결과라고 언급한 바 있다. 깊은 사색을 통하여 사고가 정리되고 그 사고는 한 편의 글에 담기게 된다. 아무리 넓은 지식과 견문을 지녔다하더라도 내면에서 정제되지 않는 한 좋은 내용의 글이 될 수 없다. 사색은 무턱대고 하는 것이 아니다. 일정한 목표를 가지고 사리를 따져보거나 주의 깊게 관찰하고 깊이 생각하는 것이다. 극작가 싱(John M. Synge)은 대표작 '골짜기의 그림자'를 집필할 때 자신의 창작에 진정 도움이 된 것은 다락방 바닥에 난 구멍이라고 했다. 그것을 통해 부엌 아낙들의 수다를 들을 수 있었기 때문이다. 아무리 일상적인 것이라도 관심을 가지고 살펴보았을 때 그것은 일상에서 벗어나 새로움의 세계로 다가온다. 그러므로 사색과 관찰은 서로 동반되어야 한다.

좋은 글은 반드시 새로움이 있다. 새로움은 재료와 글쓴이의 신선한 시각에 있다. 읽는 이가 평소 대하는 것이나 알고 있는 지식이라 할지라도 미처 깨닫지 못하였거나 새로운 해석일 때 그 흥미와 참신함은 더해진다. 그러한 새로움은 누구나 인지하고 있는 것에서 비롯되지 않는다. 다른 시각(발상의 전환, 문제의식)이나 창의적인 관찰에 있다. 만약, 다른 사람들이 이미 알고 있는 사실을 글쓴이 자신만 모르고서, 새로운 사실인 양 들떠 썼다면 무지를 드러낸 것에 불과하다. 다른 이의 생각이나 관심을 접하되, 남과 다른 눈으로 사물을 관찰하는 습관을 가졌을 때 자기 나름의 개성 있는 시각이나 창의성을 발휘할 수 있다. 그러므로 사색과 관찰도 독서나 견문을 병행했을 때 그 의의가 더해진다.

4) 메모하고 자주 쓴다.

좋은 글을 쓰기 위해서는 식견이나 사색만이 필요한 것이 아니라 표현 기술을 익히기 위한 꾸준한 노력이 필요하다. 한 명의 숙련공이 탄생하기까지 반복되는 기능수련이 필요하듯이 글도 이와 같다. 자주 쓰고 가능한 많이 써 보아야 자기 생각을 효과적으로 표현할 수 있는 능력이 길러지고 개성적인 문장력도 지니게 된다. 습작은 좋은 글을 쓰려는 노력의 일환이다. 습작이라 해서 모두 버리는 글은 아니다. 나중에 이를 수정하면 좋은 글이 될 수도 있으며, 다른 글을 쓸 때 유용한 자료로 활용되기도 한다. 전문작가도 쓰고 또 쓰는 작업의 반복에서 작품다운 작품이 탄생하는데, 하물며 초보 글쓰기에서 자주 쓰는 습관을 권유하는 것은 지나친 일이 아니다.

일상생활이나 여행, 관람 등을 하면서 문득 떠오르는 생각이나 이미지, 새삼 발견한 사실을 즉시 메모해두는 것은 글 쓸 때 매우 유용하다. 특히, 독서를 하는 도중에 필자의 주요 관점이나 관심이 가는 부분, 자기 생각 등을 메모해 두는 것은 매우 좋은 습관이다. 메모는 기억의 한계를 극복할 수 있는 동시에 새로운 사고 과정을 수반하기 때문에 글쓰기에 있어서 유익한 재료가 되고 창의적인 글감으로도 활용된다.

예부터 전하는 작문의 수련방법으로 삼다(三多)가 있다. 중국 송나라 때 대문장가인 구양수(1007~1072)는 '후산시화(後山詩話)'에서 글을 잘 짓는 비결로서 다문(多聞), 다독(多讀), 다상량(多想量)을 제시했다. 여기에 다작(多作)을 더하면 많이 듣고, 많이 읽고, 많이 생각하며 많이 쓰는 것인데 이는 현대에 와서도 좋은 글을 쓰는 태도로 유효하다.

예문 활용

1. 필자는 글쓰기 태도나 방법에 대하여 어떤 점을 강조하고 있는가?
2. '나의 글쓰기에 대한 기억'에 대하여 자유롭게 써보자.

예문 1

저는 아주 어릴 때부터 글을 써왔습니다. 당시 경기도에 속했던 인천에 살았는데, 초등학교 3학년 때 도내 백일장에 가서 장원을 했었습니다. 그것이 글쓰기의 시작이었습니다. 하지만 저는 저 자신이 글을 쓰게 된 데 대하여 운명이라든지 숙명, 필연성 따위의 비장미를 풍기는 수식어를 쓰는 걸 좋아하지 않습니다. 글을 쓰지 않았다 하더라도, 적정한 교육을 받은 중산층의 주부로서 평범하게 살아갔을 거라고 생각합니다. 암기 위주의 공부가 싫었던 여고 시절, 별다른 재주가 없었던 저는 약간의 문장력에 기대어 일어섰고, 신춘문예에 당선되지 않았더라면 얼마든지 다른 길을 걸었을 수도 있었을 겁니다. 또 그 이후에 제가 만난 선생님이라든가 벗들이 경쟁심과 열정을 부추겨 주지 않았더라면 역시 한 작가로서의 입지가 어려웠을지도 모릅니다.

대학 시절 교수님께서 "천재는 집념에 다름 아니다"라고 말씀해주신 게 생각납니다. 미국의 작가 윌리엄 포크너는 작가는 "99%의 재능과 99%의 훈련과 99%의 노력으로 탄생한다"라고 말하기도 했죠.

제 나이 스물한 살, 대학교 2학년 때 신춘문예에 당선되어 30여 년의 작가생활을 해오는 동안 여섯 권의 창작집밖에 내지 않았습니다. 그 정도의 작품 생산량은 과작(寡作)에 속하고, 그래서 저에게는 과작의 작가라는 별칭이 따라 다니기도 합니다. 그렇지만 저는 끊임없이 문학이 뭘까 소설은 어떻게 써야 할까에 매달려 왔고, 전전긍긍해 왔습니다. 그래서 저 자신 생활과 창작이라는 데 두 다리를 걸치고 엉거주춤하면서 무엇 하나 제대로 해내지 못한다는 자괴감으로 고뇌하기도 했습니다.

한 순간의 스쳐 지나가는 이미지를 키운다.

가끔 왜 내가 많이 쓰지 못하고 본격적으로 작가로서 살아오지 못했는지 분석을 해봅니다. 우선 게으름 탓도 클 것입니다. 한편으로 글을 쓰는 과정에서 크게 의식되고 말해지지는 않지만, 확실히 삶 속에 깃들어 있으면서도 우리 인생을 지배하는 어떤 것들을 예민하게 담아내고자 하는 욕망이, 분위기나 이미지에 집착하게 만들었기 때문이 아닐까 생각되기도 합니다.

이야기 줄거리보다도 분위기나 이미지에 집착하는 성향의 제게 있어서 소설 쓰기란 한 단어 한 문장과의 싸움입니다. 또한 제 몸과 정신을 뚫고 지나간 것이 아니면 어떤 상상력도 믿지 못하는 의심 많은 저의 성향, 또한 글을 쓸 때마다 갖게 되는 자모(字母) 하나하나까지도 뒤집어 버리고 싶은 참을 수 없는 파괴 욕구… 이런 것들이 저로 하여금 많은 작품들을 생산하지 못하게 만드는 요인 아닌가 생각합니다.

저의 상상력이라는 것은 저의 생활에 기대어 있습니다. 저는 상당히 단조로운 생활을 하고 있고, 생활을 단순화시키려 애쓰고 있습니다. 걸레질을 하거나 밥을 하면서도, 머리는 머리대로 따로 가동을 하는 거죠. 담요나 스웨터의 올 하나를 터서 잡아당기면 죽 풀리듯이 일상적으로 부딪치고 만나는 것들 속에서 모티브를 찾아내곤 합니다.

저를 스치고 지나간 느낌이나 분위기는 남의 이야기를 듣고서 이걸 소설로 만들어야겠다고 마음먹은 데서 출발하는 것이 아니라, 제게 뭔가 휙 스쳐가는 이미지에서 출발하곤 합니다. 뭔가 다르다, 뭔가 표현해 보고 싶다는 작은 욕구에서부터 출발합니다. 그 다음 아주 빈약하게나마 이야기 줄거리를 조금씩 만들어 보곤 합니다.

저는 문학 이론으로 말하면 문학 이론가를 따라갈 수 없고, 글이란 백 권의 이론서를 읽느니보다 자신의 손으로 직접 한번 써보는 것이 낫다고 생각하는 사람입니다. 글은 끊임없이 쓰고 또 쓰면서 배우는 것이다라고 생각합니다.

– <오정희, '일상의 작은 것에서 소설의 광맥을'>에서

예문 2

글을 좀 쓸라치면 겁부터 납니다. 말은 잘 떠들다가도 그 말한 것을 그대로 글로 옮겨 보라고 하면 탁 막히게 되지요. 그 이유는 간단합니다. 연습을 하지 않아서 그런 것입니다. 어릴 적부터 정답 만들기 입시공부만 한 나는 나름대로의 생각을 창조하는 글쓰기에 대해서 당연히 겁나 하겠죠. 그러나 결국 나의 삶은 주어진 4지 선다형 안에 정답이 있는 그런 삶이 아니기 때문에 주어진 답을 찾는 일이 아니라 창조적인 문제풀이를 만들어 가는 그런 연습을 해야 하는 것입니다. 그런 일을 하는 첫 단추로서 나는 글을 쓰는 것입니다.

그러면 구체적으로 글을 어떻게 해야 잘 쓸 수 있는지 말해 봅시다. 결론부터 말하자면 가장 좋은 글쓰기의 해법이란 없습니다.

1) 단지 자기 자신을 숨김없이 표현하는 데서 시작합니다.
2) 남이 쓴 멋져 보이는 글에 현혹되지 말고 나의 글을 쓰는 것입니다. 처음에는 잘 안되겠지요. 그러나 남의 글을 모방하려고 한다면 나의 글 자체에 나 자신이 만족하지 못하며 나아가 나의 글을 남이 읽을 때 결코 감동을 줄 수 없습니다. 그런데 나만의 <일기>는 물론 남이 읽는 것이 아닙니다. 그러나 그런 나만의 일기도 역시 읽는 타인이 있습니다. 그는 곧 나 자신이 되는 것입니다. 나의 일기를 읽는 나는 곧 대상화된 타인입니다. 철학에서는 이를 어렵게 말해서 <타자화된 자아>라고 말합니다. 최소한 타자화된 자아에게 나의 글이 만족스럽게 읽히려면 자신만의 글을 쓰는 연습을 해야 합니다. 그래서 일기는 중요합니다. 일기를 쓰기 어렵다면 간단한 메모라도 하는 습관을 가지는 것이 좋지요.
3) 구어체와 문어체를 지나치게 구분하면 글이 어렵게 되는 지름길입니다. 나 같은 글쟁이 학자들도 이런 어려움에 스스로 빠지고 맙니다. 여러분들은 처음에는 구어체와 문어체를 너무 구분하지 않아도 됩니다. 단지 문장이 되게만 만들면 됩니다.
4) 문장이란 주부와 술부가 명확히 제자리에 있는 것을 말합니다. 그리고 수식어와 목적어 등을 적절하게 사용하면 됩니다. 글을 쓰다 보면 주어가 빠지는 경우가 많은데 구어체에서는 이런 표현이 의사소통 가능하지만

글을 쓸 때는 반드시 주어를 써야 합니다.

5) 글을 잘 쓰려면 생각이 끊어지면 안 됩니다. 이 점은 굉장히 중요합니다. 그래서 글쓰기를 자주 하다 보면 집중력이 높아지는 이유가 거기에 있습니다. 생각이 끊어지지 않기 위하여 우리가 배우는 것이 바로 지난 시간에 했던 <추론>의 방식입니다. 추론의 방식에 대하여 앞으로 우리 수업시간에 더 배울 것입니다.

6) 글을 쓰려면 먼저 글의 주제와 전개 방식을 잡아야 합니다. 연습인 경우 주제는 주어지는 경우가 많겠지요. 그러나 그 주제를 풀어 가는 일은 글 쓰는 사람의 몫입니다. 주제를 풀어가기 위하여 우리는 경험적 사례를 많이 들면 좋습니다. 그래서 글을 쓰려면 더 많은 경험이 필요한 것입니다. 그런데 경험이란 자기가 지금까지 살아왔던 삶의 방식이며 내용이므로 누구 경험이 누구보다 더 좋다는 둥 나쁘다는 둥 절대로 말할 수 없습니다. 쉽게 말해서 자기가 생각한 대로 글을 쓰라는 말입니다.

7) 그렇게 차근차근하다보면 어느덧 자신의 글이 좋아지는 것입니다. 그러다 보면 자기 자신을 표현하고 자신에 대한 반성의 계기가 훨씬 많아지고 있음을 나도 모르게 느끼게 됩니다. 그것이 바로 나의 인생이 성숙하는 과정입니다. 나아가 내가 만나는 사람들 그리고 사회 또한 세상살이의 폭이 넓어지게 되는 것입니다.

– <최종덕, '나의 글쓰기 http://blog.naver.com/rundtable'>에서

예문 3

독서는 새로운 인식의 원천이며 좋은 글을 쓰기 위한 기본 전제입니다. 독서가 충실하지 못하면 사고가 가로막히고 글쓰기는 기능적인 것이 되고 맙니다. 특히 대학입시에 맞춰진 틀에 박힌 독서법을 고치지 않으면 대학에서 새롭게 시작하는 공부에 커다란 걸림돌이 됩니다. 대학에 입학하여 공부를 시작할 때부터 독서습관을 바꾸어 봅시다. 흔히 어떤 책은 맛보고, 어떤 책은 삼키고, 어떤 책은 잘 씹어서 소화해야 한다고 합니다. 누구나 상식으로 들어온 말이지만, 막상 자신의 공부와 글쓰기 과정에서 그러한 조언에 충실히 따르기는 쉽지 않습니다. 이러한 고민을 해결하기 위하여 대학생의 공부와 글쓰기에 도움이 되는 몇 가지 독서법을 소개합니다.

대학 초급학년의 경우에는 대부분의 독서가 수업의 과제를 해결하기 위한 것으로 채워지게 마련입니다. 그렇기 때문에 수업의 진도에 떠밀려서 이 책 저책 읽다가 한 학기가 끝나는 경우가 많으며 체계적인 독서가 힘들어집니다. 이러한 문제점을 극복하기 위해서는 수업 중에 다루는 문헌들도 가능하면 자신의 관심사에 따라 주별, 월별로 일정한 계획을 세워서 순서대로 읽어나가는 것이 좋습니다. 그리고 수업 시간에는 다루지 않더라도 고전의 경우에는 한 학기에 한두 권, 그밖의 필독서는 몇 권씩 독서목록을 정하여 읽는 습관을 들이는 것이 좋습니다.

체계적인 독서가 힘든 여건일 때는 자신의 관심사와 긴밀한 관련이 있고 사고의 진전을 촉진하는 저자의 글이나 저서를 중심으로 꾸준히 읽어나가는 것도 하나의 방법입니다. 그렇게 해서 어느 정도의 독서가 축적되면 처음 선택한 저자와 비교되는 저자의 저작으로 점차 독서범위를 넓혀가면서 좀 더 체계적인 독서계획을 세워볼 수 있을 것입니다. 그러기 위해서는 우선 자신의 문제의식이 무엇인지 분명히 자각하고 있어야 합니다. 문제의식이 분명할 때 문제해결의 길잡이가 되는 참고문헌을 제대로 찾을 수 있으며, 한 권의 책이나 한 편의 글에서도 자신의 문제의식과 직결된 핵심을 금방 포착할 수 있습니다.

내가 다루는 주제에 관하여 저자가 발표한 다른 글이 있는지, 또 해당 분야에서 저자의 권위는 어떠한지 등에 대하여 확인해보면 문제해결에 자극과 도움이 되는 문헌을 제대로 찾아갈 수 있습니다. 특히 어떤 책을 처음부터 끝까지 읽기 힘든 경우 책의 제목과 부제, 머리글, 목차 등을 훑어보는 것이 유익합니다. 또 색인란에서 핵심 개념이 서술되어 있는 페이지를 확인하여 읽어보면 필요한 대목을 빨리 찾는 데 도움이 됩니다.

전문적 지식을 일반 대중에게 쉽게 풀이한 책인지, 특정한 주제에 관해 심층적으로 탐구한 책인지, 또 저자와 같은 수준의 전공 학자를 대상으로 삼았는지 아니면 대학생을 대상으로 쓴 것인지 미리 파악하는 것이 중요합니다. 학부생의 리포트를 보면 저자의 권위에 기대기 위하여 전공 학자들 사이에도 논란의 여지가 많은 개념을 그대로 차용한다거나 학부생의 입장에서 본인이 감당하지 못하는 주장이나 근거를 끌어오는 경우를 흔히 접하게 됩니다. 그러한 글쓰기는 결코 자신의 사고력을 함양하는 충실한 공부로 이어질 수 없다는 것을 유념해야 합니다.

집중적인 독서는 글쓴이의 생각에 귀를 기울이는 데서부터 시작됩니다. 나의 관심사에 대해 저자가 어떤 생각을 가지고 있는지 가령 다음과 같은 질문을 만들어서 독서과정에서 하나씩 점검해보는 것이 좋습니다.

- 저자가 사용하는 핵심 개념은 무엇인가?
- 핵심 개념에 대한 저자의 정의는 다른 학자들의 정의와 어떻게 다른가?
- 저자의 핵심 주장은 무엇이며 그 논거는 무엇인가?
- 저자가 예증으로 제시하는 사례는 과연 적절한가?
- 저자와 견해를 달리하는 입장에 대하여 저자는 어떤 태도를 취하는가?
- 저자의 견해는 해당 분야에서 대체로 공인된 것인가 아니면 예외적 소수의견인가?
- 저자의 견해가 타당하게 적용될 수 있는 범위는 어디까지인가?
- 저자가 다루지 못한 문제는 무엇인가?

저자의 생각 중에서 내 글의 주장을 뒷받침할 수 있는 대목, 내 글의 주장과 상충하는 부분을 구분해서 읽으면 중요한 쟁점에 대한 나의 생각을 계속 발전시킬 수 있으며, 독서과정에서 공부의 성취감과 글쓰기의 자신감을 얻을 수 있습니다.

나의 관심사에 대한 저자의 견해, 저자의 견해에 대한 나의 생각이나 의문점, 내 글의 주제와 직결되는 중요한 인용문 등은 그때그때 메모해 두는 것이 좋습니다. 그렇게 작성된 독서 노트는 글을 구상하는 과정에서 밑거름이 됩니다. 독서과정에서 기록해둔 것을 다시 한번 검토해보면 글의 얼개를 잡기가 훨씬 수월해질 것입니다.

특정한 문헌에만 의존해서는 글의 주제를 충분히 소화한 좋은 글을 쓰기 힘듭니다. 따라서 문제 발견에 도움이 되는 일차 독서를 거친 이후에는 자신의 논지 전개에 필요한 심층적인 독서가 뒷받침되어야 합니다. 자신의 논거를 뒷받침하는 견해를 찾는 데만 만족하지 말고, 쟁점이 되는 논거에 관해서는 다른 입장을 취하는 저자의 글도 찾아 읽는 것이 좋습니다.

- <서정수, '글쓰기 교실'>에서

제2장 좋은 글이란 어떤 글인가?

"좋은 집이란 어떤 집인가?"라고 했을 때 이것에 대한 견해는 집의 기능과 대상, 사람들의 시각에 따라 다를 수 있다. 그러나 보편적으로 목적에 부합되는 유용성과 편리성을 갖추고, 적절한 재료를 가장 합리적이고 경제적인 형식을 취하여 견실하게 지은 집이라는 견해에는 대부분 동의할 것이다. 이와 마찬가지로 "좋은 글이란 어떠한 요건을 갖추어야 하는가?"에 대한 대답은 단정짓기가 쉽지 않지만, 내용이 진실하고 알차며 이해하기 쉬운 것이면 좋은 글이라 할 수 있다.

최근 국립국어원에서 '좋은 글의 요건'이라는 보고서(김문오)를 발간한 바 있다. 이 보고서는 '1. 목적 · 대상과의 부합성(符合性), 2. 내용의 충실성과 정확성, 3. 글의 통일성, 4. 글의 일관성, 5. 글의 완결성, 6. 표현 의도에 맞는 형식 선택, 7. 문장 의미의 명료성, 8. 어휘 선택의 적절성, 9. 문법과 어문 규범 준수'를 좋은 글의 요건으로 보고, 글쓰기 과정에서 점검해야 할 내용을 종합적으로 제시하고 있다. 글쓰기 지도와 글쓰기 연습에 지침으로 참고할 만하여 소개한다.

1. 목적, 대상과의 부합성	목적과의 부합성	· 목적에 맞게 내용 구성하기
	대상과의 부합성	· 대상(독자)에 맞게 내용 구성하기
2. 내용의 충실성과 정확성	내용의 충실성과 정확성 추구	· 충실하고 정확한 내용 담기 · 근거를 밝히고 인용하기
3. 글의 통일성	글 전체의 통일성 추구	· 글에 맞는 제목 정하기 · 각 문단이 글 전체에 적절한 기능 수행하기 · 표현 의도에 맞는 글의 구성법 선택하기 · 문단 간에 무관한 사실을 연결하지 않기
	문단 내부의 통일성 추구	· 주장을 뒷받침하는 논거를 정확하게 제시하기 · 문장과 문장을 유기적으로 연결하기 · 접속 부사를 적절하게 사용하기
4. 글의 일관성	글 전체의 일관성 유지	· 글 전체의 관점·태도에서 일관성 유지하기 · 글의 어조와 문체에 일관성 유지하기
	문단 내부의 일관성 유지	· 문단 내부의 관점·태도에서 일관성 유지하기
5. 글의 완결성	글 전체의 완결성 추구	· 도입부에 관련 화제나 배경을 적절히 제시하기 · 전개부에 필요한 정보나 주장을 충분히 담기 · 종결부에 적합한 마무리 정보 제시하기
	문단 내부의 완결성 추구	· 주제문을 뒷받침 문장으로 구체화하고 보완하기
6. 표현 의도에 맞는 형식 선택	적절한 문장 구조 선택	· 표현 의도에 맞게 문장 구조를 선택하기 · 지나치게 긴 문장 피하기 · 수식어구나 명사구 자연스럽게 연결하기
	적절한 문투 선택	· 상투적·권위적 문투 피하기 · 번역투 문장 피하기
	적절한 표현법 선택	· 대상에 적합한 표현법 선택하기
7. 문장 의미의 명료성	의미가 명료한 문장 구조	· 수식 구조에서 발생하는 모호성 피하기 · 비교 구문에서 발생하는 모호성 피하기 · 부정 구문에서 발생하는 모호성 피하기
	성분 생략과 지시어 사용의 환경 점검	· 성분 생략에서 발생하는 모호성 피하기 · 지시어 사용에서 발생하는 모호성 피하기
	적절한 어순	· 어순 제자리 잡기
8. 어휘 선택의 적절성	정확한 어휘 사용	· 단어의 정확한 의미와 용법을 바탕으로 단어 선택하기 · 동어 반복 피하기
	문맥에 맞는 적절한 어휘 사용	· 격언, 속담, 고사 성어 등을 효과적으로 사용하기 · 상황에 적절한 단어 사용하기
	독자 수준에 맞는 어휘 사용	· 필요없는 외래어나 외국어 표현 피하기 · 지나치게 어려운 한자 표현 피하기 · 설명이 필요한 용어는 설명하기
	어휘의 단조로움 탈피	· 같은 어구의 거듭된 사용 피하기

9. 문법과 어문 규범 준수	문법에 맞는 정확한 문장	· 문장 성분 간의 호응 관계 잘 지키기
		· 정확한 접속 구조 이루기(부당한 공유 피하기)
		· 조사와 어미 정확하게 사용하기
		· 적절한 존대법 사용하기
		· 사동·피동 표현 정확하게 사용하기
		· 선행어 품사에 맞는 지시어 선택하기
	어문 규범 준수	· 표준어를 상황에 맞게 바르게 사용하기
		· 한글 맞춤법, 외래어 표기법 준수

좋은 글의 요건을 두루 들자면 한없을 것이다. 꼭 필요한 아홉 가지 기준을 마련하고, 크게 '내용면에서의 요건'과 '형식면에서의 요건', 내용과 형식에 걸쳐 필요한 '종합적인 면에서의 요건'으로 나누어서 살펴보기로 하자. 이 아홉 가지 요건은 상호간에 밀접한 관계가 있어 그 기준이 겹치기도 한다. 가령, 문법에 어긋난 표현이 있는 글이라면 표현이 부실하다는 점에서 충실성이, 뜻이 분명하게 전달되지 못한다는 점에서 명료성이 부족한 글일 뿐만 아니라, 정확한 어휘가 아닌 점에서 적절성에, 언어규범에 어긋났다는 점에서 정확성에 직접적으로 위배되는 경우가 그것이다.

앞에서 글을 잘 쓰기 위해서는 특히 독서를 강조한 바 있다. 주어진 예문은 좋은 글의 요건을 살피기 위한 것이기도 하지만 독해 능력과 좋은 글을 읽는 기회를 제공하기 위해서이니 독서 자료로서도 충분히 활용하기 바란다. 아울러, 인용한 필자들의 명문에 본 저자도 배우는 바가 실로 큼을 밝힌다.

- 내용면에서의 요건 : 상황성(부합성), 충실성(진정성), 독창성
- 형식면에서의 요건 : 명료성, 적절성, 정확성(규범성)
- 종합적인 면에서의 요건 : 완결성, 통일성, 일관성

1 상황성(부합성)

'학교 앞, 천천히'

위의 글은 어떤 상황에 쓰이는 글일까? 밥을 천천히 먹으라는 뜻일 수 있겠고, 천천히 걸어가라는 의미도 될 수 있겠으나, 여러 가지 쓰임 중 '학교 앞'이라는 말로 안전운행과 관련된 도로 표지판임을 쉽게 알 수 있다. 이 글을 "운전자의 생명과 가족의 행복을 위해서 속도를 줄이십시오. 특히 어린이들이 공부하는 초등학교 앞이라서 방과 후 갑자기 아이들이 뛰어나올 수 있으니 안전을 위하여 천천히 운전합시다."라고 썼다면 상세한 표현에도 불구하고 전달의 효과는 거의 없을 것이다. 이 짧은 글은 차량 운전자에게 전달하는 장소와 속도에 관한 정보이자 운행 중에 빨리 읽을 수 있도록 한 것이며, 표지판의 규격을 고려한 것이다. 이러한 제반 여건이 상황이다.

상황성은 글의 목적과 대상 그리고 여러 여건에 적합(타당, 부합)하도록 쓰는 것과 관계되는 부분이다. 글을 쓸 때, 글의 목적이 무엇이며 대상이 누구인가에 따라 글쓴이의 입장이나 태도가 달라지며, 자연히 글의 내용이나 형식도 달라진다. 상황을 구성하는 주요 요인으로는 글을 쓰는 목적, 대상 즉 예상되는 독자와 글쓴이의 관점이나 입장, 설정된 주제를 들 수 있다. 이 밖에도 글을 발표하는 매체나 시간과 장소, 주어진 글과 스스로 쓰는 글 등 동기나 자발성 여부를 들 수 있다.

목적이라는 상황을 고려하지 않고 글을 쓴다면 어떻게 될까? 대개 독자가 외면하거나 공감하지 아니할 것이다. 가령, 결혼식에서 부르는 축가는 그 목적이 행복을 기원하기 위함인데 축복하기 위하여 모인 하객들 앞에서, 이별이나 처량한 곡조로 된 축가를 부른다면 비난의 대상이 될 것이다. 취업하고자 하는 회사가 관광회사인데 여가 생활의 검소함을 강조하는 자기소개서를 쓴다면 구직의 목표를 고려하지 못한 자기소개서가 될 것이다.

또, 글을 읽는 대상이 불특정 다수인지 특정 분야 전문인인지 또는 남녀노소인지에 따라 글의 내용이나 어휘도 달라진다. 초등학교 입학식에서 대학 입학식에서나 쓸 법한 전문 용어를 구사한다면 듣는 어린이들은 산만해지고 말 것이다. 광고나 선전물의 경우는 전달 받는 대상의 성격, 취향이나 기호, 습성을 고려해야 할 것이다. 이 모두가 상황성의 범주에 들어가며 이를 파악하고 이러한 상황성을 충족하는 글이어야 일차적으로 좋은 글의 요건을 갖춘 셈이다.

백과사전은 독자층이 어린이로부터 성인까지 다양하며 모르는 것을 알기 위하여 찾는다. 아래 글은 이러한 상황성을 감안하지 못하고 기술한 어느 백과사전의 내용이다.

- 경포대 : 1971년 12월 16일 강원도지방유형문화재 제6호로 지정되었다. 정면 6칸, 측면 5칸, 기둥 28주(柱)의 팔작지붕 겹처마 기와 누대(樓臺)로, 강릉오죽헌(烏竹軒)에 있던 율곡(栗谷)이 10살 때에 지었다고 하는 《경포대부(鏡浦臺賦)》 판각(板刻)을 걸었다.

  또한 숙종의 어제시(御製詩)를 비롯하여 여러 명사들의 기문(記文) ·시판(詩板)이 걸린 명소다. 특히 누대의 전자액(篆字額)은 유한지(兪漢芝), 정자액(正字額)은 이익회(李翊會), 제일강산(第一江山)은 주지번(朱之蕃)의 글씨라고 하는데, '江山' 두 자를 잃어버려 후세인이 써 넣었다고 한다.

이 글을 아래와 같이 상황성에 맞게 고치면 좀 더 알기 쉽다.

- 경포대 : 1971년 12월 16일 지정한 강원도지방유형문화재 제6호이다. 정면 6칸, 측면 5칸, 기둥 28개(주柱)로 이루어진 누대(樓臺)이다. 지붕은 지붕 옆면이 윗부분은 세모꼴 벽으로, 아래 절반은 마름모꼴 지붕으로 된 팔작지붕으로서 끝을 살짝 들어올린 겹처마(두 겹으로 된 처마)를 지녔다.

  안에는 강릉오죽헌(烏竹軒)에 있던 율곡(栗谷) 이이(李珥) 선생이 열 살

때 지은 시로 알려진《경포대부(鏡浦臺賦)》를 조각한 목판이 걸려 있다. 또한 숙종 임금이 지은 어제시(御製詩)를 비롯하여 여러 명사들이 쓴 기록문과 한시를 조각한 목판도 함께 걸려있다. 이 판각(板刻)의 전자(篆字)는 유한지(兪漢芝)가, 정자(正字)로 쓴 해서(楷書) 글씨는 이익회(李翊會)가 쓴 것으로 알려지고 있다. 또, '제일강산(第一江山)'은 주지번(朱之蕃)의 글씨라고 하는데 '江山' 두 글자를 잃어버려 후세에 누군가가 써 넣었다고 한다.

또 누대의 미학적 가치와 아름다운 명소임을 강조하는 글이면 다음과 같이 쓸 수 있을 것이다.

- 경포대 : 1971년 12월 16일 지정한 강원도지방유형문화재 제6호이다. 경포호숫가 작은 언덕에 있어 동해바다와 호수를 감상할 수 있는 명소이다. 정면 여섯 칸, 측면 다섯 칸, 기둥 스물여덟 개(28주,柱)로 이루어진 웅장하고도 단정한 멋을 지닌 누대(樓臺)이다.

  지붕은 지붕 옆면이 윗부분은 세모꼴 벽으로, 아래 절반은 마름모꼴 지붕으로 된 팔작지붕으로서 버선코마냥 하늘을 향해 끝을 살짝 들어올린 겹처마(두 겹으로 된 처마)와 함께 날렵하고도 우아한 모습을 지녔다. 주변 솔숲과 어우러진 지붕 꼭대기 용마루는 능선처럼 자연스러운 곡선을 이루고 있어 조화로운 멋을 더한다.

  안에는 강릉오죽헌(烏竹軒)에 있던 율곡(栗谷) 이이(李珥) 선생이 열 살 때 지은 《경포대부(鏡浦臺賦)》 시를 비롯한 숙종 임금이 지은 어제시(御製詩)를 조각한 목판이 걸려있다. 또한, 여러 명사들이 쓴 기록문과 한시를 조각한 목판도 함께 걸려 있어 오래전부터 풍류를 즐긴 운치 있는 곳임을 알 수 있다. 이 판각(板刻)의 전자(篆字)체 글씨는 유한지(兪漢芝)가, 정자(正字)로 쓴 해서(楷書) 글씨는 이익회(李翊會)가 쓴 것으로 명필로 평가되고 있다. 여러 목판 중 '제일강산(第一江山)'은 주지번(朱之蕃)의 글씨라고 하는데 '江山' 이라는 두 글자를 잃어버려 후세에 누군가가 써 넣었다고 한다. 절묘하게 서법이 동일하여 또 한 번 감탄케 한다.

글을 쓰는 동기에 따라서도 이에 맞는 내용이 이루어져야 한다. 설악산 대청봉까지 케이블카를 설치하는 문제를 글로 쓴다면 관광개발자와 환경보호자의 주장이 다를 것이다. 이는 필자의 관점이나 입장이 다르기 때문이다. 따라서 글의 주제도 달라진다.

요즘, 휴대폰으로 안부 인사나 소식을 전하는 경우가 많다. 만약, 편지로 이 내용을 보낸다면 글의 형식이나 분량이 달라질 것이다. 이것은 글을 전하는 매체가 다르기 때문이다. 같은 주제의 내용이라도 신문이냐 방송이냐에 따라 어조가 다른 것은 이 때문이다. 또, 글을 쓰는 시기나 발표하는 날이, 계절에 따라서 또는 오전, 오후이냐에 따라서 글의 내용이 달라지기도 한다. 잡지에 발표할 원고 청탁을 받았다면 주제나 분량이 대체로 사전에 지정되어 제한 받기도 한다. 스스로 쓰는 일기나 투고는 주제나 형식이 자유롭지만 보고문, 과제, 공문서 등은 주어진 글이므로 그렇지 않은 경우가 많다.

이러한 여러 가지 상황성의 요인들은 대개 서로 관련이 있어 분리하여 논의할 수 없다. 대상에 따라 주제가 달라지고 목적에 따라서도 주제가 달라진다. 주제에 따라서 매체를 결정할 수도 있고 발표 시기를 결정할 수 있다. 글쓴이는 우선 글의 목적을 달성하기 위해서는 여러 상황을 잘 파악하고 이에 맞는 글을 써야 한다.

상황성을 이루는 요소 중에서, 글의 장르를 결정짓는 것은 대체로 글을 쓰는 목적이다. 글을 쓰는 목적은 크게 설득을 위한 것, 정보전달을 위한 것, 친교를 위한 것, 정서표현을 위한 것으로 나눌 수 있다. 글의 동기나 목적에 따라 글쓰기의 진술 방식도 설명, 논증, 묘사, 서사로 나뉜다. (진술 방식은 뒤에서 다루기로 한다.) 유념할 것은 이 구분의 경계가 분명하지 않아 장르를 단정하기는 어렵다는 점이다. 설득을 하기 위해서 정보를 제공하기도 하고 정서를 표현하면서도 설득의 요소가 있는 등 복합적으로 나타나는 경우가 많다. 글의 목적이 어디에 초점을 두고 있느냐에 따라 대략적인 구분이 가능하다. 가능한 글 쓸 때는 그 주안점을 명확히 하는 것도 중요하다.

글을 쓰는 목적

① 설득을 위한 글 : 어떤 쟁점이나 관점에 대하여 자신의 생각이 수용되도록 타당성 등을 제시하여 주장하는 글. 논설문, 논문, 사설, 칼럼, 연설문, 제안서 등

② 정보를 전달하기 위한 글 : 어떤 정보나 사실, 지식 등을 독자에게 잘 알도록 하거나 이해시키기 위한 글. 설명문, 기사문, 보고서, 계획서 등

③ 친교를 위한 글 : 소식이나 의견을 주고받거나 협조를 요청하는 등 서로 간에 친분이나 원만한 관계를 유지하려는 글. 편지, 초대장, 협조문 등

④ 정서를 표현하기 위한 글 : 인상적인 일이나 희로애락 등과 같은 감정, 기분, 느낌 등을 표현하여 정서적인 감응을 불러일으키고자 하는 글. 수필, 기행문, 일기, 시, 에피소드나 유머 등

예문 활용 1

1. <예문1>은 설득적 요소가 강한 반면 <예문2>는 정보 전달 즉 이해를 돕는 글이다. <예문3>은 편지글임을 알 수 있는데 글의 형식으로 보면 친교를 위한 글임을 알 수 있다. 그러나 대상이 특정 개인일 경우 친교를 위한 글이지만 불특정 다수(대학 신입생 등)를 대상으로 한 경우에는 설득을 위한 글임에 유의해야 한다. <예문4>는 수필로서 정서 표현을 위한 글이다.
2. 각 예문이 목적하는 바를 살펴보자.

예문 1

우리의 언어생활에 있어서 자기의 의사를 가장 효과적으로 전달할 수 있는 길은 적절한 어휘의 선택이다. 언어의 세 가지 요소 가운데에서 발음과

문법은 조금 틀리는 일이 있더라도 의사 전달이 전혀 안 되는 것은 아니다. 그러나 어휘의 경우에는 단어 하나의 차이로 큰 오해를 불러일으킬 수도 있다. 또 사람의 품격을 나타내는 것도 정확한 발음과 함께 말하는 사람의 어휘 선택 여하에 달려 있다. 즉 어떤 사람이 고상하고 우아한 어휘를 골라서 말을 하면 품위가 있는 사람이라 하고, 천하고 야비하며 경박한 어휘를 즐겨 쓰고 있으면 교양이 없는 것으로 여기는 것이다. 그러므로 국어 생활은 정확한 표준어의 발음, 어법에 맞는 표현도 중요하지만 어휘의 선택이 큰 비중을 차지한다.

다음으로 문장어(文章語)와 구두어(口頭語)의 차이가 있겠으나, "글이 곧 그 사람의 말이다."라는 전제 아래 생각해 본다면 어휘는 문장 안에서도 중요한 구실을 한다. 예를 들면, 우리 세대의 말 곧 글은 우리들보다 한 세대 내지 두 세대 앞선 어른들의 글에 비하여 힘이 없고 짜임새가 없어 보인다. 물론 우리보다 앞선 분들은 어릴 때부터 가장 논리적이라는 한문 문장을 학습하여 수련을 쌓은 결과이기도 하겠으나, 글에 힘이 있고 글을 읽는 이의 피까지 끓게 하는 수도 있는 것은 역시 알맹이가 있는 이야기를 적절한 어휘를 잘 골라서 말을 하거나 글을 지었기 때문인 것이다.

사람이 '무식하다'는 말을 듣는 것도 대개 적절하지 못한 어휘를 사용하여 말을 하거나 글을 쓴 경우의 일이다. 그러므로 우리가 알맹이가 있고 품위가 있는 언어생활을 하려면 어릴 때부터 꾸준히 교양을 넓히고 글을 많이 읽어서 사색을 많이 하여야 한다. 그러한 수련을 통해 지적으로 수준이 높은 어휘를 구사할 줄 아는 힘이 길러지는 것이다.

– <강신항, '바람직한 국어생활'>에서

예문 2

예술형태로서의 영화는 여타의 예술매체와 많은 유사점을 지니고 있다. 그만큼 영화는 다른 예술의 기본적인 특성을 자신의 풍부한 조직으로 활용하고 있는 것이다. 회화나 조각과 마찬가지로 영화도 선, 질감, 색채, 형식, 질량 등을 사용하며, 또한 빛과 그림자의 섬세한 상호작용에 의존한다. 영화에 쓰이는 사진적 구도의 법칙도 대개가 회화나 조각에서 차용해온 것이다. 연극과 마찬가지로 영화도 극적 사건, 제스처, 얼굴표정, 대사 등을 통해 시각적으로 의미를 전달한다. 영화는 음악이나 시처럼 복잡하면서도 섬세한 운율과 이미지와 은유와 상징을 사용한다. 또는 무용이나 무언극에서처럼 움직이는 이미지를 통해 일련의 운율적 재질을 창조한다. 그리고 영화는 소설처럼 시간과 공간을 이용하여 무한히 넓고 깊은 차원을 자유자재로 표현할 수 있다.

그러나 이처럼 무수한 유사점에도 불구하고 영화는 여전히 독특한 예술이다. 특히 자유로우면서도 지속적인 영상의 역동성에 있어서는 어떤 예술과도 다르다. 영화는 시각, 음향, 움직임에 의한 동시적인 의사소통이 수월하므로 회화나 조각에 비해 한결 복잡한 감각적 효과를 창출할 수 있다. 영화는 연극에 비해 시점, 움직임, 시공간 등의 운용이 무제한 가능하다. 장면전환도 연극에서보다 훨씬 자유로우며, 간단없는 영상의 흐름은 장면의 전환시에 발생하는 물리적인 어둠의 순간도 눈으로는 포착할 수 없을 만큼 빠르게 진행시키기 때문에 매 장면의 선명도에 지장을 주는 일이 없다. 또한 영화는 소설이나 시처럼 인쇄된 지면의 추상적인 상징이 독자의 두뇌작용을 통해 시각영상과 음향으로 전달되는 것이 아니라, 직접 시각영상과 음향을 통해 의사소통하는 예술이다.

– <조셉 보그스, 'The Art of Watching Films'>에서

예문 3

K군!

이제 지성인이라 자처하며 학문을 하는 대학인들은 학생 본연의 자세로 학업에 충실하고 내적 실력을 다져 항상 책임감이 따르는 일을 해야겠습니다. 전공분야에서도 학구적으로 열심히 땀을 흘릴 경우 종국엔 사회를 이끌어 가는 지도층으로도 우뚝 설 수 있을 것입니다. 젊음의 피가 흐르는 지금 '나 자신'을 위해 치열하게 갈등하고 고민하는 일은 지극히 자연스러운 일입니다. 대학시절 그런 고민이나 갈등은 K군에게도 훗날 인생관이나 세계관

을 정립하는 데 분명히 생의 밑거름이 되리라 믿습니다. 대학생활이 자신의 지적 연마를 하는 데 활용되지 않고 '준지식인'으로 전락해 버릴 경우 이 사회에서 설 땅은 그렇게 많지 않습니다.

K군!

대학생활에서 획득한 지식은 평생 동안 자양분이 됩니다. 그런데 교육제도 탓에 변변한 책 한 권 제대로 읽지 못하고 의미있는 독서 한 번 못하고 대학생이 된 사람들이 우리나라에는 너무나 많습니다. 교양서적이나 시집, 고전, 소설책보다 참고서를 더 애지중지하며 보내던 중·고교시절이 청소년기의 장애를 앓게 하지는 않았는지 돌이켜 볼 필요가 있습니다.

K군!

이제 아름다운 '정신여행'을 할 수 있는 시기가 왔다고 생각합니다. 보다 풍부하고 자유스러운 정신의 성장을 위해 뜻있는 책읽기로 성장기에 결핍된 영양을 섭취해 보기 바랍니다. 황폐하고 단순하며 감각적이고 쾌락적인 삶을 다스릴 수 있는 독서는 인간의 삶이 어떻게 다양해 질 수 있는지를 잘 알려준다고 봅니다. 삶의 다양한 토대를 마련해 준다고 할 수 있는 고전이나 소설, 시집 따위도 가까이 하면서 대학생활을 의미 깊게 하길 바랍니다.

– <조정훈, '창조적 지성은 대학인 모두의 소프트웨어다!
– K군에게 보내는 편지 혹은 어드바이스'>에서

예문 4

나는 지난해 여름까지 이름 있는 난초(蘭草) 두 분(盆)을 정성스레, 정말 정성을 다해 길렀었다. 3년 전 거처를 지금의 다래헌(茶來軒)으로 옮겨왔을 때 어떤 스님이 우리 방으로 보내 준 것이다. 혼자 사는 거처라 살아 있는 생물이라고는 나하고 그 애들뿐이었다. 그 애들을 위해 관계서적을 구해다 읽었고, 그 애들의 건강을 위한 하이포넥슨가 하는 비료를 바다 건너가는 친지들에게 부탁하여 구해 오기도 했었다. 여름철이면 서늘한 그늘을 찾아 자리를 옮겨 주어야 했고, 겨울에는 필요 이상으로 실내온도를 높이곤 했었다.

이런 정성을 일찍이 부모에게 바쳤더라면 아마 효자 소리를 듣고도 남았을 것이다. 이렇듯 애지중지 가꾼 보람으로 이른 봄이면 은은한 향기와 연둣빛 꽃을 피워 나를 설레게 했고, 잎은 초승달처럼 항시 청청했었다. 우리 다래헌(茶來軒)을 찾아온 사람마다 싱싱한 난(蘭)을 보고 한결같이 좋아라 했다.

지난해 여름 장마가 개인 어느 날 봉선사로 운허노사(耘虛老師)를 뵈러 간 일이 있었다. 한낮이 되자 장마에 갇혔던 햇볕이 눈부시게 쏟아져 내리고 앞개울 물소리에 어울려 숲 속에서는 매미들이 있는 대로 목청을 돋우었다.

아차! 이때에야 문득 생각이 난 것이다. 난초를 뜰에 내놓은 채 온 것이다. 모처럼 보인 찬란한 햇볕이 돌연 원망스러워졌다. 뜨거운 햇볕에 늘어져 있을 난초 잎이 눈에 아른거려 더 지체할 수가 없었다. 허둥지둥 그 길로 돌아왔다. 아니나 다를까 잎은 축 늘어져 있었다. 안타까워 안타까워 하며 샘물을 길어다 축여주며 했더니 겨우 고개를 들었다. 하지만 어딘지 생생한 기운이 빠져 버린 것 같았다.

나는 이 때 온몸으로, 그리고 마음속으로 절절히 느끼게 되었다. 집착(執着)이 괴로움인 것을. 그렇다, 나는 난초에 너무 집념해 버린 것이다. 이 집착에서 벗어나야겠다고 결심했다. 난(蘭)을 가꾸면서 산철(僧家의 遊行期)에도 나그네길을 떠나지 못한 채 꼼짝 못하고 말았다. 밖에 볼일이 있어 잠시 방을 비울 때면 환기가 되도록 들창문을 조금 열어 놓아야 했고, 분(盆)을 내놓은 채 나가다가 뒤미처 생각하고는 되돌아와 들여 놓고 나간 적도 한두 번이 아니었다. 그것은 정말 지독한 집착이었다.

며칠 후, 난초처럼 말이 없는 친구가 놀러 왔기에 선뜻 그의 품에 분을 안겨 주었다. 비로소 나는 얽매임에서 벗어난 것이다. 날을 듯 홀가분한 해방감. 삼 년 가까이 함께 지낸 유정(有情)을 떠나 보냈는데도 서운하고 허전함보다 홀가분한 마음이 앞섰다. 이때부터 나는 하루 한가지씩 버려야겠다고 스스로 다짐을 했다. 난을 통해 무소유(無所有)의 의미 같은 걸 터득하게 됐다고나 할까.

– <법정, '무소유'>에서

예문 활용 2

1. 글쓴이는 어떤 의도(목적)를 가지고 누구를 대상으로 글을 썼는가?
2. 이 글을 참조하여 자신이 목적을 정하고 비슷한 유형으로 써보자.

예문 5

당나귀의 그림자

한 여행자가 옆 마을로 가기 위하여 당나귀를 빌렸습니다. 여행자는 당나귀에게 짐을 가득 실었습니다. 여행 채비를 마치고 길을 나서는데 당나귀 주인이 따라왔습니다.

"나도 그 마을에 갈 일이 있으니 동행합시다. 당나귀도 내게 길들어 있으니 다루기 수월할 것이오."

그렇게 해서 당나귀 주인도 그 여행에 동행했습니다.

태양이 너무 강렬한 대낮에 그들은 잠시 쉬기 위해 멈췄습니다. 여행자는 당나귀가 만들어낸 그림자 그늘에 앉아 태양빛을 피했습니다. 그늘은 고작 한 사람 정도만 앉을 수 있는 크기였습니다.

"일어나시오. 내가 그 자리에 앉아야겠소." 당나귀 주인이 말했습니다.

"당신은 당나귀를 빌린 거지, 그림자를 빌린 건 아니잖소!"

"말도 안 되는 소릴 하고 있군. 당나귀를 빌렸을 땐 그 그림자까지 포함되는 것 아니오?"

여행자가 논박했습니다.

이렇게 해서 논쟁은 점점 더 격렬해졌습니다. 마침내 둘은 흙먼지 날리는 뙤약볕 밑에서 멱살을 잡고 뒹굴게 되었습니다.

두 사람이 계속 논쟁을 하는 동안, 당나귀는 멀리 도망을 가고 말았습니다.

– <마가렛 리드 맥도널드, '마음에 평화를 주는 좋은 이야기'>에서

예문 6

지금 인류가 지향하는 가장 큰 목표는 최적화 사회의 건설에 있다. 여기서 최적화라 함은 국민 각자가 모두 전문화된 사회 각 분야의 주인으로서 상호 존중을 바탕으로 신분상의 평등 구조가 이루어지고 누구나 자신의 적성에 맞는, 하고 싶은 일을 찾아 직업을 자유로이 선택하여 긍지와 보람을 느끼며, 신명나게 살아가는 사회가 됨을 말한다. 그리하여 선진화된 정보화 사회에서는 높고 낮은 신분의 개념이 퇴색되어 모든 국민은 누구나 사회적으로 대등하게 인정받는 각 전문분야에서 자신이 하는 일을 통하여 나름대로의 삶의 가치와 행복의 추구가 보장받는 능력 중심 사회의 일원이 되는 것이다. 능력 중심 사회에서는 무엇을 알고 있는 사람보다 무엇을 할 수 있는 사람이 필요하고 환영받게 된다.

앞으로 배양해 나가야 할 능력에 대하여 좀 더 구체적으로 생각해 보도록 하자.

① 새로운 시대에 맞는 자신의 인성을 개발해 나가야 한다.

앞으로 사회 구성원의 의식 구조, 사고방식, 신념 그리고 행동과 태도 등 인간적 자질이 모든 일의 성패를 가름하는 가장 중요한 요소라는 고전적 사실을 다시 회복하기 위하여 전 세계가 빠른 속도로 깨우치고 변화하고 있다. 이것은 사회에서 필요로 하는 모든 경쟁력의 바탕을 인간성의 회복에서 찾자는 시대로 변화하고 있음을 보여준다. 학교는 젊은이들에게 폭 넓은 교양과 안목을 길러 주어 원만한 인격을 토대로 긍정적이고 적극적인 사고와 태도로써 확고한 신념을 바탕으로 한 강인한 실천력을 지닌 직업인의 자질을 갖추게 하는데 역점을 두게 될 것이다.

② 필요한 것이 전문성의 개발이다.

누구나 자신의 고유한 능력을 개발하는 것이 전문성의 개발이라 하겠다. 전문 분야에서 일하기 위하여 필요한 자기만의 색깔이라 할 수 있는 특성을 개발하여 한껏 부각시키는 실질적인 교육이 앞으로는 더더욱 전문대학에서 이루어져야 하는 시대가 되었다. 그래서 미래 학자들은 앞으로의 사회를 마치 무지개의 일곱 가지 색깔처럼 저마다 선명한 자기만의 색깔을 갈고 닦아 경쟁에 임하는 무지개 문화의 사회(Society of Rainbow Culture)로 표현하고 있다. 무지개의 일곱 가지 색깔이 공간에서 함께 모여 화합하는 협력을 이룸으로써 무색투명한 밝은 사회를 만들어 낼 수 있는 이치를 따르자는 것이다.

③ 필요한 것이 창의성의 개발이다.

산업화 사회에서는 학교에서 배운 지식과 기술을 바탕으로 직장에서 요구하는 일을 성실 근면하게 수행하는 능력을 근로 미덕으로 여겨 왔다. 앞으로는 그러한 미덕 이외에 전문인은 누구나 독창적 창의성과 응용력을 바탕으로 자신의 일을 수행해 나가야 한다. 왜냐하면, 과거 공업화 사회에서 이루어졌던 상품의 생산 대신에 정보화 사회에서는 가치의 창조를 요구하기 때문이다. 여기서 창의성이라 함은 어떤 일에 종사하든 관계없이 전문인은 누구나 스스로 생각하여 판단하고, 목표를 세우며, 스스로 계획하고 실천하여 얻은 결과를 자신이 직접 평가하고, 더 나은 개선 방안을 마련할 줄 아는 일련의 노력이 가능해야 함을 의미한다.

④ 국제 감각의 함양이다.

우리 귀에 익숙한 소위 국제화, 개방화 시대에 대한 올바른 역사 인식을 바탕으로 미래 지향적으로 뚜렷한 목표를 세워 비교 우위의 경쟁력을 강화해 나가야 하는 시대가 되었다. 다시 말해서, 폭 넓은 시야로 미래를 내다보는 안목을 키우고 홍수와 같은 정보를 직접 지휘하며 정확한 판단으로 업무를 처리하고 새로운 계획을 세워 추진할 수 있어야 한다. 원활한 의사소통을 위한 언어는 물론 정보 매체의 능숙한 활용 능력과 더불어 자기 표현력 배양에 힘써야 한다.

그래서 요즈음 우리 산업 사회에서도 인력 채용시 학벌이나 학력보다는 위에서 살펴본 바와 같이 원만하면서도 강인한 인간적 자질을 바탕으로 특정 분야의 전문성과 창의성이 뛰어나며 국제화, 개방화 추세를 수용해 나갈 수 있는 총체적 능력을 고루 갖춘 인재를 찾아 채용하는 사례가 일반화되고 있다. 이와 같은 맥락에서 이제는 대학 진학이라는 개념이 내가 남보다 더 고등교육을 받는다는 우월한 명분의 선택은 별 의미가 없다. 그러므로 고등학교 때까지는 일과 직업 세계를 잘 관찰하고 탐색해 보아야 하고 대학 진학은 자신의 가능성을 바탕으로 내가 하고 싶고 좋아하는 전문 분야를 택하여 일에 필요한 기본 소양과 능력을 함양함으로써 이웃에 보탬이 되면서 나 자신의 인생을 보람 있게 살아가기 위한 준비를 하는 과정이 되어야 한다.

– <김상호, '산학시대의 전문인 교육'>에서

참 고

상황성(situationality)은 말하기, 즉 상호간의 대화에서도 나타난다. 언어행위가 이루어지는 시간적, 공간적 제반 상황뿐만 아니라 사회문화적 배경, 진행과 관계된 심리, 주변 상태 등 텍스트 생산과 수용 과정에 작용하는 요인을 말한다.

> "Shakespeare wrote more than 20 plays. Will you have dinner with me tonight?" (Shakespeare는 20편 이상의 희곡을 썼다. 오늘 밤 나와 함께 식사할거야?)

앞뒤 말이 전혀 관련이 없는 것처럼 보인다. 이 두 문장이 이루어질 수 있었던 상황이 나타나 있지 않기 때문이다. 그러나 대화에는 드러나지 않았지만 관련된 사건 즉 상황성을 고려하면 지극히 자연스러운 대화문이 된다. 가령, 이 화자가 대화 상대자와 Shakespeare가 쓴 희곡의 수와 관련하여 저녁식사내기를 했다면 어떨까? 말하기에서도 상황을 고려하여 이해하는 것이 중요함을 알 수 있다.

특히 대화의 경우는 상대에게 화자의 의도를 받아들이도록(용인)하는 문제가 가장 중요한데, 효과적으로 문제를 해결하기 위해서는 대화의 과정에 중간조정(mediation)이 반드시 필요하다. 중간조정은 말하는 상황(통화상황) 속에 참여자가 자신의 신념이나 목적 또는 의도(의도성)를 실현하고 있는 범위나 정도를 가리킨다. 중간조정은 상황점검(situation monitoring)과 상황관리(situation mangement)가 있는데, 상황점검은 말하는 이(텍스트 생산자)의 의도나 목적이 대화에 투입되지 않고 다만 그 상황을 확인하는데 그치는 것이라면 상황관리는 '말하는 이의 목적과 의도를 대화 과정 중에 반영해서 의도하는 바대로 유도(책략)' 하는 것을 가리킨다. 아래 예문을 통해 다음의 상황관리(책략1~3)가 어떻게 이루어지고 있는지 알아보자.

<상황관리 책략1> 성공적으로 처신하고 대화를 하기 위해서는 상황을 정확히 점검한다.
<상황관리 책략2> 반대 의견을 고집하는 분위기 속에서는 역으로 그들보다 더 반대하는 의견을 제시하면서 반응을 기다린다.
<상황관리 책략3> 반대되는 여건을 활용하여 자신의 주장을 편다.

<상황의 예>

예수께서 거기서 나가사 두로와 시돈 지방으로 들어가시니 가나안 여자 하나가 그 지경(地境)에서 나와서 소리 질러 가로되, ①"주 다윗의 자손이여 나를 불쌍히 여기소서. 내 딸이 흉악히 귀신들렸나이다." 하되 ②예수는 한 말씀도 대답하지 아니하시니 제자들이 와서 청하여 말하되 ③"그 여자가 우리 뒤에서 소리를 지르오니 보내소서." 예수께서 대답하여 가라사대 ④"나는 이스라엘 집의 잃어버린 양(羊) 외에는 다른 데로 보내심을 받지 아니하였노라." 하신대, 여자가 와서 예수께 절하며 가로되 ⑤"주여 저를 도우소서." 대답하여 가라사대, ⑥"자녀의 떡을 취하여 개들에게 던짐이 마땅치 아니하니라." 여자가 가로되 ⑦"주여 옳소이다마는 개들도 제 주인의 상에서 떨어지는 부스러기를 먹나이다." 하니, 이에 예수께서 대답하여 가라사대 ⑧"여자야 네 믿음이 크도다. 네 소원대로 되리라." 하시니 ⑨그 시로부터 그 딸이 나으니라.

위 담화 텍스트는 어떤 지역으로 들어가서 그 지역의 여인을 만나면서 이야기가 시작되는 장면이다. 유대교에 의하면 그 지역은 하나님으로부터 선택을 받은 민족이 아니라 이른바 이방인이 사는 지역이다. 물론 그 지역의 여인 역시 이방인이며, 그 이방인의 병을 고쳐주기는커녕 말하는 것조차 금기시 하던 당시의 유대교적 풍속에 젖어 있던 제자들과 함께 그 지역을 들어간 상황이다.

이때 가나안 수로보니게 여인이 ①과 같이 도움을 요청한다. 그녀의 요청을 예수는 제자와 함께 들었으나 ②에서처럼 예수는 못들은 척한다. 마침내 제자들이 ③에서처럼 그녀의 청을 듣지 말고 보내라고 반응한다. 예수는 제자들의 이런 반응을 통하여, 가나안 여인의 청을 들어 주는 것을 완강히 반대하고 있음을 확인한다. <책략1>

그래서 예수는 ④와 같이 말한다. ④는 예수의 가르침과 상당히 모순되는 말이다. 예수 이전의 유대교에서는 이방인과 이스라엘 민족을 엄격하게 구분하고 그들과 상종하는 자체를 꺼렸지만 예수의 가르침은, 육신의 핏줄이나 육체적 할례를 받고 안 받고의 문제가 아니라, 정신적으로 하나님을 믿느냐 안 믿느냐의 문제라고 가르쳤고 누구나 하나님을 믿으면 구원될 수 있음을 가르쳐왔기 때문이다. 따라서 ④와 같은 편협한 말은, 제자들에게 당연한 말로 들렸을지 모르지만, 예수를 이해하고 상황을 어느 정도 이해하는 사람의 관점에서 보면 편협하고 경박하여 부도덕한 말임을 금방 알 수 있다. 따라서 이 말은 가나안 여자를 향하여 표현한 액면 그대로의 말이라기보다는 제자들의 반응을 살피고 말한 것이다. 예수가 그녀의 청을 들어줬을 때 제자들의 반응이 어떠하다는 것을 짐작하고, 나중에 그녀의 청을 들어줬을 때 제자들의 반발을 무마할 빌미를 만들기 위하여 일부러 말한, 즉 예수의 본래 의도와는 관계없는 표현이다. 따라서 이것은 철저한 상황관리라고 할 수 있는 것이다. <책략2>

그때 가나안 여인이 다시 한번 간청을 하자(⑤) 예수는 다시 한번<책략2>를 사용하여 ⑥의 말을 한다. 이것 역시 ④ 이상으로 편협한 말인데 이러한 말을 들은 제자들이 예수를 향하여 불만을 터뜨릴 수는 없을 것이다. 마침 가나안 여인은 아주 명답을 하게 되고(⑦), 그것을 칭찬하자 제자들이나 이스라엘 사람들 입장에서는 일체의 불만을 느낄 수 없는 상황이 만들어지고 만다. 가나안 여자의 대답이 훌륭해서이기도 하지만 예수가 그런 방향으로 흘러가도록 상황을 관리한 것이다. 여건이 마련되자 예수는 마음 놓고 그 여인의 요구(그녀의 딸의 병을 고치는 일)를 들어주고 그것을 통하여 핏줄이나 종족에 관계없이 믿음만 있으면 구원받을 수 있다는 평소의 예수의 가르침을 행동을 통하여 다시 보여주고 있는 것이다.<책략3>

그 결과로 예수는 ㉠ 제자들이나 이스라엘 사람들로부터 어떤 반대에도 부딪치지 않고, ㉡ 가나안 여인의 청을 들어 주었을 뿐만 아니라 ㉢ 평소의 그의 가르침을 행동으로 보여주는 효과를 보고 있다. 그것은 <책략1, 2, 3>을 통하여 상황을 관리한 결과이다. 즉, 담화 과정에 관계되는 모든 상황에 대하여 중간조정을 통하여 그 상황을 점검하고, 그 상황에 적합하도록, 즉 말하는 이의 의도나 목적을 이루도록 상황을 변화 · 조정 · 관리해간 것이다.

이처럼, 말하기는 말하는 도중에 상황을 점검하고 관리할 수 있지만, 글쓰기는 발표 이후에 상황을 관리하기란 이미 늦은 것이어서 글쓰기 이전에 여러 상황을 반영하여 글을 써야함을 명심하여야 한다.

– <이석규 외(2003), '텍스트 분석의 실제'> 참조

2 충실성(진정성)

우리 속담에 "빛 좋은 개살구"라는 말이 있다. 겉은 그럴 듯해 보이지만 속은 별 것 아니라는 뜻이다. 글은 빛도 좋고 맛도 있어야 한다. 요컨대, 표현과 내용이 모두 좋아야 훌륭한 글이다. 내용이 부실하거나 공허하지 않고 표현기교도 내용을 효과적으로 드러내는 적절한 방식으로 잘 어우러졌을 때 좋은 글이 된다.

충실성이란, 내용이 알차고 거짓이 없는 것을 말한다. 그러므로 자기다운 글을 정성들여 쓰는 성실성, 진솔하게 쓰는 정직성의 의미도 포함한다. 제공하는 정보는 정확해야 한다는 점에서 정확성과도 관련된다. 충실성의 요건을 갖추지 못한 글이란 어떤 것일까? 부질없이 장황하기만 하고 말하고자 하는 바

의 핵심이 불분명할 때, 시작은 거창한데 흐지부지 마무리할 때, 지나치게 표현 기교에 치중할 때, 충분한 논리나 근거 없이 주장하거나 독자의 이해를 고려하지 아니한 난해한 용어나 지식을 늘어놓는 등의 글이 이에 해당한다. 또 잘못된 정보를 인용하거나 제시하였을 때, 억지로 꾸며낸 내용이나 남의 글을 인용하면서 출처를 밝히지 않고 자신의 말인 양 쓰는 표절(剽竊) 등은 결국 거짓된 글이 되고 만다. 다시 말하면 진정성(眞正性)에 위배되어 가치 없는 글이 되는 것이다. 인터넷을 이용하여 많은 정보를 얻는 요즘, 출처가 불분명하고 신뢰할 수 없는 정보를 무분별하게 활용하는 경우가 종종 있는데, 이것도 충실성에 관계되는 부분으로 매우 주의해야 할 일이다.

충실성을 갖춘 글을 쓰기 위해서는, 글을 쓰기 전에 '무엇을' 쓸 것이며, '어떠한 메시지'를 인상 깊게 전할 것인가에 대하여 고려하여야 한다. 특히, 자신이 먼저 강렬하게 느끼고 깊이 생각하는 바가 있어야 하고, 진정에서 우러나오는 정직한 내용이었을 때 독자를 사로잡을 수가 있다.

모든 내용이 독창적으로 이루어진 글이면 좋겠지만 필요에 따라서 남의 글을 인용하는 경우가 흔하다. 이 경우에는 출처를 분명히 밝혀야 한다. 실제 사용한 어구, 문장, 단락이나 통계, 그림, 예문 등을 직접적으로 따온 글은 물론이거니와 남의 독창적인 견해나 이론을 참조하여 설명하거나 개조하여 기술하는 간접적 인용도 그 출처를 밝히는 것이 바람직하다.

예문 활용

1. <예문1>과 <예문2>를 읽고 이 글의 충실성에 대하여 간단히 써보자.

2. <예문3>은 <국립국어원(김문오), '좋은 글의 요건'>에서 따온 것이다. 이 보고서에서 기술한 아래 (설명)을 참조하여 두 편의 글을 읽어보자.

(설명) 만약 '행복'에 대해 자신의 생각을 담아 200자 원고지 4장 정도의 분량으로

수필을 쓰라고 조건을 제시했다면 누구든지, ㉮와 ㉯ 중 ㉮가 좋은 글이라고 평할 것이다. ㉯는 행복에 관하여 쓴 글임이 분명한데, 행복에 대한 어떤 메시지도 전달하지 못한다. 내용이 없어 공허하다. 이에 비해 ㉮는 각 단락의 내용이 알차다. 즉, '①행복의 파랑새 이야기, ②행복의 본질---소박과 겸허, ③본질의 강조, ④요약적 결말'의 순서로 행복은 소박하고 겸허한 일상의 삶 속에 있다는 내용을 전개했다. 소박한 행복관을 충실하게 담아 전하는 감동적인 글이다.

예문 1

누구에게 기대어 위로받고 싶거나 스스로 무너질 때 차오르는 비애를 기도하듯 쓰다 보면, 바람은 잔잔하여지고 삶의 구실을 찾을 수 없었다. 그렇게 시작한 글이다. 친구이듯 스승이듯 붙잡아 주고 다독여 준 수필, 그래서 엄격하게 이렇게 저렇게 써야 한다고 주문하지 않았다.

어떻게 쓰느냐보다 무엇을 쓰느냐에 마음을 쓴다. 글감이 진국이면 표현이나 구성에 다소 무리가 있다 해도 전달되는 공감은 컸다. 그럼에도 불구하고 써갈수록 까다로워지고 모르게 되는 까닭은 무엇일까.

나는 수없이 흔들리며 글을 쓴다. 그것을 미완(未完)의 허무라고 생각한다. 개인의 감성, 체험, 지식, 사유를 동원하여 쓰지만, 써놓고 보면 미흡하기 짝이 없다.

글 쓸 때의 유의점은 나 자신에게 정직하려고 노력한다. 작가는 자신만큼의 글을 쓴다. 잘 쓰려고 애쓰는 대신, 나의 렌즈를 통해서 느껴지는 것을 담담하게 쓰고자 한다. 감추지 말고 자신의 부족한 면까지 성찰하고 고백하는 과정을 거치면서 수필은 곧 그 사람이 된다. 그런 면에서 수필은 나에게 허구를 허락하지 않고, 인격적인 만남을 요구한다.

문장은 소박하고 되도록 쉽게 쓰고자 한다. 편견이 아닌 보편적인 진실의 모습을 나의 사유로 걸러 나의 그림으로 형상화하려 한다.

- <반숙자, '혼으로 쓰는 글'>에서

예문 2

'길가 하찮은 돌멩이도 연분이 있어야 찬다.'라는 우리 속담이 있다. 그러고 보면 만물의 영장이라 하는, 한 생명의 탄생과 존재는 결코 가벼이 볼 수 없는 크나큰 은혜요, 역사요, 존엄함이 깃들어 있다. 더욱이, 내 가까이 있는 가족과 이웃, 동료와 지기라면 그 인연이 깊디깊을 수밖에 없다. 서로를 존중하고 사랑해야 할 원리가 어쩌면 여기에 있지 않을까? 내 스스로의 생명과 타인의 생명에 대한 가치를 귀중하게 여기는 것은 어떤 사랑의 원리보다 우선함은 말할 것도 없다.

일전에 몇 건의 자살 보도가 있었다. 가족 동반 자살 또는 미수에 그친 몇 건은 비참하다 못해 몹시 괘씸했다. 자살 인터넷사이트 사건도 경악케 했다. 통계청이 발표한 '2002년 사망원인 통계결과'에 따르면, 인구 10만 명당 20대는 12.5명, 30대는 18.6명으로 사망원인 중 2위를 차지했다. 전체 순위에서도 자살은 92년 9.7명에서, 2002년 19.13명으로 두 배 가량 증가한 셈이다.

지구상에서도, 자살은 인간의 10대 사인의 하나로 매일 약 1천 명씩 자살로 인생을 끝낸다고 한다. 실존주의 태동을 알린 키에르케고르는, 자살은 진정 절망해본 자의 소행이 아니라 했다. 자살의 정서가 일반적 절망감, 무력감, 현실 도피라는 게 정신병리학자들의 공통된 견해다. 여기에 더 보태면, 신의 섭리라 할 만한, 수많은 생명의 인연에 대한 배신행위다. 그러하니 타인의 목숨을 빼앗는 일이야말로 신의 섭리에 대한 더욱 악독한 배반일 수밖에 없고, 아무리 부모라 할지라도 동반 자살로 자녀의 목숨을 앗을 권리는 더더욱 없다.

프랑스 사회학자 듀겜(Durkheim)은 사회적으로 고립(anomic현상)되었거나 융화하는 정도가 스스로 부족하여 이기적인 자살(egoistic suicide)을 하는 경우가 일반적인 자살의 유형이라고 밝히고, 개인의 건강한 정신과 사회의 관심을 촉구한 바 있다. 한국은 경제가 어려운 시기와 4계절 중에는 봄시름(春愁) 탓인지 늦은 봄에 자살이 많다 한다. 이러한 시기에, 이래저래 생명 경시의 풍조를 일소하기 위해서는 무엇보다 인간자신의 존재 가치에 대한 올바른 인식과 강인한 생명력이 필요한 때가 아닌가 한다.

– <이하(李夏), '생명과 인연'>에서

예문 3

㉮ 내용이 충실한 글

파랑새를 구하려고 긴 여행을 하는 틸틸 미틸은 겹겹이 쌓인 고난을 겪은 뒤에, 행복의 '파랑새'가 실은 자기의 마음속에 있다는 것을 알았다. 얼마나 허망한 결말이냐고 사람들은 생각할는지 모른다. 그러나 행복이란 원래 그러한 것이다.

행복은 언제나 소박하고 겸허하다. 그러므로 우리는 행복과 함께 있어도 그것을 느끼지 못할 때가 많다. 만일 화사한 옷을 입고 빙그레 웃는 자가 있다면, 그것이야말로 경계하여야 한다. 그것은 행복이 아니고 악마의 화신(化身)이니까. 겉으로 보기에는 행복은 유순하지만 기실(其實) 엄격하다. 맹목적으로 자신을 사랑하는 어머니 같이 행복은 무엇이든 주는 것은 아니다.

그러므로 차고 넘치는 곳에 원래 행복은 존재하지 않는다. 득의의 절정에서 행복에 도취하는 우둔함이여!

행복은 화려한 것을 싫어하고 소란을 미워한다. 행복은 우리들로 하여금 기뻐 날뛰게 하는 말은 하지 않는다. 그러므로 행복과 함께 있다는 것은 때로 평범하고 권태롭다. 그러나 그 평범과 권태가 변하여 파란 많은 거친 생활이 시작되었을 때, 사람들은 비로소 행복이 무엇이었던가를 깨닫는 것이다.

우리는 너무 많은 것을 바라서는 안 된다. 행복은 아무 데나 있다. 우리들의 어제의 생활에는 행복이 있었다. 우리의 내일의 생활에도 그것은 있을 것이다. 그것을 잡느냐 못 잡느냐는 우리 자신의 마음 하나에 달려 있다.

㉯ 내용이 충실하지 않은 글

행복이란 무엇인가? 나는 이 문제를 두고 하루 종일 생각에 잠긴 일이 있다. 세상에는 행복한 사람과 행복하지 않은 사람이 있다는 사실에 대해서도 깊이 생각해 본 일이 있다. 그러나 행복이라는 게 그렇게 쉬 이해되지 않는다는 사실에 나는 놀라움을 금치 못하였다. 행복이란 무엇인가? 이것은 대답하기 매우 어려운 물음이다. 행복한 사람은 행복하게 살지어다. 불행한 사람은 행복해질지어다.

3 독창성

아류(亞流)라는 말이 있다. 이는 작품이나 학문 등에서 자신의 개성과 참신한 시각을 드러내지 못하고 그저 모방하거나 기존의 것을 답습하는 것을 말한다. 이러한 아류나 고정 관념, 일반적인 상식에서 벗어나 글쓴이가 개성적인 창의성을 발휘하는 것을 독창성이라 한다.

독창성이 있는 글은 남과 다른 새로운 해석이나 생각이 반영되어 그만큼 참신하다. 우리가 일상적으로 흔한 사물을 만났을 때는 흥미나 호기심이 발동하지 않는 것처럼 글도 마찬가지다. 러시아 형식주의 문학가들이 창작을 일컬어 '낯설게 하기'라 한 것은 낯선 사물을 만난 것처럼 새로움을 느끼게 하는 행위로 보았기 때문이다. 독창성은 모든 사물과 현상을 주의 깊게 관찰하고 사색하며 상상력을 발휘하여 이를 새롭게 보려는 관점에서부터 시작된다.

실제로 우리가 글을 쓸 때, 모든 것을 새롭게 발견한 사실을 쓰거나 자신만의 독창적인 경험이나 착상, 견해, 이론만으로 쓸 수는 없다. 남의 견해를 빌려 오기도 하고, 주변의 일상적인 사실을 쓰기도 한다. 다만 이러한 경우에는, 일부분 남과 다른 생각이나 느낌이 반영되어 있거나 사실을 새롭게 조직하거나 자기만의 개성적인 표현 방법을 가지고 있어야 독창성으로 인정된다.

비단 주제와 관련한 내용뿐만 아니라 구성, 표현 기법 등 형식이 참신한 것도 독창성에 해당한다. 이상의 수필 「산촌 여정(山村餘情)」에 나오는 '옥수수밭은 일대관병식(一大觀兵式)입니다.'라는 표현이나 이육사의 시 「절정」에 나오는 '겨울은 강철로 된 무지갠가보다.'라는 표현은 독창적인 표현이다. 만약 어떤 이가 '수수 대궁은 군대 사열식이다'라든가, '엄동설한은 무쇠로 된 아지랑이'라고 했다면, 표현이 달라졌다하더라도 앞의 두 작품을 모방한 것으로 여길 것이다. 또, '세계 평화는 인류 모두의 염원이다.'와 같은 주장은 당연한 상식이다. 특별히 참신한 착상으로 글을 전개하거나, 독특하고 개성적인 표현이 따르지 않는 한 좋은 글이 될 수 없다.

아래 두 글을 비교해보자.

> (가) 주인의 뒤를 따라 석양에 보도 위를 걸어가는 어린 염소의 검은 모습은 슬프다. 짧은 다리에 뒤뚝거리는, 굽이 높아 전족한 청녀의 쫓기는 종종걸음이다. 조그만 몸집이 달달거려 추위 타는 어린애 모습이다. 이상스럽게도 위로 들린 짧은 꼬리 밑에 감추지 못한 연하고 검푸른 항문이 가엾다. 수염이라기에는 너무나 앙징한 턱밑의 귀여운 수염, 그리고 게다가 이따금씩 어린애 목소리로 우는 그 울음. 조물주는 동물을 점지할 때, 이런 슬픈 유형도 만들어 놓았던 것이다. -<윤오영, '염소'>에서

> (나) 까만 염소가 봄이 오는 들판에서 풀을 뜯고 있었다. 어린 새끼들도 어미의 뒤를 따라서 풀을 먹는다. 들판에는 파릇파릇 새 풀이 돋아나 염소 가족들이 먹이를 먹는데 매우 좋아서 새끼들도 음메하면서 서로 먹이를 먼저 차지하려 한다. 염소는 어미를 묶어 두면 새끼들은 도망가지 않고 어미 주변을 맴돌면서 풀을 뜯거나 서로 저희들끼리 논다. -<학생글>

위 글은 다같이 염소를 소재로 하고 있다. 누구나 대하는 동물이어서 새로울 것 없는 소재이다. 그러나 (가)의 글은 새롭고 독특한 시각이 반영되어 있는 반면, (나)의 글은 보편적인 시각을 드러내고 있다.

글의 독창성은 정보성(informativeness)이 풍부하여야 한다. 정보성이란, 새로운 정보를 담아야 한다는 것이다. 만약, 글에 담겨진 내용이 모두 진부하거나 아는 것이라면(또는 완전히 이해하지 못할 내용이라면) 정보적 가치는 없다. 글 (나)가 글 (가)에 비해 독창성이 떨어지는 것은 이 때문이다.

예문 활용

1. <예문1>은 문화의 본질에 관한 글이다. 남과 다른 새로운 통찰력을 바탕으

로, 1998년에 있었던 문화 행사를 비판하고 있는 글이다. 문화의 본질성을 따져 문화 행사를 관찰하고 생각함으로써 문화행사의 바람직한 방향을 간접적으로 제시하고 있다. 물론 글쓴이의 시각에 동의하지 않은 사람도 있을 것이다. 그러나 글쓴이는 자신의 견해에 동의하도록 차근차근 본질을 따져 논리적으로 문제점을 제시하고 있고, 개성적인 자신의 가치관으로 본령을 설파하고 있다는 점에서 독창성 있는 글이 되었다.

2. <예문2> '콜럼버스의 달걀'에 대한 우리가 일반적으로 알고 있는 상식은 발상의 전환과 새로운 시도라는 점에서 좋은 예로 여긴다. 이 글쓴이는 이를 역으로 생각하여 타원형인 달걀을 깨어서라도 세우는 것은 반생명적 논리이며 제국주의적 폭력이라고 보고 제국주의의 인위적이고 강제적인 침탈을 비판하고 있다. 그야말로 새로운 발상의 전환을 보여주고 있다.

   이러한 발상은 깊은 사색만으로 이루어지는 것은 아니다. 글쓴이는 상당한 생물학적 지식과 제국주의에 대한 지식을 가지고 있음에 주목해야 한다. 그리고 독자들이 동의할 수 있도록 유도하는 개성적인 진술 방법을 통하여 하나하나 '콜럼버스의 달걀'의 모순을 논리적으로 기술하고 있는 것이다.

예문 1

돈 몇 푼에 문화를 포기하는가

사방에서 문화라는 말이 들려온다. 김대중 대통령도 '문화 대국'을 수립하겠다는 포부를 선거 공약으로 내세웠다. 그러나 김대중 정부의 문화에 대한 시각은 '문화관광부'라는 이상한 직제의 등장으로 그 전모를 드러내었다. 그러나 어쨌든 시늉으로라도 문화 정책을 선거 공약에 포함시킬 정도는 됐다. 피상적으로나마, 문화에 관심을 가지지 않으면 미래를 준비하기 힘들다는 것을 정치가들마저 인식했다는 것은 어쨌든 고무적인 현상임에 틀림없다.

그러나 IMF 충격 때문에, 문화에 대한 논의는 뒷전으로 밀려난 느낌이 없지 않다. 모든 논의가 경제 논리 중심으로 흘러가고 있다. 그럼에도 불구하고 이상 현상이 발견되고 있다. 사방에서 대규모 문화 이벤트들이 기획되고 있는 것이다. 완전한 실패로 끝나고 말았던 제주 '세계섬축제', 9월-11월에 열릴 예정인 '98 경주세계문화엑스포' 등 무려 백억 대의 예산이 투입되는 행사들이 줄줄이 기획되고 있다. 이러한 대규모 행사 말고도 소규모의 문화 이벤트들도 끊임없이 기획되고 있다. 외형적으로 보면, 문화가 뒷전으로 밀리고 있다는 푸념은 엄살인 것처럼 보일 지경이다. 그러나 안을 들여다보면, 이러한 행사의 내용이라는 것이 빈약하기 이를 데 없고, 운영 실태도 엉망이다. 문화 입국은커녕 국제적인 망신만 당하고 있다. 세계 최초의 섬문화 올림픽이라는 구호를 내걸고 1백25억 원의 예산을 쏟아부었던 제주도의 '세계섬축제'는 약 25억 원의 적자만 보고 끝났다. 건설 공기에 쫓겨 부실하게 공사한 행사장 내 식당동 일부가 무너져내리고, 주최측의 준비 부족으로 많은 공연이 취소되는 등 민망한 모습이 속출했다.

'경주 엑스포'도 걱정스럽기는 마찬가지다. 이 행사 역시 국고 보조금 1백20억 원을 포함해서 3백74억 원을 쏟아부을 예정이지만, 벌써 우려의 목소리가 높다. '새 천 년의 미소'를 주제로, '전승·융화·창조'를 부주제로 택하고 있지만, 행사 내용 어디에도 이 주제를 드러내는 요소가 뚜렷하게 감지되지 않는다. 대부분의 행사가 유치한 볼거리 위주로 짜여 있다. 결국, 문화는 뒷전이고 이를 빌미로 경주를 개발하려는 업자들의 농간에 지방자치단체가 놀아나는 것이 아닌가 하는 우려를 금할 수 없다. 행사 성격으로 미루어 보건대, 행사가 끝난 뒤, 경주는 오히려 천년 고도의 신비를 잃고 싸구려 놀이 공원으로 전락할 가능성이 많다. 무엇보다 심각한 것은, 마구잡이로 진행되는 개발에 중요한 문화재들이 훼손되고 있다는 사실이다. 문화를 빌미로 문화가 파괴되는 형국이다.

이러한 모든 행태는 결국 천박한 문화 마인드에서 생겨나는 일이다. 문화를 통해 당장 돈 벌 궁리만 하는 것이다. 21세기에 문화가 중요해진다는 사실은 문화가 부가가치가 높은 상품이 된다는 의미만은 아니다. 그것은 앞으로는 삶의 여러 요소들 중에서 실제적인 경쟁력을 가지게 된다는 뜻이다. 그 경쟁력은 졸속으로 주물럭거려서 행사를 유치하고, 나라 전체를 싸구려 놀이판으로 만들어 세계인들 앞에 전시하는 것으로 생겨나지 않는다. 그래

봐야 푼돈밖에 벌지 못한다. 진정한 경쟁력은 우리가 진정으로 매력적인 삶의 방식을 세계인에게 제공할 수 있어야 비로소 생겨난다. 그것을 제공할 수 있으면, 돈은 자연스럽게 벌어진다. 그렇지 않고는 아무리 행사를 벌리고 법석을 떨어 봐야 세계인의 주머니 속에서 돈을 꺼낼 수 없다. 우리끼리 이 주머니에서 저 주머니로 돈을 옮겨담을 뿐이다. 그리고 삶의 질은 조금도 높아지지 않는다.

3공화국 이래로 우리 사회는 '하면 된다'는 엉터리 소신주의가 자리잡았다. 그러나 적어도 문화는 '하면 되는' 것이 아니다. 그것은 찬란한 인문학적 분석력과 맥락에 대한 명확한 인식을 가지고 '제대로 하는' 오랜 각고의 노력을 필요로 한다. 돈벌이는 나중의 일이다. 정신에 월반은 없다. 천천히 가자.

- <김정란, 교수신문, 1998년 8월 31일>에서

예문 2

콜럼버스여, 달걀 값 물어내라

어떤 기업 광고에서 '콜럼버스의 달걀'을 소재로 삼아 상식을 뛰어넘는 발상의 전환을 강조하는 것을 보았다. 콜럼버스의 아메리카 대륙 상륙이 뭐 별거냐고 시비가 붙자 즉석에서 달걀 세우기 논쟁이 벌어졌다. 콜럼버스가 달걀을 집어 들고 퍽 하니 그 밑동을 깨고 세웠다는, 소문으로 전해지는 유명한 이야기다. 이 이야기에는 일이라는 것이 해놓고 보면 별것 아니 듯싶지만 언제나 '최초의 발상 전환'이 어렵다는, 매우 자존심 강한 메시지가 담겨 있다.

그런데 우리는 이 콜럼버스의 달걀에 대하여 문제성을 느껴본 적은 없는가. 그 기업과 광고 작성자에 대해 비판하려는 것이 아니라 우리의 문명사적 의식 전반에 깔린 무의식의 성격에 문제를 제기해보려 하는 것이다. 여기서 주목하고자 하는 점은, 콜럼버스의 달걀이 이제는 상식을 넘는 발상이라기보다는 도리어 그것이 상식이 되어버린 역사적 과정과 현실이다.

달걀의 겉모양은 어떻게 생겼는가? 그것은 타원형이다. 애초에 세울 이유가 없도록 설계되어 있는 것이다. 둥지에서 구르더라도 그 둥지의 반경을 벗어나지 않도록 고안된 생명의 섭리가 담겨 있다. 만일 원형이었다면 굴렀을 경우 자칫 둥지에서 멀리 이탈되어 버리기 십상이다. 각이 졌다면 어미새가 품기 곤란했을 것이다 타원형은 그래서 생명을 지키는 원초적 방어선이다.

따라서 달걀을 세워보겠다는 것은 그런 생명의 원칙과 맞서는 길밖에 없다. 먹기 위해서가 아니라면. 둥지에서 벗어나지 않도록 만들어진 생명체를 자신이 원하는 자리에 고정시켜 장악해야겠다는 생각이 콜럼버스의 달걀을 가능하게 만드는 뿌리이다. 그래서 그것은 상식을 깬 발상 전환의 모델이 아니라, 생명을 깨서라도 자신의 구상을 달성하겠다는 탐욕적·반생명적 발상으로 확대된다.

실로 콜럼버스와 그의 일행은 카리브 해안과 아메리카 대륙에 상륙해서 자신들이 원하는 금과 은을 얻기 위해 무수한 생명을 거리낌없이 살육했다. 결국 콜럼버스의 달걀은 서구의 제국주의적 팽창 정책을 뒷받침하는 사고의 원형이 된다. 그것이 전개되는 과정에서 아시아·아프리카·중동 등지에서 얼마나 많은 생명이 이런 식으로 무지막지하게 달걀 세우기를 당했는지 모른다. 우리도 그 가운데 하나다.

콜럼버스의 손에서 달걀이 지표면에 내리쳐지기까지의 거리는 짧고 그 힘은 개인에게 한정되어 있지만, 그 거리와 힘 속에는 제국주의라는 문명사적 탐욕이 압축되어 있었던 것이다.

오늘날 이 달걀 세우기는 콜럼버스 시대 이후 여러 가지 변형된 모습으로 우리의 삶을 지배하고 있다. 그래서 가령 인간의 탐욕을 채우기 위해서는 지구의 생명이 파괴되는 것이 문제가 아니며, 지식수준만 높이면 된다는 교육관이 아이들의 정신 생명을 시들게 해도 무감각하며, 기득권을 독점하려는 생각은 국민의 정치 생명을 상처 내는 현실을 끊임없이 만들어내고 있다. 또한 팔아먹기만 하면 된다는 발상들은 음란물을 양산하여 인류의 문화 생명 그 밑동을 으스러뜨려 놓고 있다. 폐수로 범벅이 되었다는 한탄강의 비극은 이런 달걀 세우기의 상식이 도달하는 운명적 종착역이다.

정작 오늘날 필요한 발상의 전환은, 달걀을 어떻게 하면 세울 수 있을 것인가라는 질문에 갇혀 그 답을 모색하는 일에서 가능한 것이 아니라, 달걀의 모양새가 왜 타원형인가를 진지하게 묻는 일에서 시작된다. 원래의 타원형을 지키는 새로운 노력이 '오늘의 상식'을 깨지 못할 때 생명의 신음 소리는 도처에서 계속 들리게 될 것이다. 그리고 그것은 다름아닌 우리 자신의 죽음으로 다가오게 된다. 바로 이러한 문명사적 위기를 극복하려는 마음이야말로 진정한 발상 전환의 출발점이 아닌가.

– <김민웅, '콜럼버스여, 달걀 값 물어내라'>에서

4 명료성

명료성이란, 좁게는 어휘나 문장, 넓게는 전체 글이 알기 쉽고 분명하며 뚜렷한 뜻을 지니는 것을 말한다. 난해하거나 모호한 표현은 독자로 하여금 피곤하게 만들며 정확한 의사소통을 불가능하게 만든다. 따라서, 글을 쓸 때는 무엇을 말하고 있는지, 뜻을 선명하게 전달하고 있는지가 중요하다. 물론 초현실주의 경향과 같이 글에 따라서는, 글쓴이가 의도적으로 모호하게 표현하는 경우도 있고, 시인의 독특한 직관이나 사상가들의 깊은 사유는 평이한 기술만으로 이루지는 것은 아니다. 그러나 대개의 글은 이해하기 쉽게 효과적으로 뜻을 전달하고자 한다. 특히, 실용문일 경우에는 전하고자 하는 바가 더욱 분명한 글이 되어야 한다. 다만, 전문적인 글이나 문예문의 경우 뜻이 명료하게 전달되지 못한 원인이 글쓴이에 있는가, 독자에게 있는가라는 점은 생각해 볼 일이다. 독자가 관련 지식이 부족하거나 독해 능력이 미흡한 경우도 있기 때문이다. 그렇지 아니한 사람이 불확실하게 받아들이거나 무슨 뜻인지 이해하지 못했을 때, 그 글은 명료성을 갖지 못한 글이라고 볼 수 있다.

다음의 글은 문법 구조상으로는 크게 오류가 없음에도 전체적으로 무슨 말을 하고 있는지 알 수가 없다. 웬만해서는 의미가 잘 통하지 않는다.

과학이 사물 현상에 대한 설명 즉 이론인데 반해, 기술은 그러한 이론의 구체적인 응용이므로, 일상생활이 구체적 실현이라는 점에서 기술이 과학보다 생활과 좀 더 가깝기는 하지만, 과학도 생활과 뗄 수 없는 관련을 맺고 있음을 알 수 있다.

또 철학은 평범한 것에 대한 경이(驚異)에서 출발하는데, 아리스토텔레스가 논술한 바와 같이, 이 경이를 통과해서 우리는 지혜를 갈구하기 시작하는 것이지만, 이렇게 해서 철학은 마침내 발걸음을 내디딜 뿐 이것이 철학의 전부는 아니다.

의미가 모호한 이러한 글은 자기의 생각이나 표현 의도에만 집착하다가 자신의 논리를 억지로 꿰어 맞춘 경우이거나, 미처 정리하지 못한 생각을 순간적으로 떠올린 어휘나 문장으로 구사했기 때문이라 할 수 있다. 의외로 지식인의 글이나 논문에서 종종 만나는 사례이다. 글을 다 쓰고 난 뒤, 바로 퇴고하는 것도 중요하지만 얼마간의 시간이 지난 후 객관적으로 글을 읽어보고 모호한 표현을 수정하는 것은 명료성을 지니기 위한 한 방법이기도 하다.

글이 명료하지 못한 까닭을 대체로 정리하면, 애매모호한 표현, 불분명한 어휘 선택이나 지시, 문법적 오류(가령 주어와 서술어 관계의 부정확성, 수식어와 피수식어 간의 뒤바뀐 어순, 기타 비문법적 문장 구조 등), 잘못된 구성, 자연스럽지 못한 전개에서 비롯된다.

가) 철수는 아버지께 편지를 드렸다. <u>그는</u> 진심을 알게 된 것이 기뻤다.
나) <u>아름다운</u> 그녀의 손에 잡힌 꽃은 두 송이었다.
다) 손님이 <u>다</u> 오지 않았다.
라) 교회가 <u>크다</u>.

위의 가)에서 기뻐한 사람이 철수인지 아버지인지 알 수가 없다. '그는'이라는 지시어가 누구를 지시하는지 모호하기 때문이다.

나)는 세 가지로 해석된다. 수식의 관계가 불분명하기 때문이다.

→ 아름다운 그녀가 손에 잡은 꽃은 두 송이었다.

→ 그녀의 아름다운 손에 잡힌 꽃은 두 송이었다.

→ 그녀의 손에 잡힌 아름다운 꽃은 두 송이었다.

다)는 부사어 '다'는 부정의 대상이 되기도 하고 안 되기도 하여, 두 가지로 해석될 수 있어 뜻이 명료하지 않다.

→ 손님이 온 사람이 하나도 없다.

→ 손님이 다 오지는 않았다.

라)는 무엇이 얼마만큼 큰지 구체적이지 않다.

→ 교회 건물이 마을 회관보다 크다.

이처럼 지시나 의미, 정보가 불분명했을 때 글이 명료하지 못함을 알 수 있다. 그러므로 지시하고자 하는 대상은 독자들이 혼동하지 않도록 분명하게 지시하고, 수식어는 꾸미고자 하는 말에 앞서 배치하는 것이 좋다. 성질이나 상태는 그 정도를 구체적으로 제시하는 것이 바람직하다.

또한, 앞서 설명한 상황성이 잘 갖추어져 있지 않거나, 앞으로 다루어질 적절성, 완결성, 통일성, 일관성이 없어도 무엇을 말하고 있는지 모호할 때가 있다. 특히, 표현의 정확성과 밀접한 관계가 있어 문법적인 규범에 어긋난 표현은 어휘나 문장의 명료함이 떨어진다. 가령, 문장 성분 간의 호응 관계를 잘 지키지 못했을 때 수식 구조에서 발생하는 모호성을 피하기 어려운 경우가 그것이다.

몇 가지만 예를 들어보자.

예문 활용

1. <예문1>과 같은 오류로 인하여 명료성이 훼손되는 예를 찾아보자.
2. <예문2>를 읽고 바른 어법 사용에 대하여 생각해보자.

3. <예문3>에서 (가)와 (나)는 같은 내용을 가지고 글을 쓴 경우이다. 어느 글이 더 잘 쓴 글인지 판단해보자.

예문 1

(가) 지시 대상이 불분명하거나 서술어의 호응이 분명하지 않음.

○ 학교가 끝나고 차가 막혔을 경우 전철을 이용했다.
→ 학교 수업이 끝나고 길이 막혔을 때 전철을 이용했다.

○ 이 광고지는 우리 회사에서 제작하여 전 점포에 배포하였습니다.
→ 이 광고지는 우리 회사에서 제작하여 전 점포에 배포한 것입니다.

○ 오직 나는 올해 계획한 바대로 실천한다.
→ 나는 올해 계획한 바대로 오직 실천할 뿐이다.

○ 동남아시아는 석유의 매장량이 그리 많지 않을 뿐만 아니라 일부 나라에만 국한된다.
→ 동남아시아의 석유 매장량은 그리 많지 않을 뿐만 아니라 일부 나라에만 국한된다.

○ 우리는 그 단체의 등록을 인정하지 않았고, 결국 다음해에 해산하고 말았다.
→ 우리는 그 단체의 등록을 인정하지 않았고 그 단체는 결국 다음해에 해산하고 말았다.

○ 농약을 섞은 용기라면 사용 시는 반드시 사람의 손길이 닿지 않은 곳에 보관할 것.
→ 농약을 섞어 사용한 용기는 사용 후 반드시 사람의 손길이 닿지 않은 곳에 보관할 것.

○ 한번 오염된 호수가 다시 깨끗해지려면 많은 비용과 시간이 든다.
→ 한번 오염된 호수가 다시 깨끗해지려면 많은 비용이 들고 시간도 많이 걸린다.

○ 예전부터 그 사람은 일을 잘 처리해 왔다는 것은 회사가 인정하도록 회사에게 건의해야 한다.

→ 예전부터 그 사람이 일을 잘 처리해 왔다는 것은 회사가 인정하도록 회사에 우리가 건의해야 한다.

(나) 어렵거나 잘못된 낱말을 남용함.

○ 위험을 지득(知得)한 업무자는 고객에게 먼저 통로를 피양(避讓)하여야 한다.

→ 위험을 안 회사원은 고객에게 먼저 피신할 통로를 양보하여야 한다.

○ 흐린 날씨지만 관중의 숫자가 늘고 있습니다.

→ 흐린 날이지만 관중의 수가 늘고 있습니다.

(다) 뜻이 겹치거나 비논리적인 통사문.

○ 나이가 연만한 분이 최우수상 시상을 받으셨습니다.

→ 나이가 드신 분이 최우수상을 수상하셨습니다.

○ 실내 체육관에서 태권도 시범을 보인다.

→ 체육관에서 태권도를 시범한다.

○ 너무 기뻐서 작은 대문까지 맨발 벗고 마중했다.

→ 아주 기뻐서 작은 앞문까지(또는 대문까지) 맨발로 마중했다.

(라) 시제를 잘못 표현함.

○ 격주 토요일 휴무제인데 지난주가 노는 날이니까 이번 주에는 근무해야 해.

→ 격주 토요일 휴무제인데 지난주가 놀았던 날이니까 이번 주에는 근무해야 해.

(마) 수식어의 순서가 잘못 배열됨.

○ 누구나 사람들은 평등해야 하고 자유를 똑같이 누려야 한다.

→ 사람들은 누구나 평등해야 하고 똑같이 자유를 누려야 한다.

○ 무한 경쟁 시대를 대비하여 전 직원이 철저한 현대적 사고를 지녀야 한다.

→ 무한 경쟁 시대를 대비하여 전 직원은 현대적 사고를 철저히 지녀야 한다.

○ 이런 경찰의 발표는 논리에 맞지 않는다.

→ 경찰의 이런 발표는 논리에 맞지 않는다.

예문 2

우리들이 사용하는 말에는 미처 깨닫지 못하는 가운데 어법에 어긋난 말들을 종종 사용하게 된다. 더러는 발음이 잘못되거나 어휘가 부적절하게 쓰이거나 또는 어휘들이 중복된 것, 불필요한 성분들이 첨가되어 모호문이 된 것들이 사용되고 있다. 이러한 현상은 아동들에게뿐 아니라 대학생이나 일반인에게서도 마찬가지다. 더욱 염려되는 것은 이러한 비어법적인 언어를 쓰면서도 별로 수치심을 느끼지 않는다는 것이다. 이것은 비문들에 대한 관심의 부족과 우리말에 대한 애정의 결핍 때문으로 보인다. 따라서 비문을 걸러내고 고치는 일은 한 개인에게는 물론, 바람직한 사회를 형성하는데 크게 기여할 것이다.

– <정길남, '국어 오류분석'머리말>에서

예문 3

(가) 협상을 앞두고 급속하게 협상 전략을 마련한 회사측은 오히려 별 수 없이 상대방이 저자세로 나올 수밖에 없다는 느긋한 분위기. 관계자의 말을 인용하면 자신의 견해라는 것을 전제로 하면서 '최소한 우리가 원하는 안은 협상 목표를 이루지 못하더라도 그들을 협상 테이블로 불러들이는 것만으로도 완성하는 것이니 어느 결론이 나더라도 괜찮다고 동의하는데, 그 쪽이 우리의 요구를 받아들이겠다고 하면 더 나아간 진전을 보여 준 것이며, 상호 발전적인 협상'이라고 언급했다. 회사측은 회담 자체 문제에 관해서 긍정적으로 받아들이고 있는 것이었지만 결과는 회담 거부였다.

(나) 협상일이 임박해서야 협상 전략을 부랴부랴 마련한 회사 경영진은 협상이 거부되기 전까지는, 오히려 노동조합이 협상을 원하는 것으로 오판했다. 그 당시, 경영진 중 한 사람은 '우리는 원하는 안을 이루지 못하더라도 그들이 협상에 응하는 것만으로도 최소한의 목표를 이룬 것

이니 어떤 결론이 나더라도 괜찮다. 그 쪽이 우리의 요구를 받아들이겠다고 하면 더 큰 진전이겠으나 어떤 결론이 나더라도 협상 그 자체가 상호 발전에 도움이 될 것'이라고 했다. 물론 개인적인 견해라고 전제하였지만, 당시 경영진이 협상에 임하는 태도를 읽을 수 있는 부분이다. 그러한 안일한 태도가 결국 협상 거부라는 결과를 불러왔다.

5 적절성

어떤 행사에 참가했을 때 축사나 격려사가 지나치게 길어 지루했던 경험들이 있을 것이다. 글쓰기를 할 때도 강조하지도 않아도 될 말을 중복하거나 주제와 거리가 먼 화제를 장황하게 늘여 놓는 것은 글을 지루하게 만든다. 말하자면, 가장 적은 노력으로 가장 큰 효과를 얻고자 하는 경제성의 원리가 글에서도 필요한 것이다.

옛날에 문자 잘 쓰는 사람이 호랑이가 와서 자기 장인을 물어가는 것을 보고 소리쳤다.

'원산(遠山)의 호랑이가 근산(近山)에 와서 오소장인(五小丈人)을 착거(捉去)하니, 유장자(有杖者)도 내(來)하고, 유검자(有劍者)도 내(來)하라.'

그러나 동네 사람들은 그 말의 뜻을 몰라 아무도 쫓아나가지 않았다. 마을 사람들은 그가 장인이 호랑이에게 물려가는 것을 보고도 가만히 있었다고 관에 고발을 했다. 그 사람은 옥에 갇혀 있으면서도 문자만 써서 사람들의 빈축을 샀다.

- <충남 지방 채록 민담>

위의 상황에서 아마도 "호랑이가 장인을 잡아 갔으니 모두 도와주세요!"라고 소리쳤더라면 옥에 갇히지도 빈축을 사지도 않았을 것이다.

적절성이란 불필요한 내용을 줄이고, 상황을 고려하여 의미 전달을 효과적으로 하는 것을 말한다. 불필요한 내용을 줄이기 위해서는 동어 반복, 무의미한 말은 피한다. 그리고 지나친 미사여구(美辭麗句)나 뜻을 선명하게 전달할 수 있는 정확한 어휘를 선택하여 최소한의 말로 표현하고, 에둘러 표현하지 않아야 한다. 문장 또한 가능한 간결하게 쓰는 것이 중요하다. 그렇다고 지나치게 단조롭게 표현하는 것도 삼가야 한다. 상황을 고려해야 하는 것은 (앞에서 살펴본 '상황성' 참조) 주제나 독자 수준 등에 맞는 단어를 선택하거나 격언, 속담, 명언이나 고사성어, 비유, 인용 등을 적절히 사용하여 독자가 공감하거나 잘 알아듣도록 효과적으로 전달하기 위해서다. 글의 적절성은 글을 담백하고 명료하게 하는데 기여한다.

예문 활용

1. <예문1>은 적절한 예화를 통하여 글쓴이의 의도를 분명하게 드러내고 있다.
2. <예문2>는 대학교의 학위수여식 격려사이다. 모교의 이념을 강조하면서 사회 진출에 앞서 지녀야 할 정신과 태도를 일목요연하게 당부하고 있다.

예문 1

성 프란체스코는 엄격한 금욕주의를 실현했던 성자이다. 어느 날 제자들과 금식기도를 하기로 했다. 예수께서 40일 금식기도를 하셨으므로 프란체스코와 그의 제자들도 주님과 똑같이 40일 간을 하기로 했다. 다만 보다 어려운 훈련을 하기 위하여 음식을 앞에 놓고 하기로 하였다.

처음에는 모두 잘 견뎠다. 그러나 날이 갈수록 구수한 음식 냄새가 코를 찔러 정말로 견디기가 어려웠다. 그럼에도 불구하고 프란체스코와 그의 제자들은 잘도 참아냈다. 전연 흐르지 않을 것처럼 느껴지던 시간도 그럭저럭 흘러가서 어느덧 20일을 넘겼다. 그런 어느 날 제자 하나가 더 이상 참지 못하고 앞에 놓인 음식을 두 손으로 집어 입 속에 쑤셔 넣듯이 먹기 시작하는 것이었다. 그것을 본 다른 제자들이 일제히 꾸짖고 비난을 하기 시작하였다. 다 함께 하기로 결정한 굳은 약속을 깨뜨린 것에 대한 분노요, 깊지 못한 신앙심과 의지력에 대한 질책이었다. 그러자 아무 말 없이 구경을 하던 프란체스코가 얼른 음식을 잡아당겨 먹기 시작하는 것이었다. 제자들은 스승의 뜻밖의 행동에 깜짝 놀라 어쩔 줄을 몰라 했다.

이윽고 제자들이 물었다.

"스승님 40일 간을 약속하신 금식을 어찌하여 스승님께서 먼저 깨십니까?"

그러자 위대한 스승은 부드럽게 미소를 지으며 말했다.

"너희들도 같이 먹자. 이제는 금식을 할 필요가 없어졌다."

제자들은 스승의 말을 이해할 수가 없었다. 그러자 스승이 다시 말을 이었다.

"너희들이 40일씩이나 금식을 하는 목적이 무엇이냐?"

"………."

"우리가 금식기도를 하는 것은 어떤 경우에도 이웃을 이해하고 사랑할 수 있는 신앙을 지키기 위해서이다. 그런데 너희들은 친구를 사랑하기 위해서 기도를 하는 것이 아니라 오히려 금식을 위하여 친구를 미워하고 비난하였다. 금식은 금식을 했다는 것을 남에게 보이기 위해서 하는 것도 아니고 금식을 했다는 기록을 남기기 위해서 하는 것도 아니다. 오직 신앙을 깊이하고 이웃을 사랑하기 위해서 하는 것이다."

제자들은 옷깃을 여미고 고개 숙여 자신들의 잘못을 회개하였다.

모든 신앙의 문제는, 본질에 다가가는 아주 훌륭한 방편을 알게 되면 바로 그 방편을 본질로 오해한다는 사실입니다. 그래서 이런 말이 있지 않습니까? 손가락을 보지 말고 그 손이 가리키는 달을 보라고요. 금식은 손가락이겠지요?

– <박영선 목사 설교, 이석규의 '아름다운 사람들의 이야기'>에서

예문 2

천년 설악의 정기가 서려있는 본교에서 4년여 동안 각고의 노력으로 전공과정을 이수하고 영예로운 학사학위를 수여받는 졸업생 여러분께 먼저 진심어린 축하와 격려의 말씀을 드립니다.

그리고 오늘 졸업생 여러분에게 영광을 안겨 주기 위해, 헌신적인 사랑과 열정으로 도움을 주신 학부모님의 그간의 노고에 위로의 말씀을 드립니다. 또한, 존경하는 총장님을 비롯한 교수님들과 교직원 여러분들의 그간의 결실에 치하를 합니다.

특히, 오늘 졸업하는 졸업생 여러분에게 격려의 뜻을 안고 참석하여 주신 동우대학 학장님을 비롯한 내외 귀빈 여러분께 감사의 말씀을 드립니다.

자랑스러운 졸업생 여러분 !

우리 경동대학교는 충효인경(忠孝仁敬)과 자강불식(自强不息)이라는 경동정신을 바탕으로 자신과 겨레와 미래를 위해 배운 바를 창의적으로 실천하는 인간의 육성을 설립이념으로 하고 있습니다.

저는 이 자리를 빌리어 모교의 이념을 다시 한번 새겨 자신을 새롭게 일깨워 사회와 역사에 훌륭한 인재로 기림을 받는 사람이 되어 줄 것을 희망합니다.

졸업생 여러분, 경동정신을 인지하고 있으리라 봅니다만, 충(忠)은 나라나 모교 그리고 입사한 회사를 비롯한 나의 근간에 대하여 마음을 올곧고 바르게 기준을 잡아 그 중심이 변하지 않는 것을 말하며, 효(孝)는 부모를 비롯한 은혜로운 이에게 감사하면서 뜻에 어긋나지 않게 하는 것입니다. 인(仁)은 두루 사랑하여 종내는 인류에 대한 봉사와 휴머니즘을 가지는 것이며, 경(敬)은 하늘을 향하여 한 점 부끄럼 없도록 자신의 인격적 수양에 힘쓰는 것을 뜻합니다. 이를 완성하는 것은 끝이 없다할 지라도 이를 위하여 힘쓰는 자는 인연을 맺는 것만으로도 기쁘고 그 사회의 동량으로서도 존경받을 것입니다.

한편, 인류사회는 과학기술의 급속한 발전에 힘입어 가파른 문명사적 변화를 겪고 있으며, 이러한 세계적 흐름 속에 한국도 예외가 아니어서 늘 그

대응에 고심하고 가속을 더하고 있습니다. 자연이 그 흐름을 멈추면 만물의 멸함을 불러오듯이 나라도 개인도 변화에 적응하지 못하면 도태되고 말 것입니다. 생존 능력과 경쟁력을 지닌 사람만이 성공적인 미래를 보장할 수 있을 것입니다. 이를 위한 정진 곧, 쉬지 않고 줄곧 힘써 굳건한 자신을 만드는 것이 자강불식(自强不息)입니다.

따라서 졸업생 여러분은 늘 자신의 인격과 능력을 변화시키고 전문성을 연마하시어 '참된 인성과 뛰어난 전문능력을 갖춘 균형적인 인재'가 되기를 기대합니다.

자랑스러운 졸업생 여러분 !

여러분의 모교인 경동대학교는 설립 10주년을 맞아 발전을 향한 행보를 더욱 가일층할 것입니다. 여러분의 정진도 졸업과 함께 마무리되는 것이 아니라 사회에 나가서도 늘 갈고 닦음으로써 동시대의 주역으로, 존경받는 리더로서 승승장구하시길 기원합니다.

다시 한번, 이 영광되고 복된 자리를 축하하며, 졸업생 여러분의 무궁한 발전과 행운이 있기를 기원합니다. 감사합니다.

– <고희재, '학교법인 경동대학교 이사장 격려사'>에서

6 정확성(규범성)

앞에서 충실성(진정성)을 살펴본 바 있는데, 충실성은 내용이 알차고 거짓이 없는 것을 말한다고 하였다. 여기에서, 거짓이 없다는 것은 정확한 정보를 제공하는 것이라 했다. 또 문법적으로 정확한 표현은 글을 명료하게 전달하는 효과가 있어 명료성과도 관련됨을 살펴본 바 있다. 이처럼 정확성은 내용의 충실성이나 명료성과도 관련이 있지만 표현에 있어서는 어법에 맞게 정확히 글을 쓰는 것을 뜻한다. 정확한 표현이란, 우선 한글맞춤법, 표준어 규정, 국어의 로마자 표기법, 외래어 표기 규정 등 표준 어법에 맞게 글을 쓰는 것을 말

하며 적합한 어휘로써 문장과 단락의 원리에 맞게 글을 써야한다는 것이다. 플로베르가 일물일어설(一物一語說)에서 하나의 사물을 나타내는 데는 단 하나의 단어밖에 없다고 주장한 것도 어떤 현상이나 사물을 나타내는 데 있어서 정확한 표현의 중요성을 강조하여 글의 명료성을 높이기 위함이었다.

실제 글을 쓸 때, 필요에 따라서는 방언이나 비어, 속어, 온라인상의 언어 또는 외래어나 외국어를 사용하는 경우가 있다. 그러나 이는 어디까지나 정확성을 기반으로 하고, 상황성에 따라 용납되는 것이다.

아래에 제시하는 말은 특히 유의해야 할 맞춤법과 표준어이므로 확인해 두자.

유의해야할 맞춤법 사례

나무꾼(○) 나무군( )
미쟁이( ) 미장이(○)
오든지 가든지(○) 오던지 가던지( )
있읍니다.( ) 있습니다(○)
덧저고리(○) 덛저고리( )
운전수( ) 운전사(○)
휴게실(○) 휴계실( )
맞추다(○) 마추다( )
띄여쓰기( ) 띠어쓰기( ) 띄어쓰기(○)
꺾꽂이(○) 꺽꽂이( ) 꺾곶이( )
며칠(○) 몇일( )
불나비( ) 부나비(○)
연도(年度)(○) 년도(年度)( )

※ 의존명사는 '년'(ex; 몇 년을...)이나 뒷말은 두음법칙 적용이 안 된다. (예 : 남녀)

※ 합성고유명사, 접두사격 한자어는 두음법칙 적용된다. (예 : 한국여자대학, 신여성)

비율(比率)(○)　　　　　비률(比率)(　)

※ 모음이나 'ㄴ'받침 뒤는 '열, 율'로 적는다.

예) 합격률(○)　　　　합격율(　)

실패률(　)　　　　실패율(○)

백분률(　)　　　　백분율(○)　　　선률(　)　　　　선율(○)

오시오(○)　　　　　오시요(　)

※ ' 읽어요, 좋지요' 는 높임 조사이므로 '요'가 옳다.

아름다워(○)　　　　아름다와(　)

사나워(○)　　　　　새로워(○)

※ 단, 단음절 어간 끝 'ㅂ + 아'는 '와'로 적는다.(ex; 도와, 고와)

일찍이(○)　　　　　일찌기(　)

※ '-이, -음/ㅁ'이 붙은 명사나 부사는 원형을 밝히어 적는다. (제 19장 참조)

예) 얼음(○)　　　　어름(　)

더욱이(○)　　　　더우기(　)

오뚝이(○)　　　　오뚜기(　)

깻묵(○)　　　　　　깨묵(　)

나뭇가지(○)　　　　나무가지(　)

머릿방(○)　　　　　머리방(　)

전셋집(○)　　　　　전세집(　)

※ 사잇소리현상(①뒷말이 된소리로 나는 경우 ②'ㄴ,ㄴ'으로 덧나는 경우)에는 사이시옷을 적고, 된소리나 거센소리가 날 경우 적지 않는다. (제 30항 참조)

예) 아래쪽 (○)　　　머리카락(○)

※ 한자어(漢字語)일 경우 다음 6개 단어를 제외하고는 'ㅅ'붙이지 않는다.

곳간(庫間) 셋방(貰房) 숫자(數字) 찻간(車間) 툇간(退間) 횟수(回數)

예) 치과(○)　　　　칫과( )

바르게 구별하여 써야할 낱말

그러므로 (그러니까)　　　　　　예) 그는 성실하다. 그러므로 잘 산다.

그럼으로 (그렇게 하는 것으로) 예) 그는 성실하다. 그럼으로(써) 직장에 보답했다.

부딪치다 (서로 '부딪치다'와 강세) 예) 차와 차가 부딪쳤다.
부딪히다 ('부딪다'의 피동) 예) 앞차가 뒤차에 부딪혔다.

하노라고 (나름대로 함) 예) 하노라고 한 것이 이 모양이 되었다.
하느라고 (하는 일 때문에) 예) 공부하느라고 밤을 새웠다.

-(으)로서(자격) 예) 학교로서 본분을 다한다.
-(으)로써(수단) 예) 학교로써 보완한다.

-(으)므로(까닭의 뜻을 지닌 어미) 예) 돌보므로 건강이 회복되었다.
-(음)으로(써)(조사) 예) 돌봄으로(써) 봉사하였다.

유의해야 할 띄어쓰기 사례

얼마만큼(○) 얼마 만큼( )

※ 제41항, 조사는 붙인다.

먹을 만큼 먹어라(○) 먹은 지도 오래다(○)

할 수 있다(○) 할수 있다( )

※ 의존 명사는 띄어 쓰고 접미사는 붙인다. (제 42항 참조)

예) 학생들, 학생, 노인, 회사원들이 모여
소원은 통일뿐, 만났을 뿐
약속대로, 들은 대로
놀기만(한정조사), 열흘 만에 (시간경과 의존명사)
2차대전(횟수의 접미사)
격려차 들렀다('하려고'의 접미사)
보고 싶던 차에 ('어떤 기회에 겸해서'의 의존명사)

한 개(○) 한개( )

※ 단위는 띄어 쓴다. (제 43항 참조) 예) 한 벌, 신 두 켤레, 차 한 대, 열 살
다만, 순서, 숫자는 붙여 쓴다. 예) 오일, 두시, 이분, 오조, 칠대대, 삼학

년, 제6공화국

팔만 팔천팔백팔십사(○)　　　　팔만 팔천 팔백 팔십사( )

※ 제 44항, 만(萬)단위 띄어 쓴다. (萬, 億, 兆, 京, 垓, 秭)

열 내지 스물(○)　　　사과, 배, 귤 등(○)

학생 및 회사원(○)　　그때 그곳(○)　　　그 때 그 곳(○)

도와 드린다(○)　　　도와드린다(○)

※ 보조용언은 띄어 쓰거나 붙여 쓴다. 다만, 앞말이 합성동사일 경우나, 조사가 들어갈 적에는 띄어 쓴다.(제 47항)

예) 꺼져 간다(○)　　　　꺼져간다(○)

할 만하다(○)　　　　할만하다( )

먹어 버렸다(○)　　　먹어버렸다(○)

잊어먹어 버렸다(○)　　잊어먹어버렸다( )

홍 길동( )　　홍길동(○)　　　남궁억( )　　남궁 억(○)

한국대학교(○)　　한국 대학교(○)

표준어(표준어는 교양 있는 사람들이 두루 쓰는 현대의 말)의 사례

사글세(○)	삭월세( )
돌(○)	돐( )
셋째(○)	세째( )
수꿩 수소 수놈(○)	숫꿩 숫소 수놈 ( )
숫개 숫병아리 숫돼지 수탉( )	수캐 수평아리 수퇘지 수탉(○)
숫양 숫염소 숫쥐(○)	수양 수염소 수쥐( )
냄비(○)	남비( )
신출내기(○)	신출나기( )
아지랑이(○)	아지랭이( )
미루나무(○)	미류나무( )
여느(○)	여늬( )
허드래( )	허드레(○)
윗도리(○)	웃도리( )

※ '위-아래' 대립 있을 경우 '윗'으로 통일하고 '위-아래' 대립 없을 경우 '웃'으로 통일한다.

예) 웃돈, 웃옷, 웃어른(○)　　윗돈, 윗옷, 윗어른( )

※ 된소리 거센소리 앞에서는 '-위'로 쓴다.

예) 위쪽(○)-윗쪽( ), 위층(○)-윗층, 웃층( ), 위치마(○)-웃치마( )

구절(句節)(○)　　귀절( )

※ '句'로 통일하되 '글귀'는 예외로 한다.

무(○)	무우( )	
생쥐(○)	새앙쥐( )	
노을(○)	놀(○)	
소고기(○)	쇠고기(○)	
설거지(○)	설겆이( )	
천정( )	천장(天障)(○)	
봉숭아(○)	봉선화(○)	봉숭화( )
구닥다리( )	구년묵이(○)	
손목시계(○)	팔목시계( )	
가뭄(○)	가물(○)	
나으리( )	나리(○)	
남사스럽다( )	남(우)세스럽다(○)	
두리뭉실( )	두루뭉실(○)	
강우량(○)	강수량( )	
뫼시다( )	모시다(○)	

예문 활용

1. <예문1>에서 한글 맞춤법과 표준어 규정에 어긋난 말을 찾아 바르게 고쳐보자. (답 : 홀몸, 치르고, 바라보기, 으스름, 예, 으레, 바쳐, 생각건대, 으스스, 으스름, 달밤이든, 우레, 치든 간에, 가락국수(냄비국수), 담가, 재떨이, 매무시, 웬일인지, 가리마, 빠뜨린)

2. <예문2>는 단어가 부정확하게 사용된 예들이다. (한국정신문화연구원(1985), "현대 국어 문장의 실태 분석" 등 참조)
(답 : 반증, 대가, 귀얄, 발라내기, 자루, 삯, 위로)

3. <예문3>은 <국립국어원(김문오), '좋은 글의 요건'>에서 따온 것이다. 이 보고서의 설명은 문법에 익숙하지 못한 이에게는 어려울 수 있으나 문법에 맞는 정확한 문장을 익히기 위하여 정독해보자.

예문 1

아내가 임신하여 홀몸도 아닌데, 그는 지난 대회를 치루고 난 후 다음 우승을 넘보기 위하여 어스름 달밤, 옛부터 으레 몸을 받쳐 연습해왔던 산방에 들어갔다. 생각컨대 그 후, 그는 으시시한 골짜기에서 어스름 달밤이던 우뢰가 치던 간에 연습을 하였을 것으로 여겨진다. 늘 그랬듯이 남비우동한 그릇과 담아 놓은 더덕술 한잔을 먹고는 의사가 삼가하라 한 담배를 재털이에 털며 잠시 쉬는 것 외에는 오직 연습에만 몰두했을 것이다. 그런 그가 왠일인지 가르마를 타고 옷매무새를 단정히 하고는 쓰던 운동구를 빠진 것 없이 싸들고 하산을 하였던 것이다.

예문 2

○ 자기들 나름대로의 방증을 제시하면서 반박하였다
○ 성실하지 못한 사람은 언젠가는 그 보답을 받을 것이고
○ 벽지가 잘 붙게 풀솔에 풀을 듬뿍 묻혀 칠해라.
○ 이 생선은 가시를 골라내기가 쉽지 않다.
○ 나 연필 한 개만 빌려 줘.
○ 서울에서 뉴욕까지 비행기 값이 얼마냐?
○ 대통령은 장병들의 노고를 치하하였다.

예문 3

- '문장 성분 간의 호응 관계 잘 지키기'의 예

예문1) 부사어에 호응할 서술어가 없는 예

○ 크산틴계 약물에 과민증 환자

수정) 크산틴계 약물에 과민증이 있는 환자

설명) '크산틴계 약물에'라는 부사어와 호응할 서술어가 없고 명사 '과민증'만 있을 뿐이다. 앞의 부사어와 호응하려면 '과민증이 있는'으로 고쳐야 한다.

예문2) 부사어를 쓸 자리에 관형어를 써서 호응 관계를 깬 사례

○ 가능한 정속주행을 하십시오.

수정) 가능한 한 정상 속도로 주행을 하십시오.

설명) 원문의 문맥은 '가능한'이라는 관형어가 '정속 주행'이라는 명사구를 수식해야 하는 문맥이 아니고 '가능한 한'이라는 부사어가 '정상 속도로'라는 부사어를 수식해야 할 문맥이다. 또한 '정속 주행'보다는 '정상 속도로 주행함'이 비전문가에겐 더 쉬운 말이다.

예문3) 수식어와 피수식어 간의 호응 관계를 어긴 경우

○ "아동학대"라 함은 보호자를 포함한 성인에 의하여 아동의 건강·복지를 해치거나 정상적 발달을 저해할 수 있는 신체적·정신적·성적 폭력 또는 가혹행위 및 아동의 보호자에 의하여 이루어지는 유기와 방임을 말한다.

<아동복지법(일부개정 2005. 7. 13. 법률 7591호) 제2조 제4호>

수정)[방법 1] "아동 학대"란 보호자를 포함한 성인이 아동에게 가하는, 아동의 건강·복지를 해치거나 정상적 발달을 저해할 우려가 있는 신체적·정신적·성적 폭력이나 가혹 행위 및 아동의 보호자가 아동에게 행하는 유기와 방임을 말한다.

[방법 2] "아동학대"란 보호자를 포함한 성인에 의하여 이루어지는, 아동의 건강·복지를 해치거나 정상적 발달을 저해할 우려가

있는 신체적·정신적·성적 폭력이나 가혹 행위 및 아동의 보호자에 의하여 이루어지는 유기와 방임을 말한다.

설명) 지나치게 수식 구성이 많고 문장이 길어져서 문장 성분의 호응 관계가 제대로 지켜지지 않는다. 현재 원문에서는 "보호자를 포함한 성인에 의하여"라는 부사어구의 수식을 받을 문장 성분이 없다. 이를 해결하려면 부사어구 '~성인에 의하여'를 관형어구로 고치는 방법이 있다. 관용어구로 고칠 때 두 가지 방법이 가능하다. [방법 1]처럼 '~성인이 아동에게 가하는,'과 같이 주격 조사와 서술어를 보충하여 원문을 대폭 고치는 방법이 있고, [방법 2]처럼 '성인에 의하여 이루어지는,'처럼 '이루어지는'만을 추가하여 원문을 약간만 고치는 방법이 있다. 그런데 [방법 1]처럼 고칠 때에는 문장 끝의 '보호자에 의하여 이루어지는'도 '보호자가 아동에게 행하는'으로 고치는 것이 좋은데, 이는 '및'의 앞 절과 뒤 절을 모두 능동태로 유지하기 위한 조치이다.

예문4) 관형어를 쓸 자리에 부사어를 써서 호응 관계를 깬 사례

만약 구입일로부터 3년 이내에 제조상의 결함이나 자연발생적으로 고장이 생겼을 때 수리나 부품의 교환을 무상으로 하여 드릴 것을 보증합니다.

수정) 만약 구입일로부터 3년 이내에 제조상의 결함이나 자연발생적인 고장이 생겼을 때 수리나 부품의 교환을 무상으로 하여 드릴 것을 보증합니다.

설명) '제조상의 결함이 생기거나 자연 발생적으로 고장이 생겼을 때'라는 표현을 줄이면 '[제조상의 결함이나 자연 발생적인 고장]이 생겼을 때'가 되어야 한다. 원문은 선택의 조사인 '-이나'의 앞은 '제조상의 결함'이라는 명사구로 되어 있고 '-이나'의 뒤는 '부사어+주어+서술어' 형태의 절로 되어 있는데, 이는 접속의 형평성에도 위배된다.

'정확한 접속 구조 이루기(부당한 공유 피하기)'의 예

우리가 글을 쓸 때, 처음부터 맘에 드는 글을 쓸 수 있는 경우는 적다. 생각을 깊이 하면서 퇴고(글다듬기)를 거듭하면 충실하고 완성도가 높은 글을 쓸 수 있다. 접속문을 퇴고할 때에 놓치기 쉬운 사항으로서, '접속의 형평성'이 있다. '접속의 형평성'을 점검하지 않으면, 접속되는 두 요소의 문법적 지위(문장 성분, 품사)가 동등하지 않고 의미적으로 대등하지 않은 데도 무리하게 연결하여 비문법적인 문장이 되거나 의미적으로 부적절한 문장이 되는 문제가 종종 발생한다. 공문서나 제품 설명서 같은 실용문에서 예를 들어 보겠다.

예문1) '을 조속히 마련하기~'를 '사고 원인 파악'과 '재발 방지 대책'이 부당하게 공유하는 예

ㅇ사고 원인 파악과 재발 방지 대책을 조속히 마련하기 바랍니다.

수정) 사고 원인을 파악하고 재발 방지 대책을 조속히 마련하기 바랍니다.

설명) 위 예문에서 '과'의 앞부분은 명사구(사고 원인 파악)이고 '과'의 뒷부분은 절(누군가가 대책을 마련하여)인데 '구와 절'이 '과'라는 접속조사로 접속되고 있는데, '구와 구'로 바꾸기에는 뒷부분의 서술 내용이 많아 구로 만들기 어렵기 때문에, '절과 절'을 접속어미 '-고'로 연결하는 방법을 택하는 것이 좋다.

예문2) 전 해상에서 바람이 강하게 불고, 높은 파고가 예상되니<기상청 일기예보문>

수정) 전 해상에서 바람이 강하게 불고, 파도가 높이{거세게} 일 것으로 예상되니

설명) 원문은 '전 해상에서 [어떠한 기상 현상]이 예상되니'라는 의미와 구조를 지닌 구성이다. 그런데 그 [ ]에 해당하는 자리에 '바람이 강하게 불고(주어+부사어+서술어)'라는 절(節, clause)과 '높은 파고'라는 구(句, phrase)가 대등 접속의 형태로 연결되었다. 그러나 '절'과 '구'를 연결할 수 있는 문법적 장치가 국어에는 없다. 접속 구성에서

접속 기능어의 앞과 뒤에 놓이는 요소는 문법적 지위(문장 성분으로서의 지위 또는 품사)가 같아야 한다. 이 문제를 해결하려면 '높은 파고'라는 '구'를 선행절의 '바람이 강하게 불(다)'라는 형식에 맞추어 '파도가 높이 일(다)'라고 고친 후에 이를 '예상되니'에 연결하기 위해 '-ㄹ 것으로'를 보충하는 것이 좋다. 물론 '바람이 강하게 불고 파도가 높이 일- {-(으)ㄹ 것으로 예상된다}'라고 고치는 대신에 '강한 바람과 거센 파도{가 예상된다}(=강풍과 노도가 예상된다)'라고 고칠 수도 있다. 그러나 후자인 '구+구' 방식은 간결성은 있어도 전자인 '절+절'의 방식에 비하여 자연스러움은 상대적으로 부족하다.

예문3) 부품 파손이나 손이 다칠 우려가 있습니다.
수정) 부품이 파손되거나 손이(또는 '손을') 다칠 우려가 있습니다.
설명) 원문에서 '(이)나'의 앞은 '부품 파손'이라는 '구'가 오고 '(이)나'의 뒤는 '손이 다칠'이라는 '절'이 왔다. 이는 접속의 형평성이 맞지 않는 것이다. '부품 파손이나 부상의 우려가 있습니다'로 고치든가 위 수정문처럼 고치는 것이 좋다.

7 완결성

논설문에서 자신의 주장을 뒷받침할 만한 근거를 제시하지 못했다면 그 글은 완전하지 못한 글이 되고 만다. 자신의 생각을 온전하게 전달하자면 주제 또는 중심 사상을 담은 문장이나 단락 외에 그 글의 앞이나 뒤에서 이를 뒷받침하는 문장이나 단락이 있어야 한다. 이처럼 완결성이란, 주제문을 뒷받침하는 문장이 구체적으로 배치되거나 글 전체에 있어서 주제를 향한 도입, 전개, 종결부분의 화제들이 논리에 어긋나지 않게 유기적으로 잘 짜여져 있어야 함을 뜻한다.

글의 완결성은 작게는 문장에서, 크게는 문단과 글 전체에서 요청되는 체계이기도 하다. 따라서 문단 내부에서 소주제문과 뒷받침 문장들이 서로 관련되어야 하고, 글 전체에 배치된 각 단락들도 상호 관계가 밀접하여야 한다. 즉, 서론이나 도입부에서는 흥미 유발, 환기 또는 문제 제시나 화제 등을, 본론이나 전개 부분에서는 관련된 사건, 구체적인 상황, 상세한 정보나 근거 있는 주장 등을 펼치고 결론 또는 종결부에서는 정리, 종합, 적합한 마무리 화제 등을 제시하여야 한다.

8 통일성과 일관성

한 편의 글은 하나의 주제를 향하여 긴밀하게 짜여져 있어야 하고 주제를 드러내기 위하여 많은 화제들이 일관된 흐름으로 짜여져 있어야 한다. 이를 위하여 글의 시점, 어조, 문체, 관점 등을 시종일관 유지하여야 하는데 이를 일관성이라 한다. 단락 내에서나 글 전체에서 일정하게 변하지 않는 질서는 글의 통일성을 완성하는데 반드시 필요한 요소이다.

한 편의 글이 일관성을 지니려면 글을 쓰기 전에 미리 구상을 잘 해야 한다. 도입부는 어떻게 시작하고, 전개부에서는 주제를 어떤 방식으로 전개시켜 나가야 할 것인지, 그리고 마무리에서 글을 효과적으로 매듭지을 수 있는 대략의 구상을 하여야 한다. 이러한 착안은 일단 메모를 해 두는 것이 일관성 유지에 도움이 된다. 관점이 일정하지 않고 횡설수설하거나 제목, 소재나 재제, 논거가 주제와 무관하면 글쓴이가 도대체 무얼 말하려는지 독자는 종잡을 수 없게 된다. 여러 단락의 소주제문도 하나의 중심 주제로 꿰이지 않는다면 드러내고자 하는 본래 의도와는 전혀 다른 내용이 될 수가 있다. 모든 요소들이 주제를 향하여 하나로 집약되고 글의 주제가 흐트러지지 않고 완성된 유기적 체계가 통일성이다.

아래에 제시한 두 편의 글을 읽으며 일관성에 대해 생각해 보자.

예문 활용

1. <예문1>에서는 시냇물의 상태에 대하여 <예문2>에서는 술에 대해 글쓴이가 각각 어떤 관점을 지니고 있는 살펴보고 일관성에 관하여 논의해보자. (예문은 조규태, <작문의 길잡이>에서 인용>
2. <예문3>에서 각 단락의 재제와 소주제문을 살펴보고 글쓴이가 구상 메모를 했다면 어떤 메모일지 작성해보자.

예문 1

다시 찾은 맑은 시내

(학생글)

우리 동네 어귀에는 조그만 시내가 흐르고 있다. 어릴 적에는 시냇물에서 물장구도 치고 멱도 감으면서 놀았다. 하지만 지금은 그냥 보아도 더러운, 오염된 시내가 되고 말았다. 둑에는 수많은 쓰레기와 농사에 쓰이는 비닐 같은 것이 버려져 있고, 시내 바닥에는 집을 헐 때 나오는 벽돌이 널려 있다. 봄철에는 과수원에 뿌리는 유황 소독약이 시내로 흘러들어 물 색깔이 노랗게 되기도 한다. 그리고 시내에 살던 물고기의 경우에 내가 초등학교 다닐 때만 해도 은어나 가물치, 쏘가리 같은 것들이 살았지만 지금은 다 사라지고, 붕어, 메기와 같이 비교적 오염에 잘 견디는 물고기만 살고 있다. 예전에는 놀다가도 목이 마르면 시냇물을 마시곤 했는데, 지금은 전혀 그럴 수 없다.

우리 동네 시내가 이렇게 오염이 된 이유는 무엇보다도 쓰레기가 쌓였기 때문이다. 큰 도시로의 왕래가 쉬워짐에 따라 시장이나 슈퍼에서 사온 비닐 포장지, 종이 같은 것들이 시내에 마구 버려졌고, 봄철에 비닐 하우스를 뜯을 때 나오는 폐비닐과 기타 쓰지 못하는 농자재들이 둑가에 방치되었기 때문이다. 이렇게 쓰레기가 마구 버려진 데에는 마을 사람들의 이기심이 있었기 때문이다. 내 집 앞과 내 농장만 깨끗이 하면 된다는 생각에 주인이 없는 시내에 갖다가(→갖다) 버렸던 것이다. 쓰레기에서 나오는 더러운 물은 각 가정에서 하수구를 통해 흘러나오는 생활 폐수와 섞여 시내로 들어갔다. 그렇게 해서 더러워진 물은 시내 중간중간에 만들어 놓은 보에 막혀서 흘러나가지 못하고 썩어 갔다. 이렇게 더러워진 물은 여름철에 비가 많이 오면 그대로 물에 쓸려 내려가고, 마을 사람들은 또 다시 쓰레기를 버리는 일을 계속하게 되었다.

그렇게 몇 년이 지나고 몇 해 전부터 우리 동네에 새 바람이 불기 시작했다. 마을 사람들 모두가 더 이상은 시내에 쓰레기를 버리지 말고 일 년에 한 번 정도는 시내를 청소하자는 합의가 이루어진 것이다. 그 후로 우리 동네의 시내는 모습이 조금씩 조금씩 깨끗해져 가고 있다. 이렇게 다시 맑은 시냇물을 되찾을 수 있게 된 것은 마을 사람들 스스로 더 이상은 안 된다고 하는 깨달음이 있었기 때문이다.

우리 동네의 경우와 마찬가지로 지금 진행되고 있는 환경 오염은 남이 아닌 나 자신이 만들어 낸 것이고, 더 이상은 이렇게 해서는 안 된다고 하는 깨달음이 있을 때 극복될 수 있는 문제이다. 나 스스로가 작은 주변의(→주변의 작은) 환경을 보살필 때, 우리 동네의 시내처럼 다시 깨끗한 환경에서 살 수 있는 날이 올 것이다.

예문 2

술

(학생 글)

나는 지금 갓 스무 살이 되었다. 이제 겨우 스무 살밖에 안 된 처녀가 무슨 술 예찬을 늘어놓느냐고 할지 모르나, 누구나 술을 마셔 온 만큼 술을 예찬하는 마음을 갖고 있지 않으랴? 물론 나도 고등 학교 때는 겁이 많은 순진한 아이였기 때문에 술을 마셔 본 적이 없다. 정월 대보름날 마신 귀밝이

술을 술로 치지 않는다면 말이다.

나는 술을 좋아한다. 비가 온다거나 바람이 세게 부는 날이면, 나는 친한 친구를 꼬드겨 술을 마시러 간다. 거품과 팝콘과 내 정신이 술에 서서히 녹아 가면, 나는 스스로를 애주가라고 하길 주저하지 않는다. 나는 술을 많이는 마시지 못하지만, 술을 마시면서 천천히 내 미세한 감정의 변화를 느끼는 게 좋다. 도수에 따라 다르긴 하나 대체로 석 잔쯤 해서 서서히 감정의 변화가 생겨 온갖 근심들이 녹아 사라지고, 그 대신 사소한 것으로 느꼈던 일들이 커다란 느낌과 함께 부풀어오른다.

술에는 여러 가지 종류가 있다. 나는 항상 그 여러 가지 맛과 향기 중에서 경우에 맞는 것을 선택해 마시려 노력한다. 영화 '토탈 이클립스'에 나오는 에메랄드 빛 압생뜨의 향, '해변의 정사'라는 뜻을 가진 'sex on the beach'와 같은 칵테일, 그런가 하면 새콤달콤 오렌지주스에다 꼭 소주를 탄 것 같은 '옥수수막걸리'도 좋아한다. 젊은이의 술이라는 생맥주를 마시며 나는 나의 피가 정열에 닿아 있음을 실감하게 되고, 소주가 어쩐지 달달한 날은 한 잔을 마실 때마다 인생을 조금씩 깨닫는다. 나는 맥주와 소주를 가장 즐겨 마시는데, 이 둘을 마시는 느낌은 아주 다르다. 맥주는 거품 때문에 어린아이의 그네처럼 부드럽게 목구멍을 지나가는 반면, 소주는 백만 볼트의 전압을 싣고 순식간에 목구멍을 통과해 식도를 타고 내 위를 자극한다.

술을 마실 때 빠질 수 없는 게 안주이다. 소주와 막걸리에는 알탕이나 부대찌개가 기본이다. 하지만 돈이 좀 있는 날엔 돼지족발집이나 곱창집으로 달려간다. 질겅대는 안주와 함께 혀에 닿는 술은 유난히 자극적이다. 포도주나 꼬냑에는 육포가 적당하고, 맥주에는 과일과 감자튀김이 좋다. 하지만 기분이 울적할 때는 맥주에 라면이 어울리기도 한다.

술은 마시는 사람에 따라 맛과 기분이 달라진다. 그래서 나는 술이 좋다. 세상에서 변하지 않는 게 아무 것도 없다는 진리를, 술은 술을 마시는 짧은 순간 내게 가르쳐 준다. 사람들이 모두 흥청댈 때 나는 심각하게 세상의 이치와 본질을 탐구하기도 하고, 우울할 땐 그 우울함을 술에 타서 넘기기도 한다. 비오는 날 우울할 때 간절한 마음으로 생각나는 건 술이니, 참으로 술은 고마운 물건이 아닌가.

(이 학생은 술을 좋아하는 마음과 함께 술에 얽힌 체험, 느낌을 일관성 있게 표현하고 있다. 아직 좀 더 다듬어야 할 부분들이 있긴 하지만, 문학적인 재치가 엿보이는 글로서 글 전체의 내용이 '나는 술을 좋아한다.'는 주제에서 벗어나지 않고 하나로 꿰어져 있다.)

– <조규태, '작문의 길잡이'> 중에서

예문 3

돈과 말과 피의 교환 구조 – 글로벌 한국인의 세 가지 벽 넘기

"경마장에서 말(馬)을 잃는다"는 역설을 기억하는가. 사람들 눈에 보이는 것은 질주하는 말이 아니라 손에 쥔 마권의 숫자다. 말은 없다. 그것은 화폐이고 욕망이고 달리는 운명이다. 우리 눈앞에서 펼쳐진 40년 동안의 성장과 번영의 드라마는 어쩌면 말이 보이지 않는 경마장의 질주, 흥분, 그 아우성이었는지도 모른다. 대체 어느 나라가, 그것도 반쪽 난 민족이 불과 한 세대 동안에 농경, 산업 그리고 정보의 세 문명을 한꺼번에 뛰어넘은 적이 있었던가. 그리고 이제는 세계 최초로 복제 개 스너피로 생명문명 시대의 빗장을 열려고 한다. 천리마인들 이렇게 빨리 뛸 수 있겠는가.

그에 답하기 위해서는 '돈'과 '말(言語)'과 '피'의 삼대 교환 구조에 조명을 비춰 그 숨어 있는 코드를 풀어보는 수밖에 없다.

'엽전'의 로컬 코드는 '달러'의 글로벌 코드로 변했다. 그리고 시골 장터는 자유무역의 세계시장으로 바뀌었다. 엽전이라는 말로 스스로를 비하했던 한국인은 이제 보릿고개를 넘어 세계 10대 교역국으로 손꼽히는 당당한 글로벌 시장인(市場人)이 된 것이다.

그러나 동시에 IMF 금융위기를 겪으면서 우리는 무역(trade)이라는 말이 중세 영어로 '길(track)'을 의미했었다는 사실을 배우게 됐다. 길이라고 하면 나귀를 몰고 봉평 장터로 가는 허생원의 산길이 떠오른다. 그런데도 좁고 험한 길에 만족해야 했던 것은 일제 침략으로 목숨을 끊었던 한 선비의 말 그대로 "만약 조선의 길이 넓고 다리가 단단했던들 우리 역사는 외침에 더

욱 혹심하게 유린당했을 것"이라는 논리였다.

그 오솔길이 고속도로가 되고, 영종도의 신공항이 돼 한국인들은 열린 세계의 대로로 나가게 되었지만, 동시에 우리가 원하지 않은 것들도 그 길을 통해 거침없이 들어왔다. 중세의 유럽 도시가 페스트로 황폐해진 것은 중국과의 무역을 트면서부터 쥐들이 따라 들어왔기 때문이다. 무엇인가 얻기 위해 반드시 자기 것을 내 줘야 하는 것이 '트레이드 오프'의 법칙이다.

물건과 시장을 만들어 내는 돈의 글로벌 파워가 달러였다면 정보와 문화를 만들어 내는 말(언어)의 파워는 영어다. 중국 문명권에서는 한자에 치이고, 일본의 '대동아공영권'에서는 일본어에 억눌렸던 한국어는 정보기술(IT)의 글로벌 시대를 맞아 새로운 상황과 변화를 겪었다. 제임스 베넷의 말대로 한국은 영어라는 공통어를 사용하면서 개방주의와 법에 의한 지배, 그리고 자유 시장주의 문화를 공유하고 있는 '앵글로스피어'의 주변국이 된 것이다.

그러나 글로벌 시대를 맞아 아일랜드에서 잊혀 가던 켈트어(語)가 다시 활기를 띠기 시작한 것처럼 한국어 사용 인구가 세계 10위 안에 들고 동남아 지역에서는 코리안 드림을 위해 한국어를 배우려는 열기가 뜨거워졌다. 이뿐이 아니다. IT시대의 한글은 알파벳보다 더 글로벌한 잠재력을 과시하게 된다. 노사모·박사모 등 한자에 눌렸던 조어 기능이 정치적 키워드로 발전하면서 그동안 잠자고 있던 한국 로컬 문화의 사화산이 다시 불을 뿜기 시작했다.

'피'(사람)의 교환과 그 드라마는 어떤가. 지구 전체에서 한국인처럼 단일민족으로 수천년 동안 순혈을 지키며 살아온 사람들은 거의 없다. 100여 개 인종이 모여 일하고 있는 실리콘밸리의 미국은 말할 것도 없고 가까운 중국만 해도 56개 민족으로 구성돼 있는 다민족·다문화의 나라다. 순혈주의를 내세우고 있는 일본조차도 알고 보면 북방에는 아이누, 남방에는 오키나와의 인종문제를 끌어 안고 사는 나라다.

이렇게 피의 동질성이 짙은 한국에서는 혈족이 아닌 남을 믿지 않는 의식이 강하다. 자연 프랜시스 후쿠야마의 말대로 글로벌 시장의 사회자본인 '트러스트'(사회의 신뢰문화)가 취약할 수밖에 없다. 한국의 경제·기업 모델은 거의가 가족을 기반으로 한 것이고 선거 때 지역주의를 벗어나지 못하는 것

역시 같은 이유에서이다. 무엇보다도 "피는 물보다 짙다."는 분단 상황의 극복 논리는 한국 특유의 '싸리 장벽'을 높여줬다. 그러나 가족주의가 해체되고 순혈주의의 신화가 붕괴되면서 젊은이들의 외혼(外婚) 비율은 10%에 달하고 있다. 농촌 마을의 토담에 나붙은 동남아시아의 신부 광고는 더 많이 나붙게 될 것이다. 이제는 국가가 개인을 선택하는 세상이 아니라 개인이 국가를 선택하는 세상이 됐기 때문에 한편에서는 640만 명에 달하는 디아스포라(Diaspora)의 시대가 시작되고 있다.

'돈'은 글로벌 시장, '말'은 IT, 그리고 '피'는 BT의 발전에 의해서 한국인의 생산 양식과 소유 모델은 크게 달라질 것이다. 기업가들은 40년 뒤 우리가 먹고 살아갈 수 있는 제품이 무엇인지 걱정하고 있다. 그러나 40년 뒤 우리가 생존할 수 있는 가치관의 모델이 어떤 것인지, 가족이나 국가를 넘어선 보편적인 문화라는 게 있기나 하는 것인지 고민하는 사람들은 드문 것 같다.

돈과 말과 피의 글로벌화는 선택이 아니라 필연이라고 말한다. 이미 2000년 전 여씨춘추에서도 엿볼 수 있는 거대 담론이다. 발단은 활을 잃어버렸던 형(荊)나라 사람이 이렇게 말했기 때문이다. "형나라 사람이 잃은 활을 형나라 사람이 주울 것이니 찾을 필요가 있겠는가." 그 이야기를 들은 공자가 말했다. "형나라라는 말을 빼는 것이 좋다." (사람이 잃은 것을 사람이 주울 것이니 …) 이번에는 공자의 말을 들은 노자가 말했다. "사람이란 말을 빼는 것이 좋다." (천지의 것이 천지 있으니…)

형나라 사람의 공동체 의식은 개인을 넘은 국가이고, 공자의 그것은 국가를 넘은 인간이다. 노자는 인간마저 뛰어넘는 천지의 우주의식이다.

그렇다고 내 의식이 지구만큼 커졌다 해서 잃어버린 '활'을 찾지 않아도 되는 것일까. 토머스 프리드먼처럼 '올리브 나무'와 '렉서스'는 반드시 택일적인 것인가. 아니면 마빈 조니스의 '빅맥과 김치'처럼 서로 공존하는 파워인가. 이제부터 그 해답을 구하지 않고 말은 달릴 수가 없다. 분명한 것은 한국인의 경마장 드라마는 끝나간다는 것이며 지금 지구촌 곳곳에서 잃어버린 활 찾기의 새로운 경주가 시작되고 있다는 사실이다.

– <이어령, '중앙일보 칼럼'>에서

제3장 본격적인 글쓰기의 절차와 방법

글쓰기의 사고과정

글쓰기는 개인의 생각을 문자언어로 표현하는 의사소통 행위이기 때문에 발신자인 글쓴이와 수신자인 독자 사이에 일어나는 사회적 상호 작용이다. 글쓴이는 상호 작용을 위하여 우선 배경 지식을 활용하여, 대상(사건, 사물, 관계, 보고 듣는 것 등)에 대하여 자신의 관점에서 추론하거나 비판, 감상, 사실을 이해하는 사고 과정을 가지게 된다. 이 가운데 글감과 주제를 선정하여 개요 구성과 장르를 결정하는 표현적 사고를 하게 되며, 이를 실행하여 구체적인 어휘, 문장, 단락을 완성하여 간다. 한 편의 글이 이루어지는 대략의 과정이 그러하다.

배경지식은 글쓴이가 접하고 있는 세계에 대해서 알고 있는 지식을 말한다. 예를 들면, 진선미와 신앙과 같은 가치와 관련한 지식이나 시사, 일상이나, 사건과 같은 현실과 관련한 지식, 또 특정한 전문분야와 관련한 지식 등이 그것이다. 배경지식은 사고의 폭과 관점을 좌우하거나 대상을 이해하고 해석하는데 영향을 미친다. 또한, 주제를 다양한 영역에 걸쳐 설정하고 내용을 풍부하게 하는데 도움이 된다. 그러므로 배경지식은 폭넓고 깊을수록 좋다. 다양한 경험과 사색, 독서는 표현에도 영향을 미치지만 배경지식을 증진시키기 위한 좋은 방법으로서, 앞에서 강조하여 권유한 이유도 여기에 있다.

이 배경지식을 기반으로 하여 글쓰기를 위한 사고 작용이 일어난다. 글을 쓸 내용을 먼저 찾아야만 실제 글쓰기를 할 수 있기 때문에 대상에 대해 먼저 이해하는 사고 과정 없이는 개성적인 내용을 펼칠 수 없다. 이때 이해한다는 말은 자신의 관점에서 추론하거나 비판을 하고, 감상하거나 사실을 인식함을 뜻한다. 예를 들면, 어떤 원인을 통하여 결과를 예측하거나 반대로 결과를 두고서 원인과 배경을 찾아보는 것은 추론적으로 이해하는 것이며, 문제나 해결 방안을 여러 각도로 모색하는 것은 비판적으로 대상을 이해하려고 하는 것이다. 하나의 현상이나 사물에 대하여 과정과 특성 혹은 경향 등을 아는 것은 사실에 대한 이해이며, 기쁨(喜)·노여움(怒)·슬픔(哀)·즐거움(樂)·사랑(愛)·미움(惡)·욕심(欲)과 미추(美醜)를 느끼는 것은 감상적으로 대상을 이해하는 것이다.

대상을 이해하는 사고 작용은 사람마다 같을 수 없다. 개인의 개성이나 가치관, 혹은 인생관과 세계관, 지식과 경험의 정도가 다르기 때문이다. 성직자와 도둑이 지닌 가치관은 다를 것이고, 환경보호자와 개발론자의 세계관이 다를 것이다. 또 초등학생과 대학생의 지식 정도가 같다 할 수 없을 것이다. 이처럼 같은 대상을 두고서 판단하는 정도나 이해하는 정도가 다르기 때문에 글의 주제나 내용도 달라진다.

한편, 어떤 대상을 두고 어느 관점에서 이해하고 사고하느냐에 따라 표현하는 내용도 다르거니와 글의 종류도 달라진다. 논설문은 비판과 추론적으로, 설명문은 사실적으로 이해하는 요소가 강하며, 문예문은 감상적으로 이해하는 요소가 중심이 된다. 그러므로 이러한 대상을 이해하는 사고 과정은 표현을 위한 사고 과정, 즉 주제를 선정하고 개요와 장르를 생각하는 것과 직접적으로 연결된다.

그러면 이제 글쓰기의 과정에 대하여 알아보자. 참고로, 글쓰기의 과정이 반드시 정형화되어 있어 그 절차가 일정하다는 것은 아님에 유의하자. 소설을 쓰는 절차와 논문을 쓰는 절차가 다 같을 수는 없듯이 글의 종류와 내용에 따라 차이가 있다. 여기에서는, 일반적인 글쓰기나 실용문을 중심으로 한 글쓰기 절차를 다루기로 한다.

글쓰기의 절차

글쓰기는 계획하기부터 시작된다. 계획하기란, 말 그대로 글을 쓰기 전에 글을 쓸 준비를 하는 활동을 말한다. 글쓰기 과제를 분석하고, 글을 쓰는 목적이 무엇인지, 내가 쓴 글을 읽을 독자는 누구인지 등을 생각하는 활동이다.

그러고 나서 글쓰기는 일정한 단계와 절차를 거친다. 이것은 화가가 한 점의 그림을 그릴 때, 대상을 이해하고 초점이나 주제를 잡고 밑그림을 그린 후에 채색하는 것에 비유할 수 있다. 그런데 그림에 있어서, 그 종류나 화가의 개인적 성향에 따라서 순서가 바뀔 수도, 생략이 될 수도 있듯이 글쓰기도 마찬가지다. 특별한 경우를 제외하고 일반적으로 작문의 절차는 다음 여섯 단계로 나눌 수 있으며, 이제 구체적인 글쓰기의 요령을 살펴보고 이를 참조하여 글쓰기를 해보자.

1) 주제의 설정
2) 구상과 예비 개요 작성
3) 자료 수집과 정리
4) 구성과 최종 개요 작성
5) 글쓰기(집필)
   - 제목잡기, 서두 시작하기, 문장쓰기, 단락 쓰기, 글쓰기의 진술 방식. 마무리하기
6) 퇴고(고치기)

1 주제 선정

1) 주제 잡기

좋은 글을 쓰기 위한 우선 조건은, 주제를 잘 선정하고 이를 중심으로 짜임새 있게 엮어나가는 솜씨다. 그러므로 가장 앞서 고려할 사항은 '무엇을(what), 어떻게(how)'이다. '무엇'은 글의 내용이며, '어떻게'는 글의 형식과 관련 있다. 글의 내용에서 가장 중심적인 생각과 참된 의도가 주제이다. 문예용어로 테마(thema)라고도 하고 '요지', '요점', '의도'라고도 한다. 요컨대, 글쓴이가 글을 통해 말하고자 하는 것, 글의 핵심적인 의미가 주제인 것이다.

글쓴이는 주제를 드러내기 위해서 많은 '소재'와 '제재'를 동원한다. 소재(素材, material)란 글감이 되는 일체의 재료를 말한다. 사전에 실린 모든 낱말은 소재의 대상이 된다 해도 무방하다. 그만큼 무수하다. 이 중에서 주제를 드러내기 위해 선택되면 한 편의 글 속에 담기게 된다. 다시 말하면, 글쓴이는 필요에 따라 소재 중에서 특별한 선택을 하게 되고, 이것은 주제를 드러내는데 주도적으로 활용되어 바탕 재료로서 역할을 하게 된다. 이렇게 주제를 효과적으로 형상화하기 위하여 여러 소재 중에서 선택된 소재를 제재(題材, subject matter)라 한다. 제재는 글의 종류에 따라서 여러 개일 수 있으나 이 중에서도 중심제재는 존재한다. 중심은 말 그대로 한 가운데 줏대를 의미한다. 이것이 여러 개이면 혼란스럽듯이 제재가 여럿이면 글의 초점이 흐려질 수 있다. 그러므로 간단한 글일수록 제재는 단 하나로 잡는 것이 바람직하다.

> 경동대학교(총장:全載旭) 2학년생들이 고성군내 산불예방 사회봉사활동을 시작하였다. 지난 2년 동안 산불 피해가 극심했던 고성군 토성면 산야 일대에서 산불예방 감시와 계도 활동을 4월 25일(토)부터 시작하여 한 달간 실시한다.

고성군 토성면사무소 공무원과 함께 조를 이루어 담당 구역 면사무소에 집결한 뒤 사전 교육을 받고 하루 8시간씩 교대로 활동하게 된다. 봉사 현장에 함께 동참한 토목공학과 윤석호 주임교수는 "인성교육 차원에서 좋은 활동이기도 하지만 명승 설악산의 자연 보호와 산림의 귀중함을 우리 자신이 먼저 깨닫는 소중한 기회가 될 것 같아 우리 전공에서 먼저 자원하게 되었다."라고 밝혔다.

경동대학교 사회봉사활동제도는 1997년 전국 최초로 전교생 교양 필수과목으로 시작하였다. 1,2학년 재학 기간 동안 40시간 이상을 이수해야 졸업이 가능하고 이 중 4시간은 명사초청 강연을, 2시간은 봉사 내용에 따라 사전 교육을 받아야 한다. 학생들은 학점 이수를 위해서 봉사활동을 시작했으나 양로원, 고아원, 장애재활원 등지에서 참사랑을 나누는 활동을 펼치면서 이수 후에도 자발적으로 봉사 시간을 늘리는 등 인성 교육의 좋은 제도로 자리 잡고 있다.

- <설악신문 기사문>에서

위 예문에서 소재와 제재 그리고 주제를 정리하면 다음과 같다.

- 주제 : 경동대학교 산불예방활동 실시
- 소재 : 경동대학교, 2학년생, 고성군, 사회봉사활동, 산불, 피해, 토성면, 감시, 계도, 산불예방, 4월, 공무원, 사전교육, 토목공학과, 윤석호 교수, 교양필수과목, 학점 등
- 제재 : 경동대학교의 산불예방 봉사활동, 고성군 산불, 사회봉사활동제도

여기에서 중심제재는 '경동대학교의 산불예방 봉사활동'이다. 사회봉사활동제도를 소개하는 글은 부수적인 설명에 해당하는 것으로 보이는데, 이 부분의 비중이 높아짐에 따라 '사회봉사활동제도'도 제재이다. 다만, 글의 중심이 흩어져 산불예방활동을 보도하는 것인지, 사회봉사활동제도를 소개하는 것인지

명료하지 않을 수 있기 때문에 후반부 단락은 좀 더 간략하게 할 필요가 있다.

시문학의 경우, 몇 안 되는 소재가 곧바로 제재로 활용되기 때문에 구분하지 않고 소재라는 말로 대신 쓰기도 하고, 논문과 같은 전문적인 글에서는 '자료(資料)'라는 용어로 대체하기도 한다. 아무튼, 바탕 재료 곧 제재를 골라내는 기준이자 척도는 어디까지나 주제가 무엇이냐에 따라 좌우된다. 그러한 면에서 주제란 이 기준에 따라 선택한 제재를 활용하여 궁극적으로 드러낸 핵심적인 사상이나 의미를 가리킨다.

그러면 주제 잡기는 어떤 요령으로 하는 것이 바람직한가?

첫째, 글쓴이가 주된 관심을 가지거나 잘 알고 있는 주제를 선정한다.
둘째, 독자의 관심과 흥미를 끌 수 있는 주제를 선정한다.
셋째, 광범위한 주제보다는 구체적으로 한정된 주제를 잡는다.
넷째, 독창적이고 참신한 주제를 찾는다.
다섯째, 상황성과 글의 분량에 적절한 주제를 선택한다.

글은 우선 자신이 잘 알고 있거나 쓰고 싶었던 주제를 설정하는 것이 중요하다. 쓰고자 하는 주제에 대하여 충분한 체험 또는 지식이나 인식이 뒷받침되지 않으면 그만큼 충실성이 떨어진다. 말하자면, 내용이 단조롭거나 추상적으로 흐르기 쉽고 글 속에 참신한 발상을 발견하기 어렵다. 자신이 평소 관심이 많고 잘 알고 있는 부분이라면 내용이 풍부하고 생동감과 자연스러움이 배인 글을 쓸 수 있는 기반을 가진 것이라 할 수 있다. 적어도 미흡한 부분은 충분히 연구하고 배경지식을 늘려 글쓰기를 시작하여야 한다.

특히 논설문, 시사 칼럼, 기타 전문적인 글일수록 충분한 근거를 가지고 있고 결론을 명확히 도출할 수 있는 문제를 다루는 것이 좋다. 글쓴이가 평소에 흥미를 가지고 관련 자료를 다양하게 수집하면서 자신의 주장이나 견해를 분명히 할 수 있는 논리를 확보하였을 때 설득력 있는 글이 된다. 그만큼 글의 목적을 효과적으로 달성할 수 있는 것이다.

여기에 독자가 흥미와 관심을 갖고 있는 주제라면 글을 읽는 동기를 유발하고, 공감대를 형성하거나, 의견이 다르더라도 자기주장을 전달하기가 수월하다. 가령, 새로운 정보를 제공하거나 창의적인 발상 또는 사회적인 쟁점(issue)을 다루었을 때, 그렇지 않은 경우보다 독자는 좀 더 적극적으로 글에 접근하고 끝까지 읽기를 다한다.

아래 예문은 몇 해 전, 정권이 참여정부로 교체된 후 '보수와 진보'에 대해 논의가 활발할 때 경제학자로서 견해를 밝힌 부분이다. 이에 대한 국민의 관심 또한 높은 때라 독자의 접근성을 그만큼 높인 주제 설정이라 할 수 있다.

예문 1

보수나 진보라는 용어가 다양한 스펙트럼에 걸쳐 사용되고 있는 만큼 한 개인이나 집단의 이념적 성향을 판별하기 위해서는 구체적인 사안에 대해 어떠한 견해를 가지고 있는가를 살펴보아야 합니다. 특히 정책에 관한 견해를 살펴보면 그 이념적 성향이 잘 드러납니다. 보수주의자들은 사람들의 경제생활에 대한 정치적 통제가 증가하면 불가피하게 개인의 자유가 억압된다고 주장하며, 각종 정책에 의해 영향을 받는 대다수 사람들을 관심의 대상으로 합니다.

보수적 정책은 자연히 특정 개인이나 집단이 아닌 대다수의 이익을 지지하게 되며, 이들을 위해 다른 사람들의 자유가 억압되어서는 안 된다는 점을 강조하고 있습니다. 그러므로 이들 정책이 지지하는 대상은 불특정 다수로 식별되지만, 역설적으로 다수의 이익에 관심을 두기 때문에 특정 개인이나 집단은 물론 다수로부터의 인기도 얻기 어렵습니다.

반면에 좌파적 진보는 정책에 의해 가장 크게 이익을 보거나 손해를 보는 식별 가능한 특정 개인이나 집단에 관심을 가지게 됩니다. 이들을 위해 그

외의 사람들의 자유 일부를 유보할 수 있다는 입장입니다. 따라서 정부개입을 배격하는 보수와는 달리 정부개입은 필연적이며 그런 만큼 부정부패가 자리 잡을 가능성도 크게 됩니다. 사실 최근에 문제가 되고 있는 부정부패도 기실은 정부 개입에서 연유하는 것입니다. 그러나 이들은 정치적 통제가 개인의 자유로운 경제생활을 억압할 가능성이 낮을 뿐만 아니라 회피 가능하다고 주장합니다.

– <김영용, '이념논쟁: 보수와 진보의 의미'>에서

아울러, 주제는 구체적이며 단일한 개념이어야 한다. 지나치게 광범위한 주제를 잡았을 때 글의 흐름이 산만해지기 쉽고 말하고자 하는 의도가 막연해진다.

가령, '복지'라는 주제는 그 범위가 매우 광범위하다. 논점의 기준이 국가별, 계층별, 연령별, 장애별 또는 제도나 정책이냐에 따라 그 개념과 종류, 방법이 매우 많다. 이를 다 거론한다는 것은 지식의 한계나 분량 등에 제한을 받아 무리가 따른다. 그러므로 범위를 좁혀 분명히 할 필요가 있다. 그리하여 '복지제도'로 좁히고, 주제는 논점을 기준으로 '장애인의 복지 제도', 더 나아가 '장애아동의 복지 제도'로 한정시킨다. 이를 좀 더 단일화할 수도 있다. '시각장애아동의 복지 실태와 복지 제도 정비'가 그것이다. 물론, 더 좁혀 '시각장애아동의 학교길 보도 실태와 개선점'으로 하면 매우 구체성을 갖게 된다. 주제를 어느 선까지 단일화하여야 하는 것은 글의 목적에 따라 다르나 머리 속에 설정된 막연하고 광범위한 주제(가주제)를 구체화된 주제(참주제)로 설정해나가는 과정은 반드시 필요하다.

아래 예문은 글의 도입부로서 글쓴이가 주제 범위를 설정하고자 그 기준을 스스로 밝히고 있는 단락이다.

예문 2

휴머니즘은 人間性(humanity)의 문제가 중심이 된다. 인간성을 어떻게 규정하느냐에 따라서 휴머니즘의 성격도 달라진다. 그것은 그 규정 여하에 따라서 인간 대 인간의 관계, 인간 대 신의 관계, 인간 대 자연의 관계, 우주에 있어서의 인간의 위치 등, 즉 人間觀·세계관이 달라지기 때문이다.

'동양적 인간형'이란 제목은 서양적 인간형을 전제한 것같이 생각된다. 그렇다면 동양적 인간형을 말하려면 자연히 서양적 인간형과 대비하여 말하지 않고는 그 특성이 잘 드러나지 않을 것이다. 그러나 서양에 있어서 인간형의 내용이란 것이 일치해 있지 않은 이상, 어느 한 사람의 사상이나 어느 한 시대의 사상을 가지고 논할 수 없으므로 양쪽을 비교하려면 부득이 휴머니즘의 중심문제요 공통문제인 '인간성'의 견해를 양쪽 역사를 통해서 비교해 보는 것이 가장 간편한 방법이 아닐까 생각한다.

–<이상은, '동양적 인간형'>에서

마지막으로, 주제는 독창적이고 참신하여야 하며 상황을 고려하여 선정해야 함을 들었다. 이는 앞의 단원 '2. 좋은 글이란 어떤 글인가?'에서 상황성과 독창성으로 다루어진 바 있어 생략한다.

2) 주제문의 작성

참주제를 설정하였더라도 이것은 '무엇을 쓸 것인가'에 대한 것만 제시했을 뿐 글의 내용이나 방향은 알려주지 않는다. 글쓴이는 주제를 하나의 문장으로 나타내어 독자에게 글의 내용이나 방향을 확실히 인식시킬 필요가 있다. 이를 위하여 하나의 문장으로 표현한 것이 주제문(Thema sentence)이다. 예를 들어, '우리나라의 대체 에너지 개발 문제'라는 주제를 '지하 에너지 자원이 부족한 우리나라 현실에서는 태양열과 풍력을 이용한 대체 에너지 개발과 이를 상용화 할 수 있는 정책 수립이 시급하다.'와 같이 하나의 문장으로 표현하면 주제문이 된다. 이 주제문은 '현재 우리나라 지하 에너지 자원의 부족 실태와 태양열 에너지 그리고 풍력에너지를 개발할 수 있는 여건이나 잠재성, 개발과 상용화 정책, 정책의 긴요함'으로 내용을 한정시키며, 그러한 내용을 중점적으로 다룰 것이라는 글의 방향을 알려준다. 이로 볼 때, 주제문은 글의 통일성과 방향성을 유지하는데 도움을 준다. 즉, 주제문은 글이 전체적인 통일성과 일관성을 유지하도록 도와주는 하나의 척도가 된다.

한편, 문학 작품에 있어서 주제문은 글의 표면에 잘 나타나지 않는다. 글 전체를 통하여 암시되거나 비유적으로 표현된 경우가 흔하다. 일반적인 글에서도 주제문이 단일 문장으로 되어 있지 않고 여러 개의 문장으로 표현되거나 여기저기 흩어져 있는 경우가 흔하다. 그러나 논설문이나 설명문 같은, 설득이나 이해를 목적으로 하는 글일수록 주제문이 겉으로 잘 드러나는 것이 바람직하다.

주제문 작성에 있어 기본적으로 유의해야할 점은 다음과 같다.

주제문의 형식

① 완전한 문장, 평서형 문장으로 진술한다.
② 필자의 관점, 태도, 목표와 독창적인 견해가 분명하게 드러나야 한다.
③ 의문문이나 비유, 암시, 추측 형태나 '나는 ~이라고 생각한다.'는 피한다.
④ 대립하는 견해를 제시할 때는 반론의 여지를 생각하여 반영한다.

주제문의 내용

① 단일한 주제로 부각시키기 위하여 넓은 범위를 다루지 않는다.
② 의미 전달을 명확히 하고 구체적으로 하되 장황하지 않도록 한다.
③ 둘 이상의 개념이나 두 개의 주제로 해석이 가능한 문장은 피한다.
④ 일관성이 없거나 모호한 표현은 쓰지 않는다.

예문 활용

1. <예문1> 의 주제문들은 어떤 점이 잘못되었는지 살펴보고, 자기 나름대로 관점을 설정하여 고쳐보자.
2. <예문2>와 <예문3>에서 주제문을 찾아보고 주제를 드러내기 위하여 활용한 제재는 무엇인지 알아보자.

예문 1

① 교육은 성장의 꽃이다.
② 선진국으로 가는 가장 긴요한 정책은 무엇일까?
③ 역사 이래 저항에 대한 기록은 무수히 많다.
④ 오늘날 환경 문제를 해결하는 데는 여러 가지 난제가 뒤따른다.
⑤ 공교육의 정상화를 위하여 입시제도의 개편은 시급한 해결 과제라고 생각한다.

예문 2

말은 창조적 정신 활동의 가장 중요한 산물인 동시에, 이것은 바로 그 민족적 사고 형식에 직접적인 영향을 미친다. 말이 제대로 정리되어 있지 않다는 것은 그 민족의 생각이 제대로 정돈되어 있지 않다는 증거이요, 동시에 이 혼란된 말은 그 민족의 정신을 더욱더 혼란에 빠뜨린다.

우리말에는 토박이말이 잘 발달되어 있다. 다만, 문제는 우리나라의 지식인들은 자기 자신의 중요한 토박이말보다 외국서 들어온 말을 더 소중하게 여겼다. 이것은 예나 지금이나 한가지다. 이러한 현상은 우리들의 정신 상태 — 주체성을 잃고 방황하는 정신 상태 — 에 그 원인이 있는 것이다. 그리하여 이러한 정신 상태는 여러 방면에서 다시 나타나고 있다. 서양 외래품이라면 무엇이든 좋아하는 버릇, 그리하여 국산품에까지 서양말의 이름을 붙이고 서양 글자로 써야 한다. 일본 관광객에게 쏟은 정성, 그리하여 일본 사람이라면 터무니없이 허리만 굽히다가, 권총을 들고 8·15 식장에 들어가는 것마저 막지를 못했잖는가? 아침저녁 조용히 명상에 잠기려 하여 FM 방송을 틀어 놓으면, 미국 방송인지 우리 방송인지조차 분별하기 어려운 그 시끄러운 잡음, 이러한 모든 현상은 다 우리들의 빗나간 정신 상태에서 빚어지는 결과이다. 이 정신 상태를 바로잡지 않으면, 말인들 제대로 되어 나올 리 없지 않은가?

우리는 우리의 토박이말, 우리 조상의 정신이 어려 있고, 우리 땅의 냄새가 스며 있고, 우리에게는 무엇보다 가깝고 쉬운 우리 토박이말을 소중히 여기는 정신을 길러야겠다. 그리하여 외래적인 말에 밀려나려고 하는 우리 토박이말을 창조적으로 부려써서 민족의 문화를 발전시켜 나가야겠다.

이 정신은 바로 모든 분야에서 우리 것을 소중히 여기고 우리가 우리의 생활을 올바로 꾸려 나가려는 민족의 주체성을 확립하는 밑바닥이 되는 것임을 깨달아야 한다.

그리고 옷이 우리의 건강을 유지하는 데 소중한 것이듯이, 우리글 한글은 우리말을 건전하게 가꾸어 나가는 옷임도 아울러 잊지 말아야겠다.

–<허웅, '우리말과 글의 나아갈 길'>에서

예문 3

현대 과학은 두 가지 측면을 지니고 있다. 그 하나는 기술 개발의 능력이며, 다른 하나는 정신 문화적 가치이다. 누구나 잘 아는 바와 같이 현대 과학의 기술 개발 능력은 널리 활용되고 있으며, 이로 인하여 좋든 싫든 무서운 위력을 지닌 과학 기술 문명이 그 전성기를 맞이하고 있다. 반면에 과학이 지닌 정신 문화적 가치를 이해하고 있는 사람은 많지 않다. 오히려 과학이 정신 문화적으로 역기능을 지닌 것으로 오인되고 있다. 편협한 전통적 관념에 사로잡힌 사람들이 자신들의 신조에 위해가 오지 않을까 하는 두려움에서 과학의 정신적 영향을 혐오하는 경우는 말할 것도 없고, 비교적 진보적인 시각을 가진 사람들조차도 과학의 정신 문화적 기여에 대해서는 회의적인 자세를 보이는 경우가 많다. 이는 아마도 과학은 물질 세계를 연구하는 학문이어서 정신세계에 대해서는 어떤 주장도 할 수 없을 것이라거나 혹은 정신적인 것조차 물질적인 것으로 환원시킴으로써 정신적 가치를 훼손시키리라는 우려 때문인 것으로 생각된다.

-<장회익, '현대과학과 정신세계'>에서

2 구상과 예비 개요 작성

주제를 명확히 정하고 주제문을 개략적으로 설정하면, 그 다음에 해야 할 일은 글의 전체적인 틀을 구상하는 것이다. 글을 본격적으로 쓰기 전에 구상한 바를, 글의 흐름을 고려하여 논리적으로 배열해 놓거나 항목별로 대략적으로 정리해두는 것이 예비개요(槪要, outline)다. 개요는 설정된 주제를 효과적으로 드러내기 위한 개략적인 짜임이며, 글의 구성이 상호 모순을 지니지 않고 긴밀한 관계를 유지시키는데 필요하다. 또 어떤 자료를 수집하여 활용할 것인가에 대한 지표가 되기도 한다. 그러므로 개요는 예상되는 글 전체의 통일성과 일관성을 유지케 하고 조직적인 사고를 하는 데에도 도움이 된다.

구상은, 착상(着想)해서 주제를 설정하고, 제재를 수집·정리하여 얼개를 짜는 단계, 곧 집필하기 전까지의 계획 단계에 해당한다. 일반적으로, 미숙한 필자는 곧바로 글을 쓰기 시작하는 경향이 있다. 오히려 능숙한 필자가 비교적 계획하는 데 많은 시간을 투자한다. Stallard(1974)는 고교생들에게 글을 계획하고 아이디어를 생성하고 조직하는 데 보내는 시간이 어느 정도인지를 측정한 바 있다. 동일한 주제를 두고서도 고교생은 평균적으로 1분 20초의 시간을 보냈지만 능숙한 필자들은 4분 18초를 보낸 것으로 조사되었다.

구상은 산발적인 착상을 한 줄기의 내용으로 조직하는 데 필요하다. 구상의 초안은 예비개요(얼개)로 작성되며, 자료를 수집하고 정리하여 최종적인 개요를 완성하면 글의 구성이 되므로 글 전체 틀을 결정하는 토대가 된다.

글쓰기에 초보 단계나 익숙하지 않을 경우 또는 어린 학생은 내용을 조직하는 방법으로 다발짓기(clustering)와 생각 그물 만들기(mind mapping)를 통해 훈련할 수 있겠다.

다발짓기(clustering)는 아이디어를 관련 있는 것끼리 묶는 활동이다. 예를 들어, 파도타기에 관한 아이디어를 떠올렸더니 '파도, 동해바다, 파라솔, 제트스키, 구명복, 보트, 튜브, 모래사장, 수영복, 즐겁다. 물먹다, 당황' 등과 같은 말이 나왔을 때, 이것을 범주를 정하여 관련 있는 것끼리 묶는 방법, 즉 '간 곳, 도구, 느낌' 등으로 재편성하는 활동이다. 그래서 다발짓기는 아이디어 간의 관계를 파악하는 데 도움이 되는 활동으로, 아이디어 조직 능력이나 어휘력, 사고력을 기르는 데 도움이 된다.

다발짓기는 일상적이고 단순한 것부터 시작하여 점차적으로 현상이나 추상적인 이념으로 확대하는 것이 바람직하다. 예를 들어, '파도타기' 등에서 '핵문제 협상', '갈등' 등 어려운 것으로 이행하는 것이다. 아이디어를 떠올린 후에 그것을 관련 있는 것끼리 묶는 활동이 '다발짓기'라면 범주를 설정한 다음에 아이디어를 확장해 나가는 활동은 '생각 그물 만들기'이다.

생각 그물 만들기(mind mapping)는 중심 개념에서부터 관련된 아이디어를 시각적으로 표시해 나가는 활동으로서 최근 각광을 받고 있는 마인드맵(mind map)과 궤를 같이한다. 생각 그물 만들기는 여러 가지 형태로 할 수 있다. 거미줄과 같은 형태나 나무 모양의 형태를 띨 수도 있다. 대개 방사선 형태가 많다. 그 절차는, 주제가 결정되면 노트 중앙에 고갱이에 해당하는 원을 치고 먼저 주제어를 쓴다. 그런 다음, 원에서 수레바퀴 형태로 방사선을 긋고 주제어와 관련된 아이디어를 첨가한다. 거기에 다시 가지를 만들어 이 아이디어와 관련되어 떠오르는 생각을 첨가한다. 이러한 행위는 특정 주제에 대한 자신의 생각을 단어, 문장 등으로 회상하고 표현하는 데에 큰 도움을 주고, 아이디어들 간의 관계를 파악하거나 새로운 아이디어를 창출하는 데에 도움이 된다.

흔히, 생각 그물을 만든 다음에 이것을 기초로 해서 개요(얼개)를 짜게 된다. 경우에 따라서는 생각 그물을 보고 곧바로 초고를 쓸 수도 있다. 얼개는 글의 전체적인 흐름을 말해 주는 것으로 조직적인 글을 쓰는 데 매우 필요한 활동이다.

구상(또는 완성 단계에서의 구성)은 대체로 다음과 같이 할 수 있다.

- 자연적 구상 : 시간적 순서에 따르는 구상
  공간적 질서에 따르는 구상
- 논리적 구상 : 단계식 구상 – 2단식, 3단식, 4단식, 5단식, 6단식
  포괄식 구상 – 두괄식, 미괄식, 쌍괄식
  열거식 구상
  점층식 구상

구상과 예비 개요는 일정한 구조를 지닌다. 예를 들어, 설명적인 글은 일반적으로 다섯 가지 구조를 지닌다(Meyer & Freedle(1984)). ① 서술(description) 구조, ② 순서(sequence) 구조, ③ 비교 또는 대조 구조, ④ 원인과 결과 구조, ⑤ 문제 해결 구조가 그것이다. 이들 구조에 따라 개요(위에 제시하였음)를 짜는 방식은 다를 수 있다. 예를 들어 '갈등과 인간관계'에 관한 글과 '영랑호와 산정호수'를 설명해야 하는 경우, 그 개요는 달리 짜여진다.

설명적인 글의 구조 유형

<서술 구조>

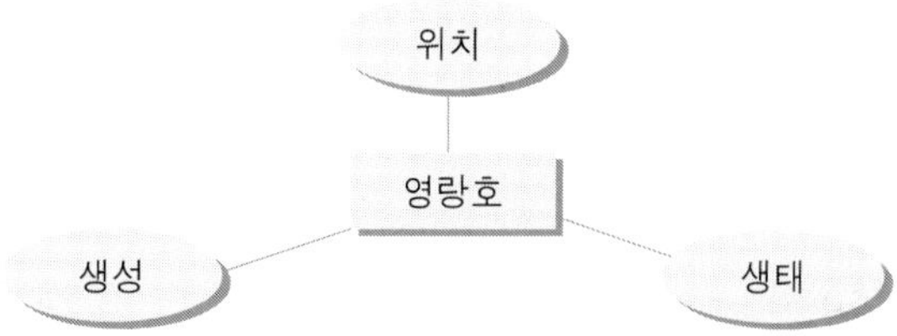

<순서 구조>

1. ____________________
2. ____________________
3. ____________________
4. ____________________

<비교 대조 구조>

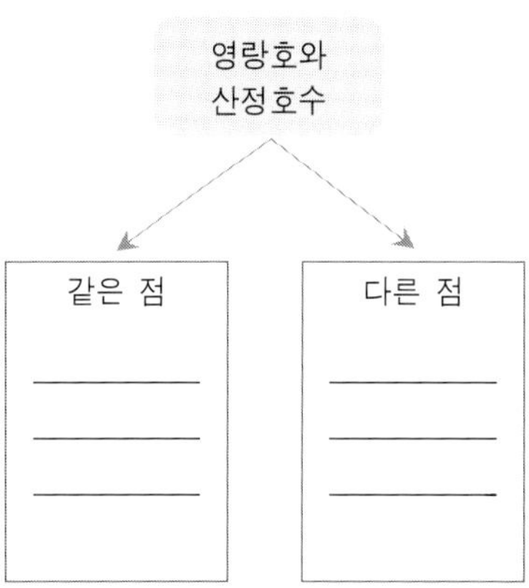

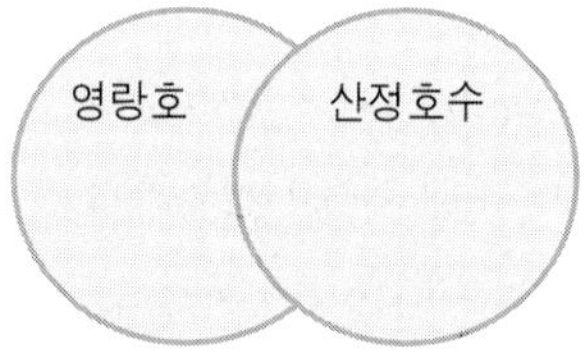

<원인과 결과 구조>

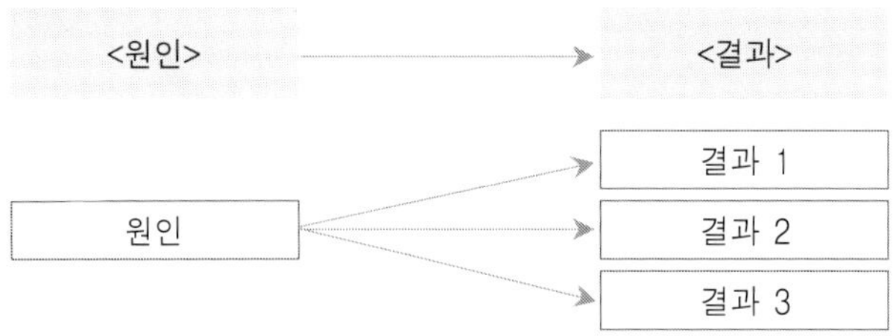

<문제와 해결 구조>

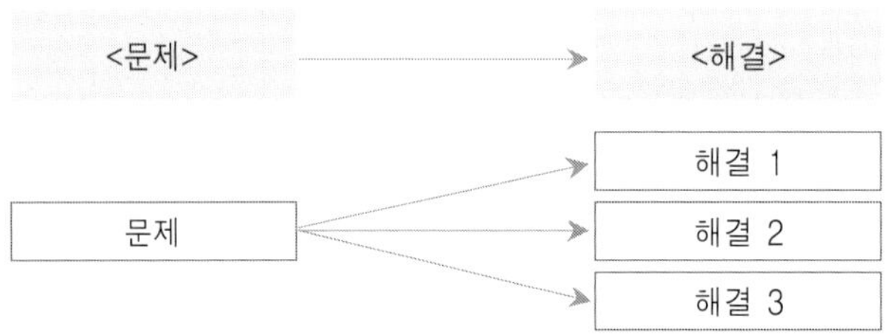

설명적인 글과 마찬가지로, 이야기 형식 곧 서사적인 글도 나름의 구조를 지니고 있다. 가령, 처음에는 배경과 인물이 등장하고, 이야기가 전개되면서 주인공의 내적인 반응과 사건, 그리고 끝으로 해결 등의 구조가 나타난다.

<이야기 글의 개요 유형>

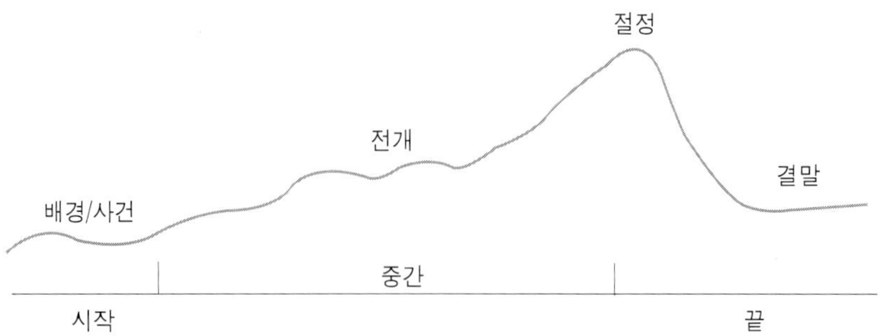

여기서 자연적 구상은 자연현상에 따르는 방법으로서 발전적 구상, 방향성에 따른 구상이라고도 하며, 서사성이나 공간적 성격에 따라 글을 쓰는 것을 말한다. 논리적 구상은 종합적 구상이라고도 하며, 인위적이고 논리성에 따라 배열하는 방법이다. 이와 같은 여러 구상들은 글의 성격과 내용에 따라 적절하게 선택되어야 한다.

구상이 최종 완성되면 글의 구성으로 체계화된다. 글의 구성에 관한 것은 다음에 나오는 '(4) 구성과 최종 개요 작성'에서 상세히 다루기로 한다.

예비 개요는 언제든지 수정이 가능하다. 자료를 수집하면서 또 본문을 집필하면서 논리에 어긋나거나 보완해야 할 부분이 발생했을 때 가감할 수 있다. 글의 분량이 방대할수록 목차가 필요한데, 이때 작성하는 예비 목차는 예비 개요에 해당한다. 예비 개요를 생략할 수도 있다. 내용이 단순하거나 짧은 글은 머릿속의 구상만으로도 글을 써나갈 수 있고, 시와 같은 문예문은 의식의 흐름에 의존하여 글을 쓰기도 한다. 그러나 논문이나 보고문, 소설 같은 경우에는 구상 단계가 필요하고, 전체적인 통일성과 일관성을 고려한다면 구상을 간단히 도식화하는 것이 효율적이다. 말하자면 구상을 정리하기 위하여 예비 개요를 작성한다.

예비 개요는 설정된 주제를 통하여 말하고자 하는 바를 생각나는 대로 간단히 메모 형식으로 할 수도 있으며, 화제나 문장의 형식으로 기록한 뒤에 체계를 잡아 분류하고 요약하여 차례를 잡기도 한다. 흔히 논리적인 순서에 따라 1, 2, 3, 4 등의 항목 번호를 붙여서 배열한다. 분량이 많고 체계적이고 논리적인 문장을 작성하는 경우는 격이 다른 대중소의 항목과 'Ⅰ, A, 1, a, (1), (a)' 혹은 '1, 1), (1), ①, 가' 등의 부호를 써서 항목간의 주종 및 상호관계를 나타내는 것이 필요하다. 보다 세부적이고 체계적인 배열은, 자료 수집 후 글의 최종 구성 단계, 즉 최종 개요 작성 때 이루어지는 것이 보통이다.

'갈등과 인간관계'라는 주제에 대해 예비 개요를 작성한다면 다음과 같이 할 수 있다.

<갈등과 인간관계>

1. 갈등의 본질
2. 갈등의 유형
3. 집단 갈등
4. 정보사회와 갈등

그리고 이들 항목 하나하나마다 좀 더 세분화가 필요한 경우, 하위항목을 설정한다. 예컨대, '3. 집단 갈등'은 다음과 같이 구분할 수 있다.

3. 집단 갈등
   1) 집단 갈등의 요인과 양상
   2) 집단 갈등의 결과
   3) 집단 갈등의 해소와 방법

3 자료 수집과 정리

예비 개요를 작정하고 나면 주제를 살리기 위한 글의 재료를 모으는 일과 그것을 정리하는 작업이 필요하다. 글의 내용을 형성하는 이러한 글감을 소재(素材), 제재(題材), 화제(話題), 자료(資料)라고 한다. 주제와 관련한 소재와 제재의 관계는 앞에서 설명한 바 있다. 이러한 자료 수집을 취재(取材)라고도 한다. 때로는 주제 설정과 취재의 선후 관계가 바뀔 수도 있다. 예를 들어 기행문이나 조사 보고서일 경우, 여행지의 체험과 예기치 못한 조사 탐방 결과물이 발생하고 난 뒤, 즉 제재 또는 자료가 먼저 생기고 나중에 이를 토대로 주제가 설정되고 개요를 작성하기도 한다. 소위 상향식 방법에 해당하는 것이다. 그러나 일반적으로 주제를 먼저 설정하고 이에 어울리는 자료 수집 혹은 제재를 선택하는 소위 하향식 방법이 보통이다. 또 글의 종류에 따라 취재의 과정이 간단할 수도 복잡할 수 있다. 논문의 경우, 이론이나 연구결과 자료 그리고 논거 자료의 수집은 방대하며, 논저 목록 작성에 이르기까지 일정한 형식을 지켜 자료를 정리하여야 한다. 이는 <제4장 글쓰기 실제>편에서 자세히 다룬다.

자료를 수집함에 있어서 고려해야 할 사항은 대체로 다음과 같다.

첫째, 자료의 출처는 체험, 관찰, 독서, 조사, 청취, 시청, 자신의 창의적 사고 결과물 등 다양하므로 다방면에서 풍부하게 제재를 수집한다.

둘째, 정확한 제재를 수집한다. 즉, 근거가 뚜렷하고 논리에 맞으며 합리적으로 해석된 자료를 선택한다.

셋째, 주제를 뒷받침하기 위한 방법, 즉 비교, 대조, 분류, 유추, 예화, 실례, 통계, 인용(引用) 등에 어울리는 제재를 선택하여 독자들에게 흥미나 동의를 이끌 수 있는 제재를 선택한다.

아울러, 이상의 요건을 갖춘 자료가 수집되었다면 집필하는 데 편리하고 주제 표출에 효과적으로 활용할 수 있도록 자료를 잘 정리해 놓아야 한다. 이때에도 내용의 동일함 정도, 논점과의 필요 관계, 가치와 경중의 정도에 따른 분류 등을 고려하여 정리한다.

자료를 정리할 때 고려해야 할 사항은 대체로 다음과 같다.

첫째, 내용에 따라 정리한다. 내용이나 관점이 같은 것과 그렇지 않은 것을 구분하여 놓는다.

둘째, 중요성의 정도에 따라 정리한다. 즉, 주제가 직접적인 것은 간접적이거나 참고 사항과 갈라놓는다.

셋째, 통시성 곧 변천이나 역사성에 관련된 것은 시간적 순서에 따라, 공시적으로 지역, 사회상, 동일한 시대의 현상 등과 같은 자료는 공간적 순서에 따라 정리한다.

넷째, 현상별, 문제별, 인과별로 분류하여 정리한다.

그러나 전체적이고도 엄밀한 계획은 그 다음 단계인 구성 단계, 즉 최종 개요 작성 단계에서 이루어지므로 일단 수집·정리된 제재라 할지라도 나중에 활용되지 않을 수도 있다. 이때, 자료가 아까워 불필요하게 활용되는 일은 없도록 하여야 한다. 주제와의 관련이 다소 먼 듯한 자료는 과감히 제외하되, 다음에 혹 활용될 수도 있으니 따로 보관해두면 유용하다.

예문 활용

1. <예문1>은 시인이요 국문학자인 서정학의 <도시로 날아오는 매미들>이라는 글이다. 필자는 '매미의 생태와 인간의 삶을 연관시킨 한 편의 글을 써 달라'는 신문사의 청탁을 받고 쓴 칼럼인데 곤충학자가 아닌 관계로 글쓴이는 매미의 생태에 관한 다양한 정보를 취재를 통해 획득할 수밖에 없다. 따라서 파브르의「곤충기」, 생물학도감이나 사전, 백과사전, 문장백과사전 등에 수록된 매미에 관한 다수의 정보를 취재 정리함과 동시에 관찰과 사색을 통해 얻어진 제재들을 활용하고 있다. 이처럼 자신의 지식과 정보와 관련 없는 글을 쓸 때는 그만큼 취재의 과정도 충실하여야 한다.
2. <예문2>의 자료 수집은 어떤 방법인가?

예문 1

내가 사는 곳은 식장산 기슭과 인접해 있는 판암동이다. 아파트 베란다에 나가면 우거진 잡목(雜木) 숲이 눈에 가득 차 온다. 그래선지 올 여름 내내 시원한 매미 소리를 들을 수 있었다. 낮에는 매미, 밤에는 소쩍새, 이들이 나의 친구가 되어주지 않았다면 얼마나 답답하고 무더운 날이었을까 생각한다.

그런데 이 매미들 중에 많은 무리들이 불빛을 보고 날아와 아이들의 손노리개감이 되어버리는 경우를 볼 수 있었다. 특히 푸른 빛의 네온에는 더욱 많은 수의 매미 무리들이 날아오는 것을 발견했다. 네온이 켜진 인근 상점에서는 저녁 무렵이면 아이, 어른할 것 없이 매미 잡는 소동이 벌어진다. 그리하여 너나없이 한 두 마리, 더러는 너댓 마리의 매미들을 잡아가곤 한다. 어느 아주머니들은 아들의 곤충채집 숙제를 대신하게 되었노라 으쓱해 돌아가는 것을 목격하기도 하였다.

내가 사는 아파트에서는 매미가 얼마나 흔한지 모른다. 오죽하면 엘리베이터 속에서도 몇 마리의 죽은 매미들을 발견할 수가 있다.
이러한 모습들을 보면서 나는 씁쓸한 감정을 숨길 수 없었다. 그 오랜 시간을 참고 기다리다 이제 마음껏 노래하고 날 수 있는 존재가 되어서는 결국 사람들의 노리개감으로 전락한 매미들이여…

진나라 때의 시인 육운(陸運)은 매미를 "머리에는 반문이 있으니 그것은 문(文)이요, 이슬을 마시고 사니 그것은 청(淸)이며 곡식을 먹지 않는 것은 염(廉)이고 집을 짓지 않고 사니 검(儉)이며 계절을 지키는 것은 신(信)이라"하여 다섯 가지 덕을 지닌 존재로 극찬하고 있다.

파브르의 『곤충기』에 보면 "매미는 귀머거리여서 천둥소리가 들리지 않는다. 매미가 노래를 부르는 것은 사랑을 구해서가 아니다."라고 말하고 있다. 그러나 최근, 곤충학자의 연구 결과에 의하면 '매미는 귀머거리가 아니며 특히 같은 종의 울음소리에 매우 민감하다'고 말하며 발음의 목적은 다른 벌레들처럼 성적인 유인이 주된 목적이라고 한다. 또한 우는 횟수와 진동수는 조명이나 온도와 밀접한 관계가 있을 것이라 추측한다.

어쨌든 귀머거리가 아님에도 불구하고 곁에서 대포를 쏜다 하더라도 노래를 그치지 않는 매미야말로 자신의 생(生)에 가장 충실한 존재인 셈이다. 좀 더 우리가 매미의 생태에 관심을 가져본다면 그럴 수밖에 없는 사연이 있다.

널리 사람들이 알고 있듯, 매미는 굼벵이로 보통 4년에서 6년간 땅 속에서 생활한다. 아메리카의 어떤 종들은 17년까지 매미가 되기를 기다리는 것들도 있다고 한다. 그리고는 날개를 달고 나와 기껏 한 계절, 아니 몇몇일 살다 사라지는 존재인 매미로 볼 때, 그는 누가 곁에서 소리를 지르건 대포를 쏘건 상관할 틈이 없다. 오직 귀중한 한순간 한순간의 자기의 시간들에 충실해야 할 것이다.

만약 우리들이 시한부 삶을 의사로부터 선고받았다고 가정해보자. "기껏해야 앞으로 당신은 서너 달밖에 살 수 없습니다"라고 말을 들었을 때 우리는 너무나 짧고 소중한 시간들을 어떻게 하면 가장 의미 있게 보낼 수 있는가를 생각한 연후에 그것에 자신의 모든 시간을 아낌없이 바칠 것이다.

사실 모든 사람들은 신(神)으로부터 시한부의 삶을 선고받은 존재다. 우주의 역사에 비해 우리가 살아가는 날들은 너무나 짧다. 그럼에도 불구하고 우리는 시간을 헛되게 낭비하며 사는 것은 아닌가, 마치 도시로 날아오는 매미들처럼…

— <서정학, '도시로 날아오는 매미들'>에서

예문 2

A+학점을 F로 정정한 사연

대학교수 사이에 우스개가 있다. 성적만 내지 않으면 교수도 할 만하단다. 물론 웃자는 말이다. 하지만 그 우스개엔 오늘의 우울한 대학 현실이 묻어나온다. 학점경쟁이 대학생들의 꼭뒤를 짓누르고 있다. 이른바 '성적 정정기간'이 단면도다. 그 때마다 대다수 교수들이 '문의' 또는 '항의'를 받는다. 더러는 장학금을 타야 할 '집안 사정'을 읍소 받는다.

무엇보다 난감할 때는 수강생 성적이 엇비슷할 때다. A학점(수)과 B학점(우) 비율이 제한되어 있어서다. 모든 수강생들이 강의를 성실하게 들었을 때, A+와 C(미)사이는 미세한 차이일 수밖에 없다. 성적을 내는 데 며칠이

걸리는 까닭이다.

기실 대학 학점의 문제는 하나 둘이 아니다. 왜 대학만 '수우미양가'가 아닌 ABCDF로 성적을 내는지 이해할 수 없다. 더 심각한 문제는 상대평가제가 젊은 지성인의 영혼을 학점으로 옭아맨다는 데 있다.

젊은 지성인을 옭아매는 상대평가 학점제가 더러는 사사로운 경험담으로 눈 흘길 지도 모르겠다. 하지만 단순히 사적인 문제가 아니기에 쓴다. 2005년 2학기, 네 군데 대학에서 강의를 했다. 그 가운데 한 대학에서 수강한 학생으로부터 편지를 받았다. 그 학생은 빼어났다. 수강 자세도 성실했다. 발표와 토론까지 뛰어났다. 보고서까지 으뜸이었다. 강단에 서는 보람을 준 젊은이 가운데 하나였다.

하지만 연말에 받은 젊은 벗의 편지는 큰 충격이었다.

"제게 과분한 A+를 주신 것은 마음속 깊이 감사드리고 있습니다. A+가 이렇게 슬프기는 처음입니다(중략). 한편으로, 부끄럽지 않게 F를 부탁드리기 위해 A+를 받으려고 노력한 것도 사실입니다. 낮은 성적 받아놓고선 졸업 평점을 올리기 위해 학점포기를 하는 듯한 인상을 드려서는 안 된다고 생각했기 때문입니다.

교수님, A+를 F로 정정해주시면 안되겠습니까? 저는 원래 이번 학기가 졸업 학기입니다. 취업 걱정을 해야 하는 4학년 마지막 학기였습니다. 그렇지만 아무데나 취업원서를 넣고 밀려나듯 졸업하긴 싫었습니다(중략).
그래서 졸업을 일 년 늦추려고 합니다. 다음 한 학기는 휴학하고, 2학기에 9차 학기 학점등록으로 복학을 하려고 합니다.

그리고 2학기부터 다시 졸업예정자 신분으로 하반기 (취업) 시험에 도전하려고 합니다. 이런 악수를 두는 이유는, 현재 일반 기업체 채용의 대세가 졸업년도 취업자 절대우선이기 때문입니다. 일반 기업 공채에서 시간이 지난 졸업자는 졸업예정자보다 매우 불리한 것이 요즘입니다."

긴 편지는 이어졌다. "교수님 죄송합니다."는 마지막 말을 읽을 때 가슴이 미어졌다. 기실 대학에서 특히 2학기 강의를 마칠 때마다 콧잔등이 시큰한 경험은 7년 전 처음 강단에 섰을 때부터다. '취업'을 하지 못한 채 졸업하는 젊은이들의 먹먹한 눈길을 마주할 때마다 한없는 무력감에 젖어들었다.

하지만 A+학점을 F학점으로 정정해달라는 제자의 편지만큼 쓰라림을 주지는 않았다. 나무라야 옳은가. 고백하거니와 그럴 수 없었다. 결국 성적을 '정정'했다. 타협이라고 비판해도 좋다. 다만 A+를 F로 정정해 달라는 젊은 지성인의 편지에서 한국사회의 절망스런 현실에 대한 통렬한 비판을 우리 모두 읽어야 옳지 않을까.

절망스런 한국사회 현실에 대한 통렬한 비판

청년실업과 경쟁이데올로기는 한국 대학생들의 책읽기와 정신적 성숙을 가리틀고 있다. 문제의 편지를 보낸 제자의 다음 말이 없었다면, 성적을 정정하는데 더 망설였을 터다.

"휴학생으로 지낼 다음 1학기 동안 제 모자란 부분을 채울 겁니다. 우선 책을 많이 읽을 생각입니다. 지난 한 해 동안 제 식견의 한계를 뼈저리게 느꼈기 때문입니다. 이미 하루, 혹은 이틀에 한 권씩 읽고 있는 데도 지식의 목마름은 갈수록 더해가고 있습니다."

그렇다. 죽어가는 대학에 그래도 희망이 있다면, 책을 읽는 지성인들이, 시대의 모순을 인식하는 젊은이들이, 애면글면 이어지는 데 있다. '지식의 목마름'이 더해가는 제자에게, 아니 실업의 굴레에 몸부림치는 모든 '백수와 백조'에게, 새해 연대의 인사를 전하고 싶다. 그래도 당신들이 희망임을.

– <손석춘, 오마이뉴스, 2006. 1. 4>에서

4 구성과 최종 개요 작성

구성(構成)은, 주제를 가장 효율적으로 표현하기 위하여 구상한 바에 따라 수집·정리한 제재를 최종적으로 적절하게 배열한 글의 짜임, 즉 완성된 최종 개요를 말한다. 건축에 비유하면 설계도에 해당한다.

글의 구성 방식은, 앞에서 살펴본 구상의 방법과 같이 보편적으로 자연적 구성 방법과 논리적 구성 방법으로 나눈다(관련 내용은 <제4장 글쓰기의 실제>에서 또 다룬다.).

1) 자연적 구성

자연적 구성이란, 시간의 순서에 따라 또는 공간적 질서에 따라 제재를 배열하는 방식이다.

시간적 순서에 따른 구성은 말 그대로 화제를 시간적 순서에 따라 구조화한다. 연구물에서 통시적 연구나 역사적 기록은 이 방식을 많이 채택한다. 회고록이나 일기, 기행문, 회상적인 수필이나 서사적인 소설 등에서 많이 활용되는 방식이다.

이는 과거로부터 현재나 미래까지 시대별로, 계절이나 하루의 시간적 변화에 따르는 방식 등 다양하게 할 수 있다. 변천이나 사건의 전개, 체험과 기억을 정리하는 좋은 방법이다. 한편, 이 방법은 주제문이 시간의 흐름에 따라 산재되어 있거나 잘 나타나지 않을 가능성이 많다. 이로 인해 글쓴이의 의도가 잘 드러나지 않는 약점이 있어 시간별로 일어나는 사안들이 전체 맥락 속에 어떤 연관성을 지니고 있는가를 감안하여 글을 써야 한다.

공간적 질서에 따른 구성은 공간성을 가진 제재를 질서화하고 체계화하는 구성 방법이다. 시간적 변화와 관련이 없는 사물이나 상황을 기술하거나 설명할 적에 공간별로 제재를 배열함을 말한다.

일정한 공간적 관점에서 지역이나 장소에 존재하는 사물이나 상황, 지리적 문제, 건물 등의 배치나 구조, 외모나 풍경, 고정되어 있는 현상, 기구나 조직 등을 제시하거나 설명 또는 묘사하는 데에 주로 쓰는 방법이다. 공간적 관점은 거시적인 것에서 미시적인 것으로 전개하는 방식과 원경에서 근경으로 또는 그 반대로 전개하는 원근법(遠近法)에 의한 전개 방식이 있다. 이 방법도 공간에 따른 부분적 제시가 전체 맥락 속에서 어떤 관계에 있는가를 명료하게 해두어야 하며, 일정한 공간적 관점에 따라 일관성 있게 서술하는 것이 중요하다.

2) 논리적 구성

논리적 구성은 종합적 구성이라고도 하는데, 글쓴이의 의도에 따라 논리적인 일관성을 갖도록 제재를 인위적으로 배열하는 방식이다.

이 방법은 추상적인 명제를 설명하거나 논증을 하는 글에 많이 쓰인다. 어떤 현상이나 사물을 분석·고찰한 내용을 논리적으로 이치에 맞게 전개하는 방법이기 때문에 논문, 발표문, 보고문, 논설문, 설명문, 호소문, 경고문, 서사성이 없는 자기소개서 등에 주로 채택한다.

논리적 구성 방법은 서술의 전개 방법상 다음의 몇 가지로 분류할 수 있다.

① 단계식 구성

제재를 논리적 관점에 따라 몇 개의 단계로 나누어 배치하는 방법이다. 즉 단계의 수에 따라 2단식·3단식·4단식·5단식 등으로 나누는 방식이다.

이 구성법은 체계적인 설득력을 지니므로 논설적인 글에 많이 쓰이고 이외에도 흔히 활용하는 방식이다. 단계식 구성은 주로 3단식과 4단식이 많이 쓰인다.

3단식은 주제를 간결하게 전달할 수 있는 효과적인 구성 방식으로, 논증적인 글의 경우는 서론-본론-결론으로, 설명의 글은 도입-전개-정리로, 서사적인 글은 발단-전개-결말(대단원)로 짜는 것이 일반적이다.

3단식 구성의 제재 배열은 대체로 다음과 같다.

- 서론 : 문제 제기
  - 화제에 대한 집중과 흥미 유발
  - 글 쓴 동기나 목적을 밝힘
  - 다룰 문제의 현황, 범위, 방법이나 이론
  - 그 밖의 예비사항 등을 기술
- 본론 : 문제 해결 방안 제시 (주제의 전개)
  - 사실 제시, 이에 대한 필자의 견해 진술
  - 자신의 견해의 정당성을 논거를 제시하여 입증
  - 분석, 예시, 인용, 입증 등의 방법을 통해 내용을 정리

- 통계 숫자, 권위자의 학설, 사례와 예화 등
- 예상되는 반론 제거
- 해결 방안의 구체화 및 그 유효성

● 결론 : 주제의 재확인, 제안
- 본론의 요약 정리
- 주요 사항을 추려서 다시 상기
- 독자의 결심 촉구, 행동으로 유도
- 새로운 과제의 제시와 앞으로의 전망

4단식은 기(起)·승(承)·전(轉)·결(結)로 구성하는 방식으로, 변화나 반전을 기하는 글에 효과적이다. 이 방식은 '전'의 상황 전환에 그 묘(妙)가 있다. '기'에서 화제를 도입하고, '승'에서 구체적으로 전개하다가, '전'에서는 반전(反轉)시킴으로써 변증법적인 귀결을 노리는 글에 효과적이다. 그러므로 이 방식은 '전'의 장치를 어떻게 하느냐에 따라 긴장과 흥미가 달라진다. 자유시나 한시의 절구(絶句)와 율시(律詩), 수필이나 꽁트(葉片소설, minifiction) 외에도 일반적인 글에 자주 사용하는 기법이다.

② 포괄식 구성

주제문 또는 결론에 해당하는 부분을 글의 어느 한 부분에 놓고, 그것을 뒷받침하는 부분들을 효과적으로 배열하는 방법이다. 두괄식, 중괄식, 미괄식, 쌍괄식으로 나눈다.

포괄식 구성은 글의 주제문 또는 결론에 해당하는 내용을 글의 어느 부분에 두고 화제를 전개하느냐에 따라 다음과 같이 나누어진다.

두괄식은 주제 또는 결론을 글의 첫머리에 두고, 이를 뒷받침하기 위한 구체적인 사례나 논증, 부연이나 설명을 그 뒤에 배치하는 연역적 방식이다. 주제(혹은 결론)를 먼저 제시하는 까닭에 주제를 빨리 파악하고 이해시키는 데 효과적이며 동의를 쉬 얻을 수 있는 글에 적합하다.

미괄식은 두괄식과는 반대로, 주제 또는 결론을 글의 마지막 부분에 두고, 그 앞에는 결론으로 이르기까지의 구체적인 사례나 논증, 부연이나 설명을 하는 귀납적 방식이다. 이견을 예고하고 논리적이고 차분하게 설득하고자 할 때 효과적이다.

쌍괄식은 두괄식과 미괄식이 함께 있는 방식으로, 도입 단계에서 주제를 선명히 제시하고, 본론에서 그것을 논증한 다음, 끝부분에 가서 주제를 재차 요약·확인 또는 강조하는 방식을 취한다. 이 방식은 논문에서 주로 보인다.

중괄식(中括式)은 말 그대로 주제 또는 결론을 중간에 배치하는 것으로 그리 많이 쓰이지는 않는다. 대체로 글의 첫머리에서 도입하고 마무리에서 보충하는 글이므로 의도를 지나치게 요구하지 않으면서 순리적으로 접근하고자 하는 글에 효과적인 방법이다.

3) 열거식 구성

여러 개의 대등한 비중을 가진 화제를 일정하게 제시하는 방식으로 병렬식 구성이라고도 한다. 주제를 하나로 제시하기에는 너무 다양하여, 집약하여 제시할 수 없거나, 그럴 필요가 없는 경우에 효과적인 방법이다. 흔히 격려사나 축사에서 여러 조건이나 사항을 제시 또는 요구할 때, 여러 현상들을 설명하는 글에서 주로 쓰인다.

4) 점층식 구성

중요성이 작은 사항을 앞에 두고 큰 것으로 점차 나아가는 방식을 점층식(漸層式), 반대의 경우가 점강식(漸降式)이라고 한다. 대개 전체 글의 구성 방식보다는 단락이나 문장에 주로 쓰인다.

위에서 구성에 대하여 알아보았다. 여러 방식 중 글의 종류나 필자의 의도에 따라 최종 개요 작성에 적용하면 글의 구성이 완결되는 것이다. 그리고 그 최종 개요에 따라 글을 쓴다. 참고할 점은, 최종 개요라 하더라도 글을 쓰면서 일부분 수정이 가능하고, 자료의 수집과 정리가 끝난 다음에 꼭 작성해야 하는 것은 아니라는 점이다. 개요는 어디까지나 주제를 일목요연하게 드러내기 위한 수단이지 목적은 아니다. 글을 쓰면서 더 중요한 사실이나 보완점이 발견되기도 하고, 새로운 아이디어가 생성되기도 하기 때문에 수정될 수 있으며, 제재를 정리하고 구성을 해 나가는 데에도 개요를 먼저 기준 삼아야 할 경우가 있기 때문이다.

최종 개요를 작성할 때에는 우선 주제문을 2개 이상의 주요 논점으로 나누고, 이를 다시 2개 이상의 종속 논점으로 나눈다. 이는 화제를 몇 단계로 나누어 구성하기 하기 위함이다. 그리고 종속 논점이 다룰 범위가 넓어서 좀 더 상세하게 해야 할 필요가 있을 경우에는 다시 2개 이상으로 나누어 세목을 설정한다. 주로 사용하는 구성을 도식화 하면 다음과 같다.

1.	Ⅰ.	1.
1)	A.	1.1.
가.	1.	1.1.1
(1)	a.	1.1.1.1
가)	1)	1.1.1.1.1.
①	①	1.1.1.1.1.1
②	②	1.1.1.1.1.2
나)	2)	1.1.1.1.2.
(2)	b.	1.1.1.2
나.	2.	1.1.2.
2)	B.	1.2.
2.	Ⅱ.	2.
3.	Ⅲ.	3.

이를 바탕으로 구상 단계에 있던 '갈등과 인간관계'라는 글을 자료 수집과 정리를 통해, 구성 단계에 접어들어 최종 개요 작성하면 다음과 같이 할 수 있다.

<'갈등과 인간관계' 최종 개요(구성)>

제　목 : 갈등의 양상과 인간관계

주제문 : 갈등은 개인이나 조직 간에 대립적으로 야기되는 현상으로 분열에 따른 혼란상을 촉진시키므로 상호 커뮤니케이션의 강화를 구축해야 한다.

1. 갈등의 본질
    1) 갈등의 개념
    2) 갈등의 기능
2. 갈등의 유형
    1) 조직 내의 개인적 갈등
    2) 조직 내의 개인과 개인의 갈등
    3) 조직 내의 집단적 갈등
3. 집단 갈등
    1) 집단 갈등의 요인과 양상
        가. 집단 갈등의 요인
            (1) 경제적인 측면
            (2) 사회적인 측면
            (3) 정치적인 측면
            (4) 기타 역사, 인종, 성 구분에 따른 갈등
        나. 집단 갈등의 양상
    2) 집단 갈등의 결과
        가. 근대 이전의 결과

나. 현대의 결과

3) 집단 갈등의 해소와 방법

가. 갈등 촉진의 기법

나. 갈등 해소의 방법

다. 갈등 해소의 사례

4. 정보사회와 갈등

1) 개인의 갈등 요인

2) 집단의 갈등 요인

3) 갈등과 커뮤니케이션

가. 개념과 유형

나. 갈등과 커뮤니케이션

다. 갈등해소를 위한 커뮤니케이션 방향

5. 마무리

예문 활용

1. <예문1>은 잘 알려진 피천득의 수필이다. 수필(隨筆)은 문예물 중에서도 가장 형식적 제약이 덜한 글이다. 그럼에도 이글의 작자는 사전에 치밀한 구상 단계를 거쳐 집필하였음을 잘 짜여진 구성과 제재의 적절한 배치를 통해 알 수 있다. 이 글의 전체 구성은 단계식 구성을 하고 있다. 도입부(춘천의 대학에 출강했던 이유), 전개부(아사코와 세 번의 만남), 마무리(인연과 회비)로 이어지는 3단계 구성이다. 또 세부적으로 보면 자연성에 따른 구상을 했음을 알 수 있다. 즉 시간적 순서에 따라 화제를 배치하고 글 전체도 현재-과거-현재로 이루어져 있기 때문이다. 이 짜임 속에 아사코와의 만남과 헤어짐 그리고 추억과 인연을 인상적으로 전하기 위해 여러 비유와 제재들을 적절히 배치하고 있다. 이러한 글의 구성과 관련하여 배치한 제재는 무엇이며 어떤 미학적 효과를 가지는가?

2. <예문2>의 구성 방법은 무엇이며, 주제와 주제문을 찾아보고 글의 최종 개요(구성)를 작성해보자.

예문 1

지난 사월 춘천에 가려고 하다가 못 가고 말았다. 나는 성심 여자 대학에 가 보고 싶었다. 그 학교에 어느 가을 학기, 매주 한 번씩 출강한 일이 있다. 힘든 출강을 한 학기 하게 된 것은, 주수녀님과 김수녀님이 내 집에 오신 것에 대한 예의도 있었지만 나에게는 사연이 있었다.

수십 년 전 내가 열일곱 되던 봄, 나는 처음 동경에 간 일이 있다. 어떤 분의 소개로 사회 교육가 미우라(三浦) 선생 댁에 유숙을 하게 되었다. 시바쿠 시로가네(芝區白金)에 있는 그 집에는 주인 내외와 어린 딸 세 식구가 살고 있었다. 하녀도 서생도 없었다. 눈이 예쁘고 웃는 얼굴을 하는 아사코(朝子)는 처음부터 나를 오빠같이 따랐다. 아침에 낳았다고 아사코(朝子)라는 이름을 지어 주었다고 하였다. 그 집 뜰에는 큰 나무들이 있었고 일년초 꽃도 많았다. 내가 간 이튿날 아침, 아사코는 스위트피를 따다가 화병에 담아 내가 쓰게 된 책상 위에 놓아 주었다. 스위트피는 아사코같이 어리고 귀여운 꽃이라고 생각하였다.

성심(聖心) 여학원 소학교 일 학년인 아사코는 어느 토요일 오후 나와 같이 저희 학교까지 산보를 갔었다. 유치원부터 학부까지 있는 가톨릭 교육기관으로 유명한 이 여학원은 시내에 있으면서 큰 목장까지 가지고 있었다. 아사코는 자기 신발장을 열고 교실에서 신는 하얀 운동화를 보여 주었다. 내가 동경을 떠나던 날 아침, 아사코는 내 목을 안고 내 뺨에 입을 맞추고, 제가 쓰던 작은 손수건과 제가 끼던 작은 반지를 이별의 선물로 주었다. 옆에서 보고 있던 선생 부인은 웃으면서, "한 십 년 지나면 좋은 상대가 될 거예요."하였다. 나는 얼굴이 더워지는 것을 느꼈다. 나는 아사코에게 안데르센의 동화책을 주었다.

그 후 십 년이 지나고 삼사 년이 더 지났다. 그동안 나는 국민 학교 일 학년 같은 예쁜 여자 아이를 보면 아사코 생각을 하였다. 내가 두 번째 동경에 갔던 것도 사월이었다. 동경역 가까운 데 여관을 정하고 즉시 미우라 댁을 찾아갔다. 아사코는 어느덧 청순하고 세련되어 보이는 영양(令孃)이 되어 있었다. 그 집 마당에 피어 있는 목련꽃과도 같이, 그때 그는 성심 여학원 영문과 삼학년이었다. 나는 좀 서먹서먹했으나, 아사코는 나와의 재회를 기뻐하는 것 같았다. 아버지 어머니가 가끔 내 말을 해서 나의 존재를 기억하고 있었나 보다.

그날도 토요일이었다. 저녁 먹기 전에 같이 산보를 나갔다. 그리고 계획하지 않은 발걸음은 성심 여학원 쪽으로 옮겨져 갔다. 캠퍼스를 두루 거닐다가 돌아올 무렵, 나는 아사코 신발장은 어디 있느냐고 물어 보았다. 그는 무슨 말인가 하고 나를 쳐다보다가, 교실에는 구두를 벗지 않고 그냥 들어간다고 하였다. 그리고는 갑자기 뛰어가서 그날 잊어버리고 교실에 두고 온 우산을 가지고 왔다. 지금도 나는 여자 우산을 볼 때면 연두색이 고왔던 그 우산을 연상한다. <쉘부르의 우산>이라는 영화를 내가 그렇게 좋아한 것도 아사코의 우산 때문인가 한다. 아사코와 나는 밤 늦게까지 문학 이야기를 하다가 가벼운 악수를 하고 헤어졌다. 새로 출판된 버지니아 울프의 소설 <세월>에 대해서도 이야기한 것 같다.

그 후 또 십여 년이 지났다. 그동안 제2차 세계 대전이 있었고, 우리 나라가 해방이 되고 또 한국 전쟁이 있었다. 나는 어쩌다 아사코 생각을 하곤 했다. 결혼은 하였을 것이요, 전쟁 통에 어찌 되지나 않았나, 남편이 전사(戰死)하지나 않았나 하고 별별 생각을 다 하였다.

1954년 처음 미국 가던 길에 나는 동경에 들러 미우라 댁을 찾아갔다. 뜻밖에 그 동네가 고스란히 그대로 남아 있었다. 그리고 미우라 선생네는 아직도 그 집에 살고 있었다. 선생 내외분은 흥분된 얼굴로 나를 맞이하였다. 그리고 한국이 독립이 돼서 무엇보다도 잘됐다고 치하를 하였다. 아사코는 전쟁이 끝난 후 맥아더 사령부에서 번역 일을 하고 있다가, 거기서 만난 일본인 이세(二世)와 결혼을 하고 따로 나서 산다는 것이었다. 아사코가 전쟁 미망인이 되지 않은 것은 다행이었다. 그러나 이세(二世)와 결혼하였다는 것이 마음에 걸렸다. 만나고 싶다고 그랬더니 어머니가 아사코의 집으로 안내해 주었다.

뾰죽 지붕에 뾰죽 창문들이 있는 작은 집이었다. 이십여 년 전 내가 아사코에게 준 동화책 겉장에 있는 집도 이런 집이었다. '아, 이쁜 집! 우리 이담에 이런 집에서 같이 살아요' 아사코의 어린 목소리가 지금도 들린다.

십 년쯤 미리 전쟁이 나고 그만큼 일찍 한국이 독립되었더라면 아사코의 말대로 우리는 같은 집에서 살 수 있게 되었을지도 모른다. 뾰죽 지붕에 뾰죽 창문들이 있는 집이 아니라도. 이런 부질없는 생각이 스치고 지나갔다.

그 집에 들어서자 마주친 것은 백합같이 시들어 가는 아사코의 얼굴이었다. <세월>이란 소설 이야기를 한 지 십 년이 더 지나갔다. 그러나 그는 아직 싱싱하여야 할 젊은 나이이다. 남편은 내가 상상한 것과 같이 일본 사람도 아니고 미국 사람도 아닌, 그리고 진주군(進駐軍) 장교라는 것을 뽐내는 것 같은 사나이였다. 아사코와 나는 절을 몇 번씩 하고 악수도 없이 헤어졌다. 그리워하는데도 한 번 만나고는 못 만나게 되기도 하고, 일생을 못 잊으면서도 아니 만나고 살기도 한다. 아사코와 나는 세 번 만났다. 세 번째는 아니 만났어야 좋았을 것이다.

오는 주말에는 춘천에 갔다 오려 한다. 소양강 가을 경치가 아름다울 것이다.

– <피천득, '인연'>에서

예문 2

敎養은 궁극에 있어서 개성에 관계되는 문제이다. 이 경우에 개성이란 일종의 처녀지라고 생각하는 것이 편리하다. 처녀지를 개간하고 씨를 뿌리고 거름을 주고 제초를 하고 하여 꽃을 피우고 열매를 맺게 하는 개발과 경작의 과정이 즉 敎養이다. 그러기에 英語에선 개발이나 경작이나 敎養이나를 매한가지 '칼츄어'라 부른다.

교양에 있어서 씨가 되고 거름이 되는 것은 문화와 사회적 자극이다. 개성이 문화를 흡수하여 자기의 숨은 모든 능력을 계발하고 발달시키는 데서 敎養은 형성된다. 그렇기 때문에 교양의 정신은 우선 고독의 정신이다. 왜 그러냐 하면 교양은 결실이요, 또 종자인 문화는 사회적일지는 모르나 그것

을 개성 내부에서 계발시키고 배양하는 데는 착실히 오랫동안의 고독의 시기가 필요하다.(중략)

教養이 이와 같이 개인적인 문제라 해서 그것을 개인주의적이라고 생각해선 큰 잘못이다. 개인주의와 교양은 문제의 존재가 수준을 달리하는 것이니 비교가 되지 않고, 만일 교양과 연결하여 생각할 것이 있다면 그것은 휴머니즘이 될 것이다. 휴머니즘이 그 근저에 있어서 인간적 가치의 증진이라면 그것은 개인적 교양 없이는 성립되지 않을 것이다.

教養의 정신이 고독의 정신이라면 그것은 또 어느 정도까지 초월의 정신이다. 교양이 사회적 자극에 발단되는 동시에 그것을 내면에 있어서 비밀히 소화하는 과정이 필요하다면, 그것은 현실 생활에 대하여 어느 정도의 초월적 태도를 취하여야 할 것은 당연한 일이다. 현실 생활 안에 처하면서도 실리 관념을 떠나지 않고서는 교양은 있을 수 없다. (중략)

교양은 끝까지 개성의 원만한 발달을 위주로 하기 때문에 재능 개발에 있어 편파됨을 기피한다. 소위 교양인과 전문가는 현대와 같이 사회적 分化가 극도로 발달된 사회에 있어서 兩立되지 않는 두 개념이다. 전문가란 세밀한 일부분에서만 특수 기능이 발달된 사람이니, 그는 인간 전체로 본다면 한 기계에 불과한 것이다. 그러나 교양은 이러한 인간기계화에 대하여 엄숙한 거부의 태도를 취한다. 그것은 인간이 인간으로서 조화된 발달을 하도록 문화 각 부분에 대하여 터치하게 된다. 따라서 그것은 일반적이 아니될 수 없다. 그러나 일반적으로서 충분하다. 人間生活의 근본적인 諸問題는 결코 전문가들의 개개의 분석이나 연구에 의하여 해결되는 것이 아니라, 전체를 개관할 수 있고 또 전반적인 정세에 대하여 편파되지 않은 판단을 내림으로써 해결된다.(중략)

교양은 일반적인 동시에 또한 포용적이다 어떤 성질의 문화에 대해서나 또는 문화의 어떤 부분에 대해서나 교양은 배타적이 아니다. 무엇이나 자기 개성의 양식이 될 만한 것이면 섭취하고 또 이질적인 것도 일단은 받아들이는 것이 교양의 생명이다. 따라서 어렸을 때부터 너무도 배타적인 태도로써 외래문화에 대하도록 훈련되는 사회는 결코 행복된 사회는 아니다.

이질적 文化를 너무도 많이 섭취하였기 때문에 도리어 개성이 통일되지 못하고 자아 분열을 일으킨 예를 우리는 우리 주위와 우리 자신 가운데서 흔히 보는 바다. 이것은 현대인의, 더욱이 東洋에 앉아서 구라파 문화를 수입하고 있는 우리들의 가장 큰 번민이 되어 있지만 그렇다고 교양의 정신이 관용의 정신이라는 원리엔 변함이 없다. 따라서 교양의 다양성과 신념의 통일성이라는 것은 현대에 있어서 양립되지 않은 두 개념이면서도 이것을 양립시키는 데에 현대 지식인의 중대한 임무가 있는 것이다.(중략)

교양은 이와 같이 잡다한 요소가 들어가서 상호 조정함으로 말미암아 도달되는 조화적 상태이니 그것은 외부사회에 대하여선 高遠한 식견과 적당한 판단을 가지게 된다. 나는 일찍이 「취미론」에서 이것을 상술한 바 있으니 여기서는 생략하거니와 다만 한 가지 부언하고 싶은 것은 학식과 양식이 다르다는 점이다.

學識은 知識의 축적이고 良識은 敎養을 표징하는 비평적 감별력이다. 우리는 독서로 말미암아 학식을 얻을 수 있으나 학식이 있다고 양식이 있는 것은 아니다. 학식은 결국 지식의 축적이며 다른 학자의 것을 그대로 빌려올 수도 있지만 양식은 오랜 동안의 교양만이 가져올 수 있는 지혜이기 때문에 이것은 함부로 차용할 수는 없다.

이리하여 敎養人의 표징은 사회에 대하여 학식을 내휘두르지 않는 대신에 정밀한 그러나 정확한 良識을 가지고 맹목적으로 움직이지 아니하고 자기 자신의 가치관·비평 기준을 가지고 적절한 판단을 내리게 된다. 敎養의 精神은 결국 비평의 精神이다. 그리고 이것이 중요한 점이다.

–<최재서, '교양의 정신'>에서

5 글쓰기(집필)

주제와 주제문이 설정되고, 글의 최종 개요(구성)가 완성되면, 그것에 따라 취재, 정리된 제재들을 기본 자료로 활용하여 본격적인 글쓰기에 들어가게 된다.

글쓰기의 단계에서는 무엇보다 자신이 말하고자 하는 의도를 분명히 인지

하고 있어야 하기 때문에 주제문과 최종 개요를 참고하면서 글의 전체 흐름과 맥락이 자연스럽게 이어지도록 써야 한다. 실제로 글을 쓰다보면 주제를 구현하기 위한 단락과 문장이 유려하게 표현되지 않을 뿐 아니라 적절한 어휘가 생각나지 않는 경우가 많다. 이럴 때는 너무 완벽하게 진술하려 하지 말고 일단 자신의 생각을 펼쳐 놓는 것에 초점을 두고, 어휘는 국어사전이나 백과사전 등을 참조하여 활용하도록 한다. 초보 단계에서는 자신이 쓰고자 하는 글과 유사한 글을 미리 읽어보거나 참조하면서 쓰는 것도 한 방법이다.

이제 제목 잡기와 서두 쓰기를 살펴보고, 문장과 단락 쓰기, 글쓰기의 진술 방식, 마무리 요령까지 살펴보기로 한다. (문장과 단락쓰기, 글쓰기의 진술 방식은 필자와 공저한 <언어와 문학>의 김동권의 설명을 참조 또는 인용함.)

1) 제목잡기

제목은 주제와 유사한 경우가 많기 때문에 미리 잡아 놓을 수도 있고, 더러 글을 다 쓴 후 잡을 수도 있다. 그 순서는 중요하지 않으나 제목이 갖는 역할은 매우 중요하다.

글에 대한 첫인상은 제목이 결정한다. 독자는 제목을 보고서 그 글의 방향이나 내용을 짐작하거나, 읽고자 하는 동기를 가지게 된다. 제목이 글의 성격이나 주제를 맨 먼저 밖으로 드러내어 보여주기 때문이다. 따라서 제목을 붙이는 일은 특히, 독자와의 관계에서 그 글의 성패와도 관계 된다. 상업적인 글쓰기나 신문이나 잡지에서 제목 잡기는 과히 아이디어의 전쟁이라 해도 과언이 아니다. 일반적인 글쓰기에서도 제목은 독자가 대하는 글쓴이의 첫 고뇌의 산물이라 할 수 있다.

제목은 대체로 이해하기 쉽고 명료한 것이 바람직하지만, 때에 따라서는 암시적·상징적인 것이 효과적일 수도 있다. 제목은 필자의 의도에 따라서 또 글의 성격에 따라서 매우 다양한 형태를 띤다. 논문, 보고문 또는, 설득을 목표로 하는 논설문이나, 이해 전달에 주안점을 두고 있는 설명문 등의 글은 일반적으로 주제로서 제목을 삼는다. 표현을 중심으로 하는 문예문은 소재나 주제를 제목으로 삼기도 하지만 소재나 제재, 상징, 비유, 이미지 등을 이용하여 제목을 붙이는 경우가 허다하다. 이외에도 인용, 패러디(parody), 암시, 문장 원용 속담이나 노랫말, 유행어 등 그 형태는 실로 다양하다.

제목의 유형을 개략적으로 분류하면 다음과 같다.

- 내용면

주제형 - 대학교육의 이념과 대학생활(전해종)
우리 학문의 전통과 방향(조동일)

소재형 - 청포도(이육사)
선학동 나그네(이청준)

- 수사면

사실형 - 오늘은 현충일입니다(공익광고).

비유형(은유, 직유, 대유, 의인 등) - 차거운 머리, 뜨거운 가슴(정운영)

상징형 - 조밀한 서정의 탄주(彈奏)-김영랑론(정한모)

우의형 - 돼지 숭배자와 돼지 혐오자(마빈 해리스)

패러디형 - 여보들의 행진(김성철)

인용형 - 아빠 문이 안 열려요(대한매일 지하철 사고 기사).

원용형 - 못 일어나서 죄송합니다(스포츠서울 이주일씨 작고 기사).

- 관점면

객관형 - 신비한 생식의 세계(세르게이예프)

주관형 - 내게는 꿈이 있습니다(마틴 루터 킹).

- 문장면

평서형 -사람이 곧 하느님이다(최동희).

감탄형 – 그것도 모르다니!(이기광)

의문형 – 지성인은 왜 고민하는가?(임희섭)

- 종결면

어미 종결형 – 이건 이렇고 저건 저렇고(소홍렬)

어근 종결형 – 고추 먹고 맴 달래 먹…(이하)

체언 종결형 – 산학시대의 전문인 교육(김상호)

부사 종결형 – 그것도 아주(이하)

조사 종결 – 함께 걷는 이 길은(한샘)

- 목적면

제시형 – 바람직한 국어 생활(강신항)

대상형 – 삼천만 동포에게 읍고함(김구)

권유형 – K군, 그것만은 꼭 하게(이성철)

명령형 – 공연히 방황하지 말아라(아루렐리우스)

경고형 – 일본 제국주의는 죽지 않았다(유시민)

주장형 – 지리를 모르면 길을 잃는다(류재명)

희망형 – 사랑이 깃든 세상이었으면(남달해)

다짐형 – 하루에 한 가지씩 버려야겠다(법정)

대한매일

"아빠… 문이 안열려요"

지하철 放火 120여명 사망

제목을 잘 잡으려면 어떻게 하면 될까? 제목의 유형은 실로 다양하지만 분명한 것은, 주목하게 하거나 글의 주제를 드러내기 위한 효과적인 방법으로 제목을 잡는다는 사실이다.

제목 잡기에서 고려해야 할 사항은 글의 종류나 목적에 따라 다르겠지만 대략 다음과 같이 정리할 수 있다.

(1) 주제가 잘 드러나도록 한다.

(2) 참신하고 창의적인 표현을 한다.
(3) 독자의 호기심 등 동기유발을 고려한다.
(4) 함축성 있는 표현으로 상상력을 불러일으킨다.
(5) 과장하지 않도록 한다.
(6) 생생하고 명확한 상황을 전달한다.
(7) 명료하고 간결하게 잡는다.
(8) 감정적이거나 지나치게 감성적인 표현은 피한다.
(9) 발음하기 좋도록 한다.
(10) 친근하고 부담 없는 표현을 한다.

2) 서두 시작하기

서두(序頭)는 글의 첫머리로, 제목 다음으로 글의 첫인상을 좌우하는 부분이다. 서두부터 고루하거나, 독자의 관심이나 기대치를 충족하지 못하면, 읽는 이는 더 이상 글을 읽지 않을 것이다. 서두는 제목과 마찬가지로 흥미를 유발하고, 글의 전개 방향이나 내용을 내세우는 부분으로서 고심하여 시작하여야 한다.

본격적인 글쓰기는, 제목을 잡고 서두를 잘 잡는 데서부터 시작된다. 개요가 잘 준비된 상태에서 일단 글쓰기의 시작 단계가 쉬 이루어지면, 인간의 사고는 왕성한 재생과 유추 활동을 하기 때문에 그리 어렵지 않게 글을 써 내려갈 수 있다. 그런데 이 시작 단계가 그리 만만치 않다는 것이 필자의 경험이다. 그리하여 흔히, 글을 쓸 준비를 다 해놓고도 어떻게 써야 할 것인가 고심하는 수가 많다. 물론 주제를 깊이 새기고 음미하다 보면 글의 첫머리가 자연스럽게 떠오르겠지만, 그것이 그리 쉬운 일은 아니다. 그러나 서두를 잘 시작해 놓으면 의외로 글쓰기가 잘 풀린다. 어쩌면, 글쓰기의 실질적인 능력은 서두 잡기에서 우선 판가름 나는지도 모르겠다.

다음 사항들은 서두에서 대체로 유념해야 할 사항이다.

첫째, 지극히 고루한 표현으로 시작하는 것
둘째, 감정적이거나 독자를 무시하는 듯한 표현
셋째, 글의 목적이나 추구하는 바를 지나치게 장황스럽게 늘어놓는 것
넷째, 이미 잘 알고 있는 내용을 중언부언하는 것
다섯째, 주제와 무관한 내용으로 시작하는 것

서두를 쓸 때, 글의 목적과 내용에 맞게 또는 독자의 흥미나 관심을 끌 수 있도록 쓰는 능력은 우선 다양한 형태로 서두를 써보는 경험에서 길러진다.

몇 가지 서두 쓰기의 유형을 살펴보면 다음과 같다.

(1) 글의 내용과 목적 · 방법을 밝히는 서두

글을 쓰는 목적이나 방향, 다룰 내용이나 방법론 등을 내세우는 방법이다. 독자에게 무엇을 어떻게 다룰 것인지 미리 제시하는 방식이다. 논문, 논설문, 설명문, 보고서 등과 같은 글에 많이 쓰인다.

예문 1

한국문학사에 있어서 지식인의 시대정신이나 저항성을 논의할 때 이육사(李陸史)는 빠짐없이 거론된다. 특히 현대 시문학사에서 차지하는 위치는 일제 치하에서의 치열한 독립투쟁의 삶과 연계한 시정신을 통해서 평가되고 있다.

본고에서는, 우려할 수 있는 명성에 따른 타성(惰性)을 배제하고 객관적이고 합리적인 시각에서 시를 살펴보는 작업으로서 이육사의 시 '絶頂'에 대하여 원전 텍스트 확정에 관한 문제를 살펴보고, 이를 바탕으로 미학적 요소를 살펴보고자 한다.

시에서 텍스트성을 이해하는 일은 시의 여러 표현 기법들이 어떻게 효과적인 예술적 장치로 활용되고 있는지 또 이것들이 유기적으로 작용하여 어

떻게 문학적 성과를 획득하고 있는지를 살펴보는 작업이다.

- <경동논총>에서

(2) 글의 주제를 밝히는 서두

글쓴이의 의도나 주제를 글의 처음에 제시하는 방법이다. 앞의 (1)과 마찬가지로 논문, 논설문, 설명문, 보고서 등에 많이 쓰인다.

예문 2

사람의 됨됨이를 말할 때, 그 사람의 언어 활동과 식사 예절을 기준으로 하는 것이 보통이다. 이 둘은 모두 가정교육에 바탕을 둔 것으로서, 어릴 때부터 온전한 가정에서 올바르게 교육을 받지 못한 사람은 온건한 인격자로서 한 평생을 보내기 힘든 경우가 많다. 그래서, 이 글에서는 올바른 언어생활에 대해서 생각해 보기로 하겠다.

정상적으로 태어난 사람이라면, 누구든지 일 년쯤 뒤부터는 말을 배우기 시작한다. 이때 배우는 말은 대개 자기가 자라나는 고장말이다. 사람들은 일차적으로 부모나 이웃 사람들로부터 자연스럽게 이를 배운다. 우리는 말을 가지고 서로서로 뜻을 주고받으므로, 자기의 고장에서 살고 있는 이웃들과 자기 고장의 사투리로 서로의 뜻과 감정을 마음대로 주고받게 된다. 그러나 이 사투리는 어느 작은 지역 안에서만 통용되는 지역 공통어일 뿐이다. 다행히 우리 나라의 사투리 사이에는 그렇게 큰 차이가 없기는 하지만, 우리는 자기 고장의 사투리와 함께 전국적으로 통용되며 우리말을 대표하고 있는 전국 공통어, 즉 표준어를 배워야 한다.

- <강신항, '바람직한 국어 생활'>에서

예문 3

말은 끊임없이 변화한다. (중략) 어휘의 급격한 변동은 많은 문제를 수반

한다. 새로운 개념이나 제도, 새로운 사물이 외부에서 수입되는 것이면 그와 함께 말까지도 수입되는데, 이렇게 수입된 외국어가 외래어로, 그리고 다시 우리말로 정착되기까지 혼란이 생기고, 의사소통에 장애를 일으키며 때로는 언어미를 해치기도 한다. 그 수입 대상이 되는 언어가 여럿이면 외래어의 종류도 다양해져서 그만큼 혼란이 커지고, 의사소통의 장애도 따라서 커진다.

우리는 필요에 따라서 새말을 만들어 내기도 해야 하는데, 이 때에도 그러한 현상이 있을 수 있다. 특히 전문용어로서 새말을 만들어 내기도 해야 하는데, 이 때에도 그러한 현상이 있을 수 있다. 특히 전문용어로서 새말을 만들어 내거나, 우리말을 순화하기 위하여 계획적으로 새말을 만들어 내야 할 필요가 있을 때, 새로 만들어진 말이 민중의 호응을 얻어 생명을 갖게 하려면 어떤 재료를 가지고, 어떤 방법으로 말을 만들어야 할 것이며, 그것을 어떻게 퍼뜨려야 할 것인가 하는 문제가 생기게 된다.

이런 까닭으로 어휘 변동의 실상, 새말이 생기게 되는 연유, 우리말에 있어서의 낱말의 구조적 특성에 대한 이해와 더불어 새로 만들어지는 말의 구조, 그 생명력 등에 관한 이해가 필요하다.

– <남기심, '새말의 생성과 사멸'>에서

(3) 관련 화제나 회상 또는 과거 현상이나 사실로 이야기를 시작하는 서두

화제를 내세우거나 회상적인 이야기를 먼저 내세우는 방법이다. 대체로 주의를 환기시키거나 흥미를 유발하는 효과가 있다. 또 과거의 현상이나 사실에 대한 자신의 식견을 내세우면서 앞으로 전개될 내용의 정당성을 입증하고자 한다. 특정 전문 분야에 관계되는 글에서는 드물지만, 일반적인 논설문, 설명문 특히 수필과 같은 문예문에는 두루 쓰는 방법이다.

예문 4

아주 오랜만에 아이 부르는 소리를 들었다. "희성아– 밥 먹자아"

멋없게 떨어지는 플라타너스 낙엽을 발길로 툭툭 차다가 환청인 듯 들었다. 한 아이가 쪼루루 할머니 곁으로 뛰어간다. 어스레한 국민학교(초등학교) 운동장에서 땅금놀이에 여념이 없다가 밥 먹으라는 소리에 서둘러 집으로 뛰어갔던 옛 추억이 아른거린다.

그 이름 부르는 소리가 참 아늑하다. 세상에서 이보다 듣기 좋은 소리가 없을 듯하다.

덩달아 내 이름을 가만 불러 본다. 문단에 동명이인이 있어 쓰는 필명이나 늘 쓰는 본명도 명함 붙박이 혹은 직명같이 건조하게 들리더니 왠지 이름이 입안에서 달게 느껴진다. 나의 실체를 만난 듯 빙긋 웃어본다. 참 정겹다. 내가 내 이름을 정겹게 느껴본 지 얼마나 되었을까? 내 이름이 정겹게 느껴졌을 때 나는 평화롭다. 반면 내 이름이 누추하게 여겨졌다면 현재의 삶은 무엇인가 만족스럽지 못한 게 분명하다.

나의 이름은 나의 허상이요 나의 진실이다. 유희적이고 역설적인 표현 같지만 달리 틀리다 할 수도 없을 것 같다. 숱한 철학자나 도인들이 이름이라는 허상을 벗어나 사물의 실체 그 본연의 진실을 발견하고자 하였고, 명전자성(名詮自性) 곧 이름은 그 사물의 성질을 나타낸 것임도 부정할 수 없을 터이니 말이다.

여기에 사람의 이름이란 특별한 의미가 더 있다. 세상에 처음 태어나면서 가장 먼저 받은 사랑의 기표가 이름이요, 가장 깊고 큰사랑 그 자체로 상징화되어 최초로 부여된 언어가 이름이라는 점이다.

– <이하, '처음 사랑과 마지막 남기는 사랑'>에서

예문 5

우리의 선조들이 맨 처음 배우던 책인 천자문은 "천지현황(天地玄黃)과 우주홍왕(宇宙洪荒)"으로 시작한다. 학문의 길을 향해 첫발을 내디딘 어린이에게 줄 수 있는 말로 이보다 더 크고 높은 글이 있을까 싶다. 서양의 어린이라면 누구나 읽었을 성경은 <창세기>로 시작하고 있다. 이와 같이 동서양을 막론하고 우주는 가장 먼저 배워야 하고, 누구나 관심을 가져야 하며, 종교나 철학 그리고 과학에서 다 같이 중요한 것, 말하자면 학문의 알파요 오메가라 할 수 있겠다.

우주는 왜 있으며, 언제 만들어졌고, 얼마나 크며, 어떤 모양인가 등의 의문은 아마도 태고적부터 제기되어 왔겠지만, 이러한 질문을 과학적으로 다룰 수 있게 된 것은 20세기에 들어서서 아인슈타인의 일반 상대론이 나온 다음부터다. 물론 그 이전의 코페르니쿠스나 갈릴레오, 뉴턴 때에도 우주란 말이 없었던 것은 아니었으나, 아인슈타인 이전에는 시간과 공간은 영원히 흐르고 무한히 펼쳐져 있으며, 과학의 대상이 아니라 과학이 성립하는 바탕으로서 정해진 조건의 역할밖에 하지 않았다.

– <소광휘, '우주론의 어제와 오늘'>에서

(4) 문제를 제기하는 서두

글의 첫머리에 풀어나가고자 하는 문제를 먼저 제기하는 방법이다. 필자의 소신을 부각시키고, 독자의 주의를 집중시키는 데 적당하며, 두루 쓰이는 형식이다.

예문 6

역사와 문학의 관계는 어떠한 것일까? 그것은 서로 어떻게 다르고 어떻게 같을까? 이 문제에 대하여 우리는 표면적인 경험적 관찰로 대답할 수 있다. 역사는 사실을 기록하고 문학은 허구의 구조물을 만들어 내며, 역사는 있었던 일에 관계되고 문학은 있을 수 있는 일에 관계되며, 역사는 집단의 운명을 추적하고 문학은 가공 인물의 개척적 운명을 추적한다 등등. 이러한 관찰은 모두 다 중요한 관찰이면서 역사와 문학의 내적인 관계에 대한 근본적인 검토가 없이는 이것은 피상적인 관찰일 수밖에 없다.

– <김우창, '구체적 보편성에로 –역사와 문학의 관계에 대한 고찰'>에서

예문 7

학문은 해서 무엇 하나? 우리는 국민학교, 중 · 고등학교 그리고 대학까지 어려서부터 소년 · 청년 시대를 거의 학문을 하는 데 보내고 있다. 학자는

물론이거니와, 보통 사람들도 학교를 마쳤다고 학문을 그만 두는 것은 아니다. 일생을 두고 전문(專門)과 주력(注力)의 정도 차이는 있을 망정, 학문과 떠난 생활을 하는 것은 아니다. 죽는 날까지 배우는 것이 인생인 것도 같다. 학문이 없는 곳에 인생의 고귀함도 없을는지 모를 일이다.

– <박종홍, '학문의 본질과 목적'>에서

(5) 일화를 제시하는 서두

어떤 일화를 내세워 주의를 환기시키거나 흥미를 유발하는 효과가 있다. 이도 두루 사용된다.

예문 8

"나는 가난한 탁발승(托鉢僧)이오. 내가 가진 거라고는 물레와 교도소에서 쓰던 밥그릇과 염소젖 한 깡통, 허름한 요포(腰布) 여섯 장, 수건 그리고 대단치도 않은 평판(評判) 이것뿐이오."

마하트마 간디가 1931년 9월 런던에서 열린 제2차 원탁회의(圓卓會議)에 참석하기 위해 가던 도중 마르세유 세관원에서 소지품을 펼쳐 보이면서 한 말이다. K. 크리팔라니가 엮은 《간디 어록(語錄)》을 읽다가 이 구절을 보고 나는 몹시 부끄러웠다. 내가 가진 것이 너무 많다고 생각되었기 때문이다.

– <법정, '무소유'>에서

(6) 속담, 격언, 명언 등을 인용하는 서두

서두에 속담, 격언, 명언 등을 인용하는 방법이다. 글의 신뢰를 높이고, 독자의 공감을 사전에 이끌어내고자 주로 쓰는 것으로, 흔히 사용된다.

예문 9

백(百) 사람이 앉아 즐기는 중에 혹 한 사람이 모퉁이를 향하여 한숨지으면 다들 마음이 언짢아지고, 그와 반대로 여러 사람이 심울(沈鬱)한 얼굴을 하고 있는 사이에도 어느 한 사람의 화창(和暢)한 웃음을 대하면 금시 모두 기분이 명랑해짐이 사실이다. 그러기에 '웃음'에는 "소문만복래(笑門萬福來)"란 공리적(功利的)인 속담이 있고, "웃는 낯에 침 못 뱉는다"는 타산적(打算的)인 잠언(箴言)도 있고, 또 누구의 말인지는 잊었으나, "웃음은 인생의 꽃"이라는 자못 시적(詩的 ; ?)인 표어(標語)도 있다. 사람과 동물과의 구별이 연모 사용 여부(與否)에 있다고 학자들은 말하거니와, 그것보다는 차라리 '웃음의 능부(能否)'에 달렸다(소가 웃음이 약간 문제이나)함이 더 문학적(文學的)이라 할까. 또한 문학(文學)이나 정치(政治)의 요(要)는 결국 전자(前者)는 독자로 하여금 입가에 은근한 회심(會心)의 미소를 발하게 하고, 후자(後者)는 민중으로 얼굴에 명랑한 안도(安堵)의 웃음을 띠게 함에 있다 하면 어떠할까.

– <양주동, '웃음설'>에서

⑺ 용어의 뜻을 정의하는 서두

주제와 관련 있는 용어의 개념을 제시하거나 대상을 객관적 또는 주관적으로의 확실히 정의하여 서두로 삼는 방법이다. 즉, 어떤 문제를 본격적으로 파헤치기 전에 반드시 알아 두어야 할 사항이나 명확하게 정리되어야 할 개념에 대해 설명해 줌으로써 오해의 소지가 없도록 하는 것이다. 그러나 이런 과정에서도 명심해야 할 것은, 글의 내용이 앞으로 전개될 주제와 밀접한 연관성이 있어야 한다는 것이다. 내용과 직접적으로 상관이 없는 데도 박식함을 드러내기 위해 쓴다든가 하는 일은 피해야 한다. 설명이나 논증적인 글에 많이 쓰인다.

예문 10

'학문(學問)'이라는 말은 오랜 전통을 지니고 있어 다행스럽다. 그 점은

'철학(哲學)'이니 '인문학(人文學)'이니 '과학(科學)'이니 하는 말이 모두 서양 용어의 번역인 것과 다르다. '학문'이란 "배우고 묻는다"는 말이다. 배우고 묻는 것은 두 가지 뜻이 있다. 스승이 이미 지니고 있는 지식을 배우고 묻는다는 뜻이기도 하고, 아직 알려지지 않은 사물의 이치를 배우고 물어 밝혀 낸다는 뜻이기도 하다. 요즈음 말로 하면, 학습과 연구를 함께 지칭하고 있다.

– <조동일, '우리 학문의 전통과 방향'>에서

예문 11

과학에 대한 정의는 학자들에 따라 다르다. 어떤 학자는 과학을 '지위 있는 과업(prestigeous undertaking)'이라고 하였는가 하면, 다른 학자는 '진실된 지식의 체계(body of knowledge)'라고 하였고, 또 다른 학자는 '실증적 현상에 대한 객관적 조사(an investigation of emprical phenomena)'라고 정의하였다.

그러나 여기서는 정태적 정의와 동태적 정의의 두 가지 정의로 크게 구분하여 검토하기로 하겠다. 먼저 과학의 정태적 정의란 앞에서처럼 과학을 '진실된 지식의 체계' 또는 '누적된 지식의 체계', 나아가서는 '과학적 노력의 산물(produce of scientific efforts)' 등이라고 정의하는 경우이다. 그리고 이처럼 과학을 정태적으로 정의할 경우 과학의 '과정'적 측면보다는 '결과 또는 산물'적 측면을 강조하게 된다.

이에 비해서 과학의 동태적 정의는 과학을 '실증적 현상에 대한 객관적 조사' 또는 '조사방법(node of inquiry)'이라고 정의함으로써 과학의 '결과'적 측면보다는 '과정'적 측면을 주로 강조하게 된다. 요컨대 과학의 동태적 정의는 과학의 정태적 정의를 얻어 내기 위한 활동이라고도 볼 수 있다. 그리고 우리가 이 책에서 초점을 맞추는 과학적 방법이란 바로 정태적 측면으로서 과학을 산출하기 위한 노력 또는 활동이다.

그러므로 이하에서는 이와 같은 과학의 두 가지 정의를 염두에 두면서 이들 가운데 주로 동태적 측면으로서의 과학, 즉 과학적 지식을 산출하기 위한 과정에 초점을 맞추기로 하겠다.

- <김병진, '과학의 본질과 지식습득의 방법'>에서

예문 12

선비는 학식과 인품을 갖춘 사람에 대한 호칭으로서, 특히 유교이념을 구현하는 인격체 또는 신분계층을 가리킨다. 선비는 한자어의 사(士)와 같은 뜻을 갖는다. 어원적으로 보면 우리말에서 선비는 '어질고 지식이 있는 사람'을 뜻하는 '선비'라는 말에서 왔다고 한다. '선비'의 '선'은 몽고어의 '어질다'는 말인 'sait'의 변형인 'sain'과 연관되고, '비'는 몽고어 및 만주어에서 '지식이 있는 사람'을 뜻하는 '박시'의 변형인 '비이'에서 온 말이라고 분석되기도 한다.

이에 비하여 한자의 사(士)는 '벼슬한다'는 뜻인 사(仕)와 관련된 말로서 일정한 지식과 기능을 갖고서 어떤 직분을 맡고 있다는 의미를 갖는다. <설문해자(說文解字)>에서는 사(士)의 글자 뜻을 '일한다' 또는 '섬긴다(士, 事也)'는 뜻으로 보아 낮은 지위에서 일을 맡는 기능적 성격을 지적하였다. 동시에 '士'는 '十'(수의 끝)과 '一'의 결합으로 된 회의문자(會意文字)로 보고 있다. 곧 '十'을 미루어 '一'에 합한다고 풀이하면 넓은 데에서 간략한 데로 돌아오는 박문약례(博文約禮)의 교육방법과 통하고, '一'을 미루어 '十'에 합한다고 풀이하면 '하나의 도리를 꿰뚫는다(吾道一以貫之)'는 뜻과 통하는 것으로 해석된다. 이런 의미에서 '사(士)'는 지식과 인격을 갖춘 인간으로 이해될 수 있고, 그만큼 우리말의 선비와 뜻이 통한다.

- <금장태, '선비와 선비정신'>에서

(8) 자기 신상이나 고백(告白)으로 시작하는 서두

글쓴이의 신상이나, 가족 등 주변사를 내세우거나, 경험한 사실 또는 생각을 솔직하게 고백하는 것으로 시작하는 방법이다. 친근감과 진솔함을 느끼게 하는 효과가 있으나 지나치면 반감이 있을 수 있다.

예문 13

광복 전에 나는 경남에서 군수 노릇을 한 일이 있다. 광복이 되자, 나는 그것이 부끄러워 견딜 수가 없었다. 그래서 다소나마 속죄가 될까 하여 교육계에 투신하기로 결심했다.

- <이항녕, '깨어진 그릇'> 중에서-

(9) 사실의 기록으로 시작하는 서두

필자 자신이 경험한 객관적 사실을 내세우고, 이를 기준으로 이야기를 풀어나가는 방법이다. 신문 칼럼이나 수필 등 일반적으로 쓰이는 형식이다.

예문 14

지난 2월 속초시가 영북 지역의 대학들과 관학협정을 체결하고 관학컨소시엄을 구성하였다. 뒤늦은 감이 없지 않으나 참으로 바람직한 시정의 하나로 평가하고 싶다. 이제 실질적인 관학 협력의 출범을 보면서 필자가 몇 가지 희망과 기대를 갖는 것은 2년 전 이 문제를 처음 제기한 인연이 있고, 다변화 시대에 지식 가치를 상호 존중하고 교류하는 것은 지역 사회 발전과 상호호혜에 더 없는 기회가 된다는 인식 때문이다.

- <설악신문, '이하 칼럼'>에서

(10) 비유나 유추로 시작하는 서두

어떤 사실을 빗대어 표현하는 방법이다. 주의를 환기시키고, 그려진 이미지를 통해 상황을 선명하게 하고자 하는 방법이다. 칼럼에서 많이 볼 수 있다.

예문 15

그림을 끝낸 뒤의 팔레트, 온갖 색깔이 뒤죽박죽 섞였다. 튜브에서 막 짜낸 개성(個性)의 색깔은 가려내기 어렵다. 1996년 한국 정계가 그렇다. 좌우의 사람들이 같은 정당에 뒤섞였다. 그런 사람들이 다른 정당에도 나란히 들어갔다. 그런데도 서로 색깔을 따진다. 인기인은 정치로부터 건국 이래 최고의 대우를 받았다. 배우, 탤런트, 가수, 앵커, 그리고 TV에 자주 나온 변호사 등을 주요 정당들이 다투어 모셔갔다. 기성 정치인 가운데서는 정당을 옮긴 사람들이 곧잘 우대 받았다.

10년이나 20년을 한 곳에 몸 담아온 정치인들에게는 자조(自嘲)의 계절이다. 그들은 '데모를 하든지, TV에 나오든지, 당을 바꾸든지 해야 뭐가 되는 세상'이라고 푸념한다. 이것은 혼돈이다. 많은 사람들이 이런 혼란을 개탄한다. 그러나 표면의 양상을 한탄만 한다고 문제가 보이는 것도, 해결되는 것도 아니다. 그 저변을 들여다볼 필요가 있다. 저변에서 무슨 일이 진행되기에 이런 모순이 빚어지는가. 지금 우리에게는 25년, 50년, 1백년 단위의 시대 변화가 함께 이뤄지고 있다.

– <이락연, '정치혼돈의 세 가지 배경', 동아일보 96. 1. 30>에서

3) 문장 쓰기

문장이란 인간의 사상 감정을 문자로 기록한 것이며, 단어들이 일정한 문법적 규칙에 따라 결합된 의미의 통일체이다. 문장은 문장성분이 모여서 이루어진 것으로 주어, 목적어, 보어, 서술어, 관형어, 부사어, 독립어 등의 7성분이 있다. 이는 주성분과 부성분으로 나뉘는데, 주성분은 주어, 서술어, 목적어, 보어이고, 부성분은 관형어, 부사어가 있다.

표현의 측면에서는 1) 문법에 맞는 문장 구조 2) 적합한 어휘 선택 3) 문장의 구조와 사용된 어휘를 통해 나타난 표현이 자신이 의도한 바와 일치하는지 여부 4) 표현의 효과가 앞에 쓴 것이나 뒤에 쓸 것과 균형과 조화를 이루는가 하는 사항이 중요하다.

(1) 기본구조

모든 문장은 홑문장을 기본 형태로 이루어진다. 홑문장은 단일명제로 주어

와 서술어로 구성된 문장형식을 지니고 있으며, 겹문장은 주어와 서술어가 둘 이상으로 이루어져 명제가 둘 이상인 문장을 말한다. 겹문장은 이어진 문장과 안은 (긴)문장으로 나뉜다.

(가) 1. 지구는 자전한다.
  2. 꽃이 아름답다.
  3. 형은 천재였다.
(나) 1. 그 녀석은 머리가 나쁘다.
  2. 나는 감동을 주는 음악이 좋다.
  3. 그 친구는 운동량이 많다.

(가)의 1, 2, 3은 홑문장이다. 주어와 서술어가 하나이다. (나)의 1, 2, 3은 겹문장이다. 한 문장에 주어라 할 수 있는 것이 두 개 이상이다.

문장은 말하는 사람이 듣는 사람에 대하여 어떠한 목적이나 의도를 가지는가에 따라 평서문, 의문문, 명령문, 청유문, 감탄문 등으로 나뉜다.

그렇기 때문에 생각을 표현하는 문장을 전달내용이나 전달목표에 따라서 홑문장·겹문장과 평서, 의문, 명령, 청유, 감탄 등의 형식을 선택하여 전체 글의 구성에 맞게 쓰면 된다.

⑵ 호응 관계 / 수식 관계

하나의 문장이 올바른 문장이 되려면, 한 문장의 기본 성분을 갖추고 있어야 하고, 성분들은 서로 호응을 이루어야 한다. 기본성분의 호응이 지켜지지 않으면 잘못된 문장이 된다.

문장의 기본 성분은 문맥에 의해 예측 가능한 경우가 아니면 생략해서는 안된다. 주어와 서술어가 호응하는 것처럼 기본 성분끼리 서로 호응해야 한다.

(가) 1. 현대 사회로 넘어오면서 우리 생활 속의 미덕을 잃어가고 있다는

점이다.

2. 하루 종일 집안 살림에 지치신 어머니는, 밤 늦게까지 가는 바늘에 꿰어 한땀 한땀 새 옷을 지으시곤 했다.

(가)의 1, 2는 기본성분이 생략되어 있다. 주어와 서술어의 호응이 불분명하여 문장의 의미가 비논리적이다. 특히 문장이 길어질수록 조심하여야 한다.

이러한 호응관계는 겹문장의 이어진 문장 사이에도 호응이 있어야 자연스런 문장이 된다.

다음으로는 문장 내에서 지시관계나 수식어의 위치가 명확해야 한다.

(나) 1. 나는 철 지난 눈이 내리는 바닷가를 거닐며 지난날을 회상했다.

2. 늙은 사또와 기생이 싸움을 하고 있다.

(나)의 1은 '철 지난'이 수식하는 것이 눈인지 바닷가인지가 불분명하다. 2 또한 늙은 대상이 사또인지 사또와 기생인지가 명확하지가 않다. 이러한 수식관계의 명확성은 올바른 문장을 사용하는데 있어서 절대적이다.

⑶ 기타

올바른 문장을 쓰기 위해서는 다음의 사항을 고려해야만 한다.

1) 시제가 일치해야 한다.
2) 우리 어감에 벗어나는 번역문투의 피동문을 피해야 한다.
3) 조사나 어미를 잘 써야 한다.
4) 어휘 선택을 잘해야 한다.

4) 단락 쓰기

단어가 모여 문장이 되고, 문장이 모여 단락이 되고, 단락이 결합해서 한 편의 글을 형성한다. 단락(문단)은 글에 나타나는 형식단위의 하나로, 단락이 시작될 때에는 반드시 한 칸 들여쓰기를 해야 한다. 이러한 단락의 개념은 문장의 집합이 일정한 의미단위를 지니고 있음을 전제한 것이다. 단락에도 역할에 따라 주요단락, 도입단락, 전개단락, 결미단락, 강조단락, 요약단락, 연결단락, 인용단락, 회화단락 등이 있다. 주요단락은 주제와 직접 관계있는 부분이고, 도입단락 이하 모든 단락은 주요단락을 위한 보조적인 기능을 한다.

예문 1

"일생은 빈 술잔, 깔지 않은 층계, 사월은 천치와 같이 중얼거리고 꽃 뿌리며 온다."

이러한 시를 쓴 시인이 있다.

"사월은 가장 잔인한 달."

이렇게 읊은 시인도 있다. 그들은 사치스런 사람들이다. 나같이 범속한 사람은 봄을 기다린다.①

봄이 오면 무겁고 두꺼운 옷을 벗어버리는 것만 해도 몸과 마음이 가벼워진다. 주름살 잡힌 얼굴이 따스한 햇볕 속에 미소를 띠고 하늘을 바라본다면 날아갈 수 있을 것만 같다. 봄이 올 때면 젊음이 다시 오는 것 같다.

나는 음악을 들을 때, 그림이나 조각을 들여다 볼 때 잃어버린 젊음을 안개 속에 잠깐 만나는 일이 있다. 문학을 업으로 하는 나의 기쁨의 하나는 글을 통하여 먼 발자취라도 젊음을 바라볼 수 있다는 것이다. 그러나 무엇보다 젊음을 다시 가져 보게 하는 것은 봄이다. ②

잃었던 젊음을 잠깐이라도 만나본다는 것은 헤어졌던 애인을 만나는 것보다 기쁜 일이다. 헤어진 애인이 여자라면 뚱뚱해졌거나, 말라 바스라졌거나 둘 중 하나요, 남자라면 낡은 털 쟈켓같이 축 늘어졌거나 그렇지 않으면 얼굴이 시뻘개지고 눈빛이 혼탁해졌을 것이다.

젊음은 언제나 한결같이 아름답다. 지나간 날의 애인에게는 환멸을 느껴도 누구나 잃어버린 젊음에게서는 안타까운 미련을 갖는다. ③

나이를 먹으면 젊었을 때의 초조와 번뇌를 해탈하고 마음이 가라앉는다고 한다. 이 '마음의 안정'이라는 것은 무기력으로부터 오는 모든 사물에 대한 무관심을 말하는 것이다. 무디어진 지성과 둔해진 감수성에 대한 슬픈 위안의 말이다. 늙으면 플라톤도 '허수아비'가 되는 것이다. 아무리 높은 지혜도 젊음만은 못하다.

'인생은 사십부터'라는 말은 인생은 사십까지라는 말이다. 다른 것은 몰라도 내가 읽은 소설의 주인공들은 93퍼센트가 사십 미만의 인물들이다. 그러니 사십부터는 여생인가 한다. 사십년이라면 인생은 짧다. 그러나 생각을 다시 하면 그리 짧은 편도 아니다. ④

"나비 앞장 세우고 봄이 봄이 와요." 하고 부르는 아이들의 나비는 작년에 왔던 나비가 아니다. 강남 갔던 제비가 다시 돌아온다지만 그 제비는 몇 봄이나 다시 올 수 있을까?

「키이츠」가 들은 나이팅겔은 사천년 전 「루스」가 이성(異城) 강냉이밭 속에서 눈물 흘리며 듣던 새는 아니다. 그가 젊었기 때문에 불사조(不死鳥)라는 화려한 말을 써본 것이다. 나비나 나이팅겔의 생명보다는 인생이 몇 갑절이 길다.

민들레와 바요렛이 피고, 진달래, 개나리가 피고, 복숭아꽃, 살구꽃, 그리고 라일락, 사향장미가 연달아 피는 봄, 이러한 봄을 사십이 넘은 사람에게도 오는 것은 참으로 다행한 것이다. ⑤

녹슬은 심장도 피가 용솟음치는 것을 느끼게 된다. 물건을 못 사는 사람에게도 찬란한 쇼윈도는 기쁨을 주나니, 나는 비록 청춘을 잃어버렸다 하여도 「비잔틴」 왕궁에 유폐(幽閉)되어 있는 금으로 만든 새를 부러워하지 않는다. 아아 봄이 오고 있다. 순간마다 가까워 오는 봄! ⑥

– <피천득(皮千得), '봄'>에서

예문을 여섯 단락으로 나누었다. 그 가운데 제1 단락은 도입단락으로서 왜 남달리 자기에겐 봄이 소중하게 기다려지는 것이냐를 말하여 글쓰는 목적 내지는 얘기의 주지를 미리 잠깐 소개하고 있다. 제2 단락이 주요단락이다. '봄이란 젊음을 되찾게 되기 때문에 값진 것'이라는 문장 전체에 적용되는 주제문의 내용이 이 부분에 집중적으로 나타나 있다, 제3 단락에서 제5 단락까지가 전개단락이다. 그 중 제3 단락은 제2 단락에 대한, 제4 단락과 제5 단락은 제3 단락에 대한 전개이다. 제6 단락은 자연히 결미단락이 된다. 위에 보이지 않는 단락들의 성격은 다음과 같다.

① 연결단락 : 화제가 달라진 두 문단 사이를 원활하게 이어 주기 위해서 연결역할을 하는 단락이다.
② 강조단락 : 내용의 단조로움을 막아 그 부분을 특히 강조하기 위해 단락을 임의로 분할해서 만드는 단락이다.
③ 회화단락 : 대화부문은 보통 개개의 단락으로 나누어진다. 회화에 준하는 타인의 말이나 문장의 인용도 이에 포함된다.

설명문의 경우에는 설명의 여러 가지 방법에 의존하여 단락을 가르고 또 단락의 명칭을 붙일 수도 있다.

단락은 시·공간적인 순서나 논리적인 순서에 의해 쉬운 것에서부터 어려운 것으로, 작은 것에서 큰 것으로, 쉽고 친밀한 것에서 어렵고 생소한 것으로 전개된다. 그리고 주제의 성격에 따라 각기 효과적인 방법이 사용된다. 이를 위해 몇 가지 전제요건이 있다.

긴밀성이다. 단락과 단락이 결미단락을 제외하고는 긴밀하게 이어져야 한다. 단락의 긴밀한 관계성은 글 전체를 통일성 있게 하는 요건이 된다. 이러한 요건은 문장에도 같이 적용된다.

그리고 하나의 단락에 있어서도 마찬가지다. 하나의 단락은 소주제를 중심으로 의미상 밀접한 관련을 가지는 문장들의 집합이라고 할 수 있다. 그 관련이 밀접하면 할수록 단락의 통일성은 확고한 것이 되고, 어느 한 문장이 소주제의 내용에서 멀어지면 그만큼 단락의 통일성은 깨어지고 만다. 소주제문이 단락의 처음에 있는 두괄식 단락은 뒤에 이어지는 뒷받침 문장이나 지지 문장이 필연적으로 소주제문을 결론으로 이어줄 때 단락의 통일성이 확보되게 된다. 이러한 두 과정이 종합되면, 양괄식 또는 쌍괄식 단락이 된다.

한 단락을 이루는 문장과 문장의 전개 방식도 궁극적으로는 단락과 단락의 연결 관계와 같다. 시간적 순서나 공간적 질서 또는 논리적 순서에 따라 문장과 문장의 연결이 의미상 밀접하게 이루어질 때, 단락은 긴밀성을 확보하게 된다. 연결상의 접속 표현은 긴밀성 확보를 위한 방법이라 하겠다. 중요한 것은 논리적인 연결의 밀접성이며, 그것이 단락의 통일성과 유기적인 관련을 맺게 된다.

5) 글쓰기의 진술 방식

글의 진술방식을 논할 때는 글쓴이의 의도, 쓸거리의 종류와 성격, 글을 읽는 독자와의 관계 등을 생각해야 한다.

- 자신이 의도하는 목적에 따라 진술방식이 달라진다.
- 쓸거리(소재)의 성격과 내용을 나타내는 데 적절한 진술방식과 문장의 종류를 고려해야 한다.
- 글을 읽을 독자에 따라 달라진다.

이러한 글쓰기를 동기에 따라 대별해 보면, 표현으로서의 글쓰기, 정보전달로서의 글쓰기, 설득으로서의 글쓰기 등으로 나누어 볼 수 있다. 이러한 글쓰기의 진술 방식은 설명, 논증, 묘사, 서사로 나뉜다.

(1) 설명

설명은 독자에게 어떤 사실을 정의하여 알려주고 정보를 제공하여 사물이나 상황을 보여준다. '그것이 무엇이냐'는 질문에 '그것은 어떤 것이다'라고 사물의 본질을 규명하거나 실재성을 밝혀준다. 설명은 주제를 명확하게 기술하여 독자에게 이해시킨다. 이러한 설명의 구체적인 방법에는 정의, 지정, 예시, 비교, 대조, 유추, 분류와 구분, 설명적 묘사, 설명적 서술이 있다.

① 정의 · 지정

지정은 어떤 사실이나 대상을 인지된 내용 그대로 간단히 가르치거나 밝히는 설명이다. '이것이 무엇이냐'에 대하여 '그것은 무엇입니다'의 형태를 띈다.

정의는 어떤 단어나 개념의 의미를 풀어서 쓰는 것이다. 정의는 피정의항(정의되는 항, 즉 술어)과 정의항(정의하는 항, 즉 술어에 대한 설명)으로 성립되고, 정의항은 종차와 유개념으로 구성된다. 종차는 피정의항을 그 유나 범주 속의 다른 구성원(또는 구성요소)과 구별시키는 의미를 지닌 기능이며, 유개념은 피정의항이 속하는 유나 범주다. 가령 '사람은 이성적 동물이다'라는 정의가 있을때 '이성적'은 '사람'을 다른 동물과 구분시키는 종차라 할 수 있고, '동물'은 '사람'이라는 종개념 또는 하위개념의 유개념 혹은 상위개념이 된다. 정의에서 한 가지 지켜져야 할 원칙은 피정의항과 정의항의 의미가 등가를 이루어야 한다는 것이다.

예문 1

신호란 어떤 사건의 발생, 또는 긴박성(緊迫性), 물건이나 사람의 출현, 또는 정세(情勢)의 변화 따위를 알리는 것을 말한다. 신호에는 일기예보(日氣豫報), 위험(危險) 신호, 행(幸) · 불행(不幸)에 관한 길흉(吉凶) 징조, 과거사(過去事)에서 나오는 경고(警告) 따위가 있다.

예문 2

오늘날 튼튼한 문화란 어떤 것일까? 정신문명(精神文明)과 기술문명이 조화(調和)를 이루면서 발전하는 문화가 튼튼한 문화인 것이다. 근본적으로 문화란 삶을 가장 바람직하게 영위할 수 있도록 인간이 이룩하는 과정에 속한다. 바람직한 삶 역시 정신적 물질의 균형으로써 가능한 것이다.

② 예 시

예시란 예를 들어 설명하는 것이다. 추상적 개념을 구체적으로 이해시키는데 효과적이다.

③ 비교 · 대조

비교는 둘 이상의 대상들 간에 존재하는 유사성을, 대조는 그 차이점을 드러내어 양자의 본질을 밝히고자 하는 기술방식이다. 비교와 대조는 모두 잘 알려져 있는 사물을 통하여 알려지지 않은 사물을 설명할 때 사용하는 방법이므로 그 중의 하나는 독자들에게 이미 알려진 것들이어야 한다. 대상들을 비교하는 방법에는 두 가지가 있다. 하나는 개체로서의 대상을 각각 전체로 설명하여 비교하는 방법이요, 다른 하나는 일정한 기준을 정해 그 기준에 해당하는 대상의 부분과 부분을 비교한 후 차례로 다른 기준으로 옮아가 결과적으로 대상의 전체를 비교하는 방법이다. 앞의 경우는 대상들간에 공통되는 기준을 찾기 힘들 경우 자주 쓰인다.

예문 3

여자는 남자와 사고유형(思考類型)이 상당히 다르다. 여자는 대개 현재의 상태(狀態)에 관해서 생각하는 경향(傾向)이 있다. 남자가 미래(未來)에 대하여 눈을 두고 있는 점과는 다른 것이다. 여자는 보통 가정, 사랑 그리고 안전성(安全性)을 위주로 생각한다. 이는 남자들이 모험(冒險)과 성(性, sex) 문제를 중심으로 생각하는 것과는 대조적이다. 여자들은 조그마한 성취(成就)에 대하여도 퍽 기뻐한다. 남자들이 큰 성공(成功)을 거두지 않고는 만족(滿足)하지 않는 것과는 또 다른 점이 있다. 이처럼 여성은 남성과 생각하는 방식이 다른 바가 있는 것이다.

예문 4

이선의 <배꽃>에서 전체적으로 주목되는 것은 세계인식의 따뜻함이다. 화자는 대상을 껴안고 사랑하려고 애쓴다. 그것이 권력에 의해서 혹은 시류에 의해 좌절될지라도 그 껴안는 자세의 따뜻함이 이선 소설의 분위기를 배꽃처럼 환하게 한다. 한편, 김인숙의 <칼날과 사랑>의 세계는 칼날과 같이 날카롭다. 김인숙은 거짓 화해를 용서치 않으며 늘 의식을 비수처럼 꼿꼿이 세워두고 있다. 이러한 차이는 개인적 기질에서도 연유하겠지만 한편으로 이선이 '53년생이며 자유를 원했던' 70년대에 대학을 다녔고, 김인숙이 '63년생이며 평등을 외쳤던' 80년대에 대학을 다녔다는 점에도 원인이 있을 듯하다. 배꽃의 세계는 따뜻하지만 날카로움이 없다. 칼날의 세계는 예리하지만 사랑이 없다. 그런 점에서 이 두 가지는 서로에게 빛을 던져 주는지도 모른다.

– <하응백, '배꽃과 칼날'>에서

④ 분류 · 구분 · 분석

분류와 구분은 여러 대상을 일정한 원리에 따라 나누어 대상을 상호 간의 관계나 각 대상이 전체에서 차지하는 위치를 드러내는 기술방식이다. 이 때 계층적인 부류 조직의 상위에서 하위로 이행하는 방식을 구분이라 하고 그 반대의 경우를 분류라고 한다. 다시 말하면 전자는 유개념에서 종개념으로 확산하여 설명하는 방식이며 후자는 종개념에서 유개념으로 집합하여 설명해 가는 방식이다.

예문 5

대학에는 크게 다섯 가지 전공분야가 있다. 그 하나는 인류의 역사나 인간의 삶, 인생의 본질의 문제를 다루는 분야인 인문과학이다. 또 다른 한 분야는, 인간은 혼자서 살 수가 없으므로 두 사람 이상이 만나서 이룬 사회라는 집단 속에서 어떻게 살아가는지를 연구하는 사회과학이다. 세 번째 분야는 자연이 운행되는 이치를 알고자 자연세계를 연구하는 분야로 기초 자연 과학이라고 한다. 이밖에 그런 자연이 운행되는 이치에 대한 이해를 토대로 인간의 삶을 편리하고 쾌적하게 만드는 것을 연구하는 응용 과학분야가 있다. 다섯 번째 분야는 우리를 둘러 싸고 있는 이 자연, 사회, 인간의 세계에서 아름다운 것, 유쾌한 것, 신나는 것, 기쁨을 주는 것들을 발견하여 표현하고 탐구하는 예술분야이다.

분석은 하나의 개체 또는 통일체를 어떤 특정한 관점에 따라 나누어서 그 내용을 드러내 밝히는 기술방식이다. 본질적으로는 구분 또는 분류에 내포되지만 대상 그 자체에 어떤 객관적 기준을 갖고 있지 않은 경우라도 필자의 자의에 따라 분절할 수 있다는 점에서 구별이 가능하다. 시간의 단위로 나누는 시간적 분석, 개념을 형성한 의미로 나누는 개념적 분석, 개체를 구성하는 요소로 나눠보는 물리적 분석이 있다.

(2) 논증

논증은 어떤 사실이나 원칙에 대하여 사실여부를 증명하기이다. 상대방이 어떤 사실이나 원칙에 대한 판단에 따라 행동을 유도하는 글이다. 논증은 명제(주장), 논거, 추론의 방식, 반박 및 쟁점 등이 있어야 한다.

① 명제

명제는 사실명제, 정책명제, 가치명제로 나뉜다. 사실명제는 사실을 바탕으로 그 사실에 대한 옳고 그름을 판단하는 것이고, 정책명제는 명제의 당위성 '왜 그렇게 되었는가'나 '될 수밖에 없었는가'의 당위성을 주장하여 전개시키며, 가치명제는 문제에 대한 좋고 나쁨의 정도에 대한 가치판단을 준다.

- 사실명제

사실의 명제란 분명한 사실을 토대로 그 사실의 옳고 그름에 대한 판단을 기호나 말로 표현한 것이다. 가령 "세종대왕은 훌륭한 업적을 남기셨다"라든지 "9월의 소비자 물가가 많이 올랐다", "선생은 학생을 가르치는 사람이다"와 같은 명제가 사실의 명제에 속한다 할 것이다.

- 가치명제

가치의 명제란 어떤 제도나 사물 혹은 사상에 대하여 좋고 나쁨을 따져 가치에 대한 판단을 제시한 것을 말한다. 가치의 명제는 주관에 치우쳐 독단에 빠지기 쉬우므로 객관성과 타당성을 내세운 것이다. 가치의 명제는 "인간의 본성은 선한 것이다", "예술은 생활에 리듬을 준다", "새소리는 아름답다"와 같은 것들이다.

- 정책명제

당위의 명제는 대상에 대하여 "마땅히 그렇게 되어야 함", 다시 말해서 당위성을 내세운 것이다. 가령 "의료보험제도는 전 국민을 대상으로 확산되어야 한다", "지나친 흡연은 삼가야 한다", "우리는 외부로부터의 어떠한 침략도 막아내야 한다" 따위이다.

- 명제의 요건

논술법의 전개를 위한 명제의 선정에는 다음과 같은 점을 유의해야 한다. 첫째, 확고한 증거에 의해서 입증될 수 있는 확실성 있는 명제라야 한다. 둘째, 명제는 공정성과 타당성이 있어야 한다. 지나친 독단에 의한 명제는 설득력이 없기 때문이다. 셋째, 하나의 명제 속에 모순되는 내용이 내포되어 있다든지, 용어가 모호할 경우 논증 자체가 애매해지거나 유도된 결론이 설득력을 잃게 된다. 따라서 명제는 명확성을 가져야 한다.

② 논거

논거에는 사실논거와 의견(소견)논거가 있다. 사실은 현상·조건에 대하여 합리적으로 옳다고 생각할 수 있는 표현이다. 의견은 사계의 전문가나 권위자의 의견에 바탕을 둔 것이다. 의견논거의 가치성은 의견을 가진 사람에 대한 신뢰와 가치에 바탕을 둔다.

예문 6

사람은 사회적 동물이다. 사람은 본성적으로 다른 사람들과 공동체를 이루어 살게 되어 있는 것이다. 사람은 가정이라는 작은 사회에서 태어나 본성을 하나의 공동체 속에서 살아가는 것이다. 따라서 자기 자신만을 내세우는 유아독존적 생활 태도는 지양되어야 한다. 토마스 만의 지적대로 인간은 하나 하나의 개체로서가 아니라, 그 개체의 상호 연합에 의해서만 위대성이 구현되는 것이다.

예문 7

동물과 인간은 다르다. 동물은 사고할 수 없기 때문에 본능의 울타리를 벗어나지 못한다. 그러므로 생각하지 않고 사는 사람은 동물과 큰 차이가 있을 수 없다. 인류 역사를 돌이켜 보아도 생각 없이 산 사람이 인간의 고귀성을 보여준 예는 없다. 육신이 땅에 묻힘으로써 모두가 끝장이었던 것이다.

③ 추론

추론의 방법에는 귀납법, 연역법, 유추적 방법이 있다.

- 연역법

일반적인 명제를 토대로 하여 특정한 개별명제를 유도하는 문장 전개 방법을 연역법이라 한다. 이러한 연역법의 가장 대표적인 경우는 삼단논법이다. 삼단논법에 있어서의 대전제가 연역법에 있어서의 명제이고 결론이 개별명제, 즉 소주제문이 된다.

생물은 죽는다 … 대전제 → 일반명제
사람은 생물이다 … 소전제
그러므로 사람은 죽는다 … 개별명제

- 귀납법

귀납법이란 개별명제를 전제로 하여 일반적인 명제를 추론해 내는 문장 전개 방법을 말한다. 물론 이때의 소주제문은 결론인 일반명제이다.

사람, 짐승, 새, 고기, 곤충 등은 다 죽는다. 사람, 짐승, 새, 고기, 곤충 등은 다 생물이다. 그러므로 생물은 죽는다.

개별명제는 대명제에 기여하는 바가 있어야 한다. 이때 몇 가지 주의해야 할 점이 있다. 첫째, 대전제의 결론을 이끌어 내기에 앞서 먼저 개별적인 사례들은 전형적인 것이어야 한다. 아주 특수한 것이라면 대전제의 결론을 유도하는 데 오류를 범할 수도 있기 때문이다.

- 유추법

소주제나 그에 관련된 사항을 전개하는 데 있어서 유사한 관계에 있는 다른 사항의 속성들을 근거로 하여 같은 속성이 있을 것으로 추리하는 방식이다.

이때 추리되는 두 사물의 유사점은 표면적인 것이 아니라 본질적인 것이라야 한다. 유추에 의하여 유도된 결론은 개연적인 것이므로 후에 사실의 뒷받침을 받아 증명이 될 수 있어야 한다.

황진이의 시가의 특질은 한이다. 조선조 5백여년 동안의 여성의 역사는 한 마디로 한의 연속이었다. 개성이 강하면 강할수록 한은 더욱 깊었을 것이다. 그러므로 섬세한 감수성을 지닌 문필인이었던 황진이의 시가가 한스러움을 나타내고 있음은 당연하다. 이로 미루어 같은 이조의 여류문인이었던 허난설헌의 작품도 역시 한을 주제로 하고 있음을 짐작할 수 있다.

유추는 귀납법에 속하는 추리방법으로, 유추법이 하나의 특수사항과 또 하나의 특수사항 사이의 추리인 데 반하여, 귀납법은 특수사항을 바탕으로 그 특수사항들이 공유하고 있는 규칙성을 추론한다는 점이 다르다. 가령 경기도 내 임야의 수목들을 표본조사한 결과 소나무와 참나무, 아카시아나무가 주종을 이루고 있음을 알았다고 하자. 이 결과를 가지고 충청도의 임야 역시 소나무와 참나무, 아카시아나무가 주종을 이루고 있을 것으로 추리했다면 이것은 유추인 것이다. 그러나 여기서 그치지 않고 식물분포의 표본 조사를 체계적으로 확산함으로써 확실한 통계자료에 의해 한국의 임야에 자라고 있는 주종 수목이 소나무와 참나무, 아카시아나무임을 밝혔다면 이것은 귀납법이 되는 것이다.

(3) 묘사

묘사는 대상, 사물로부터 받은 느낌을 생동감 있게 감각적으로 재현하여 전달하는 방법이다. 대상에 대한 체험과 인상을 구체적이고도 생생하게 떠올릴 수 있어야 한다. 묘사는 설명적 묘사와 암시적 묘사로 나뉜다.

설명적 묘사의 경우는 대상에 대해 정확한 정보를 제공하는 데에 그 목적이 있는 경우이고, 암시적 묘사는 대상에서 받은 인상이나 느낌을 가능한 생생하게 전달하는 데에 초점이 있는 경우이다. 전자의 경우가 전달 동기에 의해 씌어진 것이라면 후자는 표현 동기에 의해 씌어진 것이라 할 수 있는데, 따라서 전자의 경우에는 과학적이고 객관적인 글쓰기가, 후자의 경우에는 읽는 이의 상상력을 자극하여 심미적 즐거움과 감동을 줄 수 있는 글쓰기 방식이 요구된다.

예문 8

이승지가 거처하는 큰 사랑에 대병풍 소병풍이 둘러 치이고 방 웃목에 이른 매화분까지 놓일 뿐이 아니라 안으로 들어 가서 아직 주인도 없는 세간

살이가 미비한 것이 없이 갖추어져 있다. 부엌에 큰 솥 작은 솥이 늘비하게 걸리고 장독간에 대독, 중들이, 항아리가 보기 좋게 놓이고 대청에 뒤주와 찬장이 쌍으로 놓였는데 뒤주 위에 용중 항아리까지 쌍을 지어 놓이고 안방에는 문채 좋은 괴목장과 장식 튼튼한 반닫이가 곁자리 잡아 놓였는데 장 위와 방닫이 위에는 피죽상자, 목상자가 주섬주섬 얹혀 있고 이불 상 위에는 이부자리가 보에 쌓여 있고 재판 위에는 요강, 타구, 화로뿐이 아니라 놋촛대, 유기동경까지도 놓여 있다.

– <홍명희, '임꺽정(林臣正)'>에서

예문 9

코울타르를 입힌, 거의 평면으로 보이는 지붕 위로 검정 고양이가 스멀스멀 걸어 다니고 있다. 때때로 이른 아침 안개가 채 걷히지 않은 지붕 위로, 또는 오후 비듬처럼 떨어져 내리는 햇빛을 받으며 움직이는 고양이의 모습이 마치 환각인 양 보이곤 했다. 그때마다 나는 문득 가슴이 막히는 듯한 답답함에 아하 하고 한숨을 쉬곤 했다.

– <오정희, '불의 강'>에서

예문 10

꽃봉오리의 싹이 4월에 트기 시작하고 5월께에는 그 싹들이 숲의 모든 나무 가지들의 눈에서 떨어져 나오기 시작했다. 그러나 대부분의 경우 꽃봉오리는 그렇게 빠르게 떨어지지 않는 내포를 지니고 있었다. 모든 나무의 경우 이 내포는 커다란 잿빛의 막과 같았다. 1인치 혹은 그보다 조금 긴 정도이며 그 내포는 두껍고 연하고 밝게 빛나고 있었다. 그것은 마치 부드러운 잎을 보호하며, 동시에 돌보는 듯이 잎을 잘 감싸고 있었다.

(4) 서사

서사란 대상의 움직임이나 사건을 서술하는 것이다. 행동과 사건에 대한 것이 구체적으로 시간의 경과에 따라 나타나야 한다. 사건의 전후관계나 문맥적 관련 등이 구체적으로 나타나야 한다. 서사란 단순히 일정한 시간적 과정 속에서 일어나는 사건이 아닌, 일정한 의미와 가치를 지닌 것으로서 보편적 관심의 대상이 될 수 있어야만 한다. 서사의 필수요소는 '사건, 시간, 의미'이다.

서사문을 구성하기 위해서는 배경이 되는 세계와 인물, 그리고 그것을 토대로 해서 전개되는 이야기가 필요하다. 배경에는 장소, 사물, 시간, 공간적 상황 등이 포함되고, 이야기에는 그 세계 속에서 일어난 사건이나 행동들이 포함된다. 물론 이때의 사건이나 움직임이란 시간의 경과에 따라 전개되는 의미있는 행동을 의미하며, 발단부터 종결에 이르기까지의 전과정을 드러낼 수 있는 것이어야 한다. 인물과 사건, 배경은 서사를 이루는 기본적인 요소로서, 이것들이 상호 연관성 속에서 완결된 하나의 의미, 주제를 파생시키게 될 때, 훌륭한 서사문이 되는 것이다.

서사문에는 기사문과 보고문, 자서전, 회고록, 역사 서술, 소설, 서사시, 희곡, 동화, 신화, 전설, 르포르타지 등 의미적 사건을 서술하는 모든 종류의 글이 포함된다. 서사문은 전체 글의 성격이나 장르에 있어서 차이가 있음에도 불구하고 각기 일정한 사건의 전개를 시간적 연계성 위에서 진술하는 특색을 보여준다.

예문 11

잿빛 안개가 계곡을 구석구석 메우고 서서히 움직이고 있었다. 달빛이 안개의 두께를 뚫지 못하고 귤빛으로 번지어 있었다. 계곡 둔덕의 목련 숲에 풍기는 달콤하고도 매캐한 내음이 안개의 미립자에 묻어와 가슴 속에 적시고 어디선가 밤새의 우우우 우우우 하는 울음 소리가 파문을 일으켜 안개

속을 갈피지우듯 들려 왔다. 캠프파이어는 벌써부터 타고 있었으나 몰려온 안개를 핥을 뿐, 불빛이 멀리까지 비추지는 못했다. 불을 쬐는 앞쪽은 따듯한 데도 등뒤는 냉랭하고 축축한 안개에 휩싸여 으시시했다. 누군가가 노래를 불러 합창을 이루고 누군가가 춤을 추어 난무를 이루었다. 노래와 춤이 고조됨에 따라 거기에는 안개도 달빛도 목련 향기도 밤새의 울음소리도 캠프파이어도 사라지고 오직 소년 소녀의 열기만이 주위에 넘쳐 있었다. 그 속에 한 소녀의 뜨거운 열기도 섞여 있었다. 소녀는 그곳에서 빠져나와 고개를 들어 하늘을 쳐다본다. 파아란 하늘에 은행나무는 치솟아 있었다. 너댓 아름이나 되는 밑둥이요 수십 길이나 되는 높이의 거대한 나무였다. 가지에 잡목이 뿌리를 박고 자라나 있어도 태연했다. 지금 은행 나무는 석양 속에 찬란한 황금빛으로 물들어 있었다. 가을이 온통 한데 응결된 듯 싶었다. 얼마든지 풍성하고 풍요했다. 이러한 은행나무를 난데없는 회오리바람이 일어 휘몰아쳤다. 순식간에 높다란 나무 꼭대기에 또 하나의 장대하고도 찬란한 황금빛 기둥을 세웠는가 하자 무수한 잎을 산산이 흩뿌려 놓았다. 아무런 미련도 없는 장엄한 흩어짐이었다.

– <황순원(黃順元), '움직이는 성'>에서

예문 12

그리고 얼마나 시간이 흘렀던가. 우리는 마침내 바다로 온 것이었다. 우리는 숙박업소와 음식점들이 몰려 있는 곳에서 벗어나 얼마쯤 더 걸어 올라갔다. 어떤 곳을 찾는다는 서로의 의사 교환도 없이 우리는 멀리 떨어져 있는 한 건물을 보고 있었던 것이다. 둘 다 눈이 어지간히 나빴지만, 그 이층 건물이 여관이라는 사실은 분명해 보였던 모양이었다. 길 저쪽으로 바다에 바싹 다가붙은 집이었다. 이미 솔숲은 끝나 있었고 바닷가로 휘어 돌아가는 길은 갑자기 전형적인 시골길처럼 변하고 있었다. 바다가 한결 가까워졌다. 바닷가로 올라온 큰 고래가 잔 이빨을 드러내듯이 파도가 희게 드러나고 있었다. 그 여관은 이상하게 동떨어져 있었다. 그렇다고 해서 특별히 시설을 잘 갖추고, 다른 여관하고는 급이 다르다는 투로 동떨어져 있는 것도 아니었다. 건물은 겉부터 낡을 대로 낡아 있었고 간판조차 칠이 희뜩희뜩 벗겨져 있었다. 그런데도 우리는 그 집으로 향해 갔다. 밤이면 바다 소리로 베개를 삼을 만큼 바다가 가깝다라는 것이 내가 그 집으로 향해 가는 까닭이라고 생각했다. 낡고 시설이 형편없어 보였지만, 만약 저 집에서 손님을 받지 않는다면 낭패다 하는 생각까지 있었다. 그녀가 아무런 저항감도 보이지 않는 것은 나와 같은 생각이기 때문이라고 나는 믿었다. 그때 나는 여관 한 모퉁이에 전혀 어울리지 않게 파밭이 있는 것을 보았다.

- <누란의 사랑>에서

6) 마무리하기

'유종(有終)의 미(美)'라는 말이 있듯이 글 또한 결말을 잘 매듭지어야 온전한 한 편의 글이 된다. 마무리하기는 서두와 본문에서 이어지는 여러 사실들을 결집시키고 글쓴이의 의도를 집약하거나 부언하는 부분이다.

글의 마무리는 글의 종류에 따라 차이는 있으나 대체로 다음과 같이 할 수 있다. ①~③은 주로 설명과 설득적인 글에 많이 쓰며 ④~⑦은 문예문에서 주로 사용하는 방법이다. 논술문의 마무리하기는 따로 <제4장 글쓰기의 실제, 7. 논술문 쓰기>장에서 자세히 다루어 질 것이다.

① 앞에서 다루어진 주안점을 간략히 요약 정리하는 방법
② 요약하되 앞에서 다루지 못한 사항을 보충하여 제시하는 방법
③ 요약하되 관련된 제언이나 전망을 내놓는 방법
④ 앞에서 서술한 내용과 다른 의외의 반전으로 마무리하는 방법
⑤ 여운이나 강한 인상을 주기 위하여 제삼의 이야기로 맺는 방법
⑥ 앞에서 다룬 구체적인 내용들을 일반화하여 결말을 짓는 방법
⑦ 서두를 다시 인용하여 마무리하는 방법

예문 활용

1. <예문1>은 나도향의 수필이다. 글을 마무리하면서 어떤 인상을 주는 지 생각해보자.
2. <예문2>의 마무리 방법과 마무리 글에서 강조한 요지는 무엇인가?

예문 1

나는 그믐달을 몹시 사랑한다.

그믐달은 요염하여 감히 손을 댈 수도 없고, 말을 붙일 수도 없이 깜찍하게 예쁜 계집 같은 달인 동시에 가슴이 저리고 쓰리도록 가련한 달이다.

서산 위에 잠깐 나타났다 숨어버리는 초승달은 세상을 후려 삼키려는 毒婦가 아니면 철모르는 처녀 같은 달이지마는, 그믐달은 세상의 갖은 풍상을 다 겪고, 나중에는 그 무슨 원한을 품고서 애처롭게 쓰러지는 怨婦와 같이 애절하고 애절한 맛이 있다.

보름에 둥근 달은 모든 영화와 끝없는 숭배를 받는 여왕과 같은 달이지마는, 그믐달은 애인을 잃고 쫓겨남을 당한 공주와 같은 달이다.

초승달이나 보름달은 보는 이가 많지마는, 그믐달은 보는 이가 적어 그만큼 외로운 달이다. 객창 한등에 정든 임 그리워 잠 못들어 하는 분이나, 못 견디게 쓰린 가슴을 움켜잡은 무슨 한 있는 사람이 아니면 그 달을 보아 주는 이가 별로 없을 것이다.

그는 고요한 꿈나라에서 평화롭게 잠들은 세상을 저주하며, 홀로이 머리를 풀어뜨리고 우는 청상과 같은 달이다. 내 눈에는 초승달 빛은 따뜻한 황금빛에 날카로운 쇳소리가 나는 듯하고, 보름달은 치어다보면 하얀 얼굴이 언제든지 웃는 듯하지마는, 그믐달은 공중에서 번득하는 날카로운 비수와 같이 푸른빛이 있어 보인다. 내가 한 있는 사람이 되어서 그러한지는 모르지마는, 내가 그 달을 많이 보고 또 보기를 원하지만, 그 달은 한 있는 사람만 보아 주는 것이 아니라 늦게 돌아가는 술주정꾼과 노름하다 오줌 누러 나온 사람도 보고, 어떤 때는 도둑놈도 보는 것이다.

어떻든지, 그믐달은 가장 정 있는 사람이 보는 중에, 또는 가장 한 있는 사람이 보아 주고, 또 가장 무정한 사람이 보는 동시에 가장 무서운 사람들이 많이 보아준다.

내가 만일 여자로 태어날 수 있다 하면, 그믐달 같은 여자로 태어나고 싶다.

– <나도향, '그믐달'>에서

예문 2

이제 여기서 우리가 반드시 언급해야 할 내용은 말을 사용하는 언중 또는 구성원이 말에 대해서 가져야 하는 태도이다. 말은 고정되어 있는 것이 아니다. 그리고 이러한 말이 나타내는 힘 또한 일정한 것이 아니다. 말이 어떠한 성격을 갖느냐에 따라 그 말은 긍정적인 힘을 나타내기도, 부정적인 힘을 나타내기도 한다. 그래서 그 말을 사용하는 사람이 자신의 말을 어떻게 사용하느냐에 따라 그 사람의 인격이 달라지기도 한다. 이와 같은 이치로 한 나라의 말이 겨레(나라)의 얼을 나타낸다고 하면, 그 겨레말이 끼치는 여하에 따라 겨레의 얼에 긍정적 또는 부정적 영향을 미치게 될 것이다.

우리가 인위적임에도 우리말을 순화하려는 의도가 여기에 있다. 사회가 각박해질수록 그 언어도 각박해진다. 이렇게 보면 언어는 단순히 사회의 현상을 반영하는 결과물처럼 보일지 모른다. 그러나 이렇게 굳어진 말은 다시 그 말을 사용하는 사람들에게 영향을 미쳐서 더욱 사회를 각박하게 만들 수 있다. 오늘날 우리말의 경우를 보면 바르지 못한 말, 비속어, 은어, 외래어들이 판을 치고 있다. 여기에 인터넷에서 사용되는 언어들은 부정적인 정도가 더욱 심각하다. 이러한 부정적인 요소들은 다시 이 말을 사용하는 사람들의 정신세계를 황폐화하거나 각박하게 만들 우려가 있다. 그러기에 이 말들을 보다 바르게 아름답게 고치려는 노력이 필요하다. 그리고 이러한 노력은 어떤 법규정을 제정하는 것에만 의존할 수는 없다. 우리말을 사용하는 사람들이 양식과 주체의식을 가지고 우리말을 쓸 때에야 비로소 가능한 일이다. 더욱이 이 시대의 젊은 지성인인 대학생들이 더욱 관심을 갖고 노력해야 할 일이다.

– <김용경, '겨레와 언어'>에서

6 퇴고(고치기)

퇴고(推敲)란, 글쓰기를 완성하기 위한 최종 과정으로서 '글다듬기'를 말한다. 자신이 쓴 글을 두고 효과적으로 적절하게 표현하였는가를 검증하고 교정하는 과정으로서, 세부적으로는 표현방법을 중점적으로 살펴보는 것이지만 실로 글쓰기의 전체 과정을 점검하는 일에 해당한다. 글을 다 쓴 후 자신이 생각할 때 완전무결하다고 여길지 모르나 초고의 경우, 퇴고의 여지는 항상 남아있기 마련이다. 이 퇴고의 과정을 거침으로써 부분적인 표현의 오류뿐만 아니라 의도했던 주제와 실제 원고 사이의 차이를 발견하여 그것을 수정할 수 있다. 또 전체적인 상황성, 통일성, 일관성, 논리성 등의 결함을 발견하고 이를 바로 잡는다는 면에서 퇴고는 필요하다.

사실, 글을 수정하는 시기는 비단 글을 다 쓴 후 이루지는 것이 아니라 쓰기의 전체 과정에서 이루어진다. 다시 말하면, 수정은 종이에 첫 글자를 쓰기 전(prewriting)에 시작되는 것으로 볼 수 있다. 수정의 시기는 크게, 초고를 쓰기 전과 초고를 쓰는 동안, 그리고 초고를 쓴 후로 나누어 볼 수 있다. 대체로 능숙한 필자일수록 미숙한 필자에 비해 초고를 완성한 후보다는 초고를 쓰는 동안에 수정을 많이 한다.(Bridwell, 1980b; Faigley & Witte, 1981, NAEP & ETS, 1986). 그렇다 하더라도, 마지막 단계로서 퇴고는 최종 글다듬기인 동시에 표현력, 사고력, 비평력을 기른다는 기대 효과가 있다.

퇴고의 기능은 해당 작품에 대한 수정과 글쓴이의 작문 능력 배양이라는 크게 두 가지 기능으로 나누어 볼 수 있다.

첫째, 퇴고는 글을 객관적으로 다시 살펴보아 최종적으로 다듬어 완결하는 수정 작업으로서의 기능을 지닌다. 주로 초고를 쓴 다음에 내용과 형식을 포함한 글쓰기 전체 과정에 대한 점검이며 교정하는 작업이다.

흔히 글을 쓸 때, 본문쓰기 단계에서는 매우 집중하면서도 퇴고의 과정은 형식적일 때가 많다. 자신의 표현 방식에 몰입되고 습관이 되어 오류를 발견하지 못할 수 있으며, 또 애써 수집한 제재와 심혈을 기울여 표현한 기법에 애착과 미련을 가질 수도 있기 때문이다. 그러나 아무리 좋은 집필 과정이 이루어졌더라도 퇴고를 소홀히 하면 글 자체가 미완성으로 남을 때가 많다. 자신이 쓴 글을 퇴고한다는 것은, 자신을 객관시하여 본다는 점에서 독자의 입장으로 돌아가 냉정하게 살펴보는 것이다. 제 삼자의 입장에서 자기 글을 보거나 다른 관점, 여러 각도에서 자기 글을 보는 노력이 필요하다.

퇴고는 필자 스스로가 하는 것이지만 퇴고의 효과를 배증시키고 작문능력을 키우기 위하여 타인의 지도와 협조, 적절한 비평, 의견 교환이 때로는 필요하다. 타인의 조언으로 이루어지는 퇴고는 글쓴이 자신의 긍정적 수용이 있을 때 기대될 수 있다.

퇴고의 주안점이나 목표를 30개 항으로 정리하면 다음과 같다.

1) 주어진 글의 목적이 분명한가.
2) 주제가 분명하고 그에 적합한 내용으로 기술하였는가.
3) 독자나 기타 상황에 맞게 기술하였는가.
4) 내용에 있어서 독창성이 있는가.
5) 정성이 담겨 있고 명료하게 전달하고 있는가.
6) 감동을 주는 글인가.
7) 전체와 부분의 논리적 구성은 잘 이루어졌는가.(1~7항은 전체에 대한 검토)
8) 각기 세부 항목은 주제를 적절히 뒷받침하고 있는가.
9) 논점이나 단락 등 글의 주된 부분이 유기적으로 통일되어 있는가.
10) 문단 잡기는 내용의 구분 배치에 따라 잘 이루어졌으며 비중의 배분이 적절한가.

11) 단락과 단락의 관계는 논리적으로 명료한가? 또는 논리적 모순은 없는가.
12) 단락의 접속은 긴밀한가.(8~12항은 각 부분에 대한 검토)
13) 문장은 이해하기 쉬운가.
14) 가치있는 제재를 선택하여 적절히 배치하고 전개하였는가.
15) 제재는 중심사상을 뒷받침하는가.
16) 각 개의 문절은 내용을 정확하게 나타내고 있는가. 주절과 종속절의 관계는 올바른가.
17) 문장의 표현은 명료하며 모순되는 곳은 없는가.
18) 문장과 문장 간의 연결이 어색한 점은 없는가.
19) 문장이 단락이나 전체 맥락과 긴밀하고 효과적으로 표현되었는가.
20) 문장 길이가 지나치게 길거나 짧지는 않는가.
21) 수사법, 비유법 등의 표현 기교는 효과적인가.
22) 동어 반복이나 내용의 중복은 없는가.
23) 소재와 주제와 재료와의 상관성은 올바르게 잡혔는가.
24) 표현이 풍부하며 정확한가 (13~24항은 최종적인 문장의 검토).
25) 글의 어법에 있어서 맞춤법, 띄어쓰기, 어법, 문장 부호가 바르게 되었는가.
26) 오자, 탈자는 없는가(26~27항은 표기법에 대한 검토).
27) 단어의 선택이 적절하고 정확히 사용하고 있는가.
28) 독자들이 낱말을 이해하는데 어려움은 없는가(26~29항은 어휘에 대한 검토).
29) 원고법에 맞게 쓰고 편집은 적절한가?
30) 낭독을 해서 부자연스러운 곳은 없는가(29~30항은 편집과 낭독에 대한 검토).

결국 퇴고는 세부 항목에서부터 앞에서 살펴본 좋은 글의 요건을 잘 갖추고 있는가와 기타 낭독에 이르기까지 모든 분야에 걸쳐 이루어진다. 수정의 차례는 전체적으로 볼 때, 상위 항목에서 하위 항목으로 수정을 하게 하는 것이 바람직하다. 아무리 하위 항목을 잘 수정하여도 전체 수준에서 수정이 일어나면 부분적인 퇴고는 무위로 끝나는 경우가 많기 때문인데, 때로는 동시에 병행하거나 그 순서가 바뀌어도 무방할 때가 많아 그리 중요한 것은 아니다.

퇴고는 다음과 같은 6가지 형태로 실행된다.

1) 재배열 - 흐름을 고치고 글의 단락이나 문장 순서를 바로 잡는다.
2) 대　체 - 잘못되거나 성근 표현은 다른 표현 방법으로 다시 쓴다.
3) 추　가 - 덧붙여 넣고 더 넓혀 쓴다.
4) 삭　제 - 불필요한 부분, 가식적인 내용은 삭제한다.
5) 간　결 - 다듬어 간결하게 하고, 압축한다.
6) 편　집 - 분량과 원고법에 맞게 하고 이에 따라 편집한다.

둘째, 일련의 퇴고 과정은 자신의 작문 능력을 발견케 하고, 글쓰기 실력을 키우는 동시에 동기유발과 비평 안목을 기르게 하는 기능을 지닌다. 애써 고치고 다듬는 한 편의 작품에 대한 애착심이 생기고 그 성취감으로 인하여 새로운 창작 욕구를 불러일으킨다는 점도 간과해서는 안 될 것이다.

정리하면, 글을 올바르게 수정하는 직접적인 기능 외에도 퇴고는 다음과 같은 효과가 있다.

1) 글을 쓰고자 하는 의욕과 동기 유발을 가지게 하며
2) 무엇을 어떻게 쓰는 것이 효과적일까 하는 취재력 향상을 염두에 두게 하며
3) 작품을 구상하는 능력을 다시 한번 환기시켜 전개, 기술의 능력을 향상시키며
4) 최종적으로 바른 표현, 좋은 표현을 모색하는 태도와 실현하는 능력을 키우며
5) 비교 능력과 교정 능력, 비평 능력을 향상시킨다.

요컨대, 퇴고는 글을 완성하는 마무리 단계이자 글을 다시 쓰게 하는 시작점의 역할을 하기 때문에 글쓰기 능력을 키우는 필수 과정인 셈이다.

예문 활용

1. <예문1>은 조규태 <작문의 길잡이, 경상대출판부, 2000>에서 원용한 것이다. 퇴고의 방법을 익히는 데 도움이 되는 글이다. 설명을 참조하여 퇴고가 어떻게 이루어지는지 살펴보자.

예문 1

낯선 ID의 E-Mail 그리고, 새로운 시작

(학생 글)

① 아침의 쌀랑함이 이제 가을이구나 하는 느낌을 들게 한다. 생명의 마지막 힘을 다 쏟아붓듯이 간간히 들리는 매미 울음소리가 애처롭게 들리기도 한다.

② 9월 1일, 2학기 개강을 한 뒤 거의 일주일이 지난 어제의 일이다.

③ 강의가 다 끝나고 개강 총회를 한 나와 나의 친구 몇몇은 남은 하루의 시간을 채우기 위해 후문 근처의 가까운 PC방에 갔다. 자리에 앉아서 메일 확인하러 인터넷을 시작한 나는 낯선 ID의 메일을 발견하고, 그것을 클릭해서 읽었다. 그 메일을 쓴 사람은 다름 아닌 나의 고등학교 3학년 때 담임 선생님이셨고, 난 무지 반가웠다.

④ 메일은 학기가 시작되었으니 계획 잘 세우고, 술 많이 마시지 말고, 마무리 잘해서 군대 가라는 내용을 담고 있었다. 어찌 보면 아주 당연한 글이고, 해야 할 말만 적은 글-그냥 쉽게 넘어갈 수 있는 내용-이었지만, 한 주일간을 아무 할 일 없이 멍하게 지내온 나에게는 아주 따끔한 충고가 되었다. 학기가 시작되어도 정신차리지 못하고 빈둥빈둥 놀고 있는 제자에게 걱정과 당부의 메일을 보내신 당신의 마음이 충분히 느껴졌다. 사실 학기초가 행사나 모임 때문에 이것저것 하는 일없이

바쁘고 얼렁뚱땅 넘어가지만 학기 중 아주 중요한 시기라 할 수 있다. 이 시기에 보내신 선생님의 메일은 내가 지난 학기에 대한 반성과, 이번 학기의 다짐을 만들어 주었다.

⑤ PC방을 나와서 우리들은 기숙사 입방식을 한다고 치킨과 콜라를 사 들고 가서 방 선배와 애들이랑 후딱 먹어치우고 잠자리에 들었는데, 이상하게 잠이 오질 않았다. 잠이 오질 않은 터에 방 선배랑 그냥 시시콜콜한 얘기를 주고받았다. 그 내용 중에는 나 자신에 대한 내용이 대부분이었는데, 나와 관련된 가족 이야기, 선배, 동기, 학교 이야기를 나누었다. 사실, 필요 없고, 무의미한 일상 생활 얘기였지만 나에겐 좀 다르게 들려 왔다. 지난 학기 멋모르고 지냈던 일을 선배랑 이야기하고, 반성하고 많은 것을 얻을 수 있었다.

⑥ 다짐이야 항상 하는 것이지만 이번에 하는 다짐은 뭔가 다르다. 비록 1학기뿐이었지만, 대학 생활에 어느 정도 감이 잡히고 이제 새 학기니깐 뭔가 달라져야 된다고 생각한다. 멍하게 시작한 2학기의 시작이 옛 선생님의 이·메일 한 통으로 인해 좀 달라질 것 같다. 방학 때 많이 찾아 뵙지 못해 죄송스러운데, 이 모자란 나를 위해 걱정하시는 은사님을 생각해서라도 좀 더 나은 생활을 하기 위해 노력해야겠다.

이 글은 다듬어야 할 곳이 많다. 그 중 우선 글의 짜임에 대해서만 살펴보자. 이 글은 9월 1일 은사님이 보내 주신 전자 우편을 받고 대학 생활에 대해 새로운 다짐을 한 것이 주된 내용이다. 그런데 ⑤번 단락은 그저 오늘 있었던 일 중의 하나에 불과할 뿐, 글의 주제와는 무관하다. 그러므로 이 단락은 이 글에서는 빼는 것이 좋다. 그러고 보면 ①단락도 새로운 다짐을 하는 내용이 주류를 이루는 이 글의 흐름과는 무관하다. 그러므로 이 단락도 없는 것이 좋다. 그리고 ②번 단락과 ③번 단락은 한 단락으로 이어 써야 한다. ③번 단락의 내용이 글의 흐름이 바뀌는 새로운 내용이 아니기 때문이다.

둘째로 살펴볼 것은 주제와 제목의 일치 여부인데, 이 글의 주제는 앞서 말한 것처럼 '은사님의 전자 우편을 받고 새로운 다짐을 하다'이므로 글의 주제와 제목이 일치한다.

그밖에 다듬을 문장, 단어 등을 아울러 바로잡아 보자. 대체로 순서는 문장, 단어, 맞춤법·표준어 순서이지만 이 순서는 별로 중요하지 않다. ①, ⑤ 단락을 포함하여 이 셋을 다듬은 내용을 모두 싸잡아 보이면 아래와 같다.

① 아침의 쌀랑함이 이제 가을이구나 하는 느낌을 들게 한다. 생명의 마지막 힘을 다 쏟아붓듯이 간간히(→간간이) 들리는 매미 울음소리가 애처롭게 들리기도 한다.

② 9월 1일, 2학기 개강을 한 뒤 거의 일주일이 지난 어제의 일이다.

③ 강의가 다 끝나고 개강 총회를 한 나와 나의 친구 몇몇은(마치자 친구 몇 명과 함께) 남은 하루의 시간을 채우기 위해 후문 근처의 가까운 PC방에 갔다. 자리에 앉아서 메일(→전자우편을) 확인하러 인터넷을 시작한 나는 낯선 ID의 메일을 발견하고, 그것을 클릭해서 읽었다. 그 메일(→편지를)을 쓴 사람은 다름 아닌 나의 고등학교 3학년 때 담임 선생님이셨고,(→다.) 난 무지(→너무나) 반가웠다.

④ 메일은 학기가 시작되었으니 계획 잘 세우고, 술 많이 마시지 말고, 마무리 잘해서 군대 가라는 내용을 담고 있었다. 어찌 보면 아주 당연한 글이고, 해야 할 말만 적은 글-그냥 쉽게 넘어갈 수 있는 내용-이었지만, 한 주일간을 아무 할 일 없이 멍하게 지내온 나에게는 아주 따끔한 충고가 되었다. 학기가 시작되어도 정신차리지 못하고 빈둥빈둥 놀고 있는 제자에게 걱정과 당부의 메일을 보내신 당신의 마음이 충분히 느껴졌다. 사실 학기초가(→는) 행사나 모임 때문에 이것저것 하는 일 없이 바쁘고 얼렁뚱땅 넘어가지만(→넘어가기 일쑤이지만) 학기 중 아주 중요한 시기라 할 수 있다. 이 시기에 보내신 선생님의 메일은 내가(→게) 지난 학기에 대한 반성과, 이번 학기의 다짐을 만들어(→하게 해) 주었다.

⑤ PC방을 나와서 우리들은 기숙사 입방식을 한다고(→하기 위해) 치킨(→통닭)과 콜라를 사들고 가서(→기숙사로 들어갔다.) 방 선배와 애들이랑 후딱 먹어치우고(→먹어 치우는 것으로 입방식은 끝이 났다.) (0 →곧) 잠자리에 들었는데, 이상하게 잠이 오질 않았다. 잠이 오질 않은

터에(→나처럼 잠을 이루지 못하는) 방 선배랑 그냥 시시콜콜한 애기를 주고받았다. 그 내용 중에는 나 자신에 대한 내용이 대부분이였는데(→었는데), 나와 관련된 가족 이야기, 선배, 동기, 학교 이야기를 나누었다.(→들도 있었다.) 사실, 필요 없고, 무의미한 일상 생활 애기였지만 나에겐 좀 다르게 들려 왔다. 지난 학기 멋모르고 지냈던 일을 선배랑 이야기하고, 반성하고(→며) 많은 것을 얻을 수 있었다.

⑥ 다짐이야 항상 하는 것이지만 이 번에 하는 다짐은 뭔가 다르다. 비록 1학기뿐이었지만, 대학 생활에 어느 정도 감이 잡히고(→익숙해지고) 이제 새 학기니깐 뭔가 달라져야 된다고 생각한다. 멍하게 시작한 2학기의 시작이 옛 선생님의 이・메일(→전자 우편) 한 통으로 인해 좀 달라질 것 같다. 방학 때 많이(→자주) 찾아 뵙지 못해 죄송스러운데, 이 모자란 나를 위해 걱정하시는 은사님을 생각해서라도 좀 더 나은 생활을 하기 위해 노력해야겠다.

위와 같이 다듬은 뒤에 전체 글을 다시 읽으면서, 문맥에 맞게 손질을 하여 다시 써 보이면 아래와 같이 된다.

낯선 주소의 전자우편, 그리고 새로운 시작

9월 1일, 2학기 개강을 한 뒤 거의 일주일이 지난 어제의 일이다. 강의가 다 끝나고 개강 총회를 마치자 친구 몇 명과 함께 남은 하루의 시간을 채우기 위해 후문 근처에 있는 가까운 피씨방에 갔다. 자리에 앉아서 전자우편을 확인하러 인터넷을 시작한 나는 낯선 주소의 편지를 발견하고는, 그것을 클릭해서 읽었다. 그 편지를 보낸 사람은 다름 아닌 나의 고등학교 3학년 때 담임 선생님이셨다. 난 너무나 반가웠다.

편지에는 학기가 시작되었으니 계획 잘 세우고, 술 많이 마시지 말고, 마무리 잘한 뒤 군대 가라는 내용을 담고 있었다. 어찌 보면 아주 당연한 글이고, 해야 할 말만 적은 글 - 그냥 쉽게 넘어갈 수 있는 내용 - 이었지만, 한 주일간을 아무 할 일 없이 멍하게 지내온 나에게는 아주 따끔한 충고가 되었다. 학기가 시작되어도 정신 차리지 못하고 빈둥빈둥 놀고 있는 제자에게 걱정과 당부의 편지를 보내신 당신의 마음이 충분히 느껴졌다. 사실 학기 초는 행사나 모임 때문에 이것저것 하는 일없이 바쁘고 얼렁뚱땅 넘어가기가 일쑤이지만, 학기 중 아주 중요한 시기라 할 수 있다. 이 시기에 보내신 선생님의 편지는 내게 지난 학기에 대한 반성과, 이번 학기의 다짐을 하게 해 주었다.

다짐이야 항상 하는 것이지만 이번에 하는 다짐은 뭔가 다르다. 비록 1학기뿐이었지만, 대학 생활에 어느 정도 익숙해지고 이제 새 학기니깐 뭔가 달라져야 된다고 생각한다. 멍하게 시작한 2학기의 시작이 옛 선생님의 전자 우편 한 통으로 인해 좀 달라질 것 같다. 방학 때 자주 찾아뵙지 못해 죄송스러운데, 이 모자란 나를 위해 걱정하시는 은사님을 생각해서라도 좀 더 나은 생활을 하기 위해 노력해야겠다.

위와 같이 다듬고 보면 문맥이 자연스레 이어지고 주제도 선명하게 드러난다. 다만 단락을 두 개나 드러내어 글의 내용이 좀 빈약해졌다. 둘째 단락과 셋째 단락 사이에 지금까지 지내온 일들에 대해 되돌아보고 반성하는 내용을 덧붙인다면 좋은 글이 될 수가 있을 것이다.

– <조규태, '작문의 길잡이', 경상대출판부, 2000>에서

제4장 글쓰기의 실제

1 이력서 쓰기

이력서(이력서)는 입사 지원서, 자기소개서와 더불어 본인이 작성하는 매우 중요한 취업 준비 서류이다. 지원자 개인의 신상을 파악하는 1차적인 자료이이기 때문이다. 채용자는 이력서를 통하여 지원자 개인의 정보를 얻으며 이를 통하여 자질이나 적합성 여부를 판단하게 된다.

그러므로 이력서의 제반 사항은 솔직하고 명확하게 작성하여야 한다. 흔히, 단순 서식으로 여기고 무성의하게 기록하거나, 과장이나 누락 사항이 있을 경우, 1차 서류 심사나 면접 때 탈락하고 만다. 자기소개서보다 작성이 수월하니만큼 오히려 실수나 면밀하지 못하게 작성하여 후회하는 사례를 종종 볼 수 있다.

이력서는 자신이 만든 개성적인 양식을 활용할 수도 있으나, 주요사항은 공통된다. 지원할 업체의 성격에 맞는 개성 있는 이력서를 제출하기 위해서는 여러 형태의 이력서를 작성해 등록해 두는 방법도 있다. 온라인 이력서의 경우는 직무분야와 연관된 내용을 기재한다. 기업체가 키워드를 걸어서 원하는 능력을 가진 사람을 찾는 방식도 염두에 두어야 한다.

일반적인 표준 양식의 이력서 작성 요령은 다음과 같다.

1) 일반적 유의 사항

① 이력서는 자필로 하는 것이 원칙이다.

② 서식(書式)은 '인사서식 제1호'로 하며, 특별한 경우(디자인계, O.A계 따위) 자신이 편집한 이력서를 제출한다.

③ 글씨는 한글, 한자, 국한문 혼용자 등 다양하게 쓰나 자신 있는 글씨체로 쓰도록 한다. 대체로 한글 이력서가 보편화 되었으나, 사원 채용 공고나 광고에 한자가 쓰였을 경우 한자로 쓰는 것도 한 방법일 것이다.

④ 오자(誤字)나 약자(略字), 속어는 쓰지 말며, 반드시 정자(正字, 定字)로 써야 한다.

⑤ 띄어쓰기가 분명하고, 왼쪽 어두는 줄을 맞추어 쓰는 것이 단정하다. 한 페이지가 넘어가면 페이지 번호를 남겨라.

⑥ 사진은 최근 3개월 이내 사진을 부착하되 머리 손질, 안경 착용 등이 달라졌을 경우 다시 촬영하여 이용한다. 간혹 미리 사진을 준비해두지 않아 속성 사진을 이용하는 사례도 있는데 사진 상태나 표정 연출에 유리한 사진관을 이용한다. 명함, 반명함, 증명용 등의 크기로 각각 10여장 이상 준비해 두며 현상 필름도 함께 앨범 속에 보관하여 둔다.

⑦ 작성된 이력서는 복사본을 보관하여 두면 유용하며, 복사본을 제출하여서는 아니 된다.

⑧ 제출 때 구겨지지 않도록 하고, 편지 봉투보다 대봉투에 넣어 접지가 되지 않도록 하는 것이 좋으며, 원서와 함께 제출할 때는 원서, 이력서, 자기소개서, 첨부 서류 순으로 철하여 대봉투에 넣고 '입사 원서(또는 서류)재중'이라고 겉봉투에 부기한다.

2) 인적 사항 기재 요령

① 사진은 서식의 규격에 꼭 맞게 잘라 붙이도록 하고, 풀이 묻거나 흠집

이 나지 않도록 한다.

② 본인 성명 다음의 (인)란에 맞고 바르게 도장을 찍는다.

③ 현주소는 통반까지 명확하게 쓰고, 전화번호란이 없는 서식은 주소 뒤 괄호를 하고 기입하도록 한다.

④ 호주 성명은 주민등록상의 호주를 기록하며, 호주와의 관계는 부모가 호주일 경우 장남(長男), 차남(次男), 장녀(長女), 차녀(次女) 등으로 기재하고 본인일 경우는 본인(本人)이라 쓴다.

3) 학력 및 경력 사항

학력 및 경력 사항은 채용 회사에서 요구하는 자격 요건이 드러나는 기록이기도 하나, 입사 후 인사 또는 보수 규정과도 밀접한 기록 사항들이다.

기록 순서는 학력과 경력을 연차순으로 적은 후 별도의 제하(題下)인 <취득자격(取得資格)>, <상벌사항(賞罰事項)>, <기타(其他)>란을 좌우중앙의 위치에 두어 그 아래에 해당 사항들을 적는다.

① 학력(學歷)은 대학 졸업(예정)자의 경우 고등학교(고등학교) 졸업(卒業)부터 적는 것이 상례이지만, 국민학교(國民學校-현재는 初等學校) 졸업 사항부터 기재하여도 무방하다. 초・중・고교는 입학 사항은 쓰지 않고 졸업만 밝힌다.

② 예비역일 경우 군입대(軍入隊)와 제대(除隊) 년・월・일을 정확히 쓴다.

③ 경력은 입사(入社)와 퇴사(退社), 또는 재직 중(在職中)을 밝히되, 잦은 이직(移職)내용은 유리할 것이 없다. 회사는 근무 부서를 괄호로 밝혀도 좋다.

④ 대학 재학 중인 경우 '졸업예정(卒業豫定)'을 밝힌다.

⑤ <취득 자격>은 운전면허(운전면허)를 포함하여 모두 기재하고 발령청을 밝힌다. 특히, 응시기업의 업종에 부합되면 비공인 자격증이라도 빠

짐없이 정리한다.

⑥ <상벌사항>은 개근상(皆勤賞)과 입상(入賞), 훈장(勳章), 포상(褒賞), 장학생(獎學生) 등을 기재한다. 초・중・고교 시절의 상은 대표적인 것만 밝히고, 초・중・고 12개년 간 개근상인 경우는 '초・중・고교 12년 개근상(初・中・高校 12年間 皆勤賞)'으로 한 칸에 기재한다.

⑦ <기타>는 위 기재 내용 외의 특별한 능력이나 연수(硏修), 실습(實習) 등을 기재한다. 각종 사회봉사 활동경험과 동아리 활동들을 상세히 언급하는 것도 좋다

⑧ 마지막에는 '위의 내용은 사실과 틀림이 없음'이나 '상기 사항은 상위 없음('上記 事項은 相違 없음')이라 쓰고, 작성일자와 작성자 성명 기재 후 도장을 이름의 끝에 약간 걸쳐 반듯하게 찍는다.

⑨ 년・월・일의 공란이나, 기술(記述)의 시작에서 작성자 성명 날인까지 빈 칸이 있어서는 아니 된다. 그리고 가능한, 한 가지 사실은 글씨 크기를 조정해서라도 한 줄로 마무리하는 것이 짜임이 있어 보인다.

예문 1

이력서 작성 보기

응시분야 : 전산실
연 락 처 : (0357)51-7229
(인사서식 제1호)

<table>
<tr><td rowspan="4">사 진</td><td colspan="4">이 력 서</td></tr>
<tr><td rowspan="2">성 명</td><td rowspan="2" colspan="2">洪 吉 童 (인)</td><td>주민등록번호</td></tr>
<tr><td>730327-1812622</td></tr>
<tr><td colspan="4">생년월일 서기 1976 년 3 월 5 일생 (만 21 세)</td></tr>
<tr><td>현 주 소</td><td colspan="4">京畿道 抱川郡 新北面 新平里 131番地 2統 1班 (TEL : 02-535-7264)</td></tr>
<tr><td>호적관계</td><td>호주와의 관계</td><td>차 남</td><td>호주
성명</td><td>洪 大 監</td></tr>
</table>

년	월	일	학력 및 경력사항	발령청
1986	2	23	抱川 新北初等學校 졸업	
1989	2	21	抱川中學校 졸업	
1992	2	18	議政府 機械工業高等學校 졸업	
1992	2	20	大韓機械産業株式會社(技術部) 입사	
1992	6	30	상기 회사 願에 의한 사직	
1992	7	1	육군 입대	
1994	9	2	육군 만기 제대	
1995	3	5	江北專門大學 電子計算科 입학	
1996	11	15	상기 대학 2학년 재학중('97. 2월 졸업 예정)	
			<취득자격>	
1991	10	15	원동기 취급 기능사 2급	한국에너지관리공단
1996	11	20	정보처리기사 2급	한국산업인력관리공단
			<상벌사항>	
1992	2	20	議政府 機械工高 3개년 개근상	
1996	8	5	韓國 情報處理 競進大會 특상	한국정보공학연구소
1996	3	2	江北專門大學 志雲奬學生	
			<기 타>	
1996	7~ 8	25 4	일본 別府大學 단기 일본어 연수	
1996	1~ 2	4 10	大韓株式會社 전산실 현장실습	
			상기 사항은 틀림이 없음.	
			1996년 11월 15일	
			작성자 洪 吉 童 (인)	

예문 2

응시분야 : 전산실
연 락 처 : (0357)51-7229
(인사서식 제1호)

사 진	이 력 서			
	성 명	홍길동(洪吉童) (인)	주민등록번호	730327-1812622
	생년월일 서기 1978 년 3 월 27일생 (만 28 세)			
현 주 소	경기도 안산시 중구 해안동 21-2번지 (TEL: 031-535-7264)			
호적관계	호주와의 관계	차남	호주성명	홍 대 감

년	월	일	학력 및 경력사항	발령청
1991	2	23	안산시 신북국민학교 졸업	
1994	2	21	안산중학교 졸업	
1997	2	18	안산고등학교 졸업	
1997	2	20	대한기계산업주식회사 관리부 입사	(주)대한기계산업
1997	6	30	상기 회사 군입대 원에 의한 휴직	
1997	7	1	육군 입대	
1999	9	2	육군 만기 제대	
2000	1	5	대한기계산업주식회사 관리부 복직	
2003	8	15	상기 회사 원에 의한 사직	
2004	3	5	한국대학교 경영학부 입학	
2007	8	15	상기대학 스포츠마케팅학 4학년 재학 중 ('2006.2월 졸업 예정)	
			<취득자격>	
2001	11	20	정보처리기사	노 동 부
2005	5	7	스포츠마케팅설계사	SMP협회
			<상벌사항>	
'91~1997	2	20	신북국교~안산고까지 12개년 개근상	
2003	8	5	한국 정보처리 경진대회 특상	한국정보연구소
2004	3	2	한국대학교 우당장학생	경동대학교
			<기 타>	
2002	5 ~8	2 ~8	평창동계올림픽 사이버 홍보 봉사 요원	동계올림픽유치위원회
2003	7 ~8	25 4	일본 벱부대학 단기일본어 연수	
2004	1 ~2	2 10	(주)대한레저 사업부 현장실습	
			상기 사항은 틀림이 없음	
			2005년 8월 15일	
			작성자 홍 길 동 (인)	

2 자기소개서 쓰기

1) 자기소개서의 성격

최근 다수의 기업체에서는 필기시험 위주의 선발방식에서 벗어나 서류전형과 면접만으로 신입사원을 채용하고 있다. 따라서 대기업을 중심으로 한 각 기업체에서는 지원자에 대한 정밀면접과 직무적성 검사 등을 도입하여 지원자의 업무수행능력 및 조직에 대한 적응력은 물론 창의성, 외국어능력, 인성과 직업관, 예의범절, 자기계발계획 등을 면밀히 살피고 있다.

자기소개서는 이력서 및 지원서 등에서는 기술되지 않는 지원자의 성장과정 및 성격, 대인관계, 책임감, 성실성, 창의성 등을 파악하는 1차적인 자료가 된다. 또, 면접자는 자기소개서에 나타난 지원자의 포부, 업적, 특기사항, 지원동기 등을 자세히 검토한 후 면접 자료로 활용한다. 아울러, 기업체에서는 채용 후에도 자기소개서를 인사업무의 기초자료로 이용하기도 한다.

현재 각 기업에서는 신업사원을 채용할 때, 지원자의 실무능력 외에도 인성과 창의성을 가장 중요한 요건으로 삼고 있는 추세다. 따라서 이력서나 입사지원서에 기재하는 학력 및 이력사항 외에도 자신의 특기나 성격, 장점 등을 효과적으로 자기소개서에 기술하여야 한다.

한편, 기업에서 자기소개서를 요구하는 이유는 대체로 다음과 같다.

(1) 자기소개서를 통해 가정환경 및 성장과정을 살펴보기 위해서다.

기업은 자기소개서에 나타난 가정환경이나 성장과정을 통해 개인의 성격과 가치관을 파악하게 되고 학교생활이나 동아리활동, 사회봉사활동 등을 통해 지원자의 대인관계나 조직에 대한 적응력, 리더십, 성실성, 책임감, 창의성 등을 파악하게 된다.

⑵ 장래성을 살펴보기 위해서이다.

어떠한 계기로 입사를 지원하게 되었는가, 아울러 입사 후에는 어떠한 계획과 각오로 업무에 임할 것인가, 지원자는 어떠한 직업관을 지니고 있는가 하는 점을 자기소개서를 통해 살펴볼 수 있다.

⑶ 가치관 등 생각과 사고력을 살펴보기 위해서다.

생각과 글은 서로 밀접한 관계를 지닌다. 따라서 자기소개서에 얼마만큼 자신의 생각을 조리 있게 나타내고 있는가 하는 점을 통해 면접자는 지원자의 사고력과 표현 능력을 살펴볼 수 있다. 또한 필체를 통해 어느 정도의 성격까지도 짐작할 수 있다.

2) 자기소개서의 내용

자기소개서는 일정한 형식이 정해져 있는 기술양식이 아니다. 따라서 작성자는 비교적 자유롭게 자신에 대한 모든 사항을 기술해 나갈 수 있다. 그러나 자기소개서는 축소된 자서전이나 확장된 이력서가 아니다. 따라서 지나치게 세세한 사항들까지 기술하다 보면 전체적인 통일성이나 일관성이 결여될 수 있으며 그 반대로 주로 학력이나 이력사항만을 위주로 써나가다 보면 피상적인 내용의 기술에 그치고 만다.

그러므로 자신의 과거(가정환경, 성장배경, 학교생활), 현재(성격, 가치관, 특기, 장점 및 단점), 미래(포부, 입사 후 각오, 자기계발계획)와 관련된 소재들 중에서 비교적 가치 있고 개성적인 사항들을 선택하여 아우트라인을 작성한 후 기술해 나가야 한다.

⑴ 성장과정

성장과정에서는 부모, 부모의 직업과 경제적 여건, 학교생활, 은사나 주변인물의 영향, 현재의 전공을 선택한 계기, 동아리생활이나 사회봉사활동 등을 주요 소재로 삼는다.

성장과정을 기술함에 있어서 가장 일반적인 경우는 연대기적으로 서술해 나가는 것인데 여기서 주의할 점은 소년기나 중·고교 시절 그리고 대학시절에 있었던 독특한 체험이나 에피소드를 자신의 개성이나 장점 또는 강한 의지 및 창의력 등과 연계될 수 있도록 글의 짜임새에 유의해야 한다. 따라서 가급적 일반적이거나 평범한 내용보다는 남들이 관심을 기울이지 않던 새로운 학문분야에 대한 흥미나 관심, 어렵게 공부해 온 이야기나 자신만의 독특한 취미나 특기 등을 조리 있게 기술해야 한다.

성장과정을 언급할 때 자신의 삶에 영향을 준 은사나 주변인물, 서적 등에 대한 이야기를 곁들이는 것도 기술의 한 방법이 될 것이다.

(2) 자신의 성격과 장점

자기소개서에서는 자신의 장점을 최대한 내보일 수 있어야 한다. 그러나 자신의 내면적 그리고 외면적인 장점을 이야기함에 있어서 그것이 지나친 자기 자랑이라는 느낌을 주어선 안 된다. 따라서 자신의 장점을 완곡하게 또는 우회해서 이야기할 수 있는 배려가 요구된다.

또한, 장점뿐만 아니라 단점도 기술할 수 있다. 이 경우, 단점을 개선할 수 있는 노력과 의지도 함께 이야기해야 한다.

자신의 장점을 이야기할 때 빼어 놓아서는 안 될 것이 자격 및 면허취득사항, 외국어 능력이나 컴퓨터 운용능력, 업무 수행에 도움이 될 수 있는 능력 등이다. 여기서 외국어 능력의 경우는 독해 및 회화능력을 구체적으로 밝혀주는 것이 좋으며, 토플과 같은 경우 그 점수를 밝히고, 해외 어학연수 등 학습과정도 소개하는 것이 좋다.

아울러 이러한 내용을 기술함과 동시에 긍정적이고 창의적인 자신의 성격과 예의범절이나 도덕성을 겸비한 인간미가 드러날 수 있도록 기술하는 것이 바람직하다.

(3) 입사 지원 동기 및 입사 후의 각오

입사 지원 동기를 이야기함에 있어서 막연하게 '누구누구의 추천으로 혹은 신입사원모집 광고를 보고 난 후' 등으로 작성하기보다는 해당 기업과 직접적으로 관련이 있는 내용과 함께 언급하는 것이 좋다. 따라서 해당 기업의 업종 및 특성과 자신의 전공 그리고 포부 등을 연계시켜 기술하는 것이 보다 바람직하다. 따라서 이를 위해서는 신문 및 사보 그리고 기타 자료 등을 통해 해당 기업에 대한 정보를 어느 정도 조사해 보는 것이 필요하다.

입사 지원 동기에서 아울러 기술할 수 있는 사항으로는 본인이 원하는 직종과 희망근무 부서 그리고 입사 후의 각오와 포부 등이 있다. 이때에도 단지 막연하게 '열심히, 성실히, 최선을 다해'라고 기술할 것이 아니라, 입사했다는 가정 아래, 목표 성취와 자기 계발을 위해 어떠한 계획이나 각오로 임할 것인가 하는 점을 구체적이며 의욕적으로 이야기하는 것이 바람직하다.

3) 서류심사를 통해서 본 자기소개서 작성에 대한 5대 권장사항

(1) 알맞은 분량으로 독창성 있는 구성을 하자.

분량이 정해져 있는 경우라면 규정에 따르도록 하고, 그렇지 않으면 A4 용지 2~3장 정도가 적당하다. 지나치게 생략된 자기소개서는 무성의하게 보이고 장황한 자기소개는 조리가 없어 보인다.

독창적이고 차별화된 자기소개서를 써야 한다. 수많은 응시자의 자기소개서 중에서 눈에 띄기 위해서는 편집이 산뜻한 것이 좋다. 편집꼴은 읽기 좋도록 하는 것이 중요하다. 그 예로, 주제별로 단락을 나누어 제목을 단다든지, 핵심 부제를 다는 것을 권장한다.

(2) 주요 주제에 더 할애하여 배분을 알맞게 하자.

자기소개서에 들어가는 내용은, 1)성장과정, 2)가치관과 생활신조, 3)특기, 자기 성과, 4)지원동기와 포부, 5)직무 계획이나 설계 등이다. 각 내용은 전체를 10으로 볼 때 1:1:3:3:2 정도로 배분해보자.

가정환경이나 성장과정, 대내외 활동 등은 연대순에 의해 기술하되, 간략하게 기술한다. 가풍이나 재학시절의 독특한 경험, 가치관에 영향을 준 일 등을 작성하되, 평범한 이야기나 감상적인 이야기는 피하고, 자연스럽게 자신의 성격과 가치관의 형성을 드러내는 것이 좋겠다. 과거는 현재에 귀결되도록, 과거를 통해 성장한 것이 어떠한 것인지 기술하는 것이 좋다.

지원 동기는 매우 중요한데 '내가 왜 이 회사에 입사하려고 하는가?', '내가 왜 이 직종을 택하려고 하는가?'에 대해 이유를 적고 그렇게 하기 위한 노력 사항과 능력을 밝힌다. 특히 자기 능력을 솔직하고 최대한 부각시킨다. 입사 후 무엇을 어떻게 하고 싶다는 내용을 가능한 구체적으로 제시하는 것이 좋다.

아무리 잘 쓴 자기소개서라고 해도, 지원자가 어느 분야에 지원하기 위해 쓴 것인지 알 수 없다면, 인사 담당자 눈에 들지 못한다. 어떤 분야, 어느 직종에 제출해도 무방한 자기소개서는 인사 담당자에게 신뢰감을 줄 수 없다. 이 회사가 아니면 안 된다는 명확한 이유를 제시하고, 어떤 업무를 하고 싶은지 분명하게 기술한다. 지원한 업무를 하기 위해 어떤 준비와 공부를 했는지 기술하는 것이, 성실하고 충실하다는 느낌을 줄 수 있다.

(3) 정확하고 어휘, 간결한 문장, 바른 문법으로 표현하자.

정확한 어휘를 사용하고, 어색한 문장은 수정하여야 한다. 한글과 한문을 병용은 적절히 하되, 남용하지 말고, 난해한 표현은 피한다. 뜻을 정확하게 또 풍부하게 전하기 위해서만 한자나 외래어를 써야 한다. 이때 반드시 사전을 찾아 확인 후 사용한다. (잘못 인용할 경우 오히려 감점을 초래할 수도 있다.)

절대 사이버상의 신조어(채팅 언어 등)는 사용을 해서는 안 된다.

예) 통신 언어는 사용하지 않는다.
"~했구여.", "~하구", "~있슴다." 말줄임의 남발(……)과 온갖 표정(^^ ^^; *^^* ㅡㅡ;), 약어(ㅜㅜ, ㅋ)는 경박함을 드러낼 뿐이다.

문체는 가능한 간결한 것이 좋다. 앞에서 언급했던 부분을 반복하는 말, 불필요한 말 등 중복되는 말은 피하도록 한다. 해야 할 이야기는 다 하되, 접속사를 써서 너무 길게 늘어놓거나 만연체 문장과 진부한 표현은 삼간다.

예) 자기소개서에서 진부한 표현은 삼간다.
문장의 첫줄에 "저는, 나는, 저는 19○○년 ○년 ○○일, ○○사이에 태어나……" 등 일반적 소개는 피한다.

예) 보편적이고, 당연한 말은 쓰지 않는다.
"근무를 성실히", "맡은바 업무를 충실히", "최선을 다하여 열심히", "생활을 충실히", "책임을 중요시 하고", "입사하면 열심히 하겠습니다." 등의 당연한 말은 가능한 쓰지 않는 게 옳다. 구체적으로 예를 들어, "뛰어난 두뇌가 아니면 시간을 남보다 더 투자해서라도 ~"라고 다르게 표현해보자.

(4) 진솔하고 논리적인 기술을 하자.

허위 내용은 면접 때 검증됨을 명심한다. 진솔하다는 것은 자신감을 표현하되 과장하지 않는 것이다. "나를 써 달라"라는 청유형보다는, 자신의 특장점을 객관적이고 구체적으로, 그리고 적극적으로 제시하여 한다. 자신의 단점 역시 솔직하게 시인하고, 이를 극복하기 위해 어떠한 노력을 하고 있는지 서술하는 편이 좋다. 그리하여 회사에 어떻게 기여할 수 있는지를 명쾌하게 표현한다.

제시하는 주제가 분명해야 하고, 문장과 문장의 연결, 단락의 연결에 있어서 보다 논리적이어야 한다.

(5) 사전에 취업처의 정보를 입수하여, 대상에 따라 차별화를 꾀하자.

지원사의 개황을 파악하고, 업무 특성이나 추진점 등을 사전에 조사하여 소개서 내용을 달리해야 한다. 천편일률적인 소개서는 식상하기 마련이다. 특히 요즘 사이버상의 구직 매체를 이용하는 경우, 사이트에 올린 원고를 그대로 보내는 경우가 많다. 이는 무성의로 비친다. 공통 사항은 활용하되, 취업처의 특성에 맞게 첨삭을 하는 것이 좋겠다.

예를 들면, 교육기관이나 서비스 업종은 봉사와 건실한 인성을, 출판사나 광고사는 창의적인 사고, 재치 있는 아이디어나 기획력 등을, 일반기업의 경우 업무의 전문성이나 연관된 업적, 대내외의 활발한 활동 등이 주요 기술점이라 할 수 있겠다.

예문 활용

1. 이력서의 문장 수정에 관한 예이다.
2. 실제 합격한 지원자와 우수한 자기소개서이다.

예문 1

1. 대학에서 배운 경영관련 팀 프로젝트의 단결된 투지와 힘을 바탕으로 세밀함과 분석력이 요구되는 회계분야를 제가 오랫동안 준비해온 만큼 세계화에 발맞추어 끝없는 열정을 가지고 최선을 다해 일하겠습니다.

지적) '단결된 투지와 힘'이라는 표현은 마치 운동권 학생이 시위에서나 쓰일 법한 문구이다. 또 '최선을 다해 일하겠습니다'는 너무 흔한 표현이다.

수정 ⇒ 경영관련 현장 프로젝트를 통해 세밀함과 분석력이 요구되는 회계 분야를 경험하였습니다. 이를 바탕으로, 국내 산업 동향과 국제 흐름에 발 빠르게 대처해 나갈 것입니다. 여기에 쉬지 않는 열정을 지니고 제 능력을 한껏 발휘하여 일하겠습니다.

2. 작은 회사에 다니시는 부모님께서는 박봉으로 힘들고 빠듯한 생활 속에서도 3남매의 대학 생활을 부족함 없이 학업에 열중할 수 있도록 뒷바라지 하시고 안정된 가정을 꾸미기 위해 노력하시는 성실하시고 당신들의 의견보다는 자식들의 생각을 더 중요시 생각하십니다.

지적) 부모 직업이 불분명하고, 연결어미를 사용한 만연체가 되어 전반적으로 지루하고 어색한 문장이 되었다.

수정 ⇒ 지방에 있는 작은 중소기업의 생산부 회사원으로 재직하시는 아버지의 월급만으로는 힘들고 여유롭지 않은 생활이었지만, 3남매 교육을 무엇보다 우선하신 부모님 덕분에 모두 대학 공부를 마칠 수 있었습니다. 부모님께서는 언제나, 당신들의 생각보다는 자식들의 의견을 더 중요하게 생각하셨습니다.

3. 힘들게 해냈을 때에 느끼는 승리감은 결코 노력하지 않으면 얻을 수 없는 값진 것이기에 보람을 느낍니다.

지적) '느끼는 승리감은.... 보람을 느낍니다'라는 말이 반복되고 문장 호응이 어색하다.

수정 ⇒ 힘들여 얻은 결실, 도전하지 않으면 얻을 수 없는 값진 것이었습니다.

4. 여러 사람들과 기숙사 생활을 하다 보니 남을 배려해야 하는 마음을 키울 수 있게 되어 제 자신이 성숙할 수 있는 소중한 경험이 되었던 것 같습니다.

지적) 문법, 문장 구성은 문제점이 없으나, 주절과 서술절의 흐름이 부드럽지 않다. '~것 같습니다.'는 소신이 없는 말투다.

수정 ⇒ 기숙사 생활은 남을 배려하는 마음을 갖게 했습니다. 또, 질서를 소중히 여기는, 좀 더 성숙한 생활 태도를 정립한 계기이기도 하였습니다.

5. 평소 전자상거래에 관심을 갖고 있었던 저는 ○○대 전자상거래과로 진로를 정하고 전산에 대한 이론과 실기를 배우면서 온라인 경영자라는 꿈을 키워나갔습니다.

지적) 단순한 사실을 나열하여 내용이 단조롭다. 구체적인 내용으로 문장을 다듬어야 한다.

수정 ⇒ 온라인 거래에 대한 관심은 ○○대 전자상거래과의 입학으로 이어졌고, 컴퓨터 활용 능력과 상거래 현장 실기 교육을 통해 최고 전문가의 꿈을 키워 왔습니다.

6. 회사의 전반적인 업무에 대해 이해하고, 의견을 제시할 수 있는 안목, 전체를 이해하고 일을 진행하는 것을 가질 수 있는 좋은 기회였던 것으로 생각됩니다.

지적) 끊어야 될 몇 개의 문장이 연결되어 있고, 연결어미도 어색하다. 글은 최대한 간결하게 적는 것이 효과적이다.

수정 ⇒ 회사의 전반적인 업무를 파악함으로써 안목을 키울 수 있었고, 이를 바탕으로 늘 새로운 아이디어를 제시할 수 있었습니다.

예문 2

<자기소개서 작성의 실례 4 (경동대학교 - 건설본부)>

자기소개서

- 건축기사 자격자로서 꼭 필요한 인물이 되겠습니다.

홍길동

<성장과정>

"주어진 일은 반드시 처리할 수 있습니다"

저는 경기 구리시에서 태어났습니다. 하지만 한강을 끼고 도는 곳은 아직 개발이 되지 않아서 공기도 맑으며 논과 밭이 남아 있어서 전원마을을 연상할 수 있는 곳이기도 합니다. 아버지께서 일찍 돌아가시고 어머니께서 작은 문구점을 운영하시며 자식들을 뒷바라지하셨습니다. 장남인 저는 두 동생을 돌보며 웬만한 일은 혼자서 해결하였습니다. 이러한 과정에서 저도 모르게 자립심을 키워 왔다고 봅니다.

<성 격>
"다른 사람의 의견을 늘 새겨 듣고 존중합니다"

두 동생을 맡으며 집안의 가장 역할을 하다 보니 때로는 자기중심적으로 생각하는 경우도 있고, 고집을 피우는 경우도 있습니다. 이를 알기에 남들과 같이 어떤 일을 할 때에는 다른 사람의 말에 귀 기울이려 늘 노력하고 있습니다. 그리고 모든 일을 주도적으로 앞장서서 해야 된다는 생각 때문에 실패를 보는 경우도 있지만 맡겨진 일은 두려워하지 않고 이를 성취함으로써 기쁨을 얻곤 합니다. 때로는 친구들이 저에게 지나치게 독립심이 강하다고 하면서 다른 사람의 도움을 받기도 하면서 사는 것이 사회생활이라고 가끔 충고를 해 줍니다. 저도 그런 점을 느끼고 다른 사람들과 어울려 함께 도와가며 살아가는 자세를 갖고자 노력하고 있습니다.

<학창생활>
"건축이라는 학문에 매료되었습니다"

중·고등학교를 다닐 때에는 친구들을 폭넓게 사귀고자 노력했습니다. 인생을 살아가는데 있어서 공부만이 능사가 아니고 참다운 사람을 만나고 사귀는 것이 중요하다는 생각에서였습니다. 대학에 와서도 같은 과 학생들에 국한하지 않고 보다 넓은 교우관계를 맺어왔습니다. 성격 자체가 밝고 명랑한 이유도 있지만, 교우관계의 폭을 넓히려는 저의 노력의 결과라고 할 수 있습니다.

건축에 관심이 많았던 저는 한국대학교 건축공학부에 입학하였고, 2학년이 되면서 건축설계학전공을 택하게 되었습니다. 저는 학업을 계속할수록 건축이라는 학문에 더욱 더 큰 매력을 느끼게 되었고 전공분야를 보다 폭넓고 심도 있게 공부해 왔습니다. 그 덕에 성적도 4년간 평균 B^+로 좋은 편이고 전공지식도 남못지 않게 습득하고 있다고 자부합니다. 3학년 때에는 학과에서 주최한 일본건축기행단에 참가하여 2주일간 일본의 고대건축으로부터 현대식 건축에 이르기까지 다양한 건축물들을 견학하면서 새로운 세계에 눈을 뜨기도 하였습니다. 그리고 봉사 동아리인 '베데스다' 활동을 통해 어려운 이웃과 함께 생활할 수 있는 경험을 가져 보았습니다.

<지원동기와 앞으로의 포부>
"귀교에서 꼭 필요한 인물이 되겠습니다."

귀교는 그 규모는 그리 크지 않지만 지방대학교에서 무척 탄탄한 위치를 다져가고 있는 대학으로 알고 있습니다. 특히 외모나 학벌보다는 인간 됨됨이와 성실성을 중요시하는 귀교의 방침에 매력을 느껴왔습니다. 이런 대학교라면 보람과 자신을 가지고 저의 능력을 최대한 발휘하여 대학과 사회에 큰 기여를 할 수 있으리라 확신했습니다. 저는 대학 재학 중 건축기사 자격증을 취득하였기 때문에 귀교가 뽑고자 하는 건설본부 직원에 적격이라 생각하며, 맡겨 주시는 일이라면 설계분야든 시공이나 감리분야든 충분히 감당할 수 있을 것입니다. 앞으로 어떤 어려움이 있더라도 성실하게 열의를 다하며 추진력 있게 일을 완수해 나갈 자신이 있습니다. 믿고 기회를 주십시오. 귀교에서 꼭 필요한 인물이 되겠습니다.

<자기소개서 작성의 실례 2 (일반사무직 - 한화무역)>

자기 소개서

- 새로운 세계에 들어서며

홍길동

<성장 과정>
- 보훈자녀의 아들

저의 집 거실에는 '먼저 실천하자'라는 가훈이 걸려 있습니다. 2남 1녀 중 차남으로 태어나 안산에서 내내 성장기를 보내면서 이것은 곧 저를 지탱해 준 인생관이기도 하였습니다. 1995년 결혼하였으며, 1999년 공무원이셨던 아버님의 공상으로 국가보훈대상자가 되었습니다. 지금은 사랑하는 아내, 2자녀와 함께 생활하고 있습니다.

국가정책상 장려했던 기능인이 되기 위해 ○○고등학교 전기과에 진학했으나, 경제에 남다른 관심이 생겨 ○○대학교 경제학과에 진학했고, 경제학을 좀 더 공부하고 싶어 석사과정 졸업, 박사과정을 수료했습니다. 금융재정경제분야의 박사학위논문을 준비 중에 있고, ○○ 경제학회 회원입니다. 전문교육기관에서 사회조사분석서, 투자상담사, 증권분석과정 등을 이수할 예정입니다.

<성격 및 생활신조>

- 승부하는 삶

밝고 긍정적이며, 친구와의 관계도 원만하고 대인관계를 중요시하고 있습니다. 대학 재학시 농활을 가서 참된 봉사의 의미를 깨닫게 되었고, 매사에 적극적으로 참여하는 성격도 형성하게 되었습니다.

"천재는 1%의 영감과 99%의 노력으로 이루어진다"라는 격언을 가슴속에 새기어 기본에 충실하고 성실하며, 경쟁에 있어서는 누구에게도 지지 않으려는 의지를 가지고 매사에 끈질긴 도전과 추진력으로 승부하는 삶을 살아가는 것을 신조로 삼고 있습니다.

<경력 사항>

- 5년간 실무 현장에서

1992~1994년에 ○○대학교 경제학과 연구조교로 근무하면서 주요 산업, 경제동향분석과 경제학 교재 발간 작업의 자료수집, 원고정리, 자료입력, 원고교정 및 편집작업 등 전과정을 수행했습니다. ○○대학교 시간강사를 1994년부터 1년간 수행하는 동안 경제학원론을 강의하면서 특히 거시경제, 금융분야는 이론과 현실을 비교하면서 체계적으로 학생들을 지도했습니다.

○○협회 기획조사부 소속으로 1994~1995 기간동안 재직시 금융경제조사, 사업계획 수립을 담당하면서 한국·일본·미국 등 주요 국가들의 금융경제 실태조사, 협회의 사업계획 수립, 우리나라 선물거래소 도입의 필요성

에 대한 정책을 개발함으로써 국내 선물거래소가 설립됨에 기여했습니다. 또한 논문을 발표했고, 정기 간행물도 발간했습니다.

○○대학교 한국산업경제연구소 연구조교로 1995년부터 2년간 근무하면서 프로젝트 수행, 거시 금융경제분석, 산업 기업조사, 사업계획서 작성을 담당했습니다. 각 산업별 동향 및 전망을 분석하였고, 국내외 거시경제 변수변동이 각 산업과 기업에 미치는 효과를 분석 예측하여 전략을 수립했습니다.

예컨대 「○○○」 연구에 참여해 환율과 무역 간의 상관관계 등을 통해 효과를 분석했습니다. ○○통신 용역사업인「○○○○」에 참여하여 Tsp를 활용해 수요예측분석과 경제적 타당성 등을 조사했습니다.

<특기 및 상훈사항>

- 학업, 그 최선의 결과

Hwp, Windows, Lotus 1-2-3, Dbase, 한글 Word, Excel, Internet, Sas, Spss, Tsp는 이원우 통계분석 연구소와 실무 OA과정 등을 통해 습득하여 능숙합니다. 타임반에서 영어를 파고다외국어학원 등에서 영어와 일어를 습득하여 어학은 상급입니다.

일반대학원 입학·졸업 어학시험에서 우수한 성적으로 합격했습니다. 1989~1991 기간 동안 성적우수장학금(수석)을 받았습니다. 1991년 ○○대학 문예 논문부문에서 당선되었고, 1992년과 1995년에 성적우수장학생이 되었습니다.

<지원동기 및 포부>

- 함께 굴러가는 수레바퀴

경제관련 회사, 특히 금융권, 경제단체, 연구소, 기업의 조사분석, 기획, 리서치분야 등에 제 남은 인생의 모든 것을 바치고 싶습니다. 지원동기는 적성에 맞으면서 평소에 관심이 많았고, 전공인 경제학과 경제실무경력을 활용해 능력을 최대한 발휘할 수 있으며, 이상을 펼칠 수 있는 곳이라고 확신했기 때문이다.

담당업무분야 만큼은 최선을 다해 개발하고 발전시켜 장차 국내 최고의 권위자가 되고 싶은 것이 제 뜨거운 소망입니다. 항상 '귀사의 발전과 나의 발전'은 함께 굴러가는 수레바퀴와 같다는 것을 염두에 두고, 보이지 않는 곳에서 귀사에 기여하도록 노력하고 실천할 것입니다.

읽어주셔서 감사합니다.

2006년 11월 7일 / 홍길동

<자기소개서 작성의 실례 3 - 회사 양식 지정 (삼성전자지원)>

지원자 : 홍길동

<성장과정(200자)>

강원 고성 토성면에서 부모님께서는 농사를 지으셨고, 5남1녀 중에 막내로 태어났습니다. 제가 초등학교 0학년 때 서울로 이사를 왔으며, 초등학교 중학교 고등학교를 모두 서울에서 마쳤습니다. 아버지께서는 의류제조 직장을 다니시다가 다시 농사일을 시작하셨고, 행정 9급 공무원인 형과 회사원인 누나에게 물심양면으로 많은 도움을 받고 자랐습니다. 가훈인 시사필명(視事必明)은 저를 긍정형의 가치관을 심어준 잣대였습니다.

<장점(100)>

저는 인간의 도리를 중요하게 생각합니다. 자식으로서의 도리, 친구로서의 도리, 직장인으로서의 도리를 지키고 어긋남이 없도록 하는 것입니다. 이런 가치는 강한 책임감을 심어준 저의 긍지입니다.

<단점(100)>

저의 보완점은 고지식하다는 것입니다. 하지만 직장인으로서 때로는 상황에 맞게 대처해야 할 필요성을 인식하고 있어 좀 더 유연한 사고 방식을 견지하기 위해 노력하고 있습니다.

<지원동기(300)>

지금까지 저는 통신 전문가가 되기 위해 그 어떠한 노력도 마다하지 않았습니다. 항상 남보다 부지런히 달려왔고, 남보다 폭넓은 시야를 갖기 위해 노력해 왔습니다. 이제 그 시간들을 바탕으로 귀사에서 보다 편리한 통신세

상을 만들기 위해 묵묵히 제 길을 걷고자 합니다. 그리고 그 길을 보다 힘차게, 보다 도전적으로 걸어가고 싶습니다.

저는 귀사에서 쉬지 않고 힘차게 두 바퀴를 돌리지 않으면 금새 넘어져버리는 자전거를 타듯이 꾸준히 노력하고 도전하는 자세로 꾸준히 페달을 밟아 보다 발전된 인생을 영위해 나갈 것입니다.

<자기소개서 작성의 실례 4 (유통물류회사 - LG유통)>

자기소개서

홍길동

1. 좋아하거나 즐겨하는 활동

등산장비 판매점과 산악회를 운영하시던 아버지께서는 어린시절 저와 동생을 주말마다 늘 괴롭혔습니다. 주말이면 항상 산으로 저희 형제를 강제로 끌고 가셨고 어린 저희에게는 등산이 너무 힘들어 정말 산에 가기 싫어했습니다. 산이 너무 싫어서 저는 군대도 산이 없는 해군으로 갔습니다. 하지만 2년간 바다만 보고 살았더니 그렇게 싫던 산이 가고 싶어졌습니다. 전역 후 혼자 배낭을 메고 산에 가서 왜 그때 아버지가 저희를 데리고 산에 갔는지 깨달았습니다. 아버지께서는 산을 오를 때 흘리는 땀의 의미와 자연의 아름다움을 가르쳐 주시려 했던 것이었습니다.

그 후 주말이면 항상 배낭을 울러 메고 혼자 산으로 갔습니다. 다른 사람들과 함께 산을 오르는 것도 나름대로의 재미는 있겠지만 전 혼자 산에 오르길 좋아합니다. 혼자 산을 오르면서 자신에 대해 반성도 해보고 다음 한 주를 설계하는 혼자만의 시간을 가질 수 있기 때문입니다. 전역 후 5년간 지리산, 설악산, 가야산, 속리산, 팔공산 등의 많은 산을 올랐고 혼자서 야간 산행도 여러 번 해 봤습니다. 처음 혼자 야간 산행을 했을 때는 좀 두려웠지만 이제는 자신 있게 할 수 있습니다. 졸업 후 사회에 나가면 산악학교에서 정식으로 암벽등반을 배워 보고 싶습니다. 역시 피는 못 속인다며 어머니께서는 좀 걱정하시지만 전 산을 사랑합니다.

* 나약한 나를 강인하게 해준 합기도

처음엔 살을 빼기 위하여 시작한 운동이 여러 번의 승급심사와 대회로 하여금 절 합기도에 푹 빠지게 하였습니다. 여러 사범님들과 후배들과의 단체 생활은 절 조금은 더욱 마음을 넓게 하였습니다. 전 어떠한 어려운 사항이 닥치더라도 어렸을 때부터 키운 담력으로 헤쳐 나갈 자신이 있습니다.

2. 성격(장/단점) 및 생활신조

＊ 성격의 장/단점

제 성격의 장점은 매사에 주도적이라는 것입니다. 주어진 일을 회피하고 남들의 이목을 중요시하는 소극적인 태도가 아니라 어차피 제가 해야 될 일이라면 적극적이고 도전적인 자세로 받아들입니다. 이러한 태도를 바탕으로 남들보다 앞서 계획하고 행동하려고 하며 마무리는 깔끔하게 하는 성격입니다. 또한 한번 잡은 일은 그 목적이 완수될 때까지 끝까지 놓지 않는 하이에나와 같은 끈기를 가지고 있습니다. 어려움을 슬기롭게 극복할 수 있는 인내력 또한 자랑스러운 장점이라고 말씀 드릴 수 있겠습니다.

단점으로는 하고자 하는 의욕이 앞서서 종종 세부적인 사항을 챙기지 못하는 경우가 있습니다. 그러한 단점을 보완하기 위해서 필요한 자료를 용도별로 파일을 만들어 사용하는 습관과 그때 그때 메모하는 습관을 가지고자 애쓰고 있습니다.

＊ 생활신조

프로는 일에 목숨을 건다.

1. 일은 스스로 찾는 것이지 주어지는 것이 아니다.
2. 일은 선수를 쳐가는 것이다. 피동적인 것이 아니다.
3. 큰일을 잡아라. 조그만 일은 자신을 조그맣게 만든다.
4. 어려운 일에 뛰어 들어라. 그것을 헤쳐 갈 때 진보가 있다.
5. 한번 잡은 일은 놓지 말라. 죽어도 놓지 말라. 그 목적이 완수될 때까지.
6. 주위를 이끌고 가라. 이끌고 가는 것과 이끌려 가는 것은 천지 차이다.
7. 계획을 가져라. 장기적인 계획이 있으면 인내와 연구심이 생긴다.
8. 자신을 가져라. 자신이 없으면 일에 박력도 끈기도 없다.
9. 머리를 회전 시켜라. 팔방에 신경을 서라.

10. 마찰을 두려워 말라. 마찰은 진보에 어머니다. 그리고 가장 좋은 비료가 된다.

3. 성장과정(학교생활/아르바이트/동아리 활동)

부모님의 평소 가르침대로 자신에 대한 신념과 긍정적 가치관을 가지고 살면 어떤 장애도 넘을 수 있다는 생각을 가지고 살아왔습니다.

* 동네 사람 모두가 단골인 LG25 섬유센터점

고교 선배의 부탁으로 LG25 섬유센터점 개점 준비부터 선배와 땀을 흘려 일했습니다. 당시 IMF의 영향으로 물류비, 운영비 때문에 원가절감을 하지 못하는 편의점 물건은 비싸다는 인식을 사람들이 가지고 있었습니다. 하지만 선배와 저는 편의점은 단순히 물건만 파는 곳이 아니라 친절과 서비스도 함께 제공해야 한다는 생각으로 오시는 고객 한분 한분께 정성을 다해 모셨습니다. 또한 이를 위해 모든 파트타이머들에게 친절교육을 철저히 시켰습니다.

주변 상가 고객들에게도 항상 친절하게 대한 결과 단지 고객차원을 넘어 이웃사촌의 정을 나누었으며 점차 매출도 증가했습니다. 그러던 어느 날 주변 동산병원 응급실 의사, 간호사 분들에게 전화가 왔습니다. 바빠서 나올 수 없으니 배달을 해달라던 부탁을 받고 처음으로 배달을 하게 되었습니다. 이를 계기로 주변 병원과 상가 심지어는 가정집까지 배달을 했습니다. 편의점이 정상궤도에 올랐을 때 선배가 본업인 인테리어를 다시 시작하면서 편의점을 저에게 부탁했습니다. 그 후 하루 15시간 이상을 편의점에 매달려 열심히 일하다 학업으로 인해 그만두게 되었습니다. LG25 섬유센터점에서 일하면서 실물경제 감각을 익혔고 무엇보다 대인관계의 소중함을 배웠습니다.

* 성숙된 나를 만들어준 실천법학회

시사적인 문제를 법적 관점에서 고찰, 토론하는 세미나를 통해 사고, 시각을 넓히고 모의재판을 직접 연출하면서 성취감과 자신감을 느끼고 리더십을 배웠습니다.

4. 장래계획 및 포부 (10년 후 내 모습)

이번에 엘지25에서 저의 첫 직장을 가지고, 엘지25를 위해서 일하고 살아가며, 제 일을 사랑하고, 제 삶의 문제를 해결하고, 제 꿈과 희망을 저축하며, 엘지25가 고객과 가맹점주를 정말 위한다는 사실을 간직하고, 고객과 가맹점주, 엘지25 모두에게 봉사하고, 영업사원 출신의 대표이사가 되겠다는 제 꿈을 예약하겠습니다. 남보다 한발 먼저 행동하고, 한 번 더 확인하고, 한 번 더 생각하겠습니다.

* 꿈(장래계획)을 이룩하기 위한 6계명

1) 정직

영업사원에게 정직은 최고의 덕목 중 하나라고 생각합니다. 자신의 이익을 위해 거짓된 행동을 하지 않고 고객과 가맹점주, 엘지25를 위해 정직하게 행동합니다.

2) 창의

고정관념에 얽메이지 않는 창의적인 사고로 고객과 가맹점주, 엘지25 모두에게 이익과 감동을 줄 Win-Win 전략을 만들어야 합니다.

3) 도전

강인한 청년 정신으로 도전하여 어떤 일이라도 앞장서 이뤄낼 것입니다.

4) 공정

어느 한쪽의 입장만을 대변하고 한쪽에 치우치게 행동하지 않고 모두를 위해 공정하게 행동합니다.

5) 배려

늘 고객과 가맹점주, 엘지25를 위해 서로를 배려하며 상대방의 입장에서 생각합니다.

6) 공동체

윗사람을 공경하고 맡은 바 도리를 다하며 타고난 유머감각과 다양한 개인기로 사무실 분위기를 쇄신하여 업무 능률을 배가시킵니다.

5. 지원동기

귀사는 인재를 소중히 여긴다고 생각합니다. 귀사라면 저의 능력과 가치를 알아 줄 수 있으며 저의 잠재력도 충분히 발휘할 수 있는 기업이므로 지원하게 되었습니다. 저의 강점인 변화와 새로운 환경에 대한 상황적응력과 항상 능동적이고 활발하게 주어진 일을 처리하는 활동성, 처음 만난 사람과도 마음을 열고 친해 질 수 있는 사교성을 바탕으로 영업 분야에서 폭 넓은 대인 관계를 통해 성숙된 사람이 될 수 있다고 생각하며 여러 분야의 새로운 사람들을 만나보고 싶습니다.

법학을 공부한 법학도지만 전역 후 저에게 실물경제 감각과 대인관계의 소중함을 가르쳐 준 LG25 섬유센터점에서의 근무를 통해 유통업에 대한 많은 관심을 가지게 되었습니다. 귀사는 우리나라 토종 편의점 브랜드로서 미국과 일본 브랜드 편의점들 사이에서 우리 편의점의 자존심을 지켜왔습니다. 업계 최대의 점포망을 갖추고 있는 전문유통업체로서 세계 최고의 유통업체로 성장가능성이 보이고 평소에 편의점을 이용할 때 종업원의 친절함과 매장내의 깔끔한 진열에 호감을 가졌으며 또한 기존의 상품판매만이 아니라 다양한 패스트푸드와 PB을 갖췄다는 강점과 ATM의 점포설치 및 공공요금 수납대행, 택배 서비스 등 생활편의 서비스가 확대되면서 앞으로 이러한 인프라를 기반으로 하여 고도로 성장할 변화의 중심지에서 저의 모든 능력을 발휘하고 싶어 이렇게 지원하게 되었습니다.

3 기사문 쓰기

1) 기사문의 성격

기사문(記事文)이란 넓은 의미로, 모든 사물이나 사건을 사실 그대로 전달하거나 기록하는 글이다. 기사문을 대표하는 것은 아무래도 신문 기사 또는 통신 보도문이라고 할 수 있다. 따라서 좁은 의미로 기사문이라면 신문 또는 통신 보도의 기사문을 뜻한다.

기사문의 특성을 가장 잘 나타내고 있는 예로서는 신문 기사를 들 수 있다. 신문 기사는 크게 보도기사와 기획기사로 나눌 수 있다. 여기서 보도기사는 각종 사건, 사고, 행사 중 중요한 사안을 다룬 기사를 뜻하고, 기획기사는 사건이나 사고, 각종 사회적 문제나 화젯거리 등을 분석하거나 논평, 해설, 탐방, 스케치 등을 통해 의견을 제시하는 기사를 말한다.

일반적으로 보도기사는 기획기사에 비해 사건이나 사실 그대로의 객관적인 전달이라는 성격과 시간성이 중시되고, 기획기사는 사건이나 사실에 대한 주관적 설명이 개입되며 심층적인 보도 및 분석이 요구되는 기사다.

2) 기사문의 작성 요령과 형식

기사는 다수의 독자들에게 관심 있게 읽혀지는 글이므로 어떤 사건이나 사실을 기록하는데 있어서 공정한 태도를 취해야 한다. 또한 지나친 수식이나 과장이 있어서는 안 되며 독자들이 읽기 쉽고 이해하기 쉽도록 간결하게 작성되어야 한다. 아울러 한글 맞춤법에 어긋나지 않도록 세심하게 주의를 기울여야 한다.

일반적으로 기사문을 작성하는데 있어서 알아야 할 사항은 다음과 같다.

(1) 6하원칙을 지키고, 결론은 서두에 둔다.

6하원칙이란, 기사가 지녀야 할 여섯 가지 원칙적인 사항을 뜻하는 것으로 누가(who), 언제(when), 어디서(where), 무엇을(what), 왜(why), 어떻게(how) 했느냐는 의문에 충족될 수 있도록 해야 한다는 것이다. 그러나 실제 기사 작성에 있어서 이 여섯 가지 요소 중 한 두 가지는 생략될 수도 있다.

(2) 역피라미드형으로 작성한다.

기사문은 제목(headline) 서두문(lead), 본문 이 세 부분으로 이루어진다. 제목은 그 기사 내용을 한 구절로 함축한 것으로 독자의 관심을 끌 수 있는 내용과 활자체로 구성되어야 한다. 보도기사의 경우, 제목은 대략 10~13자 내외로 작성되는 것이 일반적이다. 아울러, 제목 아래에 위치하면서, 제목을 다시금 보충해주는 역할을 하는 부제를 둘 수 있다.

서두문, 리드는 기사의 첫 단락을 말한다. 이는 본문의 골자만을 요약해 놓은 것으로 신문 기사의 생명은 바로 이 리드에 있다고 볼 수 있다. 아울러 본문의 작성은 중요한 사항으로부터 시작하여 부수적인 것으로 이어지게 작성한다.

결국 '역피라미드형'이란 가장 중요한 것부터 시작하여 비중이 가벼운 것으로 써나가는 방식을 의미한다. 그러므로 대부분의 보도기사는 6하원칙에 의한 결론 - 결론의 부연 설명 - 제1, 제2, 제3, … 보충 설명 등으로 작성하게 된다.

(3) 문장은 단순하고 간결하게 작성한다.

현대인들은 매일 배달되는 신문마저 정독할 시간적 여유가 없다. 따라서 대략 눈으로 훑어보더라도 즉시 이해될 수 있도록 쓰여져야 한다. 그러므로 복문보다는 단문과 중문으로 처리하는 것이 좋으며, 기사의 내용이 너무 길지 않도록 주의해야 한다.

(4) 서술식 전개는 피하고, 주관적인 감정은 배제한다.

기사는 사건의 연쇄에 따른 서사의 양식이 아니라 설명의 양식이다. 따라서 어떠한 사고나 사건을 기사화 한다고 하더라도 스토리의 전개가 아닌 상황만을 객관적으로 전달하는 방식으로 작성되어야 한다.

아울러 어떤 사건이나 사실의 진상을 보도하는데 있어서, 공정한 태도를 견지하여 작성자의 주관이나 감정이 개입되지 않도록 한다. 또한, 사건이나 사실에 대한 판단과 결론은 독자가 내리도록 한다.

(5) 공정성에 유의한다.

독자들은 다수의 경우, 언론 매체가 주장하는 대로 믿게 마련이다. 따라서 기사 내용 중 본의 아니게 특정 단체나 개인에게 불이익을 초래한다든가 독자들에게 특정 단체나 개인, 혹은 상품을 홍보하려는 의도로 오인 받을 수도 있다. 이러한 문제가 발생하지 않도록 하려면 서로 상반되는 내용이나 주장을 함께 다루어 공정성이 유지되도록 해야 한다.

예문 1

남현희, 한국펜싱 사상 첫 세계랭킹 1위 올라

한국 여자펜싱의 간판 남현희(서울시청)가 한국 펜싱 사상 처음으로 세계랭킹 정상에 오르는 쾌거를 이룩했다. 남현희는 월요일(12일 · 이하 한국시각) FIE(국제펜싱연맹)가 발표한 여자 플뢰레 세계랭킹(2006~2007시즌)에서 총점 254점을 획득해 232점의 로우자비나 이아나 (러시아)를 큰 격차로 따돌리고 1위에 올랐다.

지난주 토요일(10일) 러시아 상트 페테르부르크에서 벌어진 여자 플뢰레 그랑프리대회에서 모하메드 아이다(헝가리)에 이어 준우승을 함에 따른 쾌거다. 종전까지 세계랭킹 공동 2위였던 남현희는 이 대회 결승에서 아이다에게 9대13으로 패했지만 랭킹 포인트 52점을 추가했다. 반면 총점 204점으로 세계 정상을 달리던 이아나는 5위에 그치면서 포인트 28점 밖에 추가하지 못해 남현희에게 정상의 자리를 내줘야 했다.

지난해 3월 성형수술 파문을 딛고 세계 20위권에서 4위로 치솟으며 개인전 부문에서도 괄목상대한 남현희는 지난 시즌을 세계 2위로 마무리한데 그치지 않고 미국 월드컵대회(2006년 6월) 우승 등 각종 국제대회에서 꾸준히 성적을 올려 세계 정상으로 발돋움했다.

남현희는 지난해 도하아시안게임에서는 여자 플뢰레 개인전과 단체전에서 2연패의 성과를 거두기도 했다. 한편, 남현희가 주축을 이루던 여자 플뢰레대표팀은 지난 2005년 독일 세계선수권에서 사상 처음으로 단체전 금메달을 차지해 세계랭킹 1위에 등극한 바 있다.

- <스포츠신문, 2007. 3. 13. 이예은 기자>에서

예문 2

한미FTA 농업협상, 입장차만 확인

농림부는 지난 8차 한미 FTA 농업 분과 협상에서 별 진전 없이 양국의 큰 입장 차이만 확인했다고 밝혔습니다.

배종하 국제농업국장은 오늘(13일) 8차 FTA 농업분과 협상 결과 브리핑에서 아직 합의되지 않은 270여개 품목의 양허 방향을 집중적으로 논의했으나 덜 민감한 소수 품목을 제외하고는 입장 접근을 이루지 못했다고 전했습니다.

배 국장 등 농림부측에 따르면 우리나라는 이번 협상에서 미국이 핵심 민감품목에 대한 양허제외, 계절관세 등의 문제에서 신축성을 보일 수 있다는 입장을 전달했지만 미국 측은 예외 없는 관세 철폐 원칙을 고수했습니다.

- <매일경제, 2007. 3. 13>에서

예문 3

서울경찰 '2006 베스트 수사팀' 선정

서울경찰청은 13일 2006년 한 해 동안 각 분야에서 가장 우수한 실적을 올린 10개 수사팀을 '2006년 베스트 수사팀'으로 선정했다고 밝혔다.

'베스트 수사팀'은 강・절도, 조직폭력, 마약범죄 등 체감 치안에 직접 영향을 미치는 10개 분야에서 탁월한 검거실적을 올렸거나 새로운 수사기법을 개발, 수사 전문화에 기여한 최고의 수사팀을 선발해 포상하는 제도로 2002년부터 시상식을 개최해 왔다.

이번에 선정된 베스트 수사팀은 강동서 강력3팀(강도범죄), 혜화서 강력3팀(절도범죄), 강동서 조직폭력팀(조직폭력), 서울청 마수대 수사1팀(마약범죄), 성북서 지능1팀(신용카드범죄), 중랑서 사이버팀(사이버범죄), 지하철경찰대 수사1대5팀(소매치기), 마포서 뻥소니팀(뺑소니), 서울청 외사3계 수사

1팀(외사범죄), 강남서 과학수사팀(과학수사) 등이다.

베스트 수사팀에는 인증서와 사무실 명패, 순금 인증패 등이 수여되며 팀원들은 모범공무원 선발시 우선권을 부여받는다.

서울청은 14일 오전 청사 15층 서경마루에서 2006 베스트 수사팀 시상식을 개최한다. (서울=연합뉴스)

– <중앙일보, 2007. 3. 13>에서

4 경조문(慶弔文) 쓰기

우리는 결혼이나 회갑, 돌 등의 경사스러운 일이 있거나 초상과 같은 슬픈 일이 이웃에 발생하면, 예부터 상부상조하는 미풍양속이 있다. 이러한 경조사에는 일을 도와주거나 물건을 제공하기도 하고, 경제적인 부담을 덜어주기 위하여 일정한 현금을 보낸다. 요즘은, 주로 현금을 봉투에 넣어 간편하게 부조하는 경우가 많아 봉투와 속지(단자)를 쓰는 일정한 형식을 알아두면 편리하다.

경조금을 보내는 방법은, 겉면에 보내는 이의 뜻을 간단히 적은 봉투 속에 뜻을 좀 더 구체적으로 적은 속지, 곧 단자(單子)로 현금을 싸서 넣어 보내는 것이 보통이다. 그런데 근래에는, 단자 없이 현금을 바로 넣어 보낸다. 될 수 있으면 단자를 마련하여 보내는 것이 바람직하다.

알고 보면, 단자는 고루한 형식이 아니라, 매우 의미 있고 실용적인 면이 있다. 단자에는 물목과 친필로 쓴 글과 받는 이, 보내는 이가 모두 표기되어 있다. 그러므로 이를 묶으면 당장에는 방명록이자 회계장부가 되는 것이요, 먼 훗날에 보면 온정의 뜻이 담긴 친필 추억 메모가 되는 것이다. 그리고 돈을 속지로 다시 싸서 넣은 정성마저 깃들어 있다. 요즘, 예식장에 가보면 응접탁자에서 부조 봉투를 바로 열어 금액을 세고, 장부에 기록하는 볼썽사나운 광경을 자주 본다. 만약, 단자 문화가 보편화되었다면 축의함에 부조 봉투를 바로 넣거나 응접하는 이에게 전달하기만 하면 되니, 그만큼 혼잡스러움도 피하고, 예도 단정하게 취할 수 있었을 것이다. 단자를 반드시 사용하자.

부조 봉투와 단자는 가능한 친필로 쓰고, 여의치 못한 경우에 컴퓨터를 활용하여 쓴다. 문자는 한자로 쓸 것인가 한글로 쓸 것인가는 그리 중요하지 않지만 불편을 던다는 면에서 한글이 알기 쉽고 편리하다. 친근하게, 문장으로 쓰는 경조문일 경우는 더욱 그러하다.

그러나 아직 전통 방식에 따라 한자를 쓰는 예도 많고, 집안의 어른이 써 달라고 요구하는 경우도 있으니 알아두면 유용하다. 한자로 쓸 적에는 여러 표현 방법이 있지만 복잡하니, 실용적으로 한두 가지만 알아두는 것이 좋겠다.

1) 결혼 축하 문구(文句)

<겉봉투 - 가로쓰기>

○○市 ○○洞
○○○ 謹呈

祝 華婚

○○○宅 入納

- 축 결혼(祝 結婚)
- 축 성혼(祝 聖婚)
- 축 화촉성전(祝 華燭盛典)

○○시 ○○동
○○○ 올림

결혼을 축하합니다

○○○님께

- 축 화혼

<단자(單子)>

○ 先生宅

祝 華婚

祝意金 一, ○○○(물목)

年 月 日

○○○ 謹呈

· 주혼자(主婚者)에게 보낼 때
- 賀儀
- 祝 結婚 등
- 祝令胤華燭盛典

[참고]
영윤(令胤)은 아들,
딸은 영애(令愛),
손자는 영손(令孫),
손녀는 영손녀(令孫女)라고 한다.

○○○님

결혼을 진심으로
축하합니다

축의금 一, ○○○(물목)

년 월 일

○○○ 드림

· 혼인 당사자에게 보낼 때
- 두 분의 백년가약을 축복하며 축하의 뜻과 정성을 보냅니다.
- 아드님(따님)의 혼인을 축하합니다.
- 축 화혼 등

[참고]
받는 이의 성명을 보내는 이의 다음에 쓰는 것이었으나, 여기에서는 현대서식에 맞추었다.

2) 수연(壽宴-회갑, 고희연) 축하 문구

<겉봉투>

○○○先生宅 吉宴所入納

賀禮壽筵

○○○謹呈

<단자-자녀에게>

○○○氏 吉宴所入納

祝春堂廣筵

賀禮金一, ○○○(物目)

年 月 日

○○○謹呈

- 축 수연(祝 壽筵)
- 하의(賀儀)
- 경의(慶儀)
- 축 희연(禧宴)
- 祝回甲(회갑)
- 祝古稀(고희)

· 자녀에게 보낼 때
  - 축 춘당(또는 자당) 수연(祝 春堂 또는 慈堂 壽宴)
  - 아버님(또는 어머님)의 만수무강을 함께 기원하며 축하합니다.
  - 아버님의 고희를 축하하오며 늘 건강하시길 빕니다.

· 당사자에게 보낼 때
  - 축 수연(祝 壽宴) 등
  - 삼가 수연을 축하하나이다.(또는 축하합니다)

3) 부의(賻儀) 문구

<겉봉투>

- 부의(賻儀)
- 조의(弔儀)

<단자>

- 삼가 조의를 표합니다.
- (삼가) 고인의 명복을 빕니다.
- 근조 등
- 부의금을 향촉대(香燭代), 비의(非儀)라고도 쓴다.

[참고] 대소상(大小祥) 때도 이와 같이 할 수 있다.

* 요즘은 '49일재(齋)' 등으로 간소화되고 있지만, 소상은 죽은 지 한 돌 만에, 대상은 두 돌 만에 지내는 제사이다.

4) 그 밖의 축하나 사례, 위로 등

〈여행, 연수 때〉

'壯途' 또는 '보람 있는 연수를 기원하오며 안녕히 다녀오십시오.'

〈정년퇴임 때〉

'頌功' 또는 '선생님의 은공을 기립니다', '높으신 은공을 기립니다.'

〈첫돌 잔치〉

'祝돌' 또는 '아기의 첫돌을 축하하며, 건강하게 자라기를 빕니다.'

〈병문안 때〉

'快癒' 또는 '(○○님의) 빠른 쾌유를 빕니다.'

5 문서 쓰기

1) 문서란?

회사나 단체 또는 공공기관에서 근무하는 관계자를 가끔 만나면 "사회 실무 중심의 교육을 표방한다는 대학을 졸업하고도 기초적인 문서 작성도 배우지 않은 신입 직원이 많다."라는 불만을 들을 때가 종종 있다. 사회 진출을 하면 첫 업무가 문서부터 대하는 경우가 허다하다. 매우 치밀한 문서 작성과 기획서는 입사하고서 그 기관의 특성과 내규에 따라 익힐 일이지만 기초적인 문서 작성 요령 정도는 할 줄 알아야 그 능력을 처음부터 인정받는 기회가 될 것이다.

문서를 작성하고 처리하는 행위는 사무에 있어서 가장 기본이 된다. 사무의 목적은 간소화·표준화·과학화 및 정보화를 기하여 행정의 능률을 높이데 있다. 이를 위하여 정부에서도 행정을 용이하면서도 정확하고 신속하게 관리할 수 있도록 사무관리규정(대통령령 제17811호)을 두고 있다. 이를 기준으로 문서 작성 요령을 알아보자.

'문서'라 함은, 각 기관 내부 또는 상호간이나 대외적으로 업(공)무상 작성 또는 시행되는 문서(도면 · 사진 · 디스크 · 테이프 · 필름 · 슬라이드 · 전자 문서 등의 특수매체기록을 포함한다.) 및 기관이 접수한 모든 문서를 말한다. 요즘은 '전자문서'도 많이 쓴다. 전자 문서는 컴퓨터 등 정보처리능력을 가진 장치에 의하여 전자적인 형태로 작성, 송 · 수신 또는 저장된 문서를 말하는데 그 작성의 원리는 일반 종이 문서와 거의 같다.

문서의 종류는 공문서의 경우, 법규문서 · 지시문서 · 공고문서 · 비치문서 · 민원문서 및 일반문서로 나눈다.

○ 법규문서 : 헌법 · 법률 · 대통령령 · 총리령 · 부령 · 조례 및 규칙 등에 관한 문서.

○ 지시문서 : 훈령 · 지시 · 예규 및 일일명령 등 상급기관이 그 하급기관 또는 소속원에 대하여 일정한 사항을 지시하는 문서.

(1) 훈령 - 상급기관이 하급기관에 대하여 장기간에 걸쳐 그 권한의 행사를 일반적으로 지시하기 위하여 조문형식 또는 일정한 서식을 시행문형식으로 작성한 명령 관련 문서.

(2) 지시 - 상급기관이 직권 또는 하급기관의 문의에 의하여 하급기관에 개별적 · 구체적으로 보내는 일종의 명령문으로서 시행문형식으로 작성한 문서.

(3) 예규 - 행정사무의 통일을 기하기 위하여 반복적 행정사무의 처리기준을 제시하는 법규문서 외의 문서로서 조문형식 또는 시행문형식으로 작성한 문서.

(4) 일일명령 - 당직 · 출장 · 시간외근무 · 휴가 등 일일업무에 관한 명령으로서 시행문형식 또는 일정한 회보형식(업무연락 · 통보 등 일정한 사항을 알리기 위해 정해 놓은 문서 양식)으로 작성한 문서.

○ 공고문서 : 고시 · 공고 등 행정기관이 법령이 정하는 바에 따라 일정한

사항을 일반인에게 알리기 위한 문서.

○ 비치문서 : 비치문서원부·비치 카드 등 해당 기관이 일정한 사항을 기록하여 기관 내부에 비치하면서 업무에 활용하는 문서.

○ 민원문서 : 민원인이 해당기관에 대하여 허가·인가·기타 처분 등 특정한 행위를 요구하는 문서 및 그에 대한 처리문서.

○ 일반문서 : 이외의 모든 문서.

문서는 해당 문서에 관련자 서명(전자문자서명 등 포함)이 이루어짐으로써 발효된다. 기관별로 약간의 차이는 있으나 대개 다음과 같은 업무 절차로 문서를 처리한다.

○ 발송 문서 처리
기안문 작성 ⇒ 결재(한글서명) ⇒ 문서원부 기재(등록번호부여) ⇒ 시행문(기안문 복사물에 직인 날인) ⇒ 직인날인부 또는 시행문 관리원부 기재 ⇒ 시행문 발송(우편, 팩스, 전자 등) ⇒ 원본 보관

○ 접수 문서 처리
문서(시행문)접수 ⇒ 문서 접수원부 기재(문서관리부서) ⇒ 문서이관(처리부서) ⇒ 문서접수처리원부 기재 (접수등록번호부여) ⇒ 결재 ⇒ 문서 보관

2) 문서 작성

문서작성의 원칙은 다음과 같다. 다만, 특별한 경우에는 이 원칙에서 예외로 할 수 있다.

○ 문서는 어문규범에 맞게 한글로 쉽고 간명하게 가로쓰기로 작성한다. 뜻을 정확하게 전달할 필요가 있어 한자나 외국어를 쓸 경우에는 괄호 안에 넣는다.

○ 문서에 쓰는 숫자는 아라비아 숫자로 한다.
○ 문서에 쓰는 날짜의 표기는 숫자로 하되, 연·월·일의 글자는 생략하고, 그 자리에 온점을 찍어 표시하며, 시·분의 표기는 24시각제에 따라 숫자로 하되, 시·분의 글자는 생략하고, 그 사이에 쌍점을 찍어 구분한다. (예 - 2007. 5. 25. 17:00.)
○ 문서의 작성에 쓰이는 용지의 크기는 가로 210밀리미터, 세로 297밀리미터로 한다.
○ 문서에 쓰이는 용지의 색깔은 흰색으로 한다.
○ 문서는 용지의 위부터 30밀리미터, 왼쪽부터 20밀리미터, 오른쪽 및 아래부터 각각 15밀리미터의 여백을 두어야 한다.
○ 문서에 쓰이는 글자의 색깔은 검은색 또는 푸른색으로 한다. 다만, 도표의 작성이나 수정 또는 주의 환기 등 특별한 표시가 필요한 때에는 다른 색깔로 할 수 있다.
○ 문서의 면 표시는 문건별 면수를 중앙 하단에, 문서철별 면수를 우측 하단에 각각 표시하되, 2장 이상으로 이루어진 문서 중 전후관계를 명백히 할 필요가 있는 중요한 문서의 경우에는 간인을 찍고 문건별 면수를 해당 문건의 전체 면수와 그 면의 일련번호를 붙임표(-)로 이어 표시한다.(예 : 10-1, 10-2, 10-3, …) 간인은 전후관계를 명백히 할 필요가 있는 문서나, 사실 또는 법률관계 증명이 필요한 문서, 허가·인가 및 등록에 관계되는 문서 등 분명히 연속된 문서임을 증명할 필요가 있을 때, 해당 문서를 잇댄 다음, 두 문서 간에 걸쳐 찍은 직인이나 날인을 말한다.

문서(기안문 및 시행문)의 구성은 두문·본문 및 결문으로 구성한다. 다만, 전자문서인 경우에는 두문·본문·결문 및 붙임으로 구성하거나 표제부(두문, 본문의 제목 및 결문)와 본문부(제목·내용 및 붙임)로 구성할 수 있다.

이제 문서를 작성하는 방법을 알아보자. 문서 구성의 각 부문에 대한 작성 및 처리요령이 복잡하게 보일 수 있으나 작성 예문을 먼저 살펴보고 하나하나 대조해보면 의외로 간단하다.

문서의 기본 형식 다음과 같다.

행 정 기 관 명

수신자 ( )

(경유)

제 목

(본문)

발 신 명 의 인

기안자(직위/직급) 서명 검토자(직위/직급) 서명 결재권자 (직위/직급) 서명
협조자(직위/직급) 서명

시행 처리과명-일련번호 (시행일자) 접수 처리과명-일련번호 (접수일자)

우 주소 / 홈페이지 주소
전화 ( ) 전송 ( ) / 공무원의 공식 전자우편주소 / 공개구분

(1) 문서 두문(행정기관명 및 수신자)의 작성 및 처리요령

문서 두문은 문서를 작성하는 기관명과 수신자를 쓰는 부분이다.

○ 행정기관명 : 그 문서를 기안한 부서가 속한 행정기관명을 기재한다.

○ 수신자 (괄호) : 수신자명 또는 수신자기호를 먼저 쓰고, 이어서 괄호 안에는 처리할 자(보조기관 또는 보좌기관을 말한다)의 직위를 쓰되, 처리할 자의 직위가 분명하지 아니한 경우에는 ○○업무담당과장 등으로 쓴다.

※ 수신자가 많아 본문의 내용을 기재할 난이 줄어들어 본문의 내용을 첫 장에서 파악하기 곤란한 경우는 두문의 수신자란에 "수신자 참조"라고 쓰고, 결문의 발신명의 밑의 왼쪽 기본선에 맞추어 수신자란을 설치하여 수신자명 또는 수신자기호를 명시한다.

○ 경유 : 경유문서인 경우에 (경유)란에 "이 문서는 경유기관의 장은 *** (또는 제1차 경유기관의 장은 ***, 제2차 경유기관의 장은 ***)이고, 최종 수신기관의 장은 ***입니다."라고 표시하고, 경유기관의 장은 제목란에 "경유문서의 이송"이라고 표시하여 순차적으로 이송하여야 한다.

(2) 문서 본문(제목 · 내용 및 붙임)의 작성 및 처리요령

제목은 그 문서의 내용을 쉽게 알 수 있도록 간단하고 명확하게 하고, 내용은 그 문서로써 표현하고자 하는 뜻을 쉬운 말로 간략하게 작성한다. 성질이 다른 두 내용을 한 문서 내에 두 제목으로 써서 제목란에 기입해서는 아니 된다. (단, 회보를 제외한다.)

본문의 내용이 많아 항목을 구분하여야 할 경우, 즉 문서의 내용을 2이상의 항목으로 구분할 필요가 있을 때는 다음 구분에 의하여 표시하여야 한다. 다만, 필요한 경우에는 부분적으로 □, ○, -, · 등과 같은 특수한 기호로 표시할 수 있다.

○ 첫째 항목의 구분은 1., 2., 3., 4. · · ·

○ 둘째 항목의 구분은 가., 나., 다., 라.···
○ 셋째 항목의 구분은 1), 2), 3), 4)···
○ 넷째 항목의 구분은 가), 나), 다), 라),···
○ 다섯째 항목의 구분은 (1), (2), (3), (4)···
○ 여섯째 항목의 구분은 (가), (나), (다), (라)···
○ 일곱째 항목의 구분은 ①, ②, ③, ④ ···
○ 여덟째 항목의 구분은 ㉮, ㉯, ㉰, ㉱ ···

문서의 본문이 끝나면 한 자 띄우고 "끝" 표시를 하며, 첨부물이 있는 때에는 붙임의 표시문 끝에 한 자 띄우고 "끝" 표시를 하여야 한다. 서식인 경우에는 기재사항 마지막 자의 다음 칸에 "이하 빈 칸" 표시를 하여야 한다.

⑵ 결문의 작성 및 처리요령

결문은 발신명의, 기안자·검토자·협조자·결재권자의 직위 또는 직급 및 서명, 생산등록번호와 시행일자, 접수등록번호와 접수일자, 행정기관의 우편번호·주소·홈페이지주소·전화번호·모사전송번호, 공무원의 공식 전자우편주소 및 공개구분을 기록하는 부분이다.

○ 발신명의 : 기관명 또는 기관장의 명의를 기재하고 날인 또는 관인을 찍는다. 다만 보조기관 및 보좌기관 상호간에 발신하는 문서나 경미한 내용에 한하여 한하여 발신명의표시의 오른쪽에 '(관인생략)' 또는 '(서명생략)'의 표시를 하고 관인이나 서명을 생략할 수 있다.
○ 기안자·검토자·협조자·결재권자의 직위/직급 : 직위가 있는 경우에는 직위를 온전하게 쓰고, 직위가 없는 경우에는 직급을 쓴다. 다만, 기관장과 부기관장의 직위는 간략하게 쓴다.
○ 시행 처리과명-일련번호 (시행일자) 접수 처리과명-일련번호 (접수일자) : 처리과명(처리과가 없는 행정기관은 10자 이내의 행정기관명의 약칭)을 기재하고,

일련번호는 연도별 일련번호를 기재하며, 시행일자와 접수일자란에는 연월일을 각각 온점(.)을 찍어 숫자로 기재한다. 다만, 민원문서에서 필요한 경우에는 시행일자와 접수일자란에 시·분까지 기재한다.

○ 우 주 소 : 우편번호를 기재한 다음, 행정기관이 위치한 도로명 및 건물번호 다음에 괄호하여 주소를 기재하고, 사무실이 위치한 층수와 호수를 괄호 안에 기재한다. (예) 우110-034 서울특별시 종로구 효자로 39(창성동 117) (2층 208호)

○ 홈페이지 주소 : 행정기관의 홈페이지 주소를 기재한다.

(예) www.mogaha.go.kr

○ 전화 ( ) 전송 ( ) : 전화번호와 모사전송번호를 각각 기재하되, ( ) 안에는 지역번호를 기재한다. 기관 내부문서의 경우는 구내 전화번호를 기재한다.

○ 공식 전자우편주소 : 부여한 전자우편주소를 기재한다.

○ 공개구분 : 공개·부분공개·비공개로 구분하여 표시한다. 부분공개·비공개인 경우에는 규정에 의한 공개여부 구분번호를 선택하여 ( ) 안에 표시한다.

○ 관인생략 등 표시 : 발신명의의 오른쪽에 관인생략 또는 서명생략을 표시한다.

※ 기안자·검토자 및 결재권자 (직위/직급) 서명 : "기안자·검토자 및 결재권자"의 용어는 표시하지 아니하고, 기안자·검토자 및 결재권자의 직위/직급을 쓰고 서명한다.

※ 협조자(직위/직급) 서명 : "협조자"의 용어를 표시한 다음, 이어서 직위/직급을 쓰고 서명한다.

※ 검토 또는 협조한 자가 다른 의견이 있을 때는 기안문의 해당 직위 또는 직급 다음에 "(의견있음)"이라고 표시하고, 해당 서명란에 서명하여야 한다. 이 경우, 그 의견을 당해 문서의 본문의 마지막에 표시하거나 별지에 표시하여야 한다.

※ 전결 및 대결 서명표시 위치 : 결재권이 위임된 사항을 전결하거나 규정에 의해 대결하는 경우에는 행정기관의 장의 결재란을 설치하지 아니하고, 전결 또는 대결하는 자의 서명란에 "전결" 또는 "대결"표시를 하고 서명한다.

예문 1 <기안문>

중 소 기 업 청

수신자 대한주식회사 (총무과장) * 수신자가 많을 경우 아래 * 와 같이 삽입 명기함
(경유)
제 목 성공기업 백서 송부

1. 중소 기업관리 23-179(2006. 5. 12.)와 관련됩니다.

2. 중소기업청에서 발행한 「성공기업 백서」를 송부하니 별지 서식의 인수증을 작성하여 2007. 5. 30일까지 서식에 기록된 부서로 보내주시기 바랍니다.

붙임 성공기업 백서 3부.
인수증 서식 1부. 끝.

중 소 기 업 청 장

* 수신자 : 중앙주식회사, (주)부청, 대한전기주식회사, 부전전자주식회사,
(주)한울출판사, 동해석탄주식회사

행정주사 이상만 행정사무관 김형광 행정능률과장 전결 11/20 노현국
협 조 자 홍보팀장 강인석
시 행 기업관리과-141 (2007. 5. 20.) 접수 ( )
우 110-760 서울시 종로구 세종로 77-6 (5층 15호) / www.mogaha.go.kr
전화 (02)5673-4684 전송 (02)5673-5532 / hanna323@jungso.go.kr / 공개

예문 2 <접수된 시행문>

중 소 기 업 청

수신자 대한주식회사 (총무과장)
(경유)
제 목 성공기업 백서 송부

1. 중소 기업관리 23-179(2006. 5. 12.)와 관련됩니다.

2. 중소기업청에서 발행한 「성공기업 백서」를 송부하니 별지 서식의 인수증을 작성하여 2007. 5. 30일까지 서식에 기록된 부서로 보내주시기 바랍니다.

붙임 성공기업 백서 3부.
인수증 서식 1부. 끝.

중 소 기 업 청 장 인 * 또는 관인생략

* 수신자 : 중앙주식회사, (주)부청, 대한전기주식회사, 부전전자주식회사, (주)한울출판사, 동해석탄주식회사

행정주사 이상만 행정사무관 김형광 행정능률과장 전결 11/20 노현국
협조자 홍보팀장 강인석
시행 기업관리과-141 (2007. 5. 20.) 접수 총무-07-22 (2007. 5. 22)
우 110-760 서울시 종로구 세종로 77-6 (5층 15호) / www.mogaha.go.kr
전화 (02)5673-4684 전송 (02)5673-5532 / hanna323@jungso.go.kr / 공개

예문 3

이 서식은 보고서·계획서·검토서 등 내부적으로 결재하는 문서에 한하여 사용하는 서식이다. 시행문으로 변환하여 사용할 수 없다.

결재란의 기안자, 검토자, 협조자, 결재권자는 직위/직급 : 직위가 있는 경우에는 직위를 온전하게 쓰고, 직위가 없는 경우에는 직급을 온전하게 쓴다. 다만, 기관장과 부기관장의 직위는 간략하게 쓴다. 크기 및 결재란 수는 조정하여 사용할 수 있다.

등록번호	
등록일자	
결재일자	
공개구분	

기안자	검토자		결재권자
협조자			

(제 목)

※ 필요한 경우 보고근거 및 보고내용을 요약하여 기재할 수 있음.

○ ○ ○ ○ 부　　　　　　○ ○ ○ ○ 부
(처·청 또는 위원회 등) 또는 (처·청 또는 위원회 등)
○ ○ ○ ○ 국　　　　　　○ ○ ○ ○ 과

6 논문 및 리포트 쓰기

연구 관련 종사자나 대학생은 논문과 보고서(리포트)를 반드시 쓴다. 논문은 자신이 수행한 연구 결과를, 보고서는 실험 또는 조사한 바를 정리해서 글로 표현한 것이다. 논문이 보고서보다는 작성과정이 복잡하고 전문적이며, 형식 제약이 보다 많다는 차이가 있으나 다 같이 연구나 학문 수행을 목적으로 하고 있다.

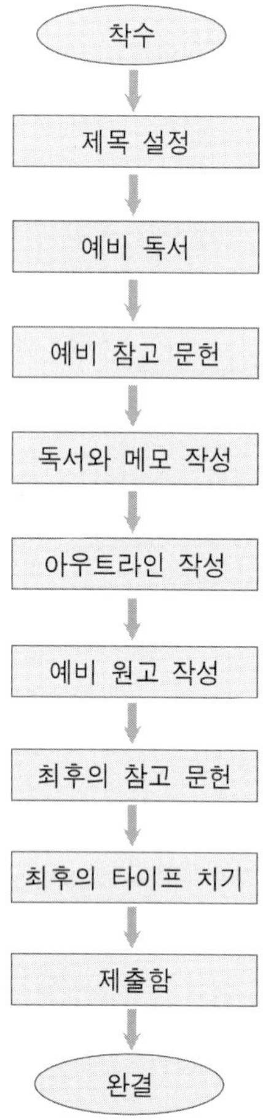

논문은 내용에 따라 연구 논문(research paper), 리포트(report, paper), 평문(review) 등으로 나눌 수 있다. 연구 논문은 주로 일반 학술 논문과 학위논문이며, 리포트는 학습이나 연구 보고서 외에도 답사, 관찰, 실험, 조사 보고서 등이 해당된다. 평문은 주제나 대상에 대한 필자의 식견이나 학문적 견해를 드러내기 위한 글이다.

리포트는 과제물을 주로 일컫지만 형식은 간소화된 논문의 형식이라고 보면 된다. 크게 보면 둘 다 표제, 차례, 본문, 참고문헌의 순서로 작성하는 것이 일반적이다. 그러므로 사실상, 논문과 리포트의 작성 과정은 대동소이하다. Patrick Hartwell과 Robert H.bentel은 논문이나 리포트가 완결되기까지 이 그림과 같은 절차를 거친다고 연구한 바가 있다.

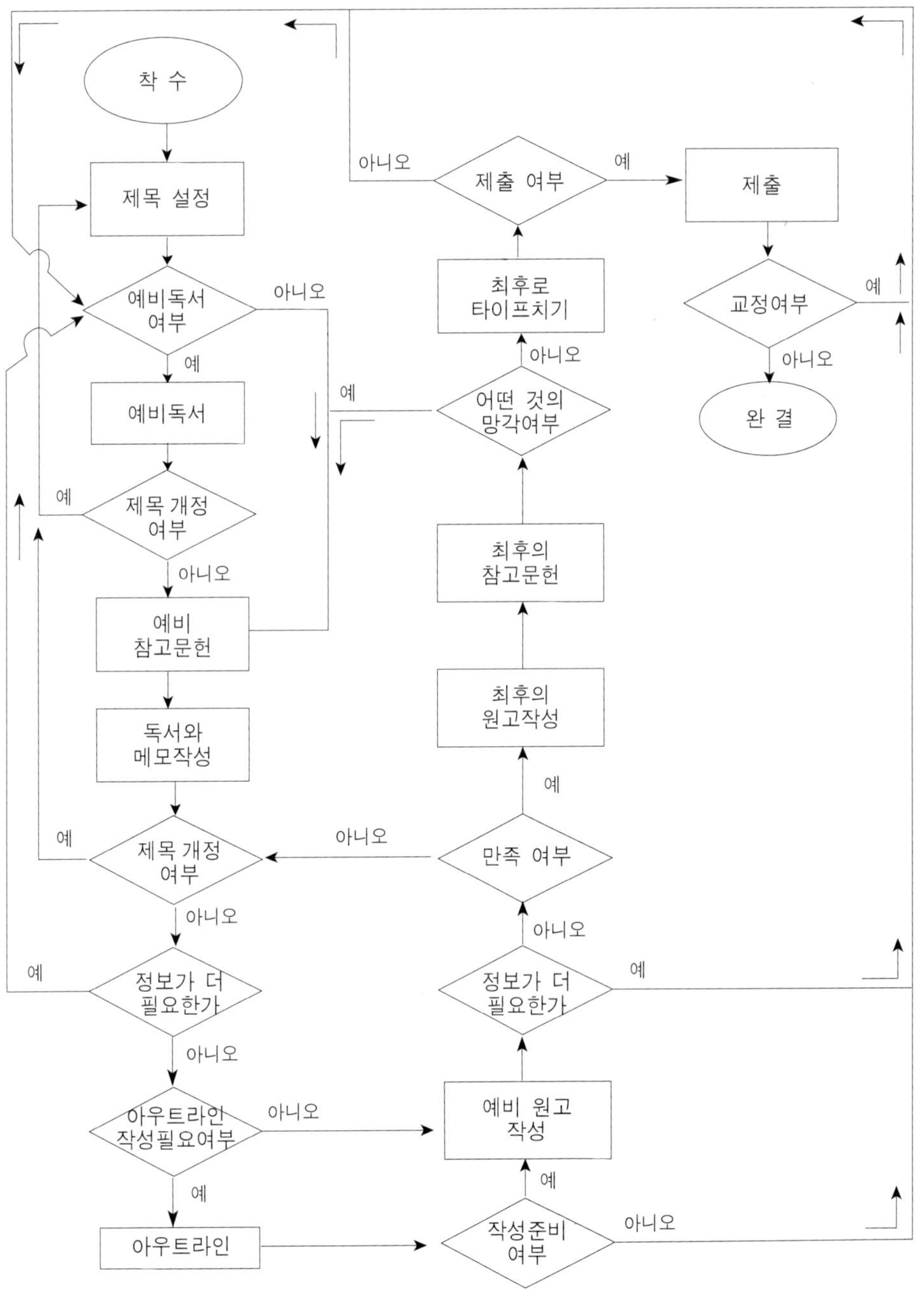
착 수
제목 설정
예비독서 여부
아니오
예
예비독서
제목 개정 여부
예
아니오
예비 참고문헌
독서와 메모작성
제목 개정 여부
예
아니오
정보가 더 필요한가
예
아니오
아우트라인 작성필요여부
아니오
예
아우트라인
작성준비 여부
아니오
예
예비 원고 작성
정보가 더 필요한가
예
아니오
만족 여부
아니오
예
최후의 원고작성
최후의 참고문헌
어떤 것의 망각여부
예
아니오
최후로 타이프치기
제출 여부
아니오
예
제출
교정여부
예
아니오
완 결

1) 리포트 체재

(1) 표지

리포트의 표지에는 제목, 과목명, 담당 교수, 소속, 학생 이름, 제출일을 기본적으로 기입한다. 리포트의 표지는 가로 210cm×세로 297cm의 A4규격 용지를 사용하고, 균형 잡힌 편집으로 깔끔한 것이 좋다. 평가자에게 잘 보이려고 지나치게 치장을 하거나 불필요한 문구나 그림을 넣을 필요가 없다. 어디까지나 내용이 중심이 되는 것이니 기본적인 기입 사항을 누락시키지 않도록 하는 것이 중요하다. 분량이 대략 2~5장 정도는 표지를 별도로 만들지 않고 목차와 함께 바로 표제부에 편성하는 것도 한 방법이다.

덧붙여 고려할 점은, 많은 보고서가 제목을 '보고서'라고만 기입하고 있는데 '보고서'는 양식이나 형식의 이름일 뿐이므로 글의 제목과 부제를 다는 것이 바람직하다.

예문 1

교양 국어 과제 보고서

대우법(待遇法) 考察

– 예우, 존경·공손·겸양에 대한 표현을 중심으로

과 목 명	한국어문
담당교수	홍길동
제 출 자	김철수
학과/학번	건축학과/0754765
연 락 처	010-345-5867 hong435@k1.ac.kr
제 출 일	2007. 10. 24

⑵ 차례(목차)

단일 구성이나 분량이 지극히 적을 때는 차례를 넣지 않아도 무방하나 그렇지 않은 경우에는 반드시 작성하여야 한다. 보는 사람에게 전체의 구성을 일목요연하게 보여줌으로써 체계성을 제시할 수 있기 때문이다. 그리고 분량이 많을 경우, 각 항목의 페이지를 기입하는 것이 좋다. 차례는 별지 한 장에 작성하기도 하지만 차례가 복잡하지 않을 때는 제목 – 차례 – 서론과 함께 편집한다.

⑶ 본문

리포트 본문의 구성 방식은 글의 종류에 따라 다르고 또 특정한 규칙이 없으나, 학술적인 리포트는 서론, 본론, 결론의 3단 구성이나 본론을 나눈 4단 구성이 간단하면서도 논리성을 지니고 있어 채택할 만하다. 4단 이상일 적에는 본론은 '본론'이라고 써도 되지만 가능한 해당 항목의 주제를 내세워 쓰도록 한다.

예문 2

대우법(待遇法) 考察

– 예우, 존경·공손·겸양에 대한 표현을 중심으로

김철수

<차 례>

Ⅰ. 서 론

……………………………………………………………

……………………………………………………………

……………………………………………………………

……………………………………………………………

-1-

서론, 본론, 결론 쓰기 요령은 <7. 논술문 쓰기>장에서 자세히 다루어 질 것이다.

본문에서 인용한 글은 본문에서 밝히거나 각주로써 밝히고, 요약 정리와 같이 책 전체를 참조하였을 경우에는 서론에서 또는 첫 장에서 각주로 이를 밝혀야 한다.

⑷ 참고문헌

리포트 작성은 참고문헌을 기록하고 난 뒤에야 완료되었다고 볼 수 있다. 글을 작성하면서 참고로 하였거나 인용을 한 문헌이나 자료는 그 서지사항을 반드시 밝혀야 한다. 각주나 참고 문헌 작성 방법은 다음에 나오는 예문과 논문 쓰기 편을 참조하기 바란다.

예문 3

이 예문은 리포트를 겸한 소논문 발표문이다. 형식과 전개를 살펴보고 자신의 리포트와 비교하여 보자.

한국어교원과 / 문법론(지도 : 홍길동 교수님) / 보고서 발표자 : 홍길동 / 2006. 5.19

대우법(待遇法) 考察

- 우리말에 나타나는 예우, 존경 · 공손 · 겸양에 대한 표현을 중심으로

Ⅰ. 머리말
- 개념과 분류

어느 언어에서나 상대방의 신분에 따라 얼마간의 다른 표현을 써야 하는 규칙이 있다. 사람과 사람 사이에는 종적인 신분 관계와 횡적인 친소 관계가 형성되며 이는 언어 행위에서 일정하게 드러나게 된다. 인간관계가 횡적 친소 관계(solidarity dimension)와 종적 위계 관계(power dimension)로 구분하면, 횡적 친소란 개인 간의 정감적인 거리이며, 종적 위계란 사회적 위계로서, 연령, 사회적 지위, 혈연, 남녀의 성별 차이 등이 그것을 결정하는 요인으로 작용한다 하겠다.

이러한 관계로서 어떤 대상을 어느 정도로 대접하느냐, 즉 얼마나 높여 대우하고 낮추는가를 언어적으로 달리 표현하는 체계를 대우법(待遇法)이라 한다. 대우법은 학자에 따라서 경어법(敬語法), 존대법(尊待法), 높임법, 존경법(尊敬法) 등으로 그 명칭이 달리 하기도 한다.[1)]

1) 대우법에 대한 대표적인 기존 용어를 정리하면,
① 경어법 : 이숭녕, 김종훈, 이익섭, 김형규, 박영순, 강창석 등
② 존대법 : 신창순, 허웅(이후 높임법으로 용어 수정) 등
③ 높임법 : 허웅, 고영근(종래 존대법을 높임법이라고 바꾸어서 기술)
④ 존경법 : 강귀선 등
⑤ 대우법 : 성기철, 김혜숙 등
이 정리문에서 다루고자 하는 존경·공손·겸양의 통사적 요소가 높임과 대개 관련되지만, 상호 관계 전체를 아우르는 용어로는 화자와의 상호관계 또는 특성의 일부만을 반영하는 것보다 보다 포괄적인 용어가 적절하다 생각되어 대우법을 취하기로 한다.

(생략)

본 정리문에서는 이러한 여러 대우법 중에서 핵심을 이루고 있는 세 가지, 곧, 법적으로는 주체를 높이는 존경법(尊敬法), 화자와 청자의 관계에 따라 결정하여 말 듣는 이를 높이거나 낮추어 말하는 공손법(恭遜法), 지금은 그 용법이 거의 사라진 객체와 주체 그리고 화자와의 관계에 따라 객체를 높이거나 특별히 자기를 낮추어 말하는 겸양법(謙讓法)을 학습 차원에서 연구사 중심으로 알아보고자 한다.[2)]

Ⅱ. 존경법(尊敬法)

1. {-시-}와 主體

(중략)

Ⅵ. 마무리

언어 행위는 우선적으로 사람과의 관계에서 형성되므로 대화 장면이나 문맥에는 그 관계가 반영되게 마련이다. 이러한 인간 상호 관계에 기초를 둔 사람과 사람 사이의 종적 신분 관계와 횡적 친소 관계가 특정 형태에 의해 규칙성을 가지고 실현되므로 대우법은 문법론의 한 영역을 차지한다. 지금까지 논의에 정리는 존경법, 공손법, 겸양법에 대하여 주요 연구 업적과 학자들의 견해를 중심으로 개관해보았다.

한편으로 이렇게 드러나는 문법적 요소 외에도 이 문제는 일차적으로 사회학 내지 사회언어학과 그리고 심리학이나 역사문화학과 긴밀한 유대를 지진다.

그러므로 국어 대우 현상을 종합적으로 규명하기 위해서는 적어도 여러 인접 과학에 대한 연구가 병행되어야 할 것이다. 그러나 그렇게 되면 보편적인 대우법의 문법 현상을 집약할 기준 설정이 어려워져 그 체계를 세우기

2) 이 정리문의 텍스트는 『국어연구 어디까지 왔나』(서울대학교 대학원 국어연구회 편, P.P 388~434), 『국어문법론』(이익섭, 임홍빈, 1983)을 주로 참조하여 정리함.

가 매우 어려운 점을 감안하여 지금까지의 대우법은 문법적인 현상에 집중될 수밖에 없었을 것으로 여겨진다.

앞으로 이 문제는 그 영역을 확대하여 연구함으로써 좀 더 문법적 현상 또는 명료한 원리를 추출하여야 한다. 한 예로 조선 초기의 화계가 중기 이후로 복잡한 양상을 띠게 된 것은 형식과 의례의 변화 양상과 비례하여 예학의 영향이 일정하게 반영된 것이라 설정해 볼 수도 있겠다. 또한 첨예하게 이론적 이견을 낳은 객체 존대냐 주제 사양이냐의 문제도 고대 문헌에 나타난 동이족 또는 우리 조상의 생활 양태를 분석함으로서 사회상이나 관습 등 문화현상이 반영된 언어로서의 대우의 양상을 살펴보는 것도 새로운 논거로서 원리 설정에 기여할 수 있으리라 본다.

한편 국어 경어법에 대한 연구가 대부분 15세기와 현대국어를 대상으로 이루어졌다. 통시적 변화 과정을 좀 더 면밀하게 살펴보기 위하여 근세 국어의 경어법에 대한 연구도 좀 더 활발해야 한다. 그리하여 통시적 연구의 완성도를 높여야 하는 것은 앞으로 남은 과제다.

ㅇ **참고문헌**

고영근, 현대국어의 존비법에 관한 연구, [어학연구] 10-2, 서울대학교 어학연구소. 1974.

권재일, [한국어통사론], 민음사. 2003.

김정수, 17세기 한국말의 높임법과 그 15세기로부터의 변천, 서울대학교 박사논문. 1984.

남기심 고영근 (1985), [표준국어문법론], 탑출판사.

성기철, [현대국어 대우법 연구], 민음사, 1970.

이익섭 임홍빈 (1983), [국어문법론], 학연사.

최현배, [우리 말본], 정음사. 1971.

靑山秀夫, 현대조선어의 경어와 경어의식, [조선학보] 51, 1970.

서정수 (1978), 한국현대경어법의 추이, [조선학보] 89.

김석득 (1968), 현대국어 존대법의 일치와 확대구조, [국어국문학] 41, 국어국문학회.

김용경 (1999), 상대높임법에서의 형태 변화와 의미 등급 실현의 상관성 연구-특히 높임의 표지 '-이-'를 중심으로-, 언어학 23, 한국언어학회.

박양규 (1991), 국어 경어법의 변천, [새국어생활] 1-3, 국립국어연구원.

염선모 (1981), 현대국어의 존대어법, [배달말] 5, 배달말학회.

유구상 (1971), 국어 존대문에 대한 고찰, [50돌기념논문집], 한글학회.
이숭녕 (1962), 겸양법 연구, 《亞細亞硏究》 5-2.
허　웅 (1983), [국어학 - 우리말의 오늘. 어제], 샘문화사.
小倉進平 (1938), 朝鮮語에 있어서의 謙讓法, 尊敬法의 助動詞, 東京:東洋文庫.
油谷幸利 (1974), 現代 朝鮮語の 敬語 に 關する 一 考察, [조선학보] 73.

2) 리포트와 논문 쓰기에 있어서 표현의 유의점

논문은 주관적 관점에서의 연구 결과를 진술하는 것이지만 정확성과 명료성 그리고 객관성을 유지하도록 해야 한다. 반대 견해를 지닌 다른 이를 지목하여 지나치게 감정 섞인 표현을 하거나 충분한 근거를 대지 않으면서 원론적인 반론을 하는 것은 삼가야 한다. 같은 견해에 동의할 때 칭송에 치우친 표현도 마찬가지다. 자기의 견해를 설득력 있게 풀어나가자면 논증을 통해 차분하고도 조리 있게, 논리적으로 조목조목 점검하는 기술이 필요하다.

이러한 면에서 논문을 쓸 때 지켜야 할 서술 방식으로 다음 사항에 유의하여야 한다.

(1) 경어를 쓰지 않는다. '-입니다', '-합니다' 등과 같은 서술어는 물론이거니와 대가들의 글을 인용할 때도 '- 선생님', '- 박사님', '- 교수님'이라는 호칭을 쓰지 않고 사람 이름만을 써야 한다.
(2) 논문에서는 '나'와 같은 일인칭 대명사는 아주 특별한 경우를 제외하고는 사용하지 않는다. 굳이 자기 자신을 드러낼 경우는 '필자' 혹은 '본 연구자' 등의 표현을 쓰는 것이 일반적이다.
(3) 과도한 감상이나 감정에 매인 표현은 삼간다. 예컨대, '매우 슬프다', '실로 대단한', '통쾌하기 그지없는' 등과 같은 어휘들은 특별한 경우가 아니면 쓰지 않는다.
(4) '하였다', '이다'와 같은 단정적인 문장으로 일관하거나 '-라고 생각된

다', '-라고 볼 수 있다', '-인 듯 하다' 자신감 없는 문장이 남발하면 오히려 설득력이나 신뢰감을 약화시킨다.

(5) 현란한 수사법을 동원하지 않는다. 비유법이 지나치면 논점이 흐려질 수 있다.

이상의 몇 가지 유의점은 논문의 연구 대상이 무엇이냐에 따라 약간의 문체 차이는 있겠으나 연구자가 객관적 태도를 유지하는데 필요한 부분이다.

미카엘 카츠(M. J. Katz)는 <과학 논문의 요소 Elements of the scientific paper>에서 논문의 3대 구성요소는 형식(format), 언어(language), 간행(publication)으로 압축된다고 보았는데 이 세 가지 요소는 일반적인 글과는 다른 일정한 틀을 지니고 있다. 언어는 앞에서 긴요한 사항을 살펴보았다. 논문의 형식은 다른 글보다도 그 구성이 정형화되어 있다. 그것은 학문마다 테마나 연구자마다 그 형식이 매우 분방하다면 가독성이 떨어질 우려가 있기 때문이다. 그러므로 일정한 질서를 부여함으로써 자칫 복잡할 수 있는 체계를 일정하게 통일함으로써 여러 편의성을 도모한 것이다.

논문의 형식과 구성 그리고 진술 방식은 앞에서 살펴본 본격적 글쓰기 부문에 다루어진 내용과 크게 다르지 않다. 또, <7. 논술문 쓰기>장에서도 진술 방법 등 관련 사항을 다룰 것이다. 다만 논문 특유의 형식은 대학생이라면 언젠가 소논문 또는 학위 논문을 쓰게 되므로 익혀 두는 것이 필요하다. 앞으로 다룰 내용은 학자들의 전문적인 학술논문 내용과 형식이기보다는 대학생 수준에서 반드시 익혀 두어야 할 사항을 중점적으로 한다.

3) 논문의 체계

일반적인 논문은 <제목 - 목차(생략 가능) - 필자 - 초록(생략 가능) - 서

론~결론 - 참고문헌>으로 앞에서 본 리포트 형식과 별반 차이가 없다. 그러나 하나의 독립된 논문 가령 학위 논문의 경우에는 <표제지 - 제출서 및 인준서 - 목차(이상 서두 부분) - 서론~결론(본문 부분) - 참고문헌란 - 부록·초록·색인(참고 부분)>으로 좀 더 세분화된 구성을 하게 된다.

(1) 표제지

표제지란, 논문의 제목과 논자의 이름을 적은 앞표지 부분이다. 일반 학술논문일 경우는 표제지는 논문의 제목과 논자의 이름만 기록하면 된다. 그러나 학위 논문은 각 대학마다 규정해 놓은 정형화된 규격이 있다. 지질, 규격, 학위 구분과 제목, 전공 표기, 지도 교수 성명 기입, 제출자 성명, 제출 연도 등에서부터 글자의 크기와 여백 등 세부적인 사항까지도 정해놓고 있다. 전체적으로 보면 모든 대학이 유사한 형식을 지니고 있으나 오류가 없도록 자신이 재적한 학교의 편람을 참조하여 따르도록 한다.

논문의 제목은 우선 논문의 주제와 부합해야 한다. 우의적이거나 비유적인 표현은 삼가는 것이 좋고 간결하게 표현한다. 논제의 성격과 범위를 분명히 하기 위하여 부제를 붙이기도 한다.

대개 다각도로 검토한 논문의 경우, '~의 연구', '~에 대한 고찰'이라는 제목이 흔하지만, 단일 테마를 다룰 때는 독창성 있는 제목을 붙이는 편이 바람직하다.

(2) 제출서와 인준서

제출서와 인준서는 학위 논문의 형식 요건이다. 표제지와 목차 사이에 둔다. 제출서에는 지도교수 이름·학위 구분·논문 제목과 '이 논문을 ○○학위 논문으로 제출함'이라는 제출 목적을 명시하고, 그 아래에 제출 연월일, 재적교 이름 및 제출자 이름을 기록한다. 인준서는 제출서 다음 면에 두는데 제출 후 논문 심사를 통해 인준하는 내용으로 되어 있다. 누구의 무슨 학위 논문을 인준한다는 내용과 인준 연월일, 논문 심사자 이름과 날인란이 있다. 구체적 서식은 각 대학의 논문 작성법 또는 편람을 참조하면 된다.

(3) 초록

초록(ABSTRACT)은 연구의 내용을 간략하게 요약한 글이다. 한글 표기 외에 외국어로 작성하기도 한다. 이는 관심 분야 학자뿐만 아니라 외국인에게까지 논문을 요약하여 알리고, 연구 성과를 한 눈에 가늠할 수 있도록 하기 위함이다.

초록은 학위논문 논문의 경우에는 참고문헌란 다음에 두는 것이 대부분이고, 게재 논문은 제목과 서론 사이에 두기도 한다.

(4) 목차(차례)

논문에서 다루어지는 세부적 항목의 제목을 순서에 따라 편집해 놓고 페이지를 명기한 것으로 논문의 구성을 일목요연하게 살펴볼 수 있고 세부 논제를 쉽게 찾을 수 있도록 한 것이다. 목차 쓰기는 <제3장, 4. 구성과 최종 개요 작성>에서 살펴본 바 있다.

참고로, 건축설계, 고고학, 미술 분야와 같은 전공에서는 사진 자료, 도면, 도표나 도록, 그림 등이 논문 주제와 관련하여 매우 중요한 역할을 하는 경우가 있다. 이러한 것들은 별도 목록을 작성하여 목차에 이어 열거하기도 한다.

(5) 서론

서론은 본론 및 결론과 함께 본문에 해당하는 것으로 이 세 부분은 유기적으로 이루어진다. 가령 서론에서 과제를 제시하고 본론에서 풀고 답을 추출하여 결론에서 마무리하는 형식이다.

전공에 따라 약간의 차이는 있으나 일반적으로 서론에서 제시되는 내용은 다음과 같다.(관련 내용은 <제3장, 5. 글쓰기, 2) 서두 시작하기> 참조 바람.)

○ 문제의 제기

논문에서 앞으로 다룰 문제가 무엇이며 문제를 해결해야 할 이유와 해결했을 때 그 의의와 중요성에 대해 진술해야 한다. 그런데 문제 제기를 하기 위해서는 의당, 기존 연구 내용을 알아야 하고 분석이 뒤따라야 가능한 일이다.

○ 기존 연구의 검토

학문 분야는 기존의 학자들에 의해 많은 선행 연구가 있기 마련이다. 이러한 연구 성과를 종합하고, 합리적으로 도출한 결과와 그렇지 못한 부분을 판단하여 비교하고, 또 가치를 따질 필요가 있다. 이렇게 기존 학자들의 연구 업적과 연구사를 검토하여, 미흡한 점을 보완하고 정립해야 할 타당성을 제기하는 것이 서론의 역할이다. 또 다루지 않은 부분은 새로운 결과를 도출하고자 하는 의도와 필요성을 내세워야 한다.

자연히 기존 연구 업적에 대한 동의와 비판이 따르게 마련인데 객관성을 잃지 않도록 유의해야 하며, 주제에 벗어난 연구사 검토는 글의 초점을 흐릴 우려가 있으므로 관련되는 업적만을 살펴보는 것이 효율적이다.

○ 자료 및 실험 범위 제시

문제를 제시하는 과정에서 검토한 논제는 자료나 실험에 의해 추출된 것이므로 이에 대한 범위를 제시하는 것이 바람직하다. 편협한 자료나 자기 주장에만 맞는 텍스트를 선정하여 제시하는 것은 많은 반론을 예약하는 셈이 된다. 따라서 논제와 관련된 자료나 실험 내용은 가능한 폭넓게 살펴야 한다.

○ 연구방법론 제시

탁월한 컴퓨터프로그램 하나로 많은 업무를 처리하고 분석할 수 있듯이 연구에 있어서 연구 방법론은 연구 결과를 좌우한다. 문제를 풀어가는 연구 관점에 따라 그 결과는 달라지게 마련이다. 연구자는 어느 연구 방법론이 효과적이고 정밀한 지 논문을 쓰기 전부터 설정해두어야 한다. 정제되고 과학적인 연구방법론을 갖는다는 것은 분석을 수월하게 하고,

하나의 이론으로 여러 논제를 설득력 있게 살펴볼 수 있다는 이점이 있다. 따라서 논제의 성격에 맞는 적합한 방법론을 늘 모색해야 한다.

연구방법론이 잘 인식되어 있지 않거나 검증이 필요한 것은 그 방법론의 타당성과 신뢰성을 좀 더 구체적으로 입증해 보이는 것도 중요하다. 그러나 기존에 이미 많이 활용하던 방법론이면 간단하게 언급하는 정도면 된다.

(6) 본론

본론은 서론에서 제기한 문제를 연구자의 나름의 견해와 관점, 연구방법론으로 결론을 도출하기 위해 구체적으로 풀어 나가는 과정이다. 자신이 생각하는 바를 관련 자료로 통해 증명하고 논리적으로 입증하면서 답을 모색하는 동시 답에 이르도록 진술하는 것이다. 또 예상되는 반론을 제거하는 작업도 병행하여 자신의 주장을 신뢰하게끔 한다. 그러기 위하여 논증하는 과정이 필요하다. 다시 말하면, 주장을 입증하는 방식인데 이는 논증과 논의가 있다.(논증은 글쓰기의 진술 방식에서 이미 알아본 바가 있다.) 논의는 자료 분석이나 근거 있는 이론을 제시하여 하나하나 따져가며 논제를 해결해가는 과정이다. 논의는 그야말로 결정적 단서 없이도 조리 있게 논리적으로 결론을 이끌어내는 방법이다. 그러므로 설득력 있는 진술이 뒷받침되어야 한다.

본론 쓰기의 구체적인 진술 방법과 요령은 <제3장, 5. 글쓰기, 5)글쓰기의 진술 방식>과 <제4장, 7.논술문 쓰기, 2)논술문의 작성 요령, (2)본론 쓰기>에서 살펴보기 바란다.

논증이나 논의에서 빠질 수 없는 것이 인용이다. 인용은 논문의 전반에 걸쳐 일어난다. 연구사나 문제 제기의 자료로서, 설득을 위한 다른 견해의 도입으로서, 참고 자료 등으로 활용하기 위해 인용하게 되는데 이외에도 그 용도가 실로 다양하다. 인용은 논문의 진정성을 위해 반드시 그 출처를 명확히 해야 한다. 그러기 위하여 인용 부문에 주석을 단다. 그리고 그렇게 활용된 문헌은 나중에 참고문헌으로 정리하여 총괄적으로 보여주게 된다.

① 인용의 종류

인용은 직접인용과 간접인용으로 구분한다.

직접인용은 인용의 정확성을 기하기 위하여 필자나 저자가 표현한 그대로를 옮기는 것이다. 직접인용은 두 가지 방법이 있다. 대체로 구나 절 또는 한두 줄의 적은 분량의 문장은 따옴표를 사용하여 문장 속에 배치하여 인용하며(예문1), 그렇지 않은 경우에는 행갈이를 하여 독립된 형태로 인용하는 것이 보통이다(예문2). 행갈이는 본문과 구분되도록 편집할 경우, 인용문의 활자 크기를 본문보다 작게 하고, 문단 전체는 한 두 칸 들여 쓴다. 이는 자기 글과 인용문을 시각적으로 확연히 구분 짓게 하여 독자의 이해나 가독성을 돕기 위한 것이다.

예문 1

우리말이 알타이어족에 속하느냐 아니냐는 아직도 문제가 되어 있다. 미국의 기술언어학자 글리슨(H.A. Gleason) 같은 이는, "근래에 와서 일본말과 한국말의 호상 유사성이 증명되어 가고 있다"고 했으나, 결국 그의 「기술언어학개론」에서, 일본말과 유구말은 일본어족을 형성하고, 한국말은 한국말어족을 이룬다고 하여, 각각 독립한 어족으로 다루어 놓았다.

– <김석득, '우리말의 특질'>에서

예문 2

現代의 인간은 대체 어떠한 상황하에서 어떻게 생활하고 있는 것일까. 그리고 현대의 인간 앞에 가로 놓여진 중대 문제는 대체 어떤 것일까. 이러한 물음에 대해서 에리히 프롬(Erich Fromm)은 다음과 같이 말하고 있다.

> 19세기에 있어서는 "神이 죽었다"라는 것이 문제로 되었지만, 20세기에 있어서는 "인간이 죽었다"라는 것이 문제로 되고 있는 것이다. 19세기에 있어서는 非人間的이라는 것은 잔인하다는 것을 의미했었다. 그런데 20세기에 있

어서는 그것은 정신분열증적인 자기소외를 의미한다. 지난날의 위험은 인간이 노예로 되어 버리는 데 있었지만, 앞날의 위험은 인간이 로봇으로 되어 버릴지도 모르는데 있는 것이다. (밑줄-필자)

오늘날 이 지구상에는 근 40억에 가까운 수의 형형색색의 인간들이 숨을 쉬며 살아가고 있다. 이렇게 많은 사람들이 엄연히 숨을 쉬며 살아가고 있는 데도 불구하고, 現代의 인간을 죽었다라고 진단을 내리고 있는 것은 대체 어떠한 뜻에서일까.

- <이극찬, '현대의 인간상황'>에서

간접인용은 글의 내용을 요약하여 제시하는 방법인데, 요약한 부분에 주석 번호를 붙이고, 누구의 어느 글을 요약한 것인가를 밝히면 된다(예문3). 간접 인용은 인용 부분이 해당 글의 맥락 속에서 자연스럽게 용해되고 자신의 글과 자연스럽게 이어지도록 하기 위해서는 많은 문장 진술의 훈련이 필요하다. 누구나 아는 상식적 수준의 내용은 출전을 밝힐 필요가 없다. 그러나 전문적인 지식으로서 개인의 학설인 경우는 반드시 출전을 밝혀야 한다.

예문 3

이 시대는 세계 인식(世界 認識)의 「창(窓)」으로서의 언론은 지금까지 국민들에게 이데올로기적으로 일단 여과되고 혹은 채색된 허구의 세계상을 비추어 주고 중재해 왔던 바 그러한 언론의 이데올로기적 패러다임의 해체, 개조가 시급하다는 것이다.[1] 국민 의식형성자(意識形成者)로서의 언론이 이데올로기적 패러다임에 정향(定向)해 옴으로써 허위 의식을 대량 형성, 유지케하여, 대립 이데올로기와 그 체제를 오해, 착각, 적대, 증오하게 만드는 역할을 수행했다.

1) 방정배, 「새 언론 파라다임 개발을 위한 이론형성」(성대 사회 과학 연구소 학술 심포지엄 주제 논문, 1989. 6. 24 발표), 5-8쪽 참조.

② 주석 기재 방법

주석은 자신의 논리나 주장의 타당성을 입증하기 위해서 다른 사람의 견해를 인용했을 때, 인용 부분에 주석 번호를 붙이고 출처를 밝히는 일이다. 문헌자료의 경우에는 저자명, 서명, 출판지, 출판자, 출간연도, 페이지 등을 밝혀 자료의 신빙성을 확보해야 한다. 출처를 본문에 밝힐 경우, 문맥의 흐름이 흩어질 수 있어 주로 각주(脚註)로 처리하는 방식을 채택하고 있다. 각주는 자료의 출전뿐만 아니라 논의를 보충할 이론이나 견해 또는 참고할 만한 내용과 기타 필요하다고 여겨지는 보충설명을 덧붙일 경우에도 활용한다.

○ 단행본일 경우 기재 내용과 순서 : 저자명, 서명, 편역자명, 총서명, 권 또는 호수, 판차(출판지 : 출판사, 출판년도), 인용 페이지.

김성조, 『韓國의 建築 歷史와 목수』(서울 : 창작과 비평사, 1989), 143면.
T. S. Eliot, The Sacred Wood : Essays on Poetry and Criticism, 7th ed. (London : Methuen, 1950), p. 67.
T. S. Eliot, 앞의 책, pp. 55~57.
이익수, 『가람 시조 연구』(서울 : 한울출판사, 1977), 275면.
이익수, op. cit.(1977), 254면.
이익수, 『가람 시조 연구』(서울 : 한울출판사, 1977), 275면.
Ibid., 54면.

<참고>

* op. cit.(라틴어 'opere citato=in the same work cited'를 줄인 용어) :

우리말로는 '전게서(문)', '앞의 책(글)'이라는 의미로서 앞서 일차로 다룬 문헌을 재차 언급코자 할 때 사용하는 약어이다. 'op. cit.'나 '전게서(문)', '앞의 책(글)' 등은 반드시 앞에 저자명(혹은 집필자명)을 쓰고 뒤에 넣는다.

* 'Ibid.'(라틴어 'Ibidem=at the same place'을 줄인 용어) :

우리말로는 '상게서(문)', '같은 책(글)', '위의 책(글)'이라는 의미는 바로 직전에 다루어진 문헌을 재차 인용했을 때 사용한다.

○ 논문이나 정기간행물일 경우 기재 내용과 순서 : 집필자명, 논제, 간행물명, 권 또는 호수, 편역자명(발행지 : 발행처, 발행년도), 인용 페이지.

> 김윤환, 『한국 노동 운동사』(서울 : 일조각, 1970), 126면.
> 상게서, 137면.
> (3) 오세영, 「모더니스트 - 비극적 상황의 주인공들」, 『문학사상』(서울 : 문학사상사), 132면.
> Ibid., 141면.

(7) 결론

결론은 본론에서 언급한 논의를 요약하고, 그 결과를 간결하게 집약하는 부분이다. 유의할 점은 논의를 다시 확산시키거나 본론에서 논증되지 않은 사실을 제시해서는 아니 된다는 것이다. 다만 앞으로 해결해야 할 과제, 미진한 사항, 전망이나 제언 등은 연구 과제를 제시한다는 측면에서 진술할 수 있다.

이외 내용은 앞에서 글쓰기 방법으로 다루어진 것이나, 논문의 결론 쓰기는 논술문의 마무리와 유사하므로 <제4장 글쓰기의 실제, 7. 논술문 쓰기, (3)결론쓰기>장을 참조 바란다.

(8) 참고문헌란

연구를 진행하는 동안 도움을 받았거나 인용이 되었던 자료문헌이나 연구문헌을 일정한 양식에 의하여 정리하여 배열하는 것을 말한다. 참고문헌을 각주로 대신하는 경우도 있으나 자료 활용의 정도나 자료의 내역을 알게 하고, 독자들에게 연구 자료를 제공한다는 점에서 참고문헌은 모두 밝히는 것이 좋다.

참고문헌의 배열 순서는 자료편, 연구편으로 나누어 저자명의 가나다라 순이나 알파벳 순서 혹은 자료 출간 연대순으로 작성하며, 국내 자료, 동양 자료, 서구 자료 순으로 배열하는 것이 일반적인 기준이다.

한상복 · 권태환, 『중국 연변의 조선족』, 서울 : 서울대학교 출판부, 1933. Chomsky, Noam, Cartesian Linguistics, New York : Harper & Row, 1966.

<참고> 이공계 등 학문 분야에 따라서는 독자적인 양식과 체재에 따르는 경우도 있다.
Bitsianes, G. and Hoseph, T. L. : Journal of Metals, Transactions, Section 7(1955), 639.
김노성 : 『경성대학교 논문집』 제Ⅲ장 (1958), 277.

○ 주석란과 참고 문헌란의 차이

<주석란> 이익수, 『가람 시조 연구』(서울 : 한울출판사, 1977), 275면. Walt W. Rostow, The Process of Economic Growth, 2nd ed. (New York : Norton, 1962), p. 213. <참고 문헌란> 이익수, 『가람 시조 연구』, 서울 : 한울출판사, 1977. Rostow, Walt W., The Process of Economic Growth, 2nd ed., New York : Norton, 1962.

7 논술문 쓰기

1) 논술문이란?

다음의 대화를 보자.

(가) 화자 A : "표준어가 무엇이에요?"
화자 B : "표준어 규정에 의하면 교양 있는 사람들이 두루 쓰는 현대 서울말로 정한 언어를 뜻해요."
화자 A : "예, 잘 알았습니다."

이 대화에서 화자 A가 "예, 잘 알았습니다."라고 대답한 것으로 보아 화자 A는 표준어의 뜻을 알고 싶었으나 자신이 모르기 때문에 물었고 화자 B는 화자 A가 모른다는 사실을 알고 이를 설명해 주었다. 그러므로 화자 A는 화자 B가 알고 있는지를 확인하려는 목적이 아니다. 그런데 같은 질문이라도 상황에 따라서 화자 A의 입장이 달라지고 화자 B의 입장도 달라진다. 다음 대화를 보자.

(나) 화자 A : "표준어가 무엇이에요?"
화자 B : "표준어 규정에 의하면 교양 있는 사람들이 두루 쓰는 현대 서울말로 정한 언어를 뜻합니다."
화자 A : "예, 맞습니다."

(다) 화자 A : "표준어 규정에서 교양 있는 사람이란 어떤 사람인가요?"
화자 B : "일반적으로 학식을 배워 닦은 수양을 교양이라고 하는데 달리 말하면 배우고 익혀서 몸과 마음을 닦아 학식과 인격을 갖춘 사람을 말합니다. 여기서 학식이란 꼭 학력을 의미하지는 않습니다. 비속어나 은어를 쓰지 않으며 언어 규범을 일정하게 알고 있는 사람입니다."
화자 A : "그렇군요."

(라) 화자 A : "표준어 설정을 서울말로 기준으로 삼는데 문제가 없을까요?"
화자 B : "서울말도 일종의 지역 언어인데 지방 문화의 개성을 인정하고 다양성을 추구한다는 점에서 방언을 도외시한다는 것은 언어를 지나치게 규정화한다는 생각도 듭니다. 표준어 설정과 방언 인정에 관한 의견은 학자마다 다릅니다만 저는 언어의 공기능과 두 언어의 가치 또는 효용성은 분리해서 생각하여야 한다고 봅니다. 말하자면 ....."
화자 A : "그렇게도 볼 수 있겠네요."

이 대화는 (가)의 대화와는 분명히 다르다. 화자 A가 문제에 대한 답을 가지고 있고 또 충분한 견해를 지니고 있다. 그리고 그는 화자 B의 지식과 인식에 대하여 확인하려는 목적을 지니고 있다. 그런데 각각의 대화마다 조금씩 차이가 있음도 알 수 있다. 즉 (나)~(라)에서 우선 화자 A와 B의 지식의 정도가 다르고 대화의 목적이 각각 다르다는 점이다.

(나) : 화자 A가 "예, 맞습니다."라고 대답한 것으로 보아 화자 A는 답을 알고 있었고 이를 화자 B가 알고 있는지 확인하고자 한다.

(다) : 화자 A는 표준어 규정과 논란점을 인식하고 있고, B가 적어도 표준어 규정을 알고 있다는 것을 전제로 하여 세부적으로 이를 이해하고 있는지 또는 그에 관한 일정한 지식을 갖고 있는지 확인하려고 한다.

(라) : 화자 A는 표준어 규정과 세부적인 논란점을 인식하고 있고, 화자 B가 적어도 표준어 규정을 완전히 알고 있을 뿐만 아니라 그 개념에 대한 논란점도 인식하고 있다는 것을 전제로 물은 것이다. 그리고 그것에 관해 화자 B의 입장에서 생각하는 주관적 견해를 요구하고 있다.

이 대화를 글로써 문제화 시켜 보면 다음처럼 할 수 있을 것이다.

(나) A(문제) : "표준어의 정의를 내리시오."
B(해결점) : 표준어 규정에 의하면 교양 있는 사람들이 두루 쓰는 현대 서울말로 정한 언어이다.

(다) A(문제) : "표준어 규정과 교양과의 관계를 상세하게 기술하시오."
B(해결점) : "표준어에서 교양 있는 사람들이란 일반적으로 지식과 인격을 속되지 않게 갖추어 사회에서 인정받는 언어를 구사하는 사람들이며 그 부류의 사회적 특성과 함께 교양적인 언어를 이루는 요인을 살펴봄으로써 더 구체적인 관계를 알 수 있다.

(라) A(문제) : "표준어에 있어서 서울말로 한정한 이유와 그 한계를 논하시오."

B(해결점) : 언어의 공적 기능과 두 언어의 가치 또는 효용성은 분리해서 생각하여야 한다. 표준어의 지역적 조건으로 '현대의 서울말'로 정함을 원칙으로 하고 있어 방언으로서 서울말과 표준말이 같지 않음을 간접적으로 밝히고 있다. 그러나 엄밀한 의미에서의 표준어는 음성(음소)에서부터 억양에 이르는 언어학의 제 층위에서 구어의 특성을 고려하여 정하는 것이 바람직하다.

위의 문제를 살펴보면 그 수준이 (가)보다는 (나)가, (나)보다는 (다)가 고차원적인 사고를 요구하고 있다는 것을 알 수 있다. 말하자면 어떤 사실을 단순히 알고 있는가에서 점차 세부적인 지식은 물론이고 개인의 문제 인식 또는 어떤 점까지 논리적으로 논의할 수 있는지 그 능력의 범위까지 확대를 하고 있다.

이점은 문제를 제시하거나 지시하는 문제제시어(question word)에서 확연히 드러난다. (가)는 "정의(define)를 내리시오"로 단순한 기술을 요구하고 있고, (나)는 "기술(describe)하시오"로 설명하기를 바란다. 이에 반해 (다)는 개인적 견해를 논증하여 제시하기를 "논하시오(discuss)"로 요구하고 있다.

문제제시어는 문제(topic)에 대하여 답하는 글의 성격을 좌우한다. "정의하라", "개념을 말하라"는 어떤 사물의 개념이나 의미를 단순히 서술하기를 원한다. "상세하게 기술하라", "설명하라"는 어떤 것이 무엇이냐에 대한 설명을 바란다. "비교하라", "대조하여 말하라"는 어떤 것을 다른 어떤 것과 관련지어 그 유사점을 밝히거나 차이점에 대하여 말할 것을 기대한다. "논의하라"라는 것은 그 문제에 대하여 논리적으로 증명하여 해결하고 제시하기를 요구한다. 답을 해야 하는 처지이면 이 문제제시어를 잘 살피고 이에 따르는 것은 당연하다. 그러한 면에서 문제제시어에 대한 답으로서 (가)는 서술, (나)는 설명,

(다)는 논술적인 글이 성립된다.

'서술'이라는 것은 어떤 사실의 상태나 일어난 과정을 그대로 말해 준다는 뜻이다. 그것이 좋은 상태에 있다든지 나쁜 상태에 있다든지 하는 가치 판단을 내리지 않고 그 상태를 있는 그대로 그려주는 것을 말한다. 어떤 일의 배경을 서술해 줄 수도 있고, 그 일이 일어난 장면을 서술해 줄 수도 있다. 또, 보편적으로 인식하고 있는 개념을 서술해 줄 수도 있다. 서술한다는 것은 그림으로 그려주듯이 어떤 사실이나 대상을 있는 그대로 볼 수 있게 해 주는 것이다. 넓은 의미에서 보면 설명이기도 하다.

그러나 '설명'이란 말이 좀 더 적절하게 쓰일 때가 있다. 예컨대, 어떤 도구나 놀이 방법을 말할 때 서술한다고 하기보다 설명한다는 말이 잘 어울린다. 또 상대를 이해시키거나 객관적으로 잘 알게 해야 하는 목표가 있다면 설명이라는 말이 더 적격이다. 특히 어떤 사실에 대한 원인과 결과를 말할 때 그것이 일어난 과정을 단순히 서술해 주는 것과는 다르기 때문에 '서술'보다는 '설명'이라는 용어가 적합하다. 원인 설명을 잘못하면 미신적인 설명이 될 수도 있다. 원인 설명을 옳게 하도록 하는 것이 과학적 탐구의 목적이라고 할 수도 있다. 과학의 발달은 지금까지 잘못 설명해 온 것을 잘 설명할 수 있게 해 주고 이를 바탕으로 일정한 예측도 가능케 한다. 예를 들어 질병이라면 과학적 지식을 바탕으로 질병의 원인이나 진행 과정을 설명하고 결과를 내놓거나 앞으로의 변화를 예측하게 할 수도 있는 것이다.

그러면 '논술'이란 어떤 종류의 글을 말하는가? 논술한다는 것은 무엇을 말하는가?

우선, '논술하라'는 것은 '논하라'라는 말과 구별될 필요가 있다. '논하라'라는 말은 애매하기 때문에 '서술하라', '설명하라' 또는 '논술하라'라는 말의 어느 것이든 뜻할 수 있다. 그러나 '논술하라'라는 말은 비교적 제한된 의미를 갖는다. 아직도 '논하라'와 '논술하라'를 혼동해서 쓰는 사람이 있다면 그는 '논술하라'의 뜻을 정확하게 인식하지 않았기 때문일 것이다.

논술한다는 것은 자기의 주장을 내세우거나 남의 주장을 비판하는 데 있어서 그 논거를 제시하면서 글을 전개해 나간다는 것이다. 여기서 중요한 것은 논거를 제시한다는 사실이다. '논거'라고 하는 것은 '논의의 근거'를 말할 수도 있으며, 좀 더 좁혀서 말하자면 '논의의 논리적 근거'를 말할 수도 있다. 논의 근거를 제시해야 하는 것이므로 역시 중요한 것은 논리적 근거라는 뜻에서 논거를 제시하는 일이다.

논리적 근거의 제시가 중요하다는 뜻은 논리적 근거가 아닌 다른 종류의 근거를, 이를테면 감정에 호소하는 근거나 위협적인 효과를 노리는 근거 같은 것은 인정할 수 없다는 뜻이다. 자기의 주장을 세우는 방법에는 여러 가지가 있을 수 있겠으나 논리적 근거를 가진 주장이라면 그것을 받아들이거나 거부하는 데도 논리적으로 타당한 이유를 밝힐 수 있다. 이유가 있는 주장, 이유가 있는 거부, 또는 이유가 있는 수긍들은 모두 논거를 필요로 하는 생각들이다. 논술문은 이러한 종류의 생각들을 전개해 가는 글이라는 뜻이다.

따라서 논술문의 주제가 될 수 있는 것은 어떤 사람이 주장으로 제시한 것, 또는 제시될 수 있는 것이어야 한다. 자기의 주장으로 내세울 수 있는 것은 자기의 믿음이나 견해나 가치관 또는 이론 같은 것이다.

논술문을 중요시한다는 것은 일종의 문화 풍토를 조성하는 의미를 갖는다. 누구나 자기의 주장을 자유롭게, 과감하게 내세울 수 있고, 남의 주장에 대하여도 자유롭게, 과감하게 비판할 수 있으되, 그런 주장과 비판은 언제나 논거가 있는 주장과 논거가 있는 비판이어야 한다는 문화 풍토다. 이런 뜻에서도 논술문은 서술문이나 설명문이 갖지 못하는 중요한 의미를 갖는 것이다.

2) 논술을 통한 기대 효과

(1) 문제 발견으로서의 논술

문제 발견이란 설명, 해결, 개선, 입증, 분석, 선택 등이 필요한 사상(事象)을 독자적으로 찾아내는 일을 가리킨다. 문제의 발견은 구체적인 대상은 물론 추상적인 관념 속에서도 가능하다. 역사적 사실(事實)이나 주변에서 발견할 수 있는 사례(事例)들에서 문제를 발견할 수 있음은 물론, 사고나 이념 등의 영역에서도 문제를 발견할 수 있다. 예컨대, 연역이나 귀납 등은 사고방식과 연관되는 것이며 개인주의와 전체주의 등은 이념에 해당하는 것인데, 이들이 실상황에서 빚어내는 문제를 문제로 인식하여 찾아내어 논의의 대상으로 삼는 것이 발견이다.

그런데 논술 자체가 문제를 찾아내는 활동에서 시작된다. 이는 논의 항목을 발견하는 것으로 어떤 사태를 문제적 안목으로 파악하기 때문이다. 달리 말하자면, 대상에 대해 발산적 사고(發散的思考) 함을 뜻한다. 발산적 사고란 문제를 주어진 상황 안에서 해결하는 것이 아니라, 문제 상황을 다른 여건이나 조건과 연관지어 해결하고자 하는, 능동적이고 적극적인 사고를 뜻한다.

물론 문제를 발견하는 데서 논술이 시작되는 것이기는 하지만, 그것으로 논술의 모든 과제가 해결되는 것은 아니다. 논술은 글이라는 형식적 요건을 충족해야 한다. 글의 형식적 조건은 사고의 논리적 전개를 바탕으로 형성되는 것이다. 따라서 발견한 문제를 언어적 과정을 통해 적절히 표현할 수 있어야 한다.

그리고 이러한 문제를 발견하는 데는 몇 가지 지적인 능력이 필요하다. 그 중 가장 중요한 것이 사실의 이해 능력이다. 사태가 어떠한가 하는 관찰과 그 관찰의 결과를 명제로 요약할 수 있는 능력이 있어야 하는 것이다.

이를 위해서는 통찰(洞察)과 인식(認識)이 동반되어야 한다. 통찰과 인식은 문제를 다면적으로 검토하는 데서 이루어지는 종합적 사고를 뜻한다. 종합적 사고가 필요한 까닭은, 문제가 단독으로 제기되는 것이 아니라 다른 문제와 연관되어 있기 때문에 관계적인 시각으로 통찰할 필요가 있다.

(2) 문제 해결로서의 논술

'문제 해결'이란, 문제 상황에 대한 판단을 통해 마련되는 대처 행위를 뜻한다. 여기서 대처 방식은 사리에 맞아야 하고, 논리적으로 오류가 없어야 한다. 그것은 또 합리적이고 사리에 맞는 방식이라야 한다. 합리적이라는 것은 자체의 논리성이 갖추어져야 한다는 뜻이다. 사리에 맞는다는 것은 문제를 해결함에 있어서 현실성이 있어야 한다는 뜻인데, 다른 사람들의 눈으로 보았을 때 무리가 있어서는 안 된다는 뜻이기도 하다.

그리고 이러한 과정은 분명히 언어적 과정으로 이루어져야 한다. 즉 글의 형식을 통해 문제의 핵심을 정리하고, 그의 해결을 위한 방안이 논리적이고 타당한 글로 서술되어야 논술과의 관계가 성립될 수 있기 때문이다.

이러한 문제를 해결하는 데는 우선 문제에 대한 예리한 분석력이 필요하다. 문제의 분석은 문제를 다각적으로 검토하는 데서 비롯되는데 이는 다른 관련 사항과 연관지어 체계적으로 검토해 보아야 한다.

그리고 객관적 논의 능력도 필요하다. 객관적인 논의란 아집(我執)에 빠지거나 자신의 이해관계를 우선하는 태도를 벗어나 문제를 투명하게 바라보는 시각과 태도를 말한다. 그 외에도 관습이나 타성에서 벗어나 창의적 사고를 발휘할 수 있어야 한다. 남들이 발견하지 못한 방향에서 상황을 파악할 수 있다면 보다 훌륭한 논술문이 될 수 있다.

(3) 종합적 사고로서의 논술

'종합적 사고'란, 문제와 그에 관련된 여러 사항, 예컨대 인간, 사회, 자연, 문화 등을 상호 연관 속에서 파악함으로써 합리적 사고에 이르는 일을 뜻한다.

원인과 결과, 동기와 수단, 주원인과 부수적 원인, 문제에 미치는 외적인 영향 등을 폭넓게 고려하고 판단하는 데서 종합적 사고는 가능해진다.

이러한 종합적 사고가 논술에서 강조되는 것은, 논술이 주관적·감성적 언어활동이 아니라 객관적인 논의 과정과 그 결과를 언어로 표현하는 것이기 때문이다. 객관성은 논리성으로 바꾸어 말할 수 있다. 어떤 일의 원인과 결과를 자신의 주관을 배제하고 사실 자체로 파악해야 한다.

이를 위해 독선이나 편견 등을 배제하고, 사회적 연대성의 기반에서 제시되는 의견을 존중하여야 한다. 사회적 연대성이란, 나 이외의 다른 대상을 정당하게 고려한다는 의미이다. 이는 입장을 바꿔 놓고 생각하고 판단하는 정신의 평형성을 말한다.

이를 논술로 표현할 때는 언어적인 편견이나 논리상의 오류를 벗어나야 한다. 무리한 합리화라든지 과도한 일반화 등의 오류가 언어상에 드러나지 않도록 해야 한다. 그래야 언어의 함정에 빠지지 않을 수 있다. 이는 상투적인 언어를 벗어나는 일과도 관계가 있다. 선전 광고나 표어에 자주 등장하는 상투어는 사고의 경직성과 일방성 혹은 분편성이 많다.

종합적 사고를 위해서는 우선 사물에 대한 치밀한 관찰이 있어야 한다. 자신의 관념이나 이해관계를 벗어나 대상을 그 자체로 치밀하게 관찰하여 문제의 핵심을 파악해야 한다. 그리고 폭넓은 독서 체험과 사색이 필요하다. 우리는 모든 상황을 직접 체험할 수는 없다. 독서를 통해 간접적인 체험을 쌓음으로 해서 판단의 근거를 다각적으로 마련할 수 있다. 또 다양한 논거를 수집하고 이를 조합할 수 있는 바탕을 마련한다. 이는 언어적 존재로서 인간이 누릴 수 있는 지극히 소중한 능력이다. 그러므로 독서를 충분히 하지 않은 논술은 있을 수 없다. 흔히 독서 활동은 뒤로 미룬 채 논술 공부를 한다는 것은 음식 없는 상차림처럼, 내용은 배체한 채 단순히 표현 기교나 형식에 치중하는 겉치장에 불과하다.

치밀한 관찰과 판단 근거를 충분히 마련했다고 해도 그 관점이 편파적이거나 이해관계에 얽매인다면 종합적 사고를 하기는 어렵다. 여기서 건전한 관점이 필요해진다. 건전한 관점은 보편적 사고를 가능하게 한다. 이러한 과정을 통해 우리는 대상에 대한 포괄적 인식에 도달하고 통찰력을 가질 수 있게 된다.

(4) 논리적 사고로서의 논술

'논리적 사고'란, 문제와 해결을 논리적 절차와 규칙에 따라 생각하는 과정을 말한다. 논리적 사고를 위해서는 논리적 규칙과 논리의 본질에 대한 이해가 필요하다. 귀납 논리와 연역 논리의 차이점을 분명히 안다든지, 언어의 논리와 현실의 논리에 어떤 차이가 있는지 등에 대한 이해가 요구된다. 이는 논리학에 관한 지식을 요하는 것이 아니라, 건전한 상식을 바탕으로 조금이라도 깊이 있는 사고를 한다면 쉽게 해결되는 사항이다.

객관성 확보의 방식으로서 필요한 논리적 사고는 언어적 활동의 측면에서도 중요한 의미를 지닌다. 언어 자체가 지닌 논리의 오류를 벗어나야 하기 때문이다. 잘못된 일반화라든지 편벽된 사례에 의한 단정 등이 언어상의 비논리성의 예들이다.

논리적 사고를 위해 필요한 능력으로는 다음과 같은 것이 있다. 우선, 적정한 논거를 발견하고 그 논거를 바탕으로 문제를 해결하는 과정에 합당하게 정리하는 능력이 필요하다. 적정한 논거를 발견하는 데서 끝나는 것이 아니라, 문제의 전체 상황과 연관지어 이를 활용할 수 있어야 한다. 또한 객관성, 규칙성, 일관성을 유지하면서 논리를 전개할 수 있는 추론 능력이 있어야 한다.

(5) 글쓰기로서의 논술

'글쓰기'는 생각을 바르고 효율적인 언어로 표현하는 행위이다. 논술은 정서 표현의 글쓰기와는 달리 논리성과 합당한 논거를 바탕으로 견해를 주장하는 글이기 때문에 필요한 지적 능력도 다소 차이가 있다. 또한 실용적인 글쓰기와도 다르다. 실용적인 글쓰기가 문제의 구체적 해결과 현실적 적용을 중시한다면, 논술은 적용의 단계에까지 나아가지 않을 수도 있다. 내적인 논리와 논거의 타당성이 우선하기 때문이다.

논술은 글쓰기의 일반적인 절차와 과정을 밟게 된다. 내용 없는 형식을 만들어 내는 기교만으로는 논술이 될 수 없다. 흔히 논술의 형식만을 공부하는 경우를 보게 되는데, 이는 논술의 기본 성격을 잘못 파악한 데서 비롯되는 오류이다. 논술에서는 일차적으로 사고 방법과 정신적 태도가 더욱 중요하기 때문이다. 논술은 단순히 기교가 아닌 지적 활동이다.

글쓰기로서의 논술을 위해 요구되는 능력으로는 다음과 같은 것이 있다. 첫째, 일관성과 단계성이 유지되는 가운데 드러나는 글의 구성 능력이다. 이는 서론-본론-결론의 틀을 설정하는 것이라기보다는 사고를 논리적으로 전개하는 능력과 연관되는 점이다. 둘째, 문단 구성 능력인데, 문단으로서의 응집성을 갖추면서 부분과 부분의 연관성이 유지되어야 한다. 셋째, 통사, 어법, 문체 등을 포함하는 문장력이 요구된다. 글을 쓰기 위해 필요한 문장 구성의 기본 능력을 말한다. 넷째, 어휘 구사력이 필요하다. 이는 어휘의 정확성, 맥락과 연관된 적절성, 참신한 어휘를 구사할 수 있는 능력 등이다. 그러나 논술에서는 이들 능력이 부분적으로 떨어진 채로 작용하는 것이 아니라 종합적으로 작용한다는 점이 중요하다.

3) 논술 시험의 출제와 채점

(1) 논술 시험의 목표

논술의 궁극적인 목표는 전인적 능력의 함양이라 할 수 있다. 그러나 과정상 자기 향상의 도모, 지적 생활의 함양, 학습 효과의 증대, 학문 수행 능력의 함양 등으로 세분화하여 설정할 수 있다. 이를 달리 본다면, 논술의 목표는 문제적 상황을 자각적으로 인식하고 발산적 사고를 통해 문제 해결을 모색하는 과정에서 개인의 자기 인식과 사회적 존재로의 성장을 도모하는 데 있다.

논술 시험의 경우는 목표를 다음과 같이 세분할 수 있고, 이러한 목표에 도달하는 능력을 측정할 수 있는 문제가 출제되고 있다.

① 분석적 사고력 측정

- 사실을 정확하고 정밀하게 이해하는 능력을 갖추고 있는가?
- 교과 학습을 기반으로 논술에 적응할 수 있는 능력을 갖추고 있는가?
- 조직적 · 체계적으로 사고하는 능력을 갖추고 있는가?

② 종합적 사고력 측정

- 논술적 학습을 전제하여, 상황을 종합적으로 판단하는 능력을 갖추었는가?
- 문제나 사태를 단편적 지식으로 보지 아니하고 종합적 사고로 재구성하는 능력이 있는가?
- 논술의 내용을 규정하는 독서 체험의 폭과 깊이가 얼마나 확충되어 있는가?

③ 객관적 사고력

- 논리적 절차와 규칙에 따라 사고할 줄 아는가?
- 건전한 윤리가 바탕이 된 포괄적 사고 능력을 갖추었는가?
- 논술의 내용을 판단하는 비판 능력을 갖추고 있는가?

④ 언어 표현 능력

- 사고 과정을 체계화하는 능력을 갖추고 있는가?
- 표현의 조직과 전개 능력을 갖추고 있는가?
- 논술적 사고 내용을 풍부하고 적절한 언어로 표현하는 언어 구사 능력을 갖추었는가?

⑵ 논술 출제에서 고려되는 점과 영역

논술 출제는 논술의 성격에 바탕을 두고 학생의 논술 능력이 잘 드러나도록 한다. 그러기 위해서 출제자는 논술의 능력이 잘 드러나는 영역을 설정하고 논술의 성격 규정에 심사숙고하게 된다.

출제자는 논술의 기본이 되는 내용, 논리, 표현의 능력이 드러나도록 출제하고자 한다. 논술에서 요구하는 가장 기본 능력은 대체로 세 가지다. '문제 상황에 대한 풍부하고도 합리적인 내용을 가지고 있는가, 문제 해결 과정이 논리적인가? 표현 능력이 있는가?'이다. 이 중에서 내용이 합리적이어야 하는 점이 논술의 핵심이다.

또 논술 문제는 범교과적 사고의 능력이 드러나도록 출제한다. 어느 한 특정 전문 분야라도 인접 학문과 떨어져 존재할 수는 없기 때문에 광범위한 시각을 요구한다. 흔히 논술 능력은 국어 능력에 비례한다고 생각하는 이가 많다. 종합적이고 논리적인 사고를 문장으로 표현해야 한다는 점에서는 국어 능력과 친연성(親緣性)이 있는 것은 사실이다. 그러나 가장 중요한 내용물 즉 재료의 채택은 지정된 전문 분야와 연관된 내용이거나 통합적인 영역에 관계있다. 그러므로 각 전공 분야 또는 과목의 독자적인 내용을 탐구하고 정리하는 방법은 논술의 일반 원리와 깊이 연결되어 있다.

다음에 나오는 <예문3>에서 출제자의 의도를 파악할 수 있다.

⑶ 출제 영역

논술은 두 가지 영역에 다루어진다. 하나는 특정한 전문인을 대상으로 전문 분야와 관련하여 출제되는 것이고, 또 하나는 시사성이나 범교과적 영역에서 출제된다. 가령 교육학 분야면 '공교육의 기능과 교육 붕괴 현상을 논하라(또는, 논술하라)'라면 전자가 된다. 다음 <예문1>과 <예문2>가 여기에 해당한다. 이러한 경우에는 전문 영역에 대한 지식과 문제 인식이 필수다. 이를 바탕으로 문제를 짚고 자기 견해를 밝히는 과정과 진술 방식은 일반적인 논술 준비 과정과 같다.

그러나 이러한 문제 중 <예문2>의 ②, ⑭와 같은 보편적인 내용이나 시사성에 관련된 문제는 비단 전문 분야에 한정되는 것이 아니라, 불특정 다수, 가령 입시생들이 치루는 대입 논술이나 입사 시험 등에서도 출제될 수가 있다. 그러한 면에서 딱히 전문분야에 속하지 않은 그룹의 논술일수록 출제 영역을 교과 차원의 영역에 따라 구분하는 것은 별 의미가 없다. 다만, 인문 영역, 사회 영역, 자연 영역, 예술 영역 등의 주제를 설정할 수는 있을 것이다. 이들 어느 영역의 주제를 선택한다고 하더라도 범교과적 성격으로 환원된다는 점을 유념할 필요가 있다.

출제자 입장에서 보면, 이상의 영역이 통합성을 띨 수 있도록 출제하는 것이 바람직하다. 그리고 문제의 영역은 학문 영역의 분류 방법에 준할 수도 있고, 논술의 목표에 따라 분류할 수도 있을 것이다. 실제로 논술 주제의 영역은 제한이 없다고 보아야 한다. 그때그때 사회적으로 첨예한 관심의 대상이 되는 시사적인 주제에 민감한 반응을 보이는 것은 논술의 기본 취지에 어긋나는 면일 수도 있다. 다만, 학생들이 현실 문제를 논술로 흡입하려는 의욕을 촉발하는 정도라면 교육 효과를 기대할 수도 있을 것이다.

예문 1

<2003학년도 공립 초등학교, 유치원, 특수학교(유치원, 초등, 치료교육) 교사 임용후보자 선정 경쟁시험 논술 문제>

교육인적자원부는 2002년 10월 전국 초등학교 3학년 학생을 대상으로 기초학력진단평가를 실시하였다. 이는 국가 차원에서 학습부진 문제에 대하여 본격적으로 관심을 갖기 시작했다는 것을 의미한다. 학습부진의 문제는 학습부진 현상에 대한 이해와 진단, 적절한 지도 방법 및 프로그램의 적용, 정책적 지원 등이 함께 이루어질 때 해결될 수 있을 것이다. 학습부진 문제에 대하여

아래 내용을 중심으로 서술하되, 논술의 체계를 갖추어 작성하시오. (20점)

<아래>

- 학습부진의 개념을 정의한다.
- 학습흥미가 부족하고 학습동기가 낮아 학습이 부진한 학생을 지도하는 데 효과적인 방법을 2가지 제시하고, 각각에 대하여 충분히 설명한다.
- 일선 학교에서의 학습부진 문제를 해결하기 위해 학교와 국가(시·도교육청 포함)수준에서 해야 할 일을 각각 1가지씩 제시하고, 이에 대하여 충분히 설명한다.

<유의 사항>

- 어법과 원고지 작성법에 맞게 서술하시오.
- 주어진 지면(2,000자)을 최대한 이용하여 서술하시오.
- 전체적인 글의 체계를 짜임새 있게 구성하시오.
- 다음 항목을 다룰 때, 글의 명료성, 풍부성, 적절성을 고려하시오.
  - 학습부진의 개념
  - 학습부진 학생에 대한 효과적인 지도 방법
  - 학습부진 문제의 해결 방안 제시(학교수준, 국가수준)

<배점>

- 어법과 원고지 작성법(3점)
- 분량(서술내용의 풍부성)(3점)
- 전체적인 글의 논리적 체계성(4점)
- 학습부진의 개념(2점)
- 학습부진 학생에 대한 효과적인 지도 방법(4점)
- 학습부진 문제의 해결 방안 제시(학교수준, 국가수준)(4점)

예문 2

<중등교사 임용후보자 선정 경쟁시험 논술 문제>

① 교사의 태도나 사고방식이 학생의 인격 형성에 미치는 영향에 대해 쓰시

오.(서울, 중등, 90년)

② 인간중심 교육을 위한 우리 교육현실의 개선방안을 쓰시오.(서울, 중등, 93년)

③ 사람다운 사람을 기르기 위한 인간교육과 관련하여 학생들이 민주시민으로서 갖추어야 할 요건을 들고, 학교 교육을 통한 지도방안을 쓰시오.(서울, 중등, 96년)

④ 열린 교육방안의 하나로 수준별 교육과정을 실시할 때 수준별 교육과정의 목적과 학교현장에서의 문제점 및 그 해결방안을 논술하시오.(서울, 중등, 98년)

⑤ 창의성 신장을 위한 교수-학습지도방안을 논하시오.(서울, 중등, 99년)

⑥ 교실 붕괴 현상과 대책에 관하여 논술하시오.(서울, 중등, 2000년) (1000자 이상, 1200자 원고지 제시, 국한문 혼용, 철자법, 논리적 전개, 통일성 등을 중시, 시간 : 50분, 98년은 한자 10 단어 이상 쓸 것)

⑦ 수행평가의 특징과 종류에 대하여 논하시오.(인천, 중등, 98년)

⑧ 최근에 와서 교사와 연루된 사건과 학생, 학부모로부터 부당한 대우를 받는 사례가 자주 발생하고 있다. 이렇게 교사의 위상이 떨어지고 교권이 침해되면 바람직한 교육이 이루어지기 쉽지 않다. 교사의 위상회복과 교권추락이 가져오는 교육에서의 문제점을 진술하고 존경받고 신뢰받는 교사의 위상과 교권확립을 위해 교사로서 노력해야할 점을 서술하시오.(인천, 중등, 98년)

⑨ 국가수준 교육과정의 필요성과 학교 교육과정의 구성요소를 서술하라.(인천, 중등, 99년)

⑩ 학습을 심화시키는 발문의 조건과 발문시 고려할 점에 대해 서술하라.(인천, 중등, 99년)

⑪ 청소년 폭력에 대해 학교에서 생활지도할 영역과 지도방안(인천, 중등, 2000년)

⑫ 폭력 중 학교폭력의 원인에 대하여 분석하고, 예방하기 위한 담임교사의 역할에 대하여 서술하시오.(경기, 중등, 97년)

⑬ 청소년 비행의 원인을 진단하고, 학급담임으로서의 지도방안을 논하시오.(경기, 중등, 98년)

⑪ 수준별 교육과정을 이해하는 문제(두 학습집단의 그래프 제시)

→ 한국교육평가원에서 실시한 OO과목의 시험결과를 나타내는 그래프이다. 이와 같은 결과가 나오게 된 이유를 교사와 학생의 측면에서 분석·제시하고, 그 해결방안을 논하시오. (경기, 중등, 99년)

⑫ (교육마당 12월 '학교붕괴(교실붕괴)' 현상에 관한 기사 제시) 이 자료를 보고 이러한 현상을 학생과 교사의 입장에서 원인을 분석하고, 해결방안 제시하시오.(경기, 중등, 99년)

⑬ 학교생활에서 나타난 학습부진아의 발생요인을 지적하고 그에 따른 지도방안을 논하시오.(강원, 중등, 96년)

⑭ 21세기를 대비하는 청소년의 바람직한 진로의 방향을 서술하시오.(강원, 중등, 98년)

⑮ 기타

- 자기주도학습의 개변, 필요성, 교수학습방안(강원, 중등, 2000년도)
- 수준별 교육과정의 필요성과 교수-학습지도 방안에 대해 논하시오.(충북, 중등, 99년)
- 단편적인 지식 위주의 수업방법을 비판하시오.(95년)
- 집단따돌림의 원인과 지도방안을 논하시오.(전남, 중등, 99년)
- 청소년 비행의 발생원인과 교사의 활동을 중심으로 한 예방대책을 논하시오.(전남, 중등, 96년)
- 현실적 학교교육의 문제점과 극복방안(경북, 중등, 2000년)
- 평생교육의 필요성, 원리, 의의에 대해서 논하시오.(경남, 중등, 97년)

예문 3

<교원임용시험 논술 및 채점에 관한 민원 사항에 대한 답변-강원도 교육청>

다음과 같은 질문이 있었습니다.

첫째, 논술시험은 규정에 따른 논제를 벗어나지 않으면 기본점수 이상을 받을 수 있다.

둘째, 논술시험으로 교사의 전문성을 판단하기에는 무리이다.

셋째, 다른 과목에서 고득점자가 논술시험에서 과락점수를 받았기 때문에 채점에 신뢰가 가지 않는다.

넷째, 논술채점 기준 공개요구

다섯째, 논술 평가위원 명단 공개요구

이상과 같은 요지의 내용을 답변 드리겠습니다.

첫째, 논술이란 주어진 분량만을 채우면 점수를 주는 것이 아니라, 주어진 문제에 대한 판단력을 바탕으로 자신의 창의적인 생각을 얼마나 논리적으로 서술하였느냐를 평가하는 것입니다. 주어진 분량만을 채웠다고 기본점수를 받을 수 있다는 생각은 어쩌면 논술평가의 기본적 취지를 이해하지 못하는 것이라 할 수 있습니다. 그러므로 주어진 문제의 출제 의도를 정확히 진단하여 자기의 생각을 논리적 근거를 제시하여 서술하여야 함에도, 문제의 의도를 잘못 파악하거나, 타당하지 않은 논리적 근거로 논술을 작성하였다면 당연히 낮은 점수를 받을 수밖에 없을 것입니다.

둘째, 논술 평가로 교사의 전문성을 판단하기 어렵다는 것은 어쩌면 앞으로 우리 교육이 지향해야 할 방향을 바르게 인식하고 있다는 것을 느낄 수 없습니다.

왜냐하면 과거처럼 다인수 학급에서는 학생의 활동이 제한적일 수밖에 없어 교사 중심으로 지식 전달을 위주로 하는 일방적인 수업이 이루어질 수밖에 없지만, 앞으로 우리 교육은 학생들의 다양한 사고와 논리적 표현이 중심이 되는 교육활동으로 변해가야 하기 때문입니다. 그러므로 그런 교육활동 속에서 교사의 다양한 사고와 적절한 사례를 논리적 근거로 제시할 수 있는 논술평가는 교사의 전문성을 판단하고 측정하는데 필요하며 이러한 평가방법이 더욱 활성화되어야 할 것으로 생각합니다.

셋째, 1차 시험 고득점자가 논술에서 과락 점수를 받았기 때문에 채점에 신뢰가 가지 않는다는 생각은 1차인 객관식과 단답형 주관식 평가와 2차인 논술 평가의 성격이 다름에도 불구하고 이를 동일시하는 문제관련의 주장이 보입니다.

1차 시험은 객관식과 단답형 주관식을 중심으로 어떤 과제에 대한 지식의 정도를 평가하는 시험이고, 2차인 논술평가는 주어진 과제에 대한 자기의 생각을 논리적으로 기술하는 것이므로 적어도 교사라면 전공 분야에 대한 지식과 그 지식을 바탕으로 하는 논리적 설명을 할 수 있어야 하며, 개인차에 의하여 이 두 가지의 평가는 얼마든지 상반되게 나타날 수 있을 것입니다. 비록 전공분야와 관련된 주관식 단답형과 논술문제가 있다하더라도 그 평가는 달라질 수 있습니다. 그 이유는 주관식 단답형은 주어진 질문에 대한 지식의 정도를 측정하는 것이라면, 논술은 주어진 문제에 대한 창의적인 주장, 논리적 근거의 제시, 설득력 있는 주장, 정확한 표현력, 다양한 배경지식 등을 종합적으로 평가할 수 있기 때문입니다.

넷째, 논술출제와 채점기준은 한국교육과정평가원에서 담당하였습니다. 시험관계 서류가 공개될 경우 주관적 평가에 대한 공정한 업무 수행이나 시험평가 연구에 지장을 초래할 수 있다고 판단되어 공개하지 아니합니다.

다섯째, 논술평가자의 명단공개는 평가의 재량권을 침해 할 수 있다는 취지에서, 그리고 개인정보가 공개될 경우 개인의 기본권을 침해할 우려가 있어서 공개하지 아니합니다.

(4) 채점 방법

모든 교육의 결과는 평가를 통해 정당성을 확보하게 된다. 이는 잘 가르치는 것이 무엇인가 하는 문제와 연관되는 사항이다. 또한 목적으로 하는, 교육을 받은 사람이 가지는 인간 특성 혹은 능력이 어떤 것인가, 그 능력을 원하는 만큼 갖추었는가 하는 문제를 검토함으로써 교육의 성패를 평가하게 된다. 평가는 교육의 전 영역에 환류되어 들어감으로써 교육의 질을 높이는 데에 긍정적인 작용을 한다는데 의의가 있다. 이는 논술의 경우도 마찬가지다.

논술 채점의 원칙은 논술의 일반적 성격과 맞아야 하고, 교육 평가 일반의 원칙이 적용된다. 이는 평가 일반에서 문제되는 객관성과 타당성을 고려해야 한다는 뜻이다. 논술의 시행이 제한을 받아 온 이유 가운데 하나가 객관적인 평가를 하기 어렵다는 데에 있었다. 그러나 배점의 요소를 정확히 책정하고 채점의 횟수를 늘인다든지, 점수화의 유의미 폭을 설정하는 등의 방법을 구사하여 채점의 객관성을 유지하기도 한다.

① 배점의 요소

논술은 어떤 사태에서 문제를 발견하고 문제의 핵심을 논리적인 절차를 따라 논의하고 결과를 글로 서술한 것이다. 사리를 분별하는 능력과 연관되는 내용이 논술 평가의 가장 중요한 요소이다. 크게 본다면 논리는 사리를 분별하는 한 영역이라 할 수 있고, 따라서 형식상의 논리가 내용을 능가할 수 없다. 물론 내용의 충실함과 논리의 견고함이 맞물려 있다는 점에서 이 둘을 분리하지 않을 수도 있으나 부분적으로 독립된 속성을 띠는 것도 사실이다. 표현은 언어화 과정이라 할 수 있다. 이러한 점에서 영역별 논술에서는 배점의 예를 들면 다음과 같이 할 수 있다.

요소	내용	논리	표현	계
비율(%)	40	30	30	100

② 결격 사유

논술은 일반적으로 문제 혹은 주제가 주어지고, 그 문제를 해결한 결과를 글로 서술하는 절차를 밟게 된다. 문제가 주어졌다면 결론은 당연히 그 문제를 해결하는 방향으로 나아가야 한다. 이러한 일반 원리를 지키지 않은 경우 결격 사유가 된다.

대표적인 결격의 예를 들면, 문제가 요구하는 바에 부합하지 않는 답안이나 논점을 완전하게 일탈한 답안을 썼을 때 영점으로 처리하는 경우이다.

결격 사유까지는 아니라고 하더라도 적절한 제목을 붙이라는 요구에 제대로 응한 경우가 아니면 감점이 된다. 제목은 글의 전반적인 방향을 제시해 줌은 물론 논지를 압축하여 보여 주는 효과를 지니기 때문에 적절한 제목을 붙이는 능력도 논술 능력의 한 요소가 된다.

③ 글의 분량

내용을 충실히 전개하고 자발적이고 자율적인 사고를 하기 위해서는 글의 길이가 충분해야 한다. 이는 내용을 충실하게 전개하는 데도 필요한 조건이다. 대체로 정한 분량의 10% 정도는 가감할 수 있도록 허용할 수도 있다.

④ 실제 채점상의 방법

채점의 객관성을 높이기 위하여 등급별 채점을 주로 한다. 채점 요소별로 A, B, C 등급으로 나누고, 이를 각기 +, o, -의 세 등급으로 나눔으로써 총 9등급으로 구분하여 채점할 수도 있고, A, B, C, D, E의 5단계로 나누어 채점할 수도 있다.

채점은 주로 1차 채점과 2차 채점 또 그 이상으로 나누어 실시한다. 1차 채점에서는 상위 수준에 속하는 글들을 선별하고, 2차 채점에서는 이를 대상으로 정밀한 채점을 한 다음 그 결과를 다시 검토하여 순위를 정한다. 경기도 대회와 전국 대회 채점표를 예시하면 다음과 같다.

<경기도 논술 경시대회 채점표>

항목	관점	배점	등급					채점 의견
			A	B	C	D	E	
내용(40점)	문제의 파악	10	10	8	6	4	2	
	사실의 이해	10	10	8	6	4	2	
	해결의 능력	10	10	8	6	4	2	
	적절성	10	10	8	6	4	2	
논리(30점)	논의의 일관성	10	10	8	6	4	2	
	논거 제시의 적합성	10	10	8	6	4	2	
	논증 방식의 타당성	10	10	8	6	4	2	
표현(30점)	어휘의 정확성, 풍부성	10	10	8	6	4	2	
	문장의 정확성, 효율성	10	10	8	6	4	2	
	글의 단위성과 유기성	10	10	8	6	4	2	
총점		100	맞은 점수					

<전국 논술 경시대회 채점표>

등급	A+	Ao	A-	B+	Bo	B-	C+	Co	C-
환산점수(내용)									
환산점수(표현 · 논리)									

(5) 채점의 영역

채점에 있어서 각 영역의 고려 요소는 대체로 다음과 같다.

가. 내용 : 문제의 핵심 파악 여부, 내용의 풍부성, 내용을 조직하고 연계하는 방법의 유연성, 독창적 관점이 나타나는가 등에 중점을 둔다. 내용이 평준화 · 획일화되는 경향은 적극 배제하도록 한다.

① 문제 파악
- 문제가 요구하는 바를 정확하게 포착하여 논의하였는가.
- 문제의 본질과 핵심에 초점을 맞추어 논의하였는가.

② 사실의 이해
- 논의의 대상에 대하여 포괄적 · 구체적으로 이해하고 있는가.
- 논의 대상에 대하여 사실에 부합하게 이해하고 있는가.

③ 해결의 능력
- 문제의 성격에 적절한 해결의 방법을 구사하였는가.
- 문제 해결에 필요하고 적절한 절차를 갖추었는가.

④ 사고의 합리성과 타당성
- 논술에 필요한 만큼의 창의성과 보편성을 갖추었는가.
- 결론은 도출 과정이 적절하고 타당성과 가치를 지녔는가.

나. 논리 : 통일성과 일관성 유지 여부, 논리상의 오류 여부, 즉 무리한 일반화나 단정은 없는가 하는 점 등에 중점을 둔다.

① 논의의 일관성

- 논의할 주제가 일관성 있게 서술되었는가.
- 논증에 쓰인 개념이나 판단이 일관된 의미를 유지하고 있는가.

② 논거 제시의 적합성
- 논제를 증명하기 위하여 제시된 전제(논거)들이 적절한가.
- 논거는 의심할 여지없이 확실한 것인가.

③ 논증 방식의 타당성
- 논증을 위한 추론 과정이 적절한가.
- 논리적인 오류는 없는가.

다. 표현 : 글의 기본 조건 준수 여부, 문장의 정확성, 어휘의 풍부성, 상투적 표현 유무 등에 중점을 둔다.

① 어휘의 정확성과 풍부성
- 사용된 어휘가 정확한가.
- 어휘가 문맥에 적절하며 풍부한가.

② 문장의 정확성과 효율성
- 어법과 표기법에 맞는 문장으로 표현되었는가.
- 문장은 의미가 분명하고 문맥에 적절하게 표현되었는가. 문장 내에서의 호응 관계는 분명한가.

③ 글의 단위성과 유기성
- 개개의 문단은 응집성과 단위성을 갖추었는가.
- 글 전체는 단계성과 유기성을 적절히 갖추었는가.

라. 채점의 신뢰도 확보

주관식 채점의 일반적 통폐는 신뢰도를 확보하기 어렵다는 점이다. 논술 채점의 경우도 마찬가지이다. 다음과 같은 점에 유의함으로써 채점의 신뢰도를 높이고 있다.

· 채점 전에 모범 답안을 구성해 본다. 실제로 글을 쓰는 것보다는 한 편의 완결된 논술문이 포함해야 할 내용, 논리, 사례들을 고려함으로써 일관성을 유지할 수 있을 것이다.
· 동일한 문항을 일관성 있게 채점한다. 동일한 문항에 대한 답안을 채점함으로써 일관성을 유지할 수 있다. 채점위원 한 사람이 채점하더라도 문제 유형별로 분리 채점하는 것이 효과적이다.
· 편견을 배제하도록 한다. 편견으로 작용할 수 있는 요소로서 채점자의 기존 가치 판단, 정결한 글씨체에 대한 선호 경향, 처음과 나중의 일관성 혼란 등을 들 수 있다.
· 채점 위원 각자의 채점 결과를 채점위원들의 공동 논의를 거쳐 최종적으로 판단을 내린다.

2) 논술문의 작성 요령

(1) 서론 쓰기

사실 글을 쓴다는 것 자체가 쉬운 일은 아니다. 게다가 처음부터 끝까지 내용의 일관성을 유지하면서 논제에 대한 정확한 근거를 바탕으로 자신의 주장을 펴 나가야 하는 논술문을 쓴다는 것은 참으로 어려운 일이다.

이러한 글의 시작을 어떻게 열어 가야 할까? 참으로 난감한 일이 아닐 수 없다. '시작이 반이다'라는 말은 이럴 때 가장 적절하다. 무엇인가가 머리 속에서는 끊임없이 쏟아져 나오고 있는데 펜을 든 손은 그저 꿈틀거리기만 할 뿐, 아무런 진전도 없다. 그런 사이에도 시간은 자꾸 흘러갈 뿐이다. 그럴 때는 너무 내용 자체에만 매달리지 말고 서론에서 다루어야 할 내용을 되새겨 보라. 즉, '주의 환기, 본론에서 다루어야 할 내용 소개(또는 자신의 주장 제시)'를 다시 한번 생각해 보자. 서론 쓰기는 평소 자신이 잘 할 수 있는 두서너 가지 요령을 선택하여 몇 번 연습을 하고 그것을 논술 현장에서 활용토록 하는 것이 바람직하다. 시간은 흐르고 마음은 바쁜데 새로운 서론 쓰기 방법을 모색하기란 웬만한 전문가가 아니면 쉬운 일이 아니다.

서론 쓰기는 <제3장, 5.글쓰기, 2)서두 시작하기>에서 다음과 같은 요령을 소개 한 바 있다. 이 중에서 논술문은 (1), (2), (3), (4), (7), (9)항이 일반적으로 많이 활용되는 서론 쓰기 방법이다.

(1) 글의 내용과 목적 · 방법을 밝히는 서두
(2) 글의 주제를 밝히는 서두
(3) 관련 화제나 회상 또는 과거 현상이나 사실로 이야기로 시작하는 서두
(4) 문제를 제기하는 서두
(5) 일화를 제시하는 서두
(6) 속담, 격언, 명언, 등을 인용하는 서두
(7) 용어의 뜻을 정의하는 서두
(8) 자기 신상이나 고백(自己告白)으로 시작하는 서두
(9) 사실의 기록으로 시작하는 서두
(10) 비유나 유추로 시작하는 서두

만약 짧은 논술문일 경우에는 Patrick Hartwell 과 Robert H.bentel의 아래와 같은 권고를 참고할 만하다. (이을환 외 편역, Open to Language, 경음사, 1994. 참조)

참 고

"신문 기자와 같이 답의 내용을 구성하라."

기사는 어떤 점에서 잘릴 수 있도록 쓰여야 한다. 가장 중요한 신문 기사를 먼저, 덜 중요한 기사는 뒤에 써야 한다.

소논문을 작성하는 학생에겐 신문 기자의 공간에 관한 문제와 매우 유사

한, 시간에 관한 문제가 있다. 소논문 시험에 있어서 "서론"을 쓰는 것은 시간 낭비이다. 그리고 결론은 극적으로 구성하는 것은 조사 연구 논문에선 효과적이지만, 그 결론은 진술하기 전에 시간을 다 써버리면 비효과적이다. 이렇듯 가장 주요한 기사를 먼저 쓰는 신문 기자의 전략은 수험생에게 좋은 전략이 된다. 질문에 답하라. 그리고 나서 유용한 시간에 그 답을 확인하라. 이 전략을 도시하면 그림 12.1과 같다.

그것은 소논문 시험에서 계획이 매우 중요함을 시사한다. 여러분은 답안지를 작성하기 전에 전체의 답에 대하여 생각하여야 한다. 어떤 내용을 빼어버리는 것은 어떤 내용을 첨가하는 것과 같이 매우 중요하다.

신중하게 내용을 조직하면 지식을 충분히 나타낼 수 있다. 우리는 학생들이 대략적인 아우트라인(outline)을 작성함으로써 시험 답안지 작성 계획 시간의 1/4 내지 1/2을 소모해야 한다고 생각한다.(소재가 조직되면, 빠른 속도로 쓸 수 있다).

여러분은 첫 문장을 문제의 단어로 그 문제에 답해야 한다. 즉, 물음의 정확한 단어들을 사용함으로써 간결하게 답을 작성하여야 한다.

접속어(transitions)는 소논문 시험에서 매우 중요하다. 여러분의 독자(출제자)는 등급을 매기느라고 시간에 쫓겨 빨리 읽을 것이다. 그리고 그 독자는 같은 문제에 대한 일련의 다른 답을 읽고, 손으로 쓴 글을 읽기 위해 무진 애를 쓴다. 접속어의 적절한 활용, 명확한 조직, 문체에 대하여 정확히 초점을 맞추는 것은 좋은 점수를 받을 수 있는 첩경이 된다.

소논문 답의 구조

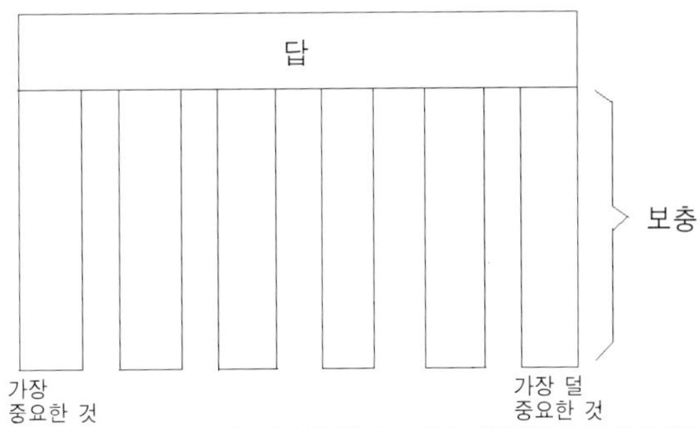

(2) 본론쓰기

어두육미, 아무리 머리와 꼬리가 맛있기로서니 몸통을 뺀 생선이랴? 논술도 이와 같다. 독자에게 또는 평가자에게 보여 줄 수 있는 것은 역시 본론임을 명심하고 최선을 다해 알차게 꾸며야 한다.

본론 쓰기는 <제3장 본격적인 글쓰기의 절차와 방법, 4. 구성과 최종 개요 작성, 5. 글쓰기- 3)문장 쓰기, 4)단락쓰기, 5)글쓰기의 진술 방식>와 관련되므로 이를 참조하여 하기 바라며, 논술문에서 필요한 몇 가지 요령을 집약하여 살펴보기로 하겠다.

가. 논리로 시작해서 논리로 끝내라.

세상의 모든 일은 처음, 중간, 끝으로 이루어져 있다. 학교생활도 입학, 재학, 졸업으로 되어 있고, 하루도 아침, 점심, 저녁으로 되어 있으며 말도 생성, 변화 소멸의 단계를 거쳐 간다. 이 중 본론은 서론에서 제시된 논지의 해명과 증명, 주장과 중심 내용을 전개해 가는 부분이다. 이 부분이야말로 논리 전개의 핵심 부분이다. 앞뒤 내용이 자연스럽게 전개되면서도 그 이치가 명백해야 한다. 논리적 모순이나 비약에 의해 설득력을 잃지 않아야 한다. 그러므로 처음부터 끝까지 논리 정연한 글이 이루어지고 있는가를 주의 깊게 살펴 써 내려가야 한다.

이러한 논지의 해명과 증명, 즉 논증(argument)은 불확실한 사실이나 명제(자신의 판단을 언어로 표시한 것. 사실 명제, 가치 명제, 정책 명제가 있음)의 진실 여부를 밝혀냄으로써, 독자가 그것을 옳다고 믿고 따라서 행동하게 하는 진술 방식이다. 물론, 우리가 쓰고자 하는 논술은 대개 자신이 주장하거나, 생각하고 있는 것이 옳다는 것을 보여주는데 그치지만 말이다. 그런데, 논증과 설득은 넓은 의미에서 독자를 설득하고 있다는 점에서는 공통점이 있지만 이 둘은 엄격히 구별되어야 한다. 즉, 설득은 독자의 주관적인 감정에 호소하는 것이지만 논증은 객관적인 근거에 따라 논리를 전개하여 독자의 이성에 호소하는 것이다. 그리고 우리가 이제부터 연습하고자 하는 것은 논증하는 것이지 설득하는 것이 아님을 알아야 한다.

그러므로 상대방이 충분히 긍정할 수 있는 객관성 · 타당성을 지닌 근거나, 많은 사람들이 공유하는 가치관에 근거할수록 논증의 목적을 달성하기가 용이하다. 절대 말장난이나 충분한 근거도 없이 막연하게 자신의 논리를 펴는 것은 금물이다.

이러한 논증은 이미 앞에서 살펴본 바와 같이 '논거(evidence)'와 '추론(reasoning)'의 두 기본적인 요소로 이루어져 있다.

먼저, 논거에 대해 살펴보자. 논거는 논증의 근거가 되는 명제이다. 그러므로 이 논거는 이미 논증이 끝난 것이므로 새로운 논증이 불필요한 명제이기도 하다. 이런 논거에는 사실 논거와 소견 논거가 있다.

다음과 같은 예문을 살펴보자.

예문 1

오늘날 전국적, 나아가 전 인류적으로 심각하게 대처해야 할 문제로 환경오염을 꼽고 있다. (중략)

그러나 이 일을 너무 거창하게 생각할 필요는 없다. 우선 실천 가능한 일부터 시작하면 된다. 그 하나가 쓰레기를 줄이고 이를 분리하여 재활용하게 하는 일이다. 국립 환경 연구원의 발표에 따르면 우리가 하루에 버리는 쓰레기는 8톤 트럭으로 18,000대분이며 이를 365일, 나아가 10년 이상 계속해서 버린다면 어떻게 될 것인가? 참으로 심각한 문제가 아닐 수 없다.

그러나 이보다 더 심각한 것은, 한번 버린 쓰레기는 쉽게 썩지 않는다는 것이다. 우유 팩, 비닐 봉지, 일회용 컵은 5-20년, 스타킹, 알루미늄, 깡통은 30-100년, 일회용 지저귀는 300-500년, 그리고 발포 플라스틱은 영원히 썩지 않는다고 한다.

- <화평소식 94, 6월호>에서

위와 같은 사실 논거는 구체적이고 실제적인 사실로 되어 있는데, 이들에는 정보, 통계, 체험, 역사적 자료 등을 통해서 주로 제시된다. 특히, 통계 수치를 제시할 때는 막연하게 제시하는 것보다 쉽게 이해할 수 있도록 제시하는 것이 좋다. 가령, ○○○○Km보다 서울과 부산을 ○번 왕복할 수 있는 거리라든가, 노태우 전 대통령의 비자금이 오천 억 보다는 연봉 천 오백만 원을 받는 회사원이 오만 년 동안을 한 푼도 안쓰고 모아야 할 액수이다 라고 하는 것이 더욱 실감이 날 수 있다. 그런데 이러한 사실 논거가 신빙성을 갖기 위해서는 그 출처가 분명해야 한다는 것이다. 막연하게 제시하는 것은 애써 쌓은 탑을 일시에 무너뜨리는 격이 되고 만다. 그러나 여기서 한 가지 주의할 것은 직접 체험하거나 경험할 수 있는 것이 좋지만 너무 특수한 사례들을 들다 보면 대표성을 갖지 못하는 경우가 생긴다.(강남구의 청소년 문제를 가지고 전체 청소년 문제를 말할 수 없다)

다음과 같은 예문을 살펴보자.

예문 2

한 나라의 모든 사람의 공통 의식(共通意識)이 모이면 민족 의식(民族意識)을 이룬다. 민족 의식의 표현은 그 나라 말로 나타난다. 따라서, 각 민족이 쓰는 말에는 그 민족 나름대로의 세계상(世界像)이 들어 있다. 우리 겨레가 쓰는 말은 우리 겨레의 세계상을 담는 그릇이요, 우리 겨레의 공통적인 정신의 상징이다. 그러므로 '말은 겨레의 얼'이라고 한다. 이것은 겨레의 흥망(興亡)과 말의 흥망이 기복(起伏)을 같이하는 역사적 사실을 보아도 잘 알 수 있다. 말의 인식은 자기를 깨치는, 곧 자각(自覺)하는 일인 동시에 민족을 깨치는 일이요, 나아가서 민족을 결합하는 원동력(原動力)이 된다. 이와 같은 사실은 스위스의 언어학자 소쉬르도 밝혀, "말의 공통성이 곧 같은 혈족(血族)을 뜻하는 것은 아니지만, 같은 말은 공통적인 민족성을 나타내는 것이므로, 민족 통일을 이루는 데에 그것은 무엇보다도 우선한다."고 했다.

소견 논거는 소견을 가진 사람의 그 방면의 권위에 따라 신뢰도가 결정된다. 따라서 어떤 분야에 대하여 깊은 연구나 소양이 있는 학자가 있을 때 이를 그대로 인용하면 충분한 논거로 사용될 수 있다. 더욱이 논술 평가자는 논술이 보다 폭넓은 지식을 바탕으로 쓰여지기를 바라고 있으므로 적절한 소견 논거는 논술을 더욱 빛낼(?) 수가 있다. 그러나 이 때도 상황에 맞는 적절한 것이어야 하고, 너무 자주 인용함으로써 자신의 주장인지 다른 사람의 주장인지 구별이 가지 않도록 해서는 안 된다.

다음은 위의 논거를 바탕으로 추론을 내릴 차례이다. 원래 추론은 어떤 것을 근거로 삼아 다른 문제에 관한 결론을 내리는 것이다. 결론이라는 말이 나오니까 이상하게 생각할 지 모르지만 본론에서도 하나의 화제가 나오면 여기에는 반드시 소주제로서 결론을 맺어야 완결성(주제문과 뒷받침 문장이 갖춰짐)을 얻을 수 있다. 이러한 추론 방법에는 귀납 추리와 연역 추리, 그리고 유비추리로 나눌 수 있다.

예문 3

어떤 여론 조사 기관에서 뇌사를 인정하는 법률의 제정이 필요한가에 대해 전국의 전화 가입자 2000명을 대상으로 설문 조사를 했더니, 그 결과 68%가 필요하다고 응답했다. 이로 보아 우리 나라 국민의 과반수가 뇌사 인정에 찬성하고 있음을 알 수 있다.

약간의 황산을 넣은 물 속에 100V의 전압을 가진 전류를 통하게 했더니 물이 끓어 올랐다. 220V로 바꾸어서 똑같이 했더니 결과는 마찬가지였다. 다음에는 황산을 넣은 물에 전류를 끊었더니 물거품이 떠오르지 않았다. 마지막으로 맹물에 100V의 전압을 가진 전류를 통하게 했는데도 물거품은 떠오르지 않았다. 그러므로 황산과 전류 그리고 물의 분해는 인과 관계를 가지고 있다.

위의 귀납 추리는 개별적이고 특수한 사례를 들어 일반적이고 보편적인 원리를 이끌어 내는 추론 방식이다. 일반적으로 귀납적 구성의 글에서는 결론이 끝에 오므로 미괄식이 된다.

이 방법은 독자가 처음에는 주제를 모른 채 글을 읽어나가다가 마지막에 가서 알게 되는 것이므로, 제시하고자 하는 주제가 독자의 공감을 얻기 어렵다고 생각될 때, 조심스럽게 설득해 나가기에 알맞다.

이러한 귀납 추리는 개별적 사례들을 통해서 공통된 일반적 원리를 이끌어 내기 때문에 충분한 사례를 들어 주어야 한다. 그리고 열거되는 사례들은 대표성이 인정될 수 있어야 한다.

예문 4

어린이는 정직하고 순수한 데 비해 어른은 부도덕하고 탐욕스럽다는 사실을 여실히 입증하는 일이 발생해서 화제가 되고 있습니다.

오늘 낮, 시내 남산동에 사는 열 살 난 김광수 군이 동네 어린이 놀이터에서 놀던 중, 가방을 주워 열어 보니 돈뭉치가 들어 있는 것을 발견하고, 이를 즉시 동네 파출소에 신고 했습니다.

한편, 시내 월암도에 거주하는 김모씨는 자신이 경영하는 가게에서 손님이 떨어뜨리고 간 지갑을 주워, 그 속에 들어 있던 백만 원짜리 수표 석 장을 사용하였다가 수표 추적 결과, 이 사실이 밝혀져 쇠고랑을 차게 되었습니다.

이 사건은 우리에게 심각한 반성을 불러 일으키고 있습니다. 여기서 한 시민의 얘기를 직접 들어 보시겠습니다.

(여) : "당연하죠 뭐. 어른들은 죄다 그렇다구요. 한마디로 말해서 죄다 부도덕하다구요."

방금 한 시민의 반응을 들으셨습니다. 돈을 앞에 놓고 벌어진 이 대조적인 행위를 통해서 우리의 전국민, 특히 어른들의 도덕적 타락이 심각한 지경에 이르렀다는 결론에 도달하게 됩니다. 기성 세대의 윤리성 회복이 그 무엇보다도 시급하다는 점을 말씀드리면서 해설을 마치겠습니다.

-<실험평가 5차, 2번 문제 예문>에서

위의 뉴스 해설자는 어린이 한 명과 어른 한 명의 사례를 가지고 어린이와 어른의 특성을 규정하고 있다.(이런 오류를 '성급한 일반화'라고 한다.) 따라서 여러분이 이 뉴스 해설자에게 해 주고 싶은 말은? '너무 지나치군! 단 한 사람이 그런 걸 가지고 싸잡아 말하다니' 정도일 것이다.

대전제 : 사람은 죽는다.
소전제 : 소크라테스는 사람이다.
결　론 : 그러므로 소크라테스는 죽는다.

이러한 연역 추리는 일반적인 원리를 근거로 하여 구체적이고 특수한 여러 사실들을 이끌어 내는 추론 방식이다. 논의의 핵심, 즉 결론을 먼저 제시하고 다음에 이를 설명, 증명해 나가는 것이므로 저자의 의도를 독자가 쉽게 알게 되며, 독자의 이해도 빠르다. 따라서, 공감을 얻기 쉬워 효과적이다. 일반적으로 연역적 구성의 글에서는 결론이 처음에 오므로 두괄식이 된다.

예문 5

천재라는 말이 어떤 사람의 능력이 유전에 의해 타고났음을 의미하는 데 비해 영재 교육은 그 능력도 갈고 닦지 않으면 제대로 빛을 내지 못함을 암시하고 있다. 따라서 이러한 말을 자주 쓰는 우리는 이미 어떤 행동이나 능력의 발달에 유전과 환경이 모두 중요하다는 것을 알고 있는 셈이다.

이에 관한 본보기 실험으로 흰머리참새에 관한 것이 있다. 부화하여 갓 나온 새끼를 아무 소리도 들리지 않는 공간에 키워 보면 제 울음소리를 낸다. 그래서 얼핏 학습과 경험이 어디까지나 기본이고 열쇠라는 생각이 든다. 그러나 한편, 격리된 새끼들은 그 가운데 흰머리참새의 울음소리를 골라서 우는 것이었다. 이것은 그 전에 들어 본 적이 없는 데도 이 흰머리참새의 울음을 들으면 즉시 인지하는 어떤 본보기를 몸 내부에 이미 갖고 있고 또 그 울음소리를 낼 수 있는 능력을 이미 타고 났다는 뜻이 된다.

– <이병훈, '유전자들의 논쟁'>에서

위에서, 첫째 문단은 '인간 능력의 양면성'을 주장하고 있으며, 둘째 문단은 그렇게 볼 수 있는 두 가지 사례를 들고 있다.

이러한 연역 추리는 일반적 원리를 전제로 하여 특수한 사실을 알아 내는 방법이다. 그런데 이러한 추리를 할 때에는 논리적 비약이나 모순이 있어서는 안 된다는 것이다.

대전제 : 호흡하는 것은 동물이다.
소전제 : 나무는 호흡한다.
결 론 : 그러므로 나무는 동물이다.

여기서 대전제의 '호흡하는 것은 반드시 동물'이라 할 수 없으므로 결론이 참이 될 수가 없다.

예문 6

우리 반 아이들의 삼분의 일은 고수머리(일명 곱슬머리)이다. 이들 고수머리인 아이들은 학급 일에 적극적으로 참여하는 아이들이다. 그렇지만 한 번 고집을 부리기 시작하면 굽힐 줄을 모른다. 그런데 어제 우리 학급에 종호라는 아이가 전학을 왔는데 고수머리이다. 이 아이도 분명히 학급 일에 적극적이며 고집이 센 아이일 것이다.

이러한 유비 추리는 이미 알고 있는 특수한 사실들을 근거로 하여 다른 특수한 사실을 추리하는 방법으로 '유추'라고도 하는데, 이 방법은 넓은 의미로 귀납 추리에 포함된다.

나. 사고의 깊이를 충분히 드러내라

2장에서도 잠깐 말했듯이, 논술 평가자는 단순히 글의 기교만을 살펴 보는 것은 아니다. 수학 능력 시험이 입시생들의 학력을 평가하고 있듯이 논술 또한 학력 평가의 방편임을 명심해야 한다. 따라서 수험자가 얼마나 다양한 지식과 깊이 있는 사고를 바탕으로 글을 전개해 나가고 있는가가 관심의 대상이 될 수밖에 없다. 이러한 지식의 양과 사고의 깊이는 그가 써 내려가는 글 속에서 얼마든지 발견해 낼 수 있다.

우선 단어의 사용이다. 하나하나의 단어가 그 상황이나 자신의 견해를 적절하게 표현해 내느냐를 염두에 두어야 한다. 또, 표준어를 사용하고 저속한 단어, 입말(구어)에서만 사용하는 단어, 어법에 맞지 않는 단어는 사용하지 말아야 한다.

또, 사고의 깊이가 잘 드러나는 부분은 자신의 주장에 대한 논거를 제시할 때이다. 즉 자신이 경험하거나 익히 알고 있는 자료를 제시할 때 그것이 전문성을 갖고 있거나 권위있는 정보라면 일단 성공이라 할 수 있다. 그러나 출처나 일반성을 결여한 내용, 인정받기 어려운 글이나 사람의 말을 인용했다고 가정해 보라. 오히려 감점 요인이 될 수도 있다.

또, 사고의 깊이를 드러낼 수 있는 중요한 요소의 하나는 어떤 사안에 대한 논술자의 다양한 분석이다. 주어진 문제에 대해 다양하게 분석하고, 다양하게 검증하는 것이야말로 사고의 깊이를 가장 잘 드러내는 것이라 할 수 있다.

예문 7

지적인 면에서의 변화는 인간과 자연, 인간과 인간 및 자연에 대한 인간의 관념의 변화를 의미한다. 인간의 관념은 신화나 미신, 고집, 권위 등의 기초에서 생겨날 수도 있으며, 사실에 기초하는 경우도 있다. 인간의 관념이 사실과 일치할 때 우리는 그것을 과학적 지식이라고 한다. 실증 철학자 콩트의 주장처럼 인간의 지적인 발달은 미신 및 신화적인 것으로부터 형이상학적인 단계를 지나서 과학적이고 실증적인 단계에 도달하면서 자연을 극복할 수 있게 된다.

지적인 면에서의 변화는 지방에 분산된 국가의 정치 권력의 중앙 집권화 현상이다. 가족, 지방의 호족, 촌락, 교회 등에 분산되어 있던 충성심과 소속감 대신에, 전체 사회와 국가를 향한 국가 의식이 고조되었다. 경제 조직면에서는 사경제 조직에 공경제 부분이 첨가되어 국가 권력이 확대되었다.

그러나 통치 면에서는 국민의 참여가 중요시되었다. 중앙 집권 국가는 한편으로는 강력한 국가 사회의 형성을 위하여 통제를 가하면서도 한편으로는 테러와 폭력만으로는 정치가 불가능하다는 것을 깨닫고 국민의 지지를 바탕으로 정치를 해 나가도록 노력하게 되었다. 뿐만 아니라 국가 간의 관계가 밀접하게 되자 정치, 경제, 사회, 문화의 모든 영역에서 국제적으로 협조해 나갈 국제 사회의 출현을 가져오게 되었다.

경제적인 면에서의 변화는 분업 및 전문화로 나타났다. 국가 조직은, 국내 및 외국 무역의 확장에 의하여 인적 및 물적 자원이 잘 짜여진 전체적인 경제 조직으로 변화되었다. 자급 자족 사회와는 달리, 근대 사회는 그들의 자원을 몇 개에 집중 투자하며 그 외의 많은 것을 외부에서 들여온다.

경제적인 변화는 무엇보다도 공업화에서 온다. 공업화는 소득의 증가를 가져올 뿐만 아니라 인구, 경제 조직 및 사회의 구조까지 바꾸어 놓게 된다. 공업화에서 오는 생활 수준의 향상은 인구 면에서 사망률을 감소시켜서 초기 단계에서는 인구의 증가를 가져오며 도시 집중률을 증가시킨다. 경제 조직 면에서 숙련 노동자와 전문가 양성을 위해 교육이 팽창되고, 노동 인구의 대이동, 즉 농업 인구의 급격한 감소를 가져온다. 공업화에 따라 사회 구조가 변하는 것이다.

사회적인 면에서의 변화는 특히 두드러져 나타났다. 산업화와 더불어 급격하게 도시화가 진행됨으로써 핵가족 제도를 출현시켰다. 이와 함께 생활

양식과 가치관의 변화에서 오는 혼란, 대립, 갈등은 사회 불안정의 주요한 요소가 되었다. 도시화에서 기대되는 '기회의 균등'을 '역할의 균등'으로 오해하면서 불평과 불만이 증가되었다.

사회적인 면에서의 근대화는 문자 해독률과 학교 교육의 기회를 극적으로 증가시키고, 여자의 사회적 진출을 필요하게 만들었다. 또한 형식적인 학교 교육의 증가와 함께 신문, 라디오, 텔레비전 등의 매스 미디어가 증가한다. 학교 교육에 따라 문맹률이 줄어 신문에 대한 욕구가 커지며, 또 신문이나 매스 미디어에 의하여 학교 교육의 중요성이 강조될 수 있다. 한편, 의료, 복지 시설의 증가로 평균 수명이 증가하며, 전반적인 소득 증가는 분배의 평등으로 이어지게 된다.

심리적인 면에서의 변화는 전통 사회의 안정성이 깨지는 데서 온다. 전통 사회와 달리 근대 사회는 변화 난측하기 때문에 경쟁적이며 불안정하여 적응하기가 어렵다.

사회적 환경의 유동성이 인간의 심리 상태에 영향을 미치는 것은 당연한 일이다. 변동하는 사회에서 개인은 심리적으로 변화를 이기고 변화에 대비할 수 있는 신념이 필요하다. 그들의 심리적 상태는 끊임없이 외부에서 오는 새로운 경험을 받아들이고 취사선택할 수 있으며 환경에 적응할 수 있도록 개방적이다. 또 사회 계급의 이동에 있어서는 출생이나 부모의 사회적 지위와 같은 귀속적인 요인에 의존하려고 하지 않고 자기 자신이 이룩한 업적을 기본으로 하는 업적주의를 신봉한다. 근대적인 인간은 시간 관념이 과거나 현재에 있지 않고 미래 지향적이다. 변동하는 사회에서는 미래를 위한 계획이 중요하고 계획이 없을 때 낙오되고 만다. 자연과의 관계에 있어서는 자연에 종속하는 것이 아니라 자연을 극복하는 태도를 취한다.

– <차경수, '근대화에 따른 변화 양상'>에서

위의 글은 근대화에 따른 변화 양상을 지적인 면, 정치적인 면, 경제적인 면, 사회적인 면, 심리적인 면으로 다양하게 분석하고 있다. 물론, 실제 논술 시험지를 이렇게 쓸 수는 없지만 그 방식만은 눈여겨 둘 필요가 있다.

다시 한번 정리해 보자. 사고의 깊이를 충분히 드러내려면 수준 있는 어휘의 선택, 수준 있는 예시 사용, 다양한 분석 등이 있어야 한다.

다. 자신의 색깔을 나타내라.

등잔불 밑이 어둡다(?) - 재료는 멀리 있는 것이 아니라 가까이 있는 법이다. 막상 시험장에서 논술 주제를 받으면 전에 익숙히 알던 주제라도 긴장된 상태에서 의외로 생각이 막히는 경우가 많다. 또, 전혀 예상치 못했던 주제를 받고 나면 더더욱 그러하다. 이럴 때는 자신이 감당할 수 없는 덩치가 너무 큰 문제를 가지고 매달리지 마라. 오히려 설득력 있고 공감이 가는 재료는 자기 주변 가까이에 있다. 주제를 가지고 자기 주변을 유심히 관찰해 보라. 그러면 아주 참신하면서도 독특한 글감이 떠오를 것이다.

예문 8

싱싱하게 자라는 안마당 해바라기를 볼 때마다, 나는 내 방 앞에 있는 병든 해바라기를 생각하지 않을 수 없다. 내 서재 앞마당은 석 자도 못 되는 넓이인데다가, 6척이 넘는 벽돌담이 남쪽을 가리어, 꽃을 심어도 안 되고 나무를 심어도 안 되는 곳인데, 5월 달에 안마당에서 화초를 솎아 버리다가 그 중 키도 잎사귀도 제일 큰 해바라기 한 그루를 아깝다고 아이들이 옮겨다 심은 것이다.

볕도 안 들고 바람도 안 통하는 담 밑에서 해바라기가 될 리 없다고 생각은 하였지만, 아이들이 하는 일이기에 내버려 두었더니, 예상한 대로 이놈은 발육이 시원치 않았다. 해 잘 드는 안마당 해바라기는 매일 매일 무럭무럭 자라나서 밑둥 직경은 벌써 한 치가 실하고 키는 내 키가 넘으며, 상수리에는 꽃봉오리를 달고 바람이 불면 쟁반 같이 큰 잎사귀를 자랑스레 너울거리게쯤 되었는데, 내 방 앞 해바라기는 옮겨 심은 지 한 달이 지나도, 자라기는커녕 도리어 더 초라해만진 것이다. 줄거리는 언제까지나 새끼손가락 같고, 잎은 송편 크기만밖에 안한다. 그럴 지경이면 키도 차라리 안 컸으면 좋겠는데, 키만은 나잇값을 해 약간 자랐으니 도리어 탈이다. 워낙 가느다란데 키만은 자가웃 가량이나 크고 보니 바람기가 없어도 제풀에 쓰러질 듯 흐늘흐늘하는 폼이 위태롭기만 하다.

환경이란 참으로 무서운 것이다. 같은 종자에서 나왔고, 어렸을 때 같이 자란 해바라기언만, 햇볕을 받고 못 받는 차 때문에 안마당 해바라기와 내 방 앞 해바라기는 이렇게 아주 종자가 다른 것 같은 차이를 나타내고 만 것이다.

- <유진오, '해바라기'>에서

위의 글은 필자의 집에서 가꾸던 해바라기를 통해 식물은 물론이고 이 세상에 존재하는 생물들이 선천적 능력뿐만 아니라 후천적 요인인 환경에 의해서도 얼마든지 달라질 수 있다는 것을 쉽고도 설득력 있게 전달하고 있다.

라. 거꾸로 보면 세상이 달라진다. - 통념을 깨라

거꾸로 보면 세상이 달라진다! 이 말은 얼마 전 한 은행장이 자신의 은행을 선전하기 위해서 물구나무를 서면서 한 말이다. 그런데 이 말은 사실 논술 시험을 준비하는 학생들에게 가장 적절한 말이다. 시험장에 가 보면 수백 수천의 수험생들이 똑같은 주제를 거의 유사한 내용으로 써 내려 나간다. 그 말이 그 말이고, 그 내용이 그 내용이다. 따라서 문제를 평가하는 사람들에게는 평가 시간이야 말로 지루하기 짝이 없고, 고문을 받는 시간의 연속일 뿐이다. 시계만 자꾸 들여다 보게 되고, 아직 채점하지 않은 논술지만 자꾸 세어 보게 될 것이다. 이럴 때, 보통 수험생들의 논술과는 다른 관점이나 자료 제시가 나타난다면 관심이 갈 것이다. 이렇게 되려면 사물을 바라보는 사고의 틀을 바꿀 필요가 있다. 모든 사람들이 늘 그렇게 생각하는 고정 관념을 깨고 뒤집어 놓고 살펴 보든지 거꾸로 놓고 보든지 하라. 전혀 새로운 모습으로 그 사물을 바라보게 될 것이다.

예문 9

어떤 손(客)이 나에게 이런 말을 했다.

"어제 저녁엔 아주 처참한 광경을 보았습니다. 어떤 불량한 사람이 큰 몽둥이로 돌아다니는 개를 쳐서 죽이는데, 보기에도 너무 참혹하여 실로 마음이 아파서 견딜 수가 없었습니다. 그래서 이제부터는 맹세코 개나 돼지의 고기를 먹지 않기로 했습니다."

이 말을 듣고, 나는 이렇게 대답했다.

"어떤 사람이 불이 이글이글하는 화로를 끼고 앉아서, 이를 잡아서 그 불 속에 넣어 태워 죽이는 것을 보고, 나는 마음이 아파서 다시는 이를 잡지 않기로 맹세 했습니다."

손이 실망하는 듯한 표정으로, "이는 미물이 아닙니까? 나는 덩그렇게 크고 육중한 짐승이 죽는 것을 보고 불쌍히 여겨서 한 말인데, 당신은 구태여 이를 예로 들어서 대꾸하니, 이는 필연코 나를 놀리는 것이 아닙니까?"

하고 대들었다. 나는 좀 구체적으로 설명할 필요를 느꼈다.

"무릇 피(血)와 기운(氣)이 있는 것은 사람으로부터 소, 말, 돼지, 양, 벌레, 개미에 이르기까지 모두가 한결같이 살기를 원하고 죽기를 싫어하는 것입니다. 어찌 큰 놈만 죽기를 싫어하고, 작은 놈만 죽기를 좋아하겠습니까? 그런즉, 개와 이의 죽음은 같은 것입니다. 그래서 예를 들어서 큰 놈과 작은 놈을 적절히 대조한 것이지, 당신을 놀리기 위해서 한 말은 아닙니다. 당신이 내 말을 믿지 못하겠으면 당신의 열 손가락을 깨물어 보십시오. 엄지손가락만이 아프고 그 나머지는 아프지 않습니까? 하물며, 각기 기운과 숨을 받은 자로서 어찌 저놈은 죽음을 싫어하고 이놈은 좋아할 턱이 있겠습니까? 당신은 물러가서 눈 감고 고요히 생각해 보십시오. 그리하여 달팽이의 뿔을 쇠뿔과 같이 보고, 메추리를 대붕(大鵬)과 동일시하도록 해 보십시오. 연후에 나는 당신과 함께 도(道)를 이야기하겠습니다."

라고 했다.

– <이규보, '슬견설'>에서

위 글에서 필자는 '사물에 대한 편견을 버리라'는 주장을 하고 있다. 이러한 주장을 하면서 그는 일반 사람들이 대수롭지 않게 생각하거나 불결하게 생각하는 '이'를 소재로 하여 손(客)으로 하여금 엄청난 충격(?)을 받게 함과 동시에 손의 주장이 얼마나 그릇되었는가를 분명하게 제시해 준다. 이렇듯 참신하고 자신의 주장을 극명하게 대비시킬 수 있는 소재를 찾을 수 있다면 얼마나 좋겠는가.

마. 옷 바꿔입기 - 논제에 대한 접근 방식을 달리하라

모든 사람들이 전개해 나가는 방식으로 글을 쓰기 보다는 자신만의 독특한 색깔을 가지는 것이 나을 때가 있다. 가령, 자신의 의견이 정당함을 주장하고자 하여 그 근거를 밝힐 때, 여러 사례들을 들고 이를 바탕으로 자신의 주장을 입증하고자 하는 것은 너무나 평범한 방법이다(평범한 방법이 옳지 못하다는 것은 결코 아니다).

이 경우, 자신의 주장을 과감하게 먼저 제시하고 이에 대한 근거를 제시하여 보라. 그러면 강한 인상을 심어 줄 수 있다. 아니면 상대방의 주장에 대한 부분적인 긍정을 하고 이를 포괄하는 자신의 의견을 제시하면서 상대방의 의견을 반박하여 보라(이보 전진을 위한 일보 후퇴랄까).

예문 10

나는 여기서 민족적 이상이라 하였다. 이 민족적이란 말에 대하여 이의(異議)를 제출할 이가 있을는지 모르겠다.

"너는 어찌 편협(偏狹)하게도 하필 민족적 이상이라 하는가? 이 문명한 시대, 활달한 세계에, 이상이거든 모름지기 세계적 이상, 인류적 이상이, 금일 세계 인류 각개의 추구할 것이 아닌가? 하필 민족이란 구시대, 구제도의 유물(遺物)에 연연(戀戀)의 생각을 붙일 필요가 무엇이냐?"고. <중략>

그러하다. 나도 난자(難者)와 같이, 민족이란 것이 구사회(舊社會) 제도에서 의식 쟁탈(衣食爭奪)에 유리한 방편으로 하여 그 단결이 더욱 공고하여진 일면을 가진 것을 인정한다. 그러나, 민족이란 것이, 과연 순연(純然), 자본주의라는 우연적, 인위적 사회 제도의 일 산물(一産物)이며 일 방편(一方便)으로, 금후 개조된 사회 제도에서 당연히 소멸할 운명을 가진, 아무 의의(意義)와 진가(眞價)를 가지지 아니한 것이냐 하면, 우리는 이에 대하여 결코 경경(輕輕)히 긍정의 대답을 할 수가 없다. 왜 그러냐? 민족의 구별이 생김은 첫째는 혈통(血統)이 다르며, 둘째는 생활의 근거지가 다르며, 셋째는 언어가 다르며, 넷째는 그 특질이 다르며, 다섯째는 역사가 다름을 말미암음이니, 이제 아무리 물질적 평등의 사회가 실현된다 할지라도, 이 다섯 개의 조건이 일조(一朝)에 아니 점차적으로도 소멸할 리가 만무한 까닭이다.

– <최현배, '조선 민족 갱생의 도'>에서

위의 글은 오늘날 우리가 쓰는 문체와는 사뭇 달라서 어색하다. 하지만 다른 사람의 논점을 부각시키고 그것을 차분히 반박해 가는 방법은 우리가 곰곰히 되씹어 볼 일이다.

이것도 아니면 상대방에게 받을 수 있는 비판을 미리 변호해 보라.

이렇게 하면 나만의 독특한 색깔이 나올 수도 있을 것이다. 그러나 항상 이런 방법을 쓰는 것은 조심해야 한다. 문제의 성격에 따라 효과적일 수도 있고 그렇지 않을 수도 있기 때문이다.

바. 단락의 원리를 깊이 새겨라.

① 부분은 또한 전체(통일성과 완결성)

본론은 전체 글의 대부분을 차지하기 때문에 대개 몇 개의 단락으로 이루어지게 된다. 이 경우, 각 단락은 부분이면서 또한 전체가 되어야 한다. 그리고 이러한 전체는 하나인 주제를 향하여 집중되어 있어야 한다. 문장 하나하나가 하나의 주제에 집중되고 단어 하나하나가 하나의 주제를 나타내는 데 반드시 필요한 것이어야 한다. 어떤 글은 분량은 많은 데 실제로 왜 그러한 내용이 나와야 했는지에 대해 의구심이 가는 경우가 있다. 이것은 단락 전체의 내용이 한 주제에 집중되지 못하고 있기 때문이다. 이것은 마치 오케스트라에 비유될 수 있다. 모든 악기를 연주하는 연주자들이 한 지휘자의 지휘봉에 집중하여 지휘자의 요구에 따라 일사분란하게 움직여 주어야 한다. 그런데 몇몇 악기 연주자들이 지휘자와는 상관없이 자신의 생각에 따라 움직이고 있다고 생각해 보라. 도움은 주지 못할 망정 오히려 그들이 있음으로 해서 오케스트라 전체의 하모니가 깨져 버리게 된다. 글을 쓰는 사람들은 이 점을 명심해야 한다. 내가 쓰고 있는 글이 도움을 주거나 아니면 해를 끼친다는 것을. 있으나마나 한 것은 절대 없다.

또, 한 단락이 전체로서의 역할을 가지려면 하나의 주제문과 이를 뒷받침할 수 있는 몇 개의 뒷받침 문장으로 이루어진다. 이를 완결성이라 하는데, 대개 주제문은 추상적, 일반적 진술에 의해 이루어지고, 뒷받침 문장은 구체적, 특수 진술에 의해 이루어진다. 여기서 특수 진술은 구체화나 상세화, 예시, 인용, 이유 제시 등의 방법을 통해서 이루어진다.

② 길어도 줄은 하나(일관성)

하나의 단락을 이루는 문장들이 많으나 적으나 이들은 서로 긴밀하게 연결되어 있으면서 그 순서나 논리에 맞아야 한다. 그러나 막상 글을 쓰는 사람들이 쓸 것이 없어서 이것 저것 끌어 쓰다 보면 앞뒤의 내용이 전혀 어울리지 않는 경우가 많다.

이처럼 글의 일관성을 지니기 위해서는 적절한 접속 어구의 사용이 필요하다. 접속어구를 사용하여 앞뒤 문장을 연결함으로써, 뒷문장의 앞문장에 대한 관계를 밝히고, 뒷문장이 나아갈 방향을 예고한다. 때로는 접속 어구를 일부러 생략하여 참신한 감을 주기도 하지만, 지나친 생략은 일관성을 해치고, 내용상의 혼란을 일으킬 수도 있으므로 유의해야 한다.

또, '이, 그, 저' 계열의 지시어 등과 같이 앞이나 뒤에 내용을 다른 용어로 대신하는 것도 한 방법이다. 이 경우에 그 대용 어구가 무엇을 가리키는지 분명하게 파악할 수 있어야 한다. 또, 주로 그 단락의 핵심 어구를 거듭 사용하여 일관성을 유지하는 것도 한 방법이 될 수 있다.

이러한 것은 집을 지을 때의 못과 같은 것이다. 목조 건물을 지을 때 겉으로 드러나지는 않지만 건물의 주요 재료들이 제 자리를 잡을 수 있게 해 주는 것이 바로 못이다.

예문 11

요즘 두 사람만 모여도 화제는 단연 재임 기간 중 오천 억을 비자금으로 모았다는 노전대통령의 이야기가 압도적이다. 이 사건이 구체적으로 밝혀지기 시작하면서 우리 나라의 술 소비량이 부쩍 늘었다는 이야기도 나오고, 법을 어긴 사람들이 예전보다 더 격렬하게 항의하고 법을 집행하는 기관에 대한 불신의 벽이 깊어지고 있다 한다.

그도 그럴 것이, 오천억이라는 돈은 가히 천문학적인 숫자가 아닐 수 없다. 이 돈은 한 사람이 단군 왕조 시대 이래 일년에 일억씩을 모아도 아직 수백 억이 모자라는 숫자라고 한다. 그런데 이를 5년 동안의 임기 중에 축적한 것이라 하니 도대체 상상이 가질 않는다. 하루하루를 성실하게 살아 가면서 한 푼이라도 아끼려고 아둥바둥하며 살아가는 시민들의 삶이 허망하게 느껴진다. 참으로 개탄할 일이다.

"한 나라의 대통령이 하라는 정치는 안 하고 자신의 배를 불리려고 혈안이 되어 있었다니…….", "저런 날 강도 같은 사람이 보통 사람이라니 원, 보통 사람이 다 죽었지." "차라리 칼을 물고 자결이라도 하지. 부끄럽지도 않나?" 아무리 큰 소리로 별 소리를 다 하여도 우리의 마음은 시원하지가 않다.

그러나 이런 와중에서도 우리는 간음한 여인에게 행한 예수님의 행동을 생각해 보아야 한다. 당시 유대인들은 하나님의 계율을 어기고 마땅히 돌로

쳐 죽여야 할 여인을 예수님께로 끌고 왔고, 또, 그들의 마음에는 이미 살의를 가지고 있었다. 그러나 예수님은 그 여인을 구했으며, 유대인 또한 손에 들고 있던 돌을 놓고 그 자리를 떠나고 말았다. 과연 이 자리에서 누가 그에게 돌을 던질 수 있겠는가?

옛말에 '죄는 미워하되 사람은 미워하지 말라'는 말이 있다. 그가 행한 일은 결코 용서받을 수 없으며 앞으로 있어서도 안 될 죄악이다. 그러나 이와 함께 한 영혼을 위해서 기도하며 불쌍히 여길 줄 아는 기독교인이 되어야 한다. 예수님은 끔찍히도 더 죄를 미워하시고 멀리하셨다. 그러면서도 한 영혼을 구원하시기 위해 밤이 맞도록 기도하셨던 것이다.

(3) 결론 쓰기

가. 결론의 성격

결론은 전체 글의 논지를 요약하여 제시하는 부분이다.

서론에서 제시된 '문제'를 본론에서 완전히 해명한 다음, 결론에서는 본론에서 증명한 주장을 정리하여 읽는 이로 하여금 전체 글에서 어떠한 내용을 논의한 것인지 한눈에 볼 수 있게 하는 곳이다. 따라서 결론은 전체 글을 완성시킨다는 점과 함께 전달하고자 하는 바가 압축되어 제시되는 곳이라고 할 수 있다.

글을 평가할 때는 결론만 읽어보고도 그 글 전체의 수준을 짐작할 수 있으므로 결론 쓰기에도 세심한 주의를 기울일 필요가 있다. 논술문에서 결론은 본론 못지 않게 대단히 중요한 곳이다.

나. 결론 쓰기의 절차

먼저 서론을 확인한다. 서론이 제시한 '논제'를 다시 한번 확인하고 본론에서 주장한 바가 그것을 정확히 답하고 있는지 검토해야 한다. 결론을 본론과 동떨어진 내용으로 마무리해서는 안 되기 때문이다.

서론에 대한 확인이 끝났으면, 본론에서 주장한 내용을 정리한다. 자신이 주장한 바를 핵심적인 논거와 함께 묶어, 서론에서 제기한 '논제'에 대한 최종적인 답변만을 정리한다.

그런 다음, 군더더기를 붙이지 말고 간결하게 쓴다. 결론을 쓸 때에는 특히 본론에서 다루지 않은 내용을 쓸데없이 덧붙이거나, 양을 채우기 위해 상식적이고 구태의연한 상투어를 남용하지 않도록 주의해야만 한다.

다. 결론 쓰기의 방식.

결론을 어떻게 쓰는가에 대해서는 반드시 정해진 유형이 있는 것은 아니고, 글의 성격이나 필자의 의도에 따라 달라질 수 있다. 글의 결론이 어떤 방법으로 쓰여지고 있는지 구체적인 문장을 통해 알아보자.

① 본론의 내용을 요약 정리하는 방식

이 방식은 논리적인 성격의 글에서 흔히 사용되는데, 읽는 이로 하여금 글쓴이의 의도나 본론에서 언급한 중요 내용을 쉽게 파악할 수 있게 한다.

예문 1

무릇 참다운 국가의 교육 목표를 달성하고 선진국으로 향하는 문턱에 한 걸음 더 다가서기 위해선, 단순 기술의 조작(造作)만이 아닌, 기본 지식의 완벽한 정리와 이해가 필요한 것이며, 그런 바탕 위에 비로소 컴퓨터 등의 새로운 매개물의 활용을 도모하여 첨단 기술의 지속적인 개발을 추구하는 것이 보다 중요한 일이라고 할 것이다.

– <이용태, '컴퓨터의 조기 교육의 허(虛)와 실(實)'>에서

② 추론의 결과로 끝맺는 방식

이 방식은 본론에서 논의해 온 결과를 결론으로 삼으면 된다. 1)과 다른

점은, 1)이 본론에서 논증의 결과까지 이루어진 것을 다시 결론에서 요약·정리하는 데 반해 2)는 본론의 논증 결과가 결론에서 다루어진다는 데 있다.

예문 2

이와 같은 맥락에서 볼 때 국악(國樂)에 나타나는 연속성이야말로 우리들 동이정신(東夷精神)의 음악적 화신(化身)이자 우리들 고유의 정체성(正體性)을 가장 적나라하고도 상징적으로 대변해 주는 예술적 증표가 아닐 수 없다고 하겠다.

- <한국 전통 음악 대전집>에서

③ 과제나 자신의 의견을 제시하는 방식

앞부분에서 논의한 결과에 대한 해결책이나 의견 제시로 끝맺는 방식이다. 대개 본론의 내용을 요약한 후 주제와 관련하여 앞으로의 전망을 말하거나 읽는 이에게 어떤 자세를 요구하는 경우도 있다.

예문 3

이제까지의 주택 정책은 발등의 불을 끄기에 급급한 것이었다. 그러나 이런 정책은 오히려 문제를 악화시킬 가능성도 있다. 따라서 앞으로의 주택 정책은 이번 조사에서 나타난 사회 변화와 인구의 이동 추세 등을 적절히 수용하고 조절할 수 있는 종합적인 내용의 것이 되어야 한다.

- <중앙일보 사설(1991)>에서

④ 일반적인 진술로 마무리하는 방식

앞에서 말한 구체적인 진술을 추상적이고 일반적인 진술로 마무리 짓는 방식이다. 수필에서 흔히 쓰는 방법이다.

예문 4

귤(橘)이 회수(淮水)를 건너면 탱자가 된다는 말이 있다. 예전엔 남의 문물이 해동(海東)에 들어오면 해동 문물(海東文物)로 변했다. 그러나, 그것은 탱자가 아니라 진주(眞珠)였다. 그런데, 근래에는 반드시 그렇지만은 않은 것 같다. 남의 것이 들어오면 탱자가 될 뿐만 아니라, 내 귤까지 탱자가 되고 마는 것 같아 안타까울 때가 있다.

– <윤오영, '마고자'>에서

라. 결론을 쓸 때의 유의점

1) 본론에서 논의한 내용에서 벗어나 논점을 흐리는 일이 없도록 **한다**. 결론은 새로운 내용을 제시하는 곳이 아니다.
2) 본론을 요약 · 정리할 때 내용이 단순 반복되지 않도록 한다. 결론이 본론의 내용을 간결하게 압축하여 인상적으로 제시해야 한다.
3) 부분적인 결론이 아니라 전체적인 결론이 되도록 쓴다. 결론은 어디에나 글 전체의 결론이어야지, 본론의 마지막에서 논의하고 있는 내용과 관련하여 결론을 맺어서는 안 된다.
4) 결론의 분량은 서론과 마찬가지로 전체 글의 1/5 이상을 넘지 않도록 한다. 결론은 글을 압축적, 인상적으로 마무리 지으면 되는 것이지 불필요하게 늘여씀으로 하여 글을 산만하게 만들 필요는 없다.

3) 논술문에서 범하기 쉬운 오류와 정확한 문장 쓰기

(1) 심리적 오류

논리를 통해서 결론에 이르러 주장을 하기보다는 상대방의 심리적인 측면에 변화를 가져 오도록 함으로써 생기는 오류이다.

① 동정(연민)에의 호소 : 동정이나 연민에 호소해서 논지를 받아들이게 하는 오류

예) 교수님, 이 과목에서 B학점 이상을 받지 못하면 장학금을 받지 못합니다. 그러면 저는 학교를 다닐 수 없습니다.

② 공포(위험, 위협, 힘)에의 호소 : 어떤 논지를 공포, 위험, 공갈, 협박, 근심, 불안 등의 이유로 받아들이게 하는 오류.

예) 이곳에 쓰레기를 버리면 손목이 성하지 못함.

③ 증오(분노)에의 호소 : 증오심이나 감정에 호소해서 논지를 받아들이게 하는 오류.

예) 내 말을 듣지 않으면 내가 죽을 때까지 너를 저주할거야.

④ 사적 관계에의 호소 : 친구, 동창, 동향 등의 관계에 있는 사람들의 인정에 호소함으로써 논지를 받아들이게 하는 오류.

예) 네가 친구라면서 그런 부탁 하나 안 들어 주니?

⑤ 대중에의 호소 : 합리적 근거를 결여한 주장을 대중의 편견, 감정, 군중심리, 열광 등에 호소하여 동의를 얻어 내고자 하는 오류.

예) 너 아직도 이 상품을 모르니? 이걸 구입한 사람들이 벌써 100만을 넘었다 얘.

⑥ 부적합한 권위에의 호소 : 특정한 분야의 권위자를 다른 분야의 전문가나 권위자로 내세워서 어떤 견해를 정당화하려는 오류.

예) 이 화장품은 정말 피부 미용에 탁월한 효과가 있어. 그 유명한 ○○○ 탤런트도 이 화장품을 쓴다고 선전하잖니?

⑦ 인신 공격 : 사람의 인품이나 성격을 비난함으로써 그 사람의 주장이 잘못되었다고 하는 오류.

예) 그 정치가의 말은 들을 필요도 없어. 자기 마누라를 버린 사람이 무슨 그런 말을 할 자격이 있어?

⑧ 정황에의 호소 : 직업, 직책, 처지 등 어떤 사람이 처한 정황을 바탕으로 논지를 수용할 것을 요구하는 오류.

예) 야, 회사 부장이라는게 거저 되는 줄 알아? 아부할 땐 아부하고 눈 감아 줄 땐 눈 감아줄 줄 알아야 하는거야. 이번 일도 어쩔 수 없어, 그냥 넘어가는 수밖에.

⑨ 피장파장(역공격) : 비판 받은 내용이 비판하는 사람에게도 그대로 적용됨을 근거로 비판에서 벗어나려는 오류.

예) 너는 뭘 잘 했다고 떠드니 떠들기를, 저도 이혼한 처지에 남 이혼했다고 비난하다니 나 원.

⑩ 원천봉쇄(우물에 독 뿌리기) : 반론이 일어날 수 있는 원천요소를 원천적으로 비난하여 자신의 논지를 옹호하는 오류.

예) 내 말에 혹시 반대하는 사람이 있을지도 모릅니다. 그러나 그렇게 반대하는 사람이 무식한 것입니다.

(2) 자료적 오류

자료에 대한 그릇된 판단에서 잘못된 결론을 도출하는 오류이다.

① 성급한 일반화 : 제한된 정보, 부적합한 통계 자료, 대표성을 결여한 사례 등에 근거하여 성급하게 일반화하는 오류.

예) 어제 철수가 약속을 지키지 않은 것으로 볼 때, 그는 믿을 수 없는 사람이야.

② 잘못된 유추 : 부당하게 적용된 비유에 의해 잘못된 결론을 도출하는 오류.

예) 컴퓨터와 사람은 비슷한 점이 많아. 이것을 보면 컴퓨터도 사람처럼 감정을 가지고 있는 것 같아.

③ 무지에의 호소 : 어떤 주장이 반증되지 못했기 때문에 참 또는 거짓이

라고 일방적으로 결론을 내리는 오류.

예) 내가 그 사람을 때린 것을 본 사람이 없다. 그러므로 나는 그 사람을 때리지 않았다.

④ 의도 확대 : 의도하지 않은 결과에 대해 의도가 작용했다고 보는 오류.

예) A서점에서는 이청준의 '축제'라는 소설이 많이 팔리고 있어. 그러니까 그 서점의 주인과 작가 이청준과는 가까운 사이일거야. 그렇지 않고서야 그렇게 많이 팔릴 리가 없잖아.

⑤ 잘못된 인과 관계(원인오판) : 단순한 시간적 선후 관계를 인과 관계로 오인하거나 어떤 결과의 원인이 아닌 것을 그 결과의 원인으로 잘못 받아 들이는 오류.

예) 철수가 오늘 시험에 떨어진 것은 아침에 미역국을 먹었기 때문이야.

⑥ 합성의 오류 : 어떤 대상의 부분이 갖고 있는 속성을 그 대상 전체의 속성으로 보는 오류.

예) 현대 야구팀의 박재홍 선수가 홈런 1위를 달리고 있어. 그러니까 현대 선수들은 모두 홈런을 잘 칠거야.

⑦ 분할의 오류 : 어떤 대상 전체의 속성을 그 대상의 부분들의 속성으로 보는 오류.

예) 해태 야구팀이 현재 1위를 달리고 있으니까 그 야구팀의 선수들 모두가 야구를 제일 잘 할거야.

⑧ 흑백론적 사고 : 어떤 종류(집합)의 원소가 단 두 개밖에 없다고 보는 오류.

예) 네가 나의 친구가 아니라니, 그러면 너는 나의 적이구나.

⑨ 복합질문 : 어떻게 대답하든 대답하는 사람이 수긍할 수 없거나 혹은 수긍하고 싶지 않은 점을 수긍하는 결과를 가져오는 질문을 하는 오류.

예) 당신, 그 물건 어디서 훔쳤어?

⑩ 논점 일탈 : 어떤 논점을 뒷받침하기 위해 제시한 전제들이 사실은 다른 논점을 뒷받침하는 오류.

예) 이제까지 우리가 고도의 경제 성장을 이룩해 온 원인은 높은 교육열과 부지런함 때문이었습니다. 그런데 근면 얘기가 나왔으니 말인데 근면하다고 다 부자가 됩니까?

(3) 언어적 오류

① 애매어 : 두 가지 의미로 사용될 수 있는 단어의 의미를 명백히 분리하여 파악하지 못하고 혼동함으로써 생기는 오류

예) 나는 그녀와의 결혼을 포기해야 하겠어. 다른 사람이 그녀를 보고 천사라고 하잖아? 내가 사람도 아닌 천사와 어떻게 결혼할 수 있겠니.

② 애매한 문장 : 문법적인 구조의 애매함 때문에 같은 문장이 여러 가지로 해석이 가능하여 정확한 판단을 내릴 수 없는 경우에 생기는 오류.

예) 코가 큰 형의 친구를 바라보며 이야기를 계속했다.

③ 은밀한 재정의 : 사전적인 의미에 자의적인 의미를 은밀하게 덧붙임으로써 생기는 오류.

예) 그런 수전노하고 어울려 봐야 득 될게 하나도 없어. 영희 개 말야. 어찌된 애가 점심 한번 안 사는지 모르겠어.

④ 강조 : 문장의 한 부분을 불필요하게 강조함으로써 생기는 오류.

예) 동생하고 싸우지 말라고? 그러면 영희하고는 싸워도 되겠네. 영희는 동생이 아니니까.

⑤ 범주 오류 : 같은 범주에 속하지 않는 말들을 같은 범주에 속하는 것으로 생각하고 사용하는 데서 빚어지는 오류.

예) 고래 같은 거대한 어류도 살 수 있는데 그 조그만 꽁치는 왜 못 살겠니?

8 프레젠테이션 만들기

1) 프레젠테이션이란?

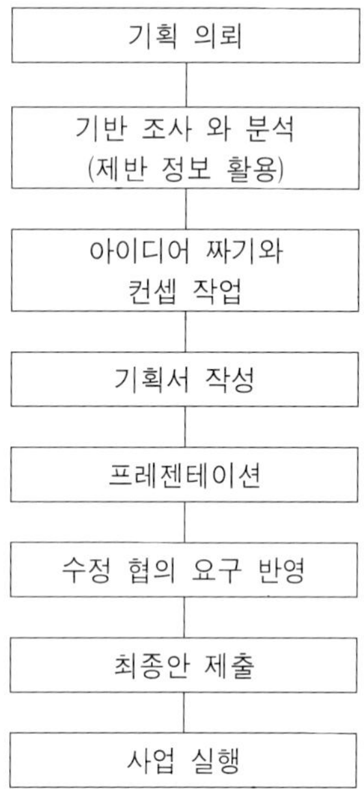

프레젠테이션(presentation)은 기획한 내용을 발표하는 것을 말한다. 발표자가 청중이나 기획의뢰자를 대상으로 기획서나 계획서 등을 전달하고자 하는 설득적인 말하기로서 기획의 최종단계라고 할 수 있다.

요즘, 프레젠데이션은 사업의 성사 여부를 좌우할 만큼 중요하게 여긴다. 날로 그 쓰임이 많아지고 프레젠데이션을 담당하는 사람은 그만큼 능력을 인정받는 경우가 많다. 프레젠데이션은 사업 계약이나 승인 전에, 행사를 유치하기 위해, 소비자에게 물품을 소개하고 판매하기 전에, 또는 경영 기획 설명이나 결산할 때도 활용된다. 심지어 수업이나 면접시험을 볼 때도 프레젠테이션을 활용하는 경우가 흔하다. 따라서 프레젠테이션 과정을 이해하고 여러 가지 기술적인 면과 기법을 익혀두는 것은 매우 중요하다. 성공적인 프레젠테이션을 하기 위해서는 프레젠테이션의 말하기 요령, 효과적 구성과 디자인, 자료 수집과 활용방안, 매체의 선정과 사용 방법을 알아둘 필요가 있다.

2) 프레젠테이션 과정

다음은 <조오현 외, 면접과 프레젠테이션, 건국대출판부, 2006>에서 밝히고 있는 프레젠테이션 과정이다.

(1) 목표 설정

* 구성 원칙 : 목표 명료화

① 설명하기 : 실험, 실습 보고, 연구발표, 면접, 제품 설명 업무 보고 등

② 제안이나 설득: 의사결정권자에 대한 제안이나 설득

(2) 정보 수집

* 구성 원칙 : 성격 및 목표 검증, 이후 단계의 전략과 방향 제시

① 청중과 관련된 정보

② 발표자와 발표 내용(집단 프레젠테이션의 경우)

③ 발표 시간

④ 발표 장소 및 상황

(3) 내용 구성

* 구성 원칙 : 좋은 내용, 알맞은 내용, 표현 방법, 매체결정

① 핵심어-제목-전개도 작성-내용 구조화-원고 작성

② 표현 방법 결정-자료 형태의 결정-우선순위 결정

(4) 자료 작성

* 구성 원칙 : 의미 전달 효과, 목적달성도, 오감별 정보 습득 의존도 분석

① 시청각 자료에 작용하는 요소를 고려한 자료 작성

② 활용 매체의 장단점 분석(컴퓨터, OHP, 슬라이드, 플립차트, 유인물, 오디오/비디오, 화이트보드)

(5) 연습 및 점검

* 구성 원칙 : 원고, 자료 등을 실전에 맞추어 점검

① 문제점 발견 및 수정

② 현장 적용 정도 점검

(6) 실행

* 구성 원칙 : 시작-본론-마무리, 질의응답 고려

① 시작하기(opening) : 자기소개, 인사말, 주제 설명

② 본론 소개 : 정보 및 설득 내용에 대한 간결 명료한 말하기

③ 질의응답과 마무리하기

3) 프레젠테이션 요령

일반적으로, 프레젠데이션에서 가장 중요한 점 두 가지를 들라하면 첫째, 기획서에서 언급한 내용의 차례를 반영하여 원고를 작성하되, 핵심 아이디어나 제안점을 부각시켜 이를 중심으로 편성하여 강조하며 둘째, 상대방의 요구와 입장에 맞춘다는 것이다.

우선 프레젠데이션을 요구하는 목적은 아이디어가 무엇이며 제안 사항이 무엇이냐이다. 이 두 사항이 허술하면 채택이 힘들다. 아무리 전달 방법이 짜임이 있고 멋져도 실내용이 없는 프레젠데이션은 외면 받기 쉽상이다. 그러나 경쟁하는 상황에서 아이디어나 제안점이 비등한 가치를 지닐 경우 프레젠테이션의 기법이 평가를 좌우하는 경우가 흔하다.

따라서 핵심 사항을 잘 구성하고, 명료하게 전달하는 디자인과 발화가 중요하다. 또한 상대방의 요구가 무엇인지 파악하여 반영되어 있어야 하며, 상대방이 알기 쉬운 매체나 언어를 사용하며, 상대방이 처한 상황이나 환경을 고려하여 발표하도록 한다.

프레젠테이션의 준비나 제작 단계에서는 팀을 이루어 활동하지만 발표자는 한 사람이 주로 한다. 다른 한 사람이 매체를 조작하거나, 참고 사항이나 영역별로 발표하는 경우에는 프레젠테이션의 흐름이 끊기지 않도록 사전에 충분한 연습을 해두는 것도 중요하다.

일반적으로 발표식 프레젠테이션의 경우, 주의할 점은 4가지를 살펴보자.

(1) 적절한 매체를 선정하고 참신한 디자인을 내세우라.

프레젠테이션의 목적을 달성하고 전달의 효과를 극대화하기 위해서는 적절한 시청각 자료를 활용한다. 전달 내용이 이성적 판단과 관련된다면 전달 형식은 감성적인 느낌과 관련된다.

프레젠테이션의 매체는 유인물, 플립차트, OHP, 파워포인트, 플래시, 동영상, 실물영상기 또는 실물 제시 등 여러 가지가 있다. 발표의 성격에 따라 적절한 도구를 선정하고, 이에 맞는 전달 요령이 필요하다. 특히, 시각적인 디자인 가령, 파워포인트나 플래시를 활용하는 경우에는 매우 참신하고 세련된 디자인을 강구하여, 몰입의 효과로 눈길을 사로잡도록 한다. 화면이 조잡하거나 흔히 쓰는 구성, 글자의 크기가 작아 읽기 힘들지 않도록 유의해야 한다.

프레젠테이션의 구체적인 매체 작성 방법과 이미지 창출 기법은 인터넷에서 많은 자료를 구할 수 있으므로 이를 활용하여 익혀 두기 바란다.

(2) 제한시간을 준수하라.

프레젠테이션의 시간은 특별한 경우를 제외하고는 1시간 이내일 경우가 많다. 여러 명이 발표하거나 의뢰자가 지정할 경우, 시간 제약은 있게 마련이다. 그러다보니 배경 설명을 장황하게 하다가 정작 본론을 전달하지 못하고 시간을 다 써 버릴 때가 있다. 또 제한 시간을 초과하여 발표하는 하게 되면 그만큼 상대방이 듣는 집중도도 떨어질 수 있으며, 지나칠 경우에는 반감이 있을 수 있으니 유의해야 한다. 심지어, 제재를 받는다면 성공한 프레젠이션과는 거리가 멀어진다. 사전에 항목별 시간을 설정해두고, 익숙할 때까지 연습을 해 두어야 한다.

(3) 적절한 언어와 몸짓을 활용한다.

프레젠테이션은 상대방이 받아들이도록 하는 것이 중요하다. 받아들이는 조짐은 프레젠테이션 도중에 나타날 수 있다. 그러므로 듣는 사람의 반응, 가령 얼굴 표정이나 태도를 살펴가면서 이에 적절한 말소리의 강약, 어휘의 선택, 몸짓을 활용하는 응용력이 필요하다. 이해가 되지 않는 반응일 때는 천천히 쉽게 설명하고, 반론적인 반응이 보이면 좀 더 유화적인 표현으로 바꾸어 대처한다.

(4) 도중에 반응을 유도하거나 마무리에서 질문 시간을 갖는다.

프레젠테이션은 독백도 아니고 연설도 아니다. 상대방을 앞에 두고 설명하기도 설득하기도 하는 작업이다. 앞서 상대방의 반응에 따라 적절한 언어나 몸짓을 강조하였는데, 발표 도중에 질문을 통해 반응을 살피고 공감대를 이끌어낼 수도 있다.

발표를 마무리하면서 '질문 있습니까?'라고 물어 최종적으로 의문 나는 점이나 보완 사항을 확인해 둘 필요가 있다. 의외로 자신이 미처 깨닫지 못한, 미흡한 사항을 처리하여 완전성을 높이는 부수 효과가 있을 수 있기 때문이다.

또한, 상대방의 참여를 간접적으로 이끌어 공감대를 높일 수도 있다.

참 고 문 헌

김동권 외,『언어와 문학』, 대한교육문화진흥회, 1998.
김문오,『좋은 글의 요건』, 국립국어원, 2006.
김주미,『현대인의 글쓰기』, 한국문화사, 2005.
노명완 외,『국어과교육론』, 갑을출판사, 1988.
리의도,『올바른 우리말 사용법』, 예담, 2005.
서정수,『논리적인 글쓰기』, 정음사, 1995.
이석규 외,『텍스트언어학의 이론과 실제』, 박이정, 2001.
정희모 · 이재성,『글쓰기의 전략』, 들녘, 2005.
조규태,『작문의 길잡이』, 경상대출판부, 2000.
조오현 외,『면접과 프레젠테이션』, 건국대출판부, 2006.
황종찬 편,『한국의 명문장 100선』, 청목, 2000.
서울대학교 대학국어작문편찬위원회,『대학국어작문』, 서울대학교 출판부, 1994.
국립국어원,『바른 국어 생활 국어문화학교』, 2006.
구보타 타츠야, 정유선 역,『일류기획의 테크닉』, 바른지식, 2004.
Jan Renkema, 이원표 역,『담화연구의 기초』, 한국문화사. 2002.
Patrick Hartwell · Robert H.bentel, 이을환 외 편역,『Open to Language』, 경음사, 1994.

제2편 대화

제1장 언어란?

1 언어의 특성

사람을 사회적 동물이라고 한다. 한자어로는 인간(人間)이라고도 한다. 이 말들에는 사람은 다른 사람들과의 관계 속에서 참다운 가치나 의미를 발견할 수 있다는 의미가 담겨져 있다.

그런데 사람과 사람을 연결시켜 주는 다리가 언어이다. 언어를 통해 자신의 감정을 표현하기도 하고 언어를 통해 다른 사람의 의사를 확인할 수 있다. 자신이 몰랐던 정보를 알기도 하고 내가 알리고 싶은 지식이나 정보도 언어를 통해서 전달할 수 있다. 언어를 통해 상호 협력하기도 하며 언어 때문에 서로 갈등하기도 한다.

아프리카의 한 지역에서는 사람이 태어나서 말을 사용할 수 있느냐 없느냐에 따라 그 명칭도 달라진다. 아이가 태어나서 말을 배우기 전까지는 '물건'이라는 의미의 '쿤투(kuntu)'라는 말로 부르다가 말을 배워 쓸 때가 되면 비로소 '사람'이라는 의미의 '문투(muntu)'로 부른다. 언어의 활용 능력이 인간됨의 기본임을 보여 주는 보기이다.

이러한 언어는 여러 가지 특징을 갖게 된다. 그 첫째는 자의성(arbitrariness)이다. 모든 낱말이나 형태소는 반드시 소리와 뜻의 두 면을 갖게 되는데, 이 둘의 결합관계는 필연적이 아니고 자의적이다. 물론, 어떤 낱말이나 소리들은 필연적인 관계가 있는 것처럼 느껴지기도 한다. 가령, 상징성이 강한 의성어나 의태어들을 보면 소리와 뜻의 결합관계가 필연적인 것처럼 보인다. <닭의 울음소리>를 /꼬끼오/로 나타낸다면 더 이상 다른 표현은 불가능하다고 여겨진다. 그러나 이러한 의성어도 모든 나라 말에서 똑같이 표현하지는 않는다. 영어에서는 cock-a-doodle-doo라 표현하며, 프랑스어에서는 cocorico로, 일본어에서는 kokekko로, 독일어에서는 kikeriki로 표현하고 있다. 이 소리들은 음성적으로는 유사하지만 꼭 같지는 않다. 한국어를 사용하는 사람들은 한국 사람들에게, 영어를 사용하는 사람들이나 일어를 사용하는 사람들은 자신들에게 맞는 소리와 뜻을 임의대로 결합시키는 것이다.

둘째는 사회성(sociality)이다. 자의적으로 맺어진 말이라 할지라도 한번 굳어진 것은 쉽게 바꾸거나 고칠 수 없다. 더욱이 한 개인이 어떤 의도를 가지고 이를 고치려 한다 해도 성공하기 어렵다. 즉, 어떤 사람이 /돌/이라는 이름이 마음에 들지 않는다고 해서 /먹/이라고 부른다고 가정할 때, 이것이 모든 언중들에게 받아들여지는 경우는 거의 없다. 말은 그것을 사용하는 언중들의 동의를 받고 오랜 동안 사용되어 온 것이기 때문에 이들의 암묵적인 동의를 얻지 않는 한 쉽게 고쳐지지 않는다.

셋째는 역사성(historicity)이다. 모든 말들이 처음 생성되던 때의 소리나 뜻을 계속 가지고 있는 것은 아니다. 이들도 시간이 점차 흐를수록 의식하지 못하는 사이에 조금씩 변화한다. 중세국어의 시기에 /ᄉᆞ랑ᄒᆞ다/는 <思, 億, 愛>의 세 가지 의미로 쓰이고 있었다. 그런데 이 말의 소리가 점차 변하여 오늘날의 /사랑하다/가 되었고 그 의미 또한 <愛>로 제한되어 쓰이고 있다.

넷째는 생산성(productivity)이다. 대부분의 말들은 자음과 모음의 수가 매우 제한적이다. 그러나 이 제한된 자음과 모음을 서로 다르게 결합시켜 수많은 단어를 생산해 낸다. 또, 여러 개의 낱말을 다르게 배열하여 거의 무한대의 문장을 만들고 이를 바탕으로 다양한 의사소통을 하게 한다. 이러한 특징은 단순히 말을 만들어내는데 그치지 않고 새로운 세계를 표현해 내는 능력을 가지기도 한다. 가령, '도깨비, 용, 투명인간' 등은 실제 존재하지 않지만 언어가 있음으로 해서 이들을 이해하고 새로운 사고를 발전시키기도 한다.

2 언어의 기능

이처럼 다양한 특징을 가지고 있는 언어는 궁극적으로 인간의 의사소통을 위한 도구가 되고 있다. 이를 몇 가지로 나누어 살펴보면 다음과 같다.

첫째, 언어는 정보 전달의 기능을 갖는다. 자기의 생각이나 느낌을 이야기하는 것, 어떤 일에 대해 서로의 정보나 견해를 주고받는 것, 강의실에서 이루어지는 강의와 질문 등에 사용되는 언어는 모두 정보를 전달하는 기능을 수행한다. 일상적인 정보에서부터 문화나 지식의 전수까지, 개인적이고 사소한 정보에서부터 국가의 중요한 정보까지 모두 언어를 사용하여 전달할 수 있다.

둘째, 언어는 감정 표현의 기능을 갖는다. 언어는 표면에 드러나는 정보의 전달뿐만 아니라 내면에 숨겨진 감정을 드러낼 수도 있다. 서로의 감정이나 느낌을 언어로 전달함으로써 인간관계를 유지시켜 주는 기능을 한다. 또한 매우 격한 감정의 상태나 감정이 고조되었을 때 생각하지도 않던 말이 튀어나오게 되는데 이것도 언어가 감정 표현의 기능을 수행하고 있음을 보여주는 것이다.

셋째, 언어는 사회적 접촉의 기능을 한다. 이것은 사회생활을 좀 더 부드럽고 풍요롭게 하기 위해서 의례적인 인사나 형식적인 말을 주고받을 때 나타나는 기능이다. 친분을 나타내거나, 어색한 상황을 피하거나 매끄럽게 하는 것이기 때문에 겉으로 표현되는 의미만을 갖는 것이 아니다. 따라서 같은 상황에서 나온 말은 대답도 거의 일률적이다. 발을 밟고 "실례했습니다."라고 인사를 하는 발화자에게 "실례인 줄 알면서 왜 하셨나요?"라고 말하는 것이나, 지나가면서 "안녕하세요?" 하고 인사를 하는 발화자에게 "아니, 안녕하지 못하다."라고 말하는 경우는 정상적인 의사소통을 벗어난 경우가 된다. 이 경우는 상황에 따라 발화자를 크게 당황시키거나, 웃음을 이끌어내는 유머로 작용하기도 한다.

3 음성언어와 동작언어

의사소통이라는 측면에서 언어의 유형을 나누면 언어적 의사소통과 비언어적 의사소통으로 나눌 수 있다. 이 중 언어적 의사소통에 해당하는 것이 음성언어이고 비언어적 의사소통에 해당하는 것이 동작언어이다.

음성언어

언어는 말소리를 형식으로 하고 의미를 내용으로 하는 기호의 체계다. 그런데 때로는 말소리 대신에 문자가 쓰이기도 한다. 전자의 경우를 음성언어라 하고 후자를 문자언어라 한다. 대화는 음성언어가 주 대상이 된다.

음성언어를 사용하여 의사소통을 하는 과정을 Dense & Pinson(1993, 구현정(2005:33)에서 재인용)에서는 아래와 같이 설명하고 있다.

1. 발화자는 자신의 말소리와 음파의 환류(feedback)작용에 의해 자신의 귀로 들어온 소리를 감각신경을 통하여 뇌에 저장한다(생리학적 단계).
2. 뇌에서 전달하고자 하는 메시지를 이미 저장된 소리를 통하여 청각영상(acoustic image)으로 바꾼다(언어학적 단계).
3. 운동신경을 통하여 음성기관을 작동시킨다(생리학적 단계).
4. 음성기관을 통하여 만들어진 말소리가 공기 중에서 음파로 되어 수신자의 귀로 전달된다(음향적 단계).

5. 귀로 전달된 소리가 감각신경을 통해 뇌로 들어간다(생리학적 단계).
6. 뇌로 들어온 청각영상을 통해 메시지를 해독한다(언어학적 단계).

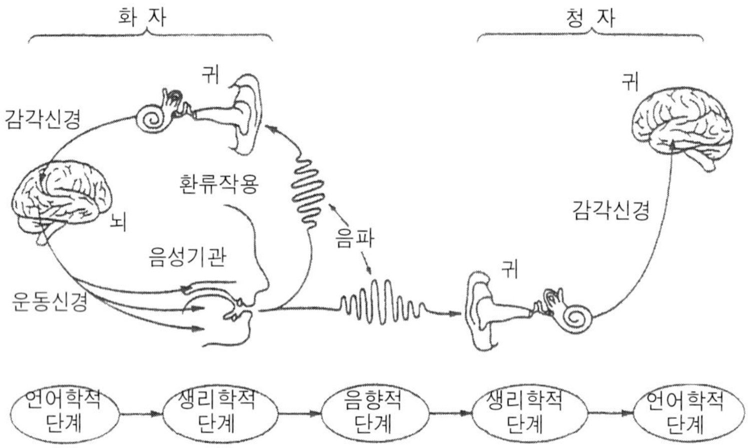

그림 1 대화의 연쇄

위와 같은 과정을 통하여 화자는 청자에게 자신이 말하고자 하는 내용을 보내게 되며 청자는 다시 화자가 되어 상호 간에 자유로운 의사소통이 이루어지게 된다.

동작언어

의사소통의 과정에서 언어적인 것 못지않게 비언어적인 것도 중요하다. 실제 대화 과정에서 언어적인 것보다 비언어적인 것이 더 영향을 미칠 때도 있고 이를 더욱 신뢰하는 경향도 있다. 비언어적인 것에는 목소리, 얼굴 표정, 눈, 몸짓 등이 있는데 이를 동작언어로 묶을 수 있다.

동작언어는 음성언어를 능숙하게 사용하지 못할 경우에 많이 쓰인다. 말을 제대로 표현하지 못하는 어린아이가 얼굴을 찡그리며 우는 행동을 하거나 몸을 좌우로 흔들거나 얼굴을 돌리는 행위가 그러하다. 또, 외국인과 대화할 때, 외국어로 표현하는 것이 서툴면 평소보다 여러 가지 동작을 과도하게 사용하기도 한다.

그렇다고 동작언어가 항상 음성언어의 부속물이거나 대체수단으로 작용하는 것만은 아니다. 어린 아이가 말을 배우기 시작할 때 다양한 동작언어도 함께 배우고 활용하게 된다. 길을 가다가 아는 사람을 만나면 "반갑습니다."라고 말하며 고개를 숙인다. 이 경우, 말을 하지 않고 고개만을 숙이거나 말만 하고 고개를 숙이지 않는다면 서로에게 호감을 느끼지 못할 것이다. 이와 같이 음성언어와 동작언어는 의사소통이라는 공동의 목표를 달성해 가는 협력자가 된다.

음성언어와 동작언어가 의사소통 과정에서 서로 다른 역할을 분담하기도 한다. 지식적인 정보를 주로 전달하고자 할 때에는 음성언어를 사용하고, 감정적인 정보를 전달하고자 할 때에는 동작언어를 많이 사용한다. 그러나 대부분의 경우 음성언어와 동작언어가 함께 사용될 때 의사소통의 목적을 달성할 수 있다.

한편, 음성언어보다 동작언어가 의사소통 과정에서 더욱 영향을 미치는 경우도 있다. 버드휘스텔은 인간의 의사소통 과정에서 언어에 의한 메시지 전달이 35% 이하이고 65% 이상이 비언어적 메시지로 구성되어 있다고 하였다. 어떤 경우에는 음성언어를 사용하지 않고 동작언어만을 사용하는 경우도 있다. 휴대전화로 통화하는 중에 아는 사람이 지나가면 손만 흔들거나 좁은 길에서 마주 오는 운전자에게 먼저 지나가도록 손짓을 하여 음성언어를 대신하기도 한다.

음성언어와 동작언어가 동시에 실현되면서 그 나타내는 신호를 달리할 때 동작언어의 중요성이 더욱 드러나기도 한다(구현정, 2005:45 인용).

(1) 영수 : 철수야! 어제 그 일 때문에 화났니?
철수 : 아니, 화 안 났어.
영수 : 에이, 그런 것 같지 않은데?

영수의 물음에 철수는 "화 안 났어."라고 말하고 있다. 그러나 영수는 이에 만족하지 않고 철수의 표정을 유심히 살펴보면서 다시 한번 철수의 반응을 확인해 보고 있다. 만약에 두 번째의 물음에도 철수가 화난 표정을 거두지 않는다면 영수는 철수가 분명히 화가 났다고 판단을 할 것이다.

표 1 음성언어와 동작언어

음성언어	동작언어	전달 내용
"나 화났어."	+ 화난 동작	나 화났다.
	- 화난 동작	화났다고 표현하지만 실제로는 화나지 않았다.
"나 화 안 났어."	+ 화난 동작	정말 화가 났지만, 그것을 말하고 싶지도 않다.
	- 화난 동작	나 화 안 났다.

이처럼 음성언어보다 동작언어가 더 영향을 끼치는 경우는 문화와도 밀접한 관련이 있다. 상황의존도가 높은 문화일수록 전달되어지는 메시지가 갖고 있는 음성언어 정보보다 그 메시지가 전달되어진 주변상황과 맥락에 더 의존하는 경우가 많다. 그런데 우리의 문화적 환경은 다른 문화보다 비교적 상황의존도가 높은 문화에 속한다. 따라서 우리와 같은 문화적 환경에서 살아가는 사람들에게는 동작언어에 대한 이해가 더욱 필요하다.

콘든(1975, 김우룡 · 장소원(2004:44) 재인용)은 이러한 동작언어가 가지는 특성을 다음과 같이 말하고 있다.

1. 언어가 세계의 많은 사람들에게 알려져 있고 문화 혹은 인종에 따라 다

른 데 비해서 비언어적 행위는 인간의 보편적이고 자연적이며 학습되지 않은 행위들을 포함한다.

2. 언어가 체계화되어 있는 데 비해서 비언어적 행위들은 체계화되기 어렵거나 체계화시킬 수 없다.
3. 언어와는 달리 비언어적 의사소통은 수화에 관한 것을 제외하고는 사전(dictionary)이 없다.
4. 비언어적 의사소통은 잘 알아듣지 못했거나 이해하지 못한 내용을 상대방에게 반복해서 물어볼 수 없다.
5. 언어는 자신의 목적을 위해 생각하는 내용을 의도적으로 통제하거나 왜곡해서 전달할 수 있으나 비언어적 의사소통은 통제하기가 어렵다.
6. 비언어적 의사소통 행위는 언어와 일치하지 않는 경우가 많다.

위에서 제시한 것처럼 동작언어는 학습을 통하여 일반화되지 않은 행위를 다수 포함하고 있으며 체계화되지 않았기 때문에 이를 연구하거나 이해하는 데 어려움을 겪기도 한다.

제2장 동작언어의 종류

1 목소리

목소리의 기능

어떤 사람의 목소리만 들어도 그 사람에 대한 기본적인 정보를 얻을 수 있다. 즉, 성(性)이나 나이는 물론이고 말하는 사람의 기분이나 건강 상태까지도 알아낼 수 있다. 이러한 목소리의 기능을 김우룡 · 장소원(2004:296-8)에서는 다섯 가지로 정리하고 있다.

첫째, 언어적 내용을 전달한다. 무의식중에라도 목소리를 통해서 말하고자 하는 내용을 전달하게 된다. "내가 원했던 게 바로 이거야."에서 '내가'를 강조해서 말했다면 말하는 사람이 무엇을 원하고 있었는지를 분명하게 알려 준다. 또 "밥을 먹어."라는 말도 문장의 끝을 어떻게 표현하느냐에 따라 그 의미가 달라진다. 말의 끝을 짧게 내려서 말하면 명령, 말의 끝을 올려서 말하면 의문, 말의 끝을 올렸다 내렸다 하면 청유의 의미를 전달한다.

둘째, 신분을 나타내기도 한다. 목소리는 각기 개별적인 특성을 갖고 있다. 목소리만 들어보면 그 사람의 성은 무엇이며 나이는 얼마쯤인지 짐작할 수 있다. 또 성격은 어떤지, 어느 지역 사람인지, 때로는 직업이 무엇인지도 알 수 있다.

셋째, 감정을 전달하기도 한다. 말하는 사람의 감정은 목소리를 통해 쉽게 감지된다. 평소보다 빠른 목소리는 마음이 조급한 상태를 나타내고 느린 목소리는 마음이 편안하거나 차분한 상태를 나타낸다. 목소리가 들떠 있는 경우는 흥분된 상태를, 목소리가 작을 때는 몸이 아프거나 일에 의욕이 없음을 나타낸다. 이 중 분노, 슬픔, 기쁨, 두려움 등은 목소리를 통해서 쉽게 감지되지만 혐오의 감정은 잘 감지되지 않는 경우가 많다.

넷째, 다른 사람과의 관계를 설정해 준다. 어떤 사람은 말하는 중간에 계속해서 '응?, 그렇지?, 안 그래?' 등과 같은 말을 사용한다. 이런 말들은 듣는 이로 하여금 대화에 동참하거나 반응을 나타내도록 유도한다. 또 목소리가 커진다거나 속도가 빨라진다거나, 억양이 강해지는 등의 행위를 통해서 대화에 참여하는 정도를 나타내주기도 한다. 부드러운 목소리는 상대방에게 따뜻하고 열린 마음의 상태를 보여주기도 하고 냉랭한 목소리는 적대감과 무관심한 상태를 보여주기도 한다.

다섯째, 통제의 기능을 한다. 목소리를 통해서 대인관계에서 힘의 우위 혹은 열세를 표현할 수도 있다. 그리고 직접적이지는 않지만 다른 사람에게 강한 인상을 남기려는 경우도 있다. 이 경우 높은 목소리보다는 깊은 목소리가 더욱 인상에 남는다.

목소리와 거리

목소리는 대화를 나누는 대상 사이의 거리에 따라서 목소리의 크기나 음색 혹은 의미가 크게 달라질 수도 있다. 에드워드(1973, 김우룡 · 장소원(2004:286))는 거리별 목소리의 크기와 의미를 몇 가지로 세분화하고 있다.

표 2 거리별 목소리의 크기와 의미

1. 최근접(7.5~15cm)	부드러운 속삭임: 극비사항
2. 근접(20~30cm)	들릴 정도의 속삭임: 극비
3. 가까움(30~50cm)	실내, 부드러운 목소리, 옥외, 힘껏 소리함: 비밀
4. 중립(50~90cm)	부드러운 목소리, 낮은 크기: 개인적인 일
5. 중립(1.2~1.5m)	큰 목소리: 개인적인 일이 아닌 정보
6. 공공적 거리(1.8~2.4m)	힘껏 부르는 소리: 남이 들어도 좋은 공적인 일
7. 건넌방(2.4~6m)	큰 목소리: 여러 사람에게 말함
8. 제한 없음	6미터에서 7미터 실내, 옥외 30미터까지 : 소리쳐 부름

* 인용자가 임의로 인치와 피트를 센티미터와 미터로 바꿈

목소리는 생리적, 물리적 특수성에 의해 결정되는 부분도 있다. 그렇지만 강하고 또박또박 발음하는 경우와 이완되고 어물거리는 발음, 빠르거나 느리게 하는 발화 속도, 공간이나 상황에 맞는 소리의 크기, 급격하거나 완만한 높이, 부드러운 리듬과 급박한 리듬 등은 개인의 의지에 따라 달라질 수 있다. 바람직한 대화를 이끌어가기 위해서 평상시에 많은 훈련을 통해 개선해 나가는 것이 필요하다.

2 눈

낯선 사람과 대화를 시작할 때 가장 당황하게 되는 것 중의 하나가 시선 처리이다. 똑바로 보아야 할지 아니면 시선을 외면해야 할지, 위로 올려다보아야 할지 아래로 내려다보아야 할지 결정하기가 어렵다. 방향뿐만 아니라 얼마나 자주 보아야 할지를 결정하는 것도 매우 어렵다. 대화를 이어가면서 끊임없이 눈에 대해 의식해야 한다는 것은 그만큼 눈의 역할이 중요하다는 의미이다.

눈과 관련된 내용은 크게 두 가지로 나누어 볼 수 있다. 먼저, 눈의 움직임 자체를 통해 나타나는 정보가 있다. 눈의 움직임은 주로 말을 하는 사람이나

듣는 사람의 감정을 표현한다. 자신이 흥미 있어 하거나 잘 아는 내용이 화제가 될 때에는 동공이 확대된다. 반면에 자신이 싫어하거나 잘 모르는 것이 화제가 될 때에는 자신도 모르게 동공이 축소된다. 긍정적인 내용일 때에는 동공이 확대되지만 부정적인 내용일 때에는 축소된다. 각선미가 있는 여성을 볼 때에 남성의 동공은 확대되며 근육질의 남성을 볼 때에 여성의 동공은 확대된다.

이와 함께 동공의 크기에 따라 매력이나 호감도가 달라지는 경우도 있다. 큰 동공을 소유한 사람은 작은 동공을 소유한 사람보다 더 호감을 끈다는 조사도 있다. 여성들이 눈동자가 커 보이도록 화장을 하는 것도 이 같은 맥락에서 이해할 수 있다.

눈은 대화의 시작을 알리는 기능을 한다. 사람은 대화를 시작하기 전에 먼저 그 사람을 응시한다. 서로 눈이 마주치면 대화가 시작된다. 그러나 대화 중에 계속 상대방을 응시할 수는 없다. 대화 중에 시선을 계속 바꿔야 하고 상황에 따라 응시하는 시간의 길이나 응시의 횟수도 달라진다.

동양에서는 웃어른과 대화를 할 때는 가급적 눈을 마주치지 않는다. 시선을 웃어른의 가슴 정도에 맞추고 가끔씩 위를 올려다보는 것이 보통이다. 부모가 훈계를 하고 있는데 눈을 똑바로 올려다보면 부모에게 반항하는 버릇없는 놈이라고 생각한다. 그러나 서양에서는 상대방의 신분과 관계없이 반드시 눈을 마주보아야 한다고 생각한다. 특히, 부모나 선생님이 자녀나 학생들에게 훈계할 때 다른 곳을 보면 예의가 없거나 훈계를 듣지 않으려는 아이라고 생각한다. 이런 아이에게는 항상 "Look at me. I'm telling you."라는 말이 뒤따른다.

눈은 보통 진실을 말해 준다. 그래서 상대방의 진실을 알고자 하면 눈을 먼저 바라보게 된다. 진실하지 못한 대화를 하는 사람은 이야기를 할 때 상대방을 바라보는 시간이 대화 시간의 1/3을 넘지 못한다고 한다. 반면에, 상대방에게 매력이나 호감을 가지고 있을 때에는 상대방을 자주 바라보게 된다. 대화 중에 자주 다른 곳을 바라보거나 자기의 일에만 열중하고 있으면 상대방은 자신의 말이 재미가 없거나 관심이 없다고 판단하게 된다. 사람들은 다른 사람의 반응을 살필 때 상대방의 얼굴을 본다. 이때 상대방이 똑같이 자신을 응시하고 있으면 자신의 말에 주목하고 있다는 신호로 받아들인다. 보다 적극적이고 친밀한 대화가 이루어지기 위해서는 상대방과 자주 시선을 마주치는 것이 필요하다.

시선을 마주치는 것뿐만 아니라 시선을 떼는 것도 중요하다. 대화 내내 상대방을 계속 응시하면 상대방에게 큰 부담을 준다. 대화 도중 상대방이 말을 하거나 자신이 질문할 때는 상대방과 눈맞춤을 해야 하지만 자신이 말할 때는 시선을 다른 곳으로 돌리는 것도 좋다.

대개 시선을 아래쪽으로 향하는 경우는 상대방에 대한 적대감이 없는 경우이다. 그러나 힘겨루기를 하거나 상대방의 주장에 동의하지 않을 경우에는 옆이나 위쪽으로 시선을 피한다. 또 무의식중에 눈을 감아버리는 것은 싫증이 났거나 관심이 없을 때, 혹은 자신이 상대방보다 우월하다고 느낄 때이다. 대화 중에 눈을 감는 시간이 길어지면 그의 마음에서 상대방에 대한 생각을 지워버리려고 하는 것이기도 하다.

응시에 대한 것도 사람에 따라 다르게 나타난다. 적극적이고 외향적인 사람이라면 호감이 가는 사람에게 시선의 양도 많고 응시도 비교적 길게 이어진다. 그러나 소극적이고 수줍음이 많은 사람은 호의를 갖고 있음에도 응시행위는 적게 일어난다. 또, 친절하거나 적극적이고 성실한 사람들은 그렇지 않은 사람보다 더 많이 응시하는 경향이 있다.

여성들이 남성보다 더 자주 오랫동안 쳐다보며 눈길의 교환도 더 많이 한다. 그리고 지위가 높은 사람보다는 지위가 낮은 사람이 훨씬 더 상대를 자주 쳐다본다. 낮은 지위에 있는 사람이 높은 지위에 있는 사람보다 눈치를 더욱 살필 수밖에 없다.

3 얼굴 표정

대화는 청각으로만 이루어지지는 않는다. 시각과 촉각 등을 이용하여 다양하게 이루어진다. 그런데 얼굴 표정은 시각적인 정보를 얻는 중요한 요소이다. 우선, 얼굴을 통해 상대방의 인종, 성, 나이, 건강 상태, 직업, 기분, 성향 등을 알 수 있다.

대화 중에도 얼굴은 말하는 사람이나 듣는 사람의 메시지를 전달하거나 보조 수단으로 작용한다. 만약, 얼굴을 보지 않고 대화를 할 경우와 그렇지 않은 경우를 상상해 보면 쉽게 이해가 된다. 사랑하는 사람끼리의 대화라 할지라도 직접 마주하고 대화하지 않는다면 그 느낌이 훨씬 덜할 것이다. 부부 싸움을 할 때 서로 얼굴을 마주 보며 이야기하면 싸움이 더욱 격화될 때가 있다. 격한 감정에 사로잡힌 모습이나 냉랭한 모습을 확인하면 상대방에 대한 분노가 더욱 치밀어 오르기 때문이다.

생물학적으로 얼굴은 입, 눈, 코로 이루어져 있으며 이 밖에도 눈썹, 이마, 볼, 턱 등이 얼굴 표정에 영향을 미친다. 때로는 피부색이 영향을 미치기도 한다. 이들 부위들은 독립적으로나 복합적으로 작용하여 어떤 메시지를 전달한다.

- 입 : 올리거나 내리기, 다른 각도로 입 벌리기, 이나 혀 보이기
- 눈썹 : 올리거나 찌푸리기
- 코 : 코웃음치기, 콧구멍 벌렁거리기
- 턱 : 올리거나 내리기
- 이마 : 펴거나 찌푸리기
- 피부 : 하얘지거나 빨개지기, 땀을 내거나 내지 않기

이러한 얼굴 표정은 기본적으로 감정을 전달하는데 사용된다. 기쁨, 슬픔,

두려움, 분노 등의 감정은 말이나 말소리보다 얼굴 표정에서 더 잘 나타난다.

에크먼과 프리슨(1975)은 얼굴에 여섯 개의 기본 감정 - 놀람, 두려움, 혐오감, 분노, 행복, 슬픔-이 어떻게 얼굴 표정으로 나타나는지를 보여주고 있다.

표 3 기본적 여섯 감정의 얼굴 표정(김우룡·장소원(2004:210) 인용)

감정	윗부분	중간부분	아랫부분
놀람	눈썹 올라감 이마 주름 형성	크게 뜬 눈 위쪽 눈꺼풀 올라가고 아래쪽 눈꺼풀 내려감	턱 내려감 입술과 치아 드러냄
두려움	눈썹 올라가고 몰림 이마 중간에 주름 형성	위쪽 눈꺼풀 올라감 눈꺼풀 올라가고 팽팽해짐	아래쪽 입 벌어짐 입술 팽팽해지고 뒤로 약간 잡아당겨짐
혐오감	눈썹 내려감	코 구겨짐 볼 올라감	위쪽 입술 올라감
분노	눈썹 내려가고 몰림	눈꺼풀 팽팽해짐 눈 튀어나옴	콧구멍 넓어질 수 있음 입술 다물거나 팽팽하고 벌어짐
행복감	나타나지 않음	볼 올라감 아래쪽 눈꺼풀 올라감 눈 주위와 밑에 주름 형성	입 모서리 뒤로 잡아당겨짐 입 주위에 주름 형성
슬픔	안쪽 눈썹 모서리 올라감	위쪽 눈꺼풀 모서리 올라감	입 모서리 내려감

이러한 얼굴 표정은 때로 복합적으로 나타나기도 한다. 인간의 감정이 항상 한 가지 감정만을 갖는 것은 아니기 때문이다. 학교를 졸업하는 것은 기쁜 일이기도 하지만 정든 친구들과 헤어진다는 것은 슬픈 일이기도 하기 때문이다. 이 경우, 얼굴에는 미소와 함께 눈가에는 슬픈 감정이 드러날 것이다.

사람들은 훈련이나 의지를 통해서 자신의 얼굴 표정을 감추기도 한다. 가령, 한국의 아버지는 아무리 슬픈 일이 있어도 자식들 앞에서 눈물을 흘리지 않고 슬픈 표정도 짓지 않으려 한다. 그러나 이러한 것도 완벽한 것은 아니다. 대부분의 표정은 1초에서 4초 정도 지속된다. 더욱 미세한 표현은 1초도 안 돼서 나타났다가 없어지기도 한다. 따라서 상대방을 주의 깊게 관찰하면 그의 진실한 감정을 알 수 있다.

인간의 감정이 얼굴 표정에 나타나기도 하지만 얼굴 표정이 개인의 감정에 영향을 미칠 수 있다는 연구 결과도 소개되고 있다. 즉, 웃는 얼굴로 만화책을 읽는 경우는 그렇지 않은 경우보다 더 많은 재미를 느낀다는 것이다. 월드컵 경기 때 많은 사람들이 함께 모여서 응원하는 것도 그 한 이유이다. 같은 마음을 가진 사람끼리는 감정도 전이된다.

이와 함께 얼굴 표정은 메시지의 전달 기능도 함께 갖는다. 서양 사람들이 어깨와 얼굴을 으쓱하면 "나는 잘 모른다.", "나와는 상관이 없다."는 메시지를 전달한다. 밤늦게 집에 돌아온 딸이 살금살금 거실을 지나치다가 동생을 만나면 눈으로 안방을 가리키면서 눈을 끔뻑거린다. 그러면 동생은 입을 삐죽거리면서도 언니가 보내는 무언의 요청을 받아들인다. 여기서 언니의 윙크는 "내가 왔다는 것을 부모님이 모르게 해 달라."는 메시지를 전달하고 있다.

얼굴 표정은 문화적 배경이나 성 또는 성격 등을 식별해 주는 기능을 한다.

서로 다른 문화권에 사는 사람들은 오랜 동안의 사회적 학습에 의하여 얼굴 표정을 달리하기도 한다. 개인주의가 발달한 문화에서는 자기표현을 장려하기 때문에 타인에게 감정을 표현하는 것이 자유로우며, 사람들은 친절하고 누구에게나 미소 짓도록 가르친다. 권력 차이가 거의 없는 이러한 문화권에는 남아프리카, 북아메리카, 호주, 북유럽 지역이 속한다.

반면에 집단주의적 문화에서는 개인의 요구보다는 사회집단의 조화를 우선시한다. 따라서 집단 내 구성원을 향한 부정적 감정표출은 억압되며, 집단 밖의 사람을 향한 감정표현에 대해서는 큰 강요가 주어지지 않는다. 이러한 문화는 대체로 권력차이가 많이 나는 문화로서 아랍국가나, 라틴아메리카, 아프리카, 아시아, 남부유럽국가 등이 속한다.

이와 함께 성적으로도 얼굴 표정이 다르다. 여성은 남성보다 미소를 더 많이 짓는 경향이 있다. 남성은 두려움이나 슬픔, 부끄러움, 자책감 등의 감정을 숨김으로써 약한 모습을 보이지 않으려고 하지만, 여성은 분노, 혐오감, 경멸 등을 숨기고 미소를 지음으로써 편안한 모습을 보이려 한다.

얼굴 표정은 관계 형성의 기능을 한다.

미소를 짓는 사람은 상대방에게 호의가 있음을 나타낸다. 얼굴에 표정이 없으면 상대방에 대해 무관심하다는 것을 나타낸다. 또, 얼굴에 화난 표정을 지으면 상대방에 대해 적의가 있음을 나타내는 것이다. 이러한 얼굴 표정을 통해서 상대방에 대한 접근, 회피의 기회를 잘 포착할 수 있어야 한다.

4 몸짓

몸통에서 여러 가지 작용과 활동이 나오는데 이를 몸짓이라 한다. 몸짓의 많은 부분은 팔과 손으로 이루어지지만 얼굴과 머리 그밖에 다른 부분도 사용된다.

이러한 몸짓은 무의식적이고 습관적으로 이루어지는 것이 있다. 손이 시릴 때 두 손을 비비는 행위나 햇빛이 비치면 손으로 얼굴을 가리는 행위가 이에 속한다. 긴장이 될 때에는 담배를 피거나 손톱을 물어뜯는 행위, 다리를 떠는 행위 등도 여기에 해당한다. 손바닥을 비비는 것은 긍정적인 기대를 나타내는 행위, 말하는 도중에 손에 깍지를 끼는 것은 좌절했거나 적의가 있는 태도를 나타낸다. 말을 하면서 입을 가리거나 손으로 코를 만지는 것은 거짓말을 하고 있음을 나타낸다. 귀 주변으로 손이 가는 것은 그 말을 듣기가 싫다는 것을 나타내며, 손으로 머리를 받치는 것은 지루하다는 표현이다.

그러나 문화나 사회 환경에 따라 몸짓도 나타내는 의미가 상당히 다른 경우도 많다. 우리는 어떤 일에 긍정하는 표시로 고개를 끄덕인다. 그러나 이런 행위가 어디에서나 통하는 것은 아니다. 아이누족은 양팔을 가슴 높이에 가져다 놓고 흔드는가 하면, 마라야 지방의 흑인 난쟁이들은 머리를 앞으로 숙이며, 인도의 펀잡 사람들은 머리를 뒤로 젖히기도 한다.

지역에 따라 인사할 때의 몸짓도 다르다. 한국이나 일본에서는 고개를 숙여 정중하게 인사한다. 한국인들은 상대방에 대한 존중과 겸손의 표시로 이렇게 하는 것이다. 그러나 서양 사람들은 고개를 숙이는 것은 비굴한 짓이라고 생각한다. 따라서 고개를 숙이는 대신에 악수를 한다. 인도에서는 두 손을 기도하는 자세로 가슴에서 모으고 약간 고개를 숙이는 방식을 취한다. 뉴질랜드의 마오리족은 코를 서로 비비는 것으로 인사를 한다. 아프리카 동부지역의 일부 부족은 상대방의 발에 침을 뱉으며 티베트에서는 상대방을 향해 혀를 내밀어 친근감을 표시하기도 한다.

악수하는 방식에서도 차이를 보인다. 한국과 일본에서는 부드럽게 악수해야 하며 상대방의 눈을 똑바로 쳐다보는 행위는 위협적이고 무례한 행위라고 생각한다. 반면에 북미지역과 유럽지역에서는 힘이 들어가지 않은 악수를 불쾌하게 생각한다. 그리고 상대의 눈을 보는 것이 올바른 악수법이라고 생각한다. 중동지역에서는 악수할 때 손을 꽉 잡으면 상대방에 대한 부정적 감정을 표현하는 것이라고 믿는다. 또 남미국가에서는 악수하면서 상대방의 등을 두드려 인사하기도 한다.

한국 사람들은 손바닥이 상대방을 향하게 하고 위로 올려 손만 좌우로 흔들며 작별인사를 한다. 미국 사람들은 손을 위로 올리고 손바닥을 편 상태로 팔뚝과 손 전체를 좌우로 흔들면서 작별인사를 한다. 그런데 유럽의 많은 나라에서는 이러한 몸짓을 '아니오'라는 뜻으로 받아들인다. 이탈리아와 그리스 사람들은 팔을 뻗은 상태로 손바닥을 위로 향하고 손가락을 모두 자신을 향해 앞뒤로 구부리는데 미국 사람들은 이런 동작을 하면 '이리 와'라는 뜻으로 해석한다.

미국에서는 누군가를 부르려면 엄지와 검지를 펴고 손을 머리 높이나 머리보다 약간 높게 든다. 일본에서는 이러한 동작은 예의 없는 행동이라고 생각하여 불쾌하게 생각한다. 유럽과 남미 사람들은 '이리 와'라는 표시로 팔을 뻗고 손바닥을 아래로 한 상태로 손을 펴서 손가락을 긁는 듯한 행동을 하지만 북미 사람들은 이것이 가리키는 의미가 무엇인지 잘 모른다. 프랑스에서는 웨이터를 부를 때는 웨이터의 눈을 보고 머리를 빠르게 뒤로 젖히면 되며 콜롬비아에서는 가볍게 손뼉을 치기도 한다.

제3장 대화의 일반

1 대화의 개념과 특성

대화의 개념

대화를 가장 포괄적으로 정의한 개념으로는 '대면 상황에서의 상호적 발화교환'이 있다. 그런데 이러한 개념으로 접근하다보면 의사소통 방식 전체가 하나의 유형으로 통합되어 보다 세부적인 유형분류를 어렵게 한다. 이보다 좁은 개념이지만 보다 보편적으로 받아들이는 개념으로 '제도적인 환경이 아닌 상황에서 두 명 이상의 참여자들이 자유롭게 번갈아가며 주고받는 발화교환'(이두헌, 1994:4)이 있다. 이보다 더 좁은 개념으로는 '담소(談笑)'에 제한하여 정의하는 방식이다. 곧 '친근한 참여자들이 사적인 화제를 중심으로 우호적으로 하는 발화교환'으로 보는 정의이다. 그런데 대화는 분명 담소보다는 넓은 영역을 차지한다. 담소는 주고받는 내용이 우호적인 면만을 담고 있지만 대화는 우호적인 것뿐만 아니라 갈등적 양상까지 모두 포함될 수 있다. 여기서는 두 번째의 정의를 대화 개념으로 사용하여 설명하고자 한다(박갑수, 2000:310 참고).

대화의 특성

이러한 대화는 특별히 과제나 행위가 정해지지 않은 상태에서 참여자들이 자유롭고 대등한 상호작용을 통해 인간관계를 형성해 가는 특성을 지닌다. 보통의 대화는 즉흥적이고 비계획적인 상황에서 시작하기 때문에 참여자들의 역할과 화제는 미리 결정되어 있지 않다.

따라서 그 발화교환의 방식은 자유롭다. 그렇다고 해서 마음대로 대화를 할 수 있는 것은 아니다. 대화 참여자들은 순서를 독점하지 않고 주기적으로 교대하고, 화제를 서로 협의하며 전개해 간다.

표 4 담화 유형 내에서의 대화의 위치(박용익, 1997:140)

- 담화 유형
  - 구어
    - 양방향성
      - 관계중심 : 대화 등
      - 과제중심 : 토론, 상담, 협상, 회의 등
      - 행위중심 : 일하면서 말하기 등
    - 일방향성 : 연설, 강의 등
  - 문어

대화의 유형

대화를 좀 더 세분화하여 설명하는 경우도 있다. 대화 중에서 지적 요소가 짙은 것을 문답, 정적 요소가 짙은 것을 회화, 논리적 요소가 짙은 것을 토론으로 나누기도 한다(구현정, 2005:37).

박용익(1998:218-219)에서는 테히트마이어의 대화 유형을 소개하고 있다. 대화 유형을 분류하는 기준으로는 사회적 중요성과 대화 기능, 대화 참여자의 관계, 대화가 수행되는 행위영역과 대화의 외적 상황을 들고 있다.

① 사회적 중요성과 대화기능의 기준

㉠ 실제적이고 구체적인 행위의 실현을 위해 수행되며, 그러한 행위의 한 부분인 대화

보기) 자동차를 고칠 때나 공장에서 수행되는 대화

㉡ 공동의 행위를 기획, 사전조정, 사후평가하기 위한 대화

보기) 업무 협의

㉢ 직무수행 대화

보기) 판매 대화, 관공서 대화

㉣ 지식전달을 위한 대화

보기) 수업 대화, 인터뷰, 길묻기 대화, 상담

㉤ 지식탐구를 위한 대화

보기) 학문적 토론

㉥ 지식시험을 위한 대화

보기) 구두시험

㉦ 설득 대화

보기) 개인적 설득, 매체토론회, 인터뷰 및 상담

㉧ 인간관계 설정과 관리를 위한 대화

보기) 연회 대화, 주점 대화

㉨ 심리상태를 이완하기 위한 대화

㉩ 예술 차원의 미적 효과를 위한 대화

② 대화 참여자 사이의 관계설정에 따른 기준

㉠ 의사소통 목적의 동일성과 상이성: 협력 대화, 다툼 대화

㉡ 대화 과정에 참여하는 정도, 발화 기회의 평등한 부여: 평등 대화, 불평등 대화

㉢ 대화 참여자들의 견해 일치 여부: 비논쟁 대화, 논쟁적 대화

③ 대화가 수행되는 행위영역의 기준

㉠ 경제 영역에서의 대화

㉡ 교육 영역에서의 대화

ⓒ 법률 영역에서의 대화

ⓓ 대중매체에서의 대화

ⓔ 사회적 기구의 틀 안에서의 대화

ⓕ 가정 내에서의 대화

④ 대화의 외적 기준

ⓐ 이인 대화와 다인 대화

ⓑ 즉흥적 대화와 조정된 대화

훈련의 필요성

에리히 프롬은 개성을 상실한 현대의 인간을 시장지향형 인간이라고 부른 바 있다. 이 시장지향형의 인간들 사이에서는 전인격적인 접촉보다는 주로 이해타산 등에 의해서 맺어지는 우연적인 또는 부분적인 접촉을 많이 한다. 그리고 인간과 인간이 서로 마음의 문을 열어 놓고 전인격적으로 접촉을 하지 못하게 되면서 각자는 더욱 고독감을 느끼게 된다는 것이다. 이러한 고독감을 벗어나려고 사람들은 더 많은 사람들과의 교제와 접촉을 희구하지만 마음의 위안을 느끼기는커녕 도리어 더 심한 고독감에 사로잡히게 된다.

이처럼 소외되기 쉬운 사회에서 진심이 통할 수 있는 대화 상대자가 있다면 그 자체가 행복이고 기쁨이 될 것이다. 그러나 우리가 바라는 이러한 대화를 나누기란 쉽지 않다. 설사 그럴 마음이 있다 하더라도 대화하는 도중에 대화의 방식이나 관심의 차이, 문화 환경의 차이 등 다양한 요인들로 인해 서로 갈등을 겪는 경우가 많다.

서로에게 유익하고 즐거운 대화를 만들기 위해서는 노력이 필요하다. 대화의 능력은 선천적으로 타고나는 것이 아니다. 좋은 대화를 이끌어가기 위해서는 대화와 관련된 여러 가지 특성들을 잘 이해하고 다양한 훈련을 쌓는 것도 필요하다.

루즈벨트는 자신의 사무실을 방문하는 모든 손님에게 각각 적절한 화제를 제공하여 항상 방문객들을 즐겁게 하였다고 한다. 그래서 많은 사람들로부터 '루즈벨트는 말이 통하는 사람'이라는 말을 듣곤 했다. 루즈벨트와 만나는 사람들은 자신의 취미에 대하여 관심을 갖고 말해 주는 루즈벨트를 매우 좋아했다. 남이 대수롭지 않게 여기는 취미를 갖고 있는 사람이라도 자기 나름대로는 이에 대해 자부심을 갖고 있다. 더군다나 다른 사람이 이러한 취미를 알아주고 가치를 인정해 준다면 그 기쁨은 배가 될 것이며 상대방에 대한 호감도 함께 높아질 것이다. 이처럼 평소에 조금만 시간을 내어 대화에 유용한 정보를 수집하고 대화의 기술을 익힐 수 있다면 보다 훌륭한 대화를 이끌어갈 수 있다.

2 대화의 목적

앞에서 대화는 특별히 과제나 행위가 정해지지 않은 상태에서 참여자들이 자유롭고 대등한 상호작용을 통해 인간관계를 형성해 가는 특성을 가진다고 하였다. 또, 보통의 대화는 즉흥적이고 비계획적인 상황에서 시작하기 때문에 참여자들의 역할과 화제는 미리 결정되어 있지 않다. 그러나 일단 대화가 이루어지면 대화자는 자신의 의사를 상대방에게 전달하려고 노력한다.

이러한 대화의 목적을 전정레(2002:29-33)에서는 설명, 설득, 공감으로 나누어 설명하고 있다.

설명은 상대방이 모르는 사실을 이해시켜 주는 것이다. 대화를 이어가다보면 끊임없이 자신이 알고 있는 사실이나 생각을 상대방에게 알려야만 한다. 영화에 대한 이야기가 화제가 되면 자신이 보았던 영화를 상대방에게 설명한다. 새로운 전자제품이 화제가 되면 그 제품에 대한 소개를 해 주어야 한다. 친구 사이에 생긴 오해와 갈등을 해결하려면 자신이 객관적으로 보고 경험했던 사실을 이야기해 주어야 할 때가 있다.

1) 철수 : 너는 약속 시간을 제대로 지키는 적이 없어.
영수 : 미안해, 그렇지만 나도 다 이유가 있어서 그런 거야.
철수 : 이유는 무슨 이유? 늦는 게 아주 습관이 되어서 그러는 거지.
영수 : 아니야, 내 말 좀 들어봐. 사실은 오늘 너를 만나러 오는데…….

영수는 자신이 오늘 약속 시간에 왜 늦었는지 제대로 설명하지 않으면 친구에게 약속 시간을 잘 지키지 않는 사람이라는 낙인이 찍힐 상황이다. 그래서 지각한 이유를 자세하게 설명할 것이다.

이러한 설명의 방법에는 지정, 정의, 분류, 구분, 비교와 대조, 예시 등이 있다.

지정은 가장 단순한 설명의 방법으로 사물을 말하기를 통하여 지적하는 방법이다. 정의는 어떤 용어나 단어의 뜻과 개념을 밝히는 것인데, 정의를 내리기 위해서는 충분한 지식이 있어야 한다. 어떠한 대상을 파악하고자 할 때, 대상을 적절히 나누거나 묶어서 정리해야 하는데, 하위 개념을 상위 개념으로 묶어 가면서 설명하는 분류의 방법과 상위 개념을 하위 개념으로 나누어 가면서 설명하는 구분의 방법이 있다. 설명을 할 때에 서로 비슷비슷하여 구별이 어려운 개념에 대하여 그들 사이의 공통점이나 차이점을 지적하면 이해하기가 쉬운데, 대상 사이의 유사점에 대하여 설명하는 일을 비교라 하고, 그 차이점에 대하여 설명하는 일을 대조라 한다. 예시는 어떤 개념이나 사물에 대한 이해를 돕기 위하여 이에 해당하는 예를 직접 보여주거나 예를 들어 설명하는 것이다.

2) 미자 : 너 오늘 기분이 어떠니?
영수 : 오늘 기분은 뭐랄까, 마치 고무풍선을 타고 하늘을 나는 기분이라 고 해야 할까?
미자 : 왜 그래? 뭐가 그렇게 좋은데?

위의 설명 방식과 같이 비유를 통해서도 자신의 기분을 실감 있게 설명할 수 있다.

설득은 청자의 생각이나 행동을 바꾸려는 목적으로 말하는 것이다. 대화에서는 주로 논쟁의 여지가 있는 주제를 말할 때 많이 사용된다. 보통 설득은 동등한 관계보다는 설득하는 쪽이 우위에 있고 설득 당하는 쪽이 그렇지 못하다는 선입견을 갖기 쉽다. 따라서 설득하는 사람은 이러한 생각을 갖지 않도록 주의해야 한다.

3) 어머니 : 철수야, 오늘은 추우니까 이 목도리를 꼭 두르고 나가야 된다.
철　수 : 싫어요, 목도리를 두르면 너무 갑갑해요.
어머니 : 아니 얘가? 엄마가 두르라면 두르는 거지 웬 말이 많아?
철　수 : 엄마는 매일 소리만 지르고…….

철수도 날씨가 추워서 목도리를 둘러야 된다는 것을 알고 있을 것이다. 그래도 어머니께 목도리를 두를 때 불편한 점을 한번 말해 본 것이다. 그런데 어머니는 무조건 목도리를 둘러야 한다고 윽박지르기만 한다. 이렇게 되면 철수도 반발하면서 목도리를 두르지 않고 그냥 집을 나가 버릴 수도 있을 것이다.

4) 김 과장 : 어이, 허 대리, 점심 먹고 오다가 길가에서 건강에 좋다는 식품을 싸게 팔길래 허 대리 생각나서 하나 더 사 왔어. 돈은 나중에 줘도 돼.

김 대리 : 과장님, 고맙지만 저는 이런 거 필요 없는데요. 도대체 뭐가 좋다는 거지요?

김 과장 : 어이, 그냥 먹어 둬. 내가 사 주는 거는 결코 후회 안 해.

김 대리 : …….

우리는 가깝다는 이유 때문에 타당한 이유도 제시하지 않은 채 너무 쉽게 설득하려고 한다. 부부, 부모와 자식, 친한 친구 사이, 가까운 동료이기 때문에 구구하게 설명하지 않아도 다 알 것이라고 생각한다. 그러나 아무리 가까운 사이라도 모든 것을 다 이해할 수는 없다. 수십 년을 함께 살아온 부부도 어느 날 마음이 맞지 않는다고 이혼을 선언하는 경우가 허다하다.

설득하는 대화에서는 충분한 추론의 과정과 증거가 바탕이 되어야 한다. 그리고 설득을 통하여 상대방의 의견이나 태도에 변화가 생길 수 있는지 아니면 행동에 변화가 생길 수 있는지를 적절히 살피면서 대응하는 것이 필요하다. 무조건 설득만 하면 된다는 식은 상대방의 반감만 살 뿐이다.

대화는 서로 간의 관계를 중시하는 의사소통 양식이다. 마음에 맞는 사람끼리 서로의 생각을 얘기하고 그 느낌을 공유하는 것은 대화의 가장 큰 즐거움이다. 때로는 칭찬하며 격려해 주고 상대방의 자존감을 높여 주는 것은 대화에서 꼭 필요한 부분이다.

5) 원주 : 나 어제 백화점에 가서 원피스 하나 샀다.

다빈 : 기집애, 백화점에 갈 거면 나도 데려가지. 너 지금 입고 있는 옷이 그거니?

원주 : 응. 얘, 이 옷 어떠니?

다빈 : <u>아주 잘 어울리는데? 넌 옷 고르는데 재주가 있는 거 같다.</u>

원주는 은근히 자기가 산 옷을 자랑하고 싶었고, 다빈은 친구의 그런 마음을 알고 가볍게 칭찬을 해 주고 있다. 이후로 두 사람의 대화는 무리 없이 진행될 것이다.

6) 원주 : 나 어제 백화점에 가서 원피스 하나 샀다.
다빈 : 기집애, 백화점에 갈 거면 나도 데려가지. 너 지금 입고 있는 옷이 그거니?
원주 : 응, 얘, 이 옷 어떠니?
다빈 : 비싸기는 한 것 같은데 너하고는 잘 안 맞는 거 같다 얘.

위의 대화는 이전 대화와 똑같은 상황이지만 마지막 부분에서 상대방의 마음에 상처를 주는 대화로 끝나 버렸다. 이후의 대화는 서로 가시 돋친 말만 오가게 될 것이 뻔하다.

그런데 공감은 반드시 일치해야 하는 것만을 의미하지는 않는다. 나의 생각과 상대방의 생각이 다르더라도 그것을 이해해 주기만 하면 되는 것이다.

7) 영주 : 나는 겨울이 제일 좋고 여름은 너무 싫어. 너는 어떠니?
다솜 : 나는 여름이 좋지만 사람마다 좋아하는 것이 다 다르니까 겨울이 좋다는 말도 이해가 돼.
영주 : 그래, 하기야 똑같을 수는 없지.

서로의 생각이 다르더라도 상대방의 처지와 입장을 이해할 때 상대방의 말을 쉽게 공감하고 즐거운 대화가 이루어질 수 있다.

3 대화의 요소

대화는 두 명 이상의 참여자들이 자유롭게 번갈아가며 의사를 주고받는 담화의 한 형식이다. 이러한 대화는 반드시 말을 하는 사람(발화자, 화자)과 그 말을 듣는 사람(수신자, 청자)이 있어야 한다. 그리고 발화자와 수신자 사이에는 오고가는 내용(메시지)이 있어야 한다.

발화자		수신자
(개념 → 말소리) 소리내기	————————	듣기(말소리→개념)
코드화		코드해독

그림 3 대화의 과정(구현정, 2005:14 인용)

그런데 대화의 과정을 좀 더 구체적으로 살펴보면 그 과정은 보다 복잡한 체계로 나타난다. 먼저, 발화자는 수신자에게 전달하고자 하는 개념을 바로 전달하는 것은 아니다. 우선 이것을 언어기호화(encode)한다. 코드화한 개념은 말소리로 수신자에게 전달되는데 이를 메시지(message)라 한다. 수신자에게 언어기호로 전달된 메시지는 수신자에 의해서 코드해독(decode)의 과정을 거친다. 해독된 언어기호는 수신자에 의해서 개념화된다. 그리고 수신자에게 전달된 메시지는 어떠한 형태로든 수신자의 반응(feedback)을 수반하게 되는데 이 반응에 따라 다음의 발화가 조정을 받게 된다. 그리고 이러한 대화가 어떠한 환경(상황)에서 진행되느냐에 따라서도 대화에 많은 영향을 끼친다.

이상에서 대화의 중요한 요소로 발화자, 수신자, 메시지, 수신자의 반응, 대화의 환경 등을 들 수 있다. 여기서는 이들 중요 요소들을 보다 구체적으로 살펴보기로 하겠다.

발화자와 수신자

보통의 대화에서 발화자와 수신자는 따로 구별되지 않는다. 발화자의 역할이 끝나면 수신자의 역할을 맡게 되고, 수신자의 역할이 끝남과 동시에 발화자의 역할을 맡게 된다.

발화자는 자신이 전달하고자 하는 개념이 떠오르면 이를 표현할 적당한 언어기호를 선택한다. 그러나 이러한 결정은 순식간에 이루어지기 때문에 항상 올바르거나 만족할 만한 언어기호를 선택하지 못한다. 때로는 발화와 동시에 이를 수정하는 경우도 있지만 그렇지 못한 경우가 더 많다. 여행을 하다가 너무 감동적인 장면을 보면 '멋있다'나 '아름답다'는 말만 되풀이하는 경우가 있다. 실제로 우리의 마음속에 있는 것을 그대로 언어기호로 표현한다는 것은 애초에 불가능한 일인지도 모르겠다. 사람의 눈은 무려 1만 7,000가지 색깔을 구분하고 1km 떨어진 거리에서 촛불의 1천분의 1밖에 안 되는 빛까지도 감지할 수 있다고 한다. 그러나 눈에서 보내는 아주 정밀한 정보를 우리 뇌에서는 모두 처리하지 못하기 때문에 이를 지각하지 못하는 것처럼 느낀다. 대화를 할 때 발화자가 의도했던 대로 전달되지 못하는 이유 중의 하나가 발화자의 코드화 과정에서 발생하는 불일치이다,

수신자에게도 이러한 요인이 상존한다. 발화자로부터 전달된 언어기호를 수신자는 코드해독 과정을 거쳐 개념화한다. 이 과정에서 아무리 객관화된 메시지라 해도 수신자의 경험 세계나 언어능력에 따라 수용되는 내용이 다를 수밖에 없다. 같은 언어와 문화를 공유하는 사람끼리의 대화에서도 이러한 문제는 항상 발생한다. 하물며 언어와 문화가 다르고 가치관이 서로 다른 사람끼리의 대화는 본질적으로 장애 요소가 존재할 수밖에 없다.

일본 여자들은 남편의 죽음에 대하여 말을 할 때, 울기보다는 오히려 웃는다. 이것은 감정을 숨기는 일본인 특유의 방식이다. 이 사실을 모르는 서양 사람들은 남편의 죽음에 대한 슬픔으로 실성했다고 생각할지도 모른다.

Reardon(1987, 구현정, 2005:16 재인용)은 발화자의 의사표현 내용이 제대로 전달되기 위해서는 문법적 지식, 상대방에 대한 지식, 상황에 대한 지식이 따라야 한다고 하였다.

문법적 지식이란 문법에 관해 아는 것이다. 문법에 어긋난 말이나 언어규범을 무시한 말은 의미를 정확히 전달할 수 없다. '나는 네가 별로 반갑다.'는 말은 '나는 네가 별로 반갑지 않다.'는 말로 고쳐야 한다. '별로'는 부정어와 호응하기 때문에 이를 어기면 어색한 문장이 된다.

상대방에 대한 지식이란 메시지를 수신하는 상대방에 대해 아는 것이다. 똑같은 메시지라 해도 상대방이 누구냐에 따라 다르게 전달해야 한다는 것이다. 친구 사이에서 대수롭지 않게 사용되는 통신언어라 해도 어른 앞에서는 삼가는 것이 좋다. 상대방이 그 의미를 이해할 수 없을뿐더러 버릇없는 젊은이라는 인상을 받을 수 있다.

상황에 대한 지식이 있어야 한다. 아무리 좋은 말이라 할지라도 상황에 맞지 않은 말은 상대방을 무시하는 말로 들릴 수 있다. 속담에 '불난 집에 부채질한다.'는 말이 있다. 분위기에 맞지 않는 말은 대화의 상황을 더욱 악화시키는 결과를 불러온다.

이와 함께 발화자는 수신자의 반응을 주의 깊게 살펴야 한다. 수신자는 그때그때 전달되는 메시지에 따라 음성언어나 동작언어를 통해서 반응을 보이기 때문에 이를 잘 살피면 전달하고자 하는 메시지가 제대로 전달되고 있는지를 알 수 있을 것이다. 이에 따라 적절하게 발화의 내용을 조절할 수 있을 것이다.

발화자의 이러한 노력에도 불구하고 대화가 잘 이루어지지 않는 경우도 있다. 발화자와 마찬가지로 수신자도 자기가 듣고 싶은 것만을 들으려는 경향이 있다. 수신자는 외부로부터 전달받은 메시지 중에서 특정한 메시지에만 관심을 가지며 이를 자신의 경험에 비추어 재조직하여 개념화한다는 것이다.

따라서 수신자도 성공적인 대화를 이어가기 위해 많은 노력을 기울여야 한다. 마주 보고 대화를 하는 경우라도 수신자의 태도에 따라 대화에 전적으로 참여할 수도 있고 방관자가 될 수도 있다. 대화에 보다 많은 관심을 기울이고 대화에 적극적으로 참여하려는 자세를 보인다면 상대방이 하는 말을 보다 잘 이해할 수 있을 것이다.

메시지

대화에서 메시지는 보통 음성언어에 의해서 전달되는 정보 내용을 말한다. 그러나 대화가 항상 음성언어로만 이루어지지는 않는다. 목소리나 눈, 얼굴 표정, 몸짓 등 여러 가지 동작언어로도 이루어진다. 음성언어로 전달되는 내용을 메시지라고 할 때, 이러한 동작언어로 전달되는 내용을 메타메시지로 구분하기도 한다. 메타메시지는 음성언어 없이도 실현되는데, 음성언어와 함께 실현되면서 서로 다른 신호를 보낼 때에는 메타메시지를 더 신뢰한다. 어머니가 가방 하나를 집어 들며, "너 이 가방 어떠니? 단정한 게 아주 좋아 보인다." 딸은 관심 없는 말투로 "어, 그래."라고 말한다. 어머니는 다시 다른 가방을 들어 보이면서 똑같은 질문을 하고 있다. 딸이 "그래."라는 말로 동의했지만 딸이 표현하는 메타메시지에서 거부 의사를 확인했기 때문이다.

메타메시지를 전달하는 것 중에는 청각의존적인 방법이 있다. 어떤 사람의 행동이 못마땅할 경우 '쯧쯧' 하면서 혀를 차기도 한다. 또, 기분이 좋을 때에는 휘파람을 불기도 한다. 때로는 굵은 목소리와 가는 목소리, 쉰 목소리, 속삭이는 목소리 등을 조절하면서 자신의 감정을 표현하기도 한다.

메타메시지를 전달하는 방법으로 시각의존적인 방법도 있다. 소리로 전달할 수 없는 것을 몸짓이나 색 또는 선으로 표현하기도 한다. 교통경찰이 도로에서 수신호를 통해 운전자와 의사소통을 하는 것도 그 하나이다. 장황하게 이야기하는 사람에게 시계를 가리키며 그만 끝내 달라고 하거나 하품을 하며 지루함을 나타내는 방법도 있다. 경기장에서 옐로카드를 통해 경고 신호를 보내는 것도 있다. 청각장애인들이 수화를 통해 대화를 하는 것도 마찬가지이다.

메타메시지를 전달하는 방법으로 촉각의존적인 방법도 있다. 악수나 포옹,

입맞춤 등이 이러한 방법에 해당한다. 시각 장애와 함께 청각 장애를 가진 중복장애인들이 의사소통을 위하여 서로의 얼굴에 손을 대고 손가락으로 혀와 입술의 움직임과 목의 진동을 느껴서 서로의 메시지를 주고받는 경우도 보고된 바 있다.

그런데 메시지는 항상 일정한 패턴으로 전달되지는 않는다. 말하는 중간에 끼어들기를 하거나 주변의 소음으로 정상적인 메시지 전달이 안 되는 경우가 많다.

대화 상담가로 널리 알려진 데보라 태넌 교수가 많은 청중 앞에서 강의를 하고 있을 때였다. 맨 앞자리에 앉아 있는 부부가 계속 신경을 거스르게 하고 있었다. 그들은 강의 중간 중간 조소적인 코멘트를 하기도 하고, 태넌 교수의 주장을 반박하는 장황한 질문을 하기도 하고, 강의와 상관없는 발언을 하면서 강의를 제 궤도에서 이탈하게 만들었다. 이러한 과정이 반복되면서 태넌 교수는 점점 자제력을 잃어갈 수밖에 없었다.

이렇듯 주변의 소음이나 참여자의 예기치 않은 반응, 장소의 이동 등으로 인하여 메시지 전달이 어려운 경우도 있으므로 이를 예상하여 목소리를 크게 낸다든가 상대방의 반응을 막거나 호의적인 자세로 바꿀 수 있는 대책 등을 생각해 두는 것이 좋다.

수신자의 반응

메시지는 발화자가 보내는 신호이다. 이 신호에 반응하여 수신자가 보내는 신호가 피드백이다. 수신자는 발화자의 메시지에 어떤 형태로든지 반응을 보인다. 그리고 이러한 반응은 곧 발화자에게 전달되어 다음 발화에 영향을 미치게 된다. 즉, 수신자의 반응에 따라 발화자는 자신이 전달하고자 하는 내용을 강화하거나 약화시키며 때로는 대화의 내용을 바꾸기까지 한다.

수신자가 보내는 반응은 언어적인 것일 수도 있고 비언어적인 것일 수도 있다. 고개를 끄덕이거나 시선을 마주치고 몸을 앞으로 기울인다면 발화자는 긍정적인 신호로 받아들여 자신이 하고자 하는 말을 계속 이어갈 것이다. 그러나 몸을 뒤로 빼거나 고개를 가로 저으면 자신의 말에 동의하지 않거나 신뢰하지 않는다는 신호로 받아들이게 된다. 이때 발화자는 자신의 말을 재차 설명하거나 자신의 주장을 철회하기까지 한다.

대화가 항상 의도했던 대로 이어지지 못하는 이유가 여기에 있다. 발화자가 어떤 의도를 가지고 대화를 시작하지만 수신자의 반응은 항상 예기치 못하게 일어난다. 이러한 수신자의 반응을 수용하여 대화의 양상이 수정되면서 새로운 대화의 형태로 발전하게 된다.

대화의 프레임은 고정되어 있는 것이 아니다. 이것은 대화 참여자 사이에 계속적인 해석과 끊임없는 협상을 요구한다. 현재 세워진 프레임은 다음 프레임의 일부분이 되고, 동시에 과거의 프레임의 영향을 받는다. 프레임의 기초 역시 같은 과정을 거쳐 이루어진 것이다.

대화의 순간순간마다 사람은 각자 상대방에게 반응하며 그 반응에 대해 또 다시 반응한다. 반응은 반응의 산물이라고 할 수 있다. 이렇게 대화는 서로 물고 물리면서 진행된다. 커뮤니케이션이라는 자극과 반응, 또 다른 자극과 반응이 계속적으로 일어나는 연속적인 흐름이다.

기존의 프레임과 새로운 프레임의 끊임없는 변화에 따라 대화 당사자의 감정 역시 변한다. 때로는 거절당하는 것 같고, 때로는 지지받는 것 같고, 때로는 조종당하는 것 같고, 때로는 조종하는 것같이 느껴진다(데보라 태넌, 1993:144 인용).

수신자의 반응은 즉각적인 것과 지연되는 것, 자연스러운 것과 의도적인 것, 비평적인 것과 지지적인 것의 세 가지 차원이 있다(구현정, 2005:18). 일반적으로 피드백은 즉각적일 때 효과적이다. 사적인 대화에서는 피드백이 즉각적으로 나타나지만 취업 면접과 같은 상황에서는 피드백이 지연되어 나타나기도 한다. 사적인 대화에서의 피드백은 주의를 덜 기울여도 되지만 취업 면접과 같은 대화에서는 주의 깊게 생각하면서 보다 의도적인 반응을 보여야 한다. 비평적인 피드백은 다른 사람을 평가하고 교육하는 기능을 수행하지만, 지지하는 피드백은 상대방을 격려하고 발화자의 생각을 더 강화시켜 주는 기능을 한다.

대화의 환경

같은 대화 내용이라도 어떤 환경에서 실행되느냐에 따라 그 의미나 해석이 달라진다. 이러한 환경은 대화가 이루어지는 장소와 시간, 사회적 관계, 문화적 환경 등으로 나누어 볼 수 있다.

먼저 소음이 없고 밀폐된 공간에서 대화가 이루어질 수도 있으며 소음이 많고 보다 개방된 공간에서 대화가 이루어질 수도 있다. 다른 사람을 많이 의식해야 하는 공간에서는 진심을 털어놓거나 보다 사적인 대화를 하기가 어렵다. 밀폐된 공간에서는 대화에 더욱 집중하게 되는 반면에 상대방에게 자신의 주장이나 생각을 보여 주어야 하는 부담감이 더욱 커진다.

대화의 시간 또는 시기도 중요한 요소가 된다. 같은 말이라도 대화의 시작, 중간, 마지막 중 어디에서 꺼내느냐에 따라 효과가 다 다르다. 한국 사람들은 아침에 돈 이야기하는 것을 매우 꺼린다. 물건을 파는 사람들도 아침에 오는 손님에게는 매우 예민하지만 저녁에 오는 손님에게는 관대하다. 물건값을 물어보고 깎다가도 다른 가게로 가면 그만이다. 그러나 아침에 똑같은 경우를 당하면 기분이 상해서, 가버린 손님에게 욕을 하거나 심하면 소금까지 뿌려댄다.

대화 당사자 간의 사회적 관계도 중요한 요소가 된다. 서로 친밀한 관계라면 내밀한 이야기까지 다 말할 수 있다. 직장 상사는 부하 직원에게 직접적이고 단정적인 표현을 자주 사용하나 그 반대의 경우는 용인되기 어렵다. 별로 친하지도 않은데 사적인 일까지 참견하는 사람에 대해 부담감을 느낀다는 사람이 많다. 상대방과의 사회적 관련성이 어떠한가를 생각해 보고 대화를 시작하는 것도 필요하다.

마지막으로 문화적 환경에 따라서도 대화의 양상이 달라진다. 대화 중에 동작언어를 다양하게 사용하는 문화가 있는가 하면 가급적 음성언어만을 사용하려는 사람들도 있다. 전자의 사람들은 후자의 사람들이 대화에 적극적이지 못하다고 생각하는 반면, 후자의 사람들은 전자의 사람들이 너무 경망스럽다고 생각할 수 있다.

제4장 대화의 원리

대화의 과정이 보다 합리적이고 효율적으로 진행되기 위해서는 이 과정을 지배할 어떠한 원리가 있다고 생각한 사람이 그라이스(Paul Grice)이다. 그리고 이 대화를 지배하는 대원리는 협동(Co-operative)이며 이를 뒷받침하는 근본 규칙(격률, maxims)으로 양(quantity), 질(quality), 관계(relation), 방법(manner)을 제시하였다(Grice, 1975, 1978).

1 협동의 원리(The Co-operative Principle)

대화는 두 명 이상의 참여자들이 자유롭게 번갈아가며 의사를 주고받는 담화의 한 형식이다. 때문에 대화는 반드시 말을 하는 사람과 그 말을 듣는 사람이 있어야 한다. 그리고 보통의 대화에서 화자와 청자는 따로 구별되지 않는다. 화자의 역할이 끝나면 청자의 역할을 맡게 되고, 청자의 역할이 끝남과 동시에 화자의 역할을 맡게 된다. 대화의 참가자들은 대화를 하면서 자신의 정보를 제공할 뿐만 아니라 상대방으로부터도 정보를 제공받는다. 대화를 통해 서로의 행동에 영향을 끼치고 상호 간의 관계를 확인하기도 한다. 이런 일련의 과정은 일방적이 아니라 상호적이다.

대화자들은 서로의 이익을 추구하기 위해 반드시 협력을 요구하게 된다. 따라서 대화를 할 때는 반드시 지금 하고 있는 말이 현재의 상태에서 지향한다고 생각되는 목적이나 방향에 합치되도록 말을 하게 된다. 이를 위해 화자는 현재 진행되고 있는 대화의 목적을 이해하고, 이 목적에 맞게 대화하려고 노력한다. 청자도 화자가 이러한 대화의 목적과 상황에 맞는 말을 하고 있다고 생각하며 화자의 말을 해석한다. 따라서 화자가 자신이 발화한 내용이 청자에게 그대로 수용되고 이해되어지기를 원한다면 협력의 원리에 따라 행동하여야 한다.

8) 남편 : 여보, 주말에는 무얼 할 거야?
아내 : 밀린 빨래도 하고, 머리도 손질하고 시간이 있으면 책도 좀 읽을 거예요.
남편 : 그럼, 다음 주말에는?
아내 : 다음 주말에는, 글쎄요, 오랜 만에 우리 등산이나 같이 할까요?
남편 : 음. 그렇군.

남편은 아내에게 계속 주말에 무엇을 할 것인지 질문을 하고 있지만, 대화에 적극적으로 동참할 의사는 없는 것 같다. 질문을 받은 아내는 남편에게 적극적이고 성실하게 답변하고 있으며 함께 등산을 가자고 제의하기도 한다. 그러나 남편은 자신의 생각을 전혀 표현하지 않고 있다.

9) 남자 친구 : 야, 어제 정말 미안하다. 사실 네가 생일인 걸 깜빡했어.
여자 친구 : 아, 몰라. 말 시키지 마.
남자 친구 : 야, 내가 어떻게 하면 네 마음이 풀리겠니? 말 좀 해 봐라.
여자 친구 : 나한테 말 시키지 말라고 그랬다.
남자 친구 : 그래, 미안하다. 그렇지만 나도 일부러 그런 건 아냐. 너도 이해해 줘라.
여자 친구 : …….

남자 친구는 여자 친구의 생일을 잊어버린 것에 대해 무척 미안해 하면서 어떻게든 사과를 하고 갈등 관계를 해소하려고 한다. 그러나 여자 친구는 대화하는 것조차도 거절하고 있다. 화자가 아무리 대화를 이어가려고 해도 청자가 이에 호응하지 않는다면 협동의 원리가 지켜지지 않는다. 결국, 대화의 시도는 실패로 끝나고 만다. 대화를 하는 사람들은 대화의 결속성이 계속 유지되도록 노력할 의무가 있다.

그라이스(Grice)는 이러한 협동의 원리가 지켜지기 위해서는 대화 참여자가 적절한 양의 정보를 제공하고, 진실되고, 관련성이 있는 것을 말하며, 모호한 내용은 피하며 간단하고 순서에 맞게 말하라고 한다. 만약, 이 네 가지의 격률이 하나라도 지켜지지 않는다면 협동의 원리를 위반하게 되며 화자나 청자는 자신들이 기대하는 대화를 이끌어내기가 어렵다는 것이다.

2 양의 격률(The maxim of Quantity)

양의 격률은 대화에 필요한 양만큼만 정보를 제공하라는 것이다. 대화의 과정에서 필요 이상의 정보를 제공하면 대화의 흐름에 방해를 줄 수가 있다.

다음은 남녀 한 쌍이 친구의 소개로 처음 만나서 대화를 나누는 장면이다.

10) 남자 : 안녕하세요? 만나서 반갑습니다. 저는 김명민입니다. 친한 친구의 권유로 이 자리에 나왔습니다.
여자 : 예, 안녕하세요? 저는 한보송이라고 합니다. 저는 민족 그룹의 비서실에 근무하고 있습니다. 나이는 30을 갓 넘었습니다. 제 취미는 친구와 영화를 보러 가는 것입니다. 뭐, 성격은 매우 활

달하고 누구와도 쉽게 친해지는 타입이라 할 수 있죠. 스포츠는 다 좋아하는데 평소에는 수영을 하고 겨울에는 스키를 타면서 즐기죠.

남자 : 아, 예, 그렇군요.

남자는 인사를 하면서 자기 이름을 소개한 후 여자에게 대화의 순서를 넘기고 있다. 남자의 대화에서 구체적으로 어떤 정보를 알려달라고 언급한 것은 없다. 그러나 남자가 제공한 정보만큼 여자도 정보를 제공하기를 기대했을 것이다. 그런데, 여자는 한꺼번에 자신이 가지고 있는 정보를 다 얘기함으로써 다음 대화를 이어가기 어렵게 만들고 말았다.

11) 방송진행자 : 안녕하세요? 권순애 여사님, 한평생 남을 위해 봉사하는 삶을 살아오셨는데, 어떤 마음으로 그렇게 해 오셨는지요?

초대 손님 : 글쎄요, 나와 인연이 닿는 사람 모두가 다 내 식구고, 내 이웃이라는 생각뿐이었습니다. 안 그렇습니까? 어제도 뉴스를 보니까 단돈 만원 때문에 사람을 죽이더라고요. 이런 세상이 도대체 어디에 있습니까? 정말 끔찍한 사회가 됐어요.

방송진행자 : 아, 그러시군요. 이웃을 내 몸과 같이 사랑하시는 여사님의 따뜻한 마음씨가 평생 착한 일을 하게 만들었군요. 이번에도 가지고 계신 전 재산을 기부하셔서 노숙자 쉼터를 만드셨다는데 그게 사실인가요?

초대 손님 : 그렇습니다. 그까짓 거 재산이 많은 게 무슨 자랑인가요? 죽을 때는 아무 것도 가지고 가는 것도 없는데. 불쌍한 사람에게 도움이 된다면 무엇이 아깝겠습니까? 이런 것은 정부가 나서서 해야 하는데 정부는 뒷짐만 지고 있어요. 정부가 반성을 해야 합니다. 다 같이 잘 사는 나라가 되어야 해요.

방송진행자 : 그렇군요. 권 여사님의 이웃을 사랑하는 마음을 우리 국민 모두가 배워야 하는데….

방송진행자는 초대 손님의 개인적인 행동에 국한하여 선행을 하게 된 동기나 구체적인 선행 사례들을 소개하려고 한다. 그런데 초대 손님은 방송 진행자의 질문에 대답하면서도 대화의 핵심을 벗어나 정치나 사회적인 문제로 항상 논의를 이탈시키고 있다. 방송진행자는 이러한 이탈을 막고 대화의 흐름을 그대로 유지시키기 위해 부단히 노력하고 있다.

이처럼 화자가 요구하는 것 이상의 정보는 자칫 논의의 흐름을 엉뚱한 방향으로 흐르게 할 수도 있다.

때로는 너무 적은 양의 정보가 대화를 방해하는 경우도 있다.

12) 여자 친구 : 자기야, 지금 어디야?
남자 친구 : 여기? 강남.
여자 친구 : 강남이 다 자기가 있는 곳이야? 좀 더 구체적으로 말해 봐.
남자 친구 : 여기는 강남역 근처.
여자 친구 : 강남역 근처에서 뭐 하는데?
남자 친구 : 사람 만나고 있어.
여자 친구 : 어떤 사람을 만나는데? 회사 사람? 아니면 대학교 동창? 도대체 누구야? 자세히 말해 봐.

연인끼리 전화하고 있는 내용이다. 남자 친구는 여자 친구가 물으면 예외없이 답을 해 주고 있다. 그러나 대화가 진행될수록 지루하고 답답하기만 하다. 여자 친구는 남자 친구가 있는 현장의 정보를 조금 더 자세하게 전해 주길 원하는데 남자는 아주 최소한의 정보만을 제공해 줌으로써 양의 격률을 위반하고 있다. 조만간 두 사람 간의 대화는 중단되고 말 것이다.

대화에서 요구하는 정보의 양은 일정하지 않다. 같은 질문이라도 요구하는 정보의 양은 전혀 다를 수 있다. 가령, “네가 다니는 학교는 어때?”라는 말에도 간략하게 ‘좋다/나쁘다’ 정도의 정보를 기대하는 경우도 있고, ‘학교생활,

교육 내용, 학교의 비전 등' 포괄적인 정보를 기대하는 경우도 있다. 따라서 정보 제공자는 상대방의 의도와 대화 상황을 고려하여 제공하여야 할 정보의 양을 결정할 수밖에 없다.

또, 대화자 간에 제공하여야 할 정보의 양도 문제가 될 수 있다. 대화의 성격에 따라서 정보의 양이 균등하게 배분되지 못하고 일방적인 경우도 있다. 법정에서 검사나 변호사는 계속해서 어떤 정보를 요구하고 원고나 피의자는 이에 대한 정보를 제공하는 식이다. 또, 물건을 판매하려는 사람은 가능한 한 자신의 제품을 설명하고 상대방이 제품을 사도록 설득한다. 반면에 이를 듣는 사람은 최소한의 정보만을 제공한다. 그러나 보통의 경우에는 대화자 간에 순서 교대가 자연스럽게 이루어지면서 균등하게 정보를 제공하게 된다.

흔히 남성은 과묵하고 여성은 말이 많다고 생각한다. 그런데 연인 사이의 대화에서는 남성이 훨씬 말을 많이 하고 여자는 주로 듣는 경우가 많다는 것이다. 그 이유는 '연인 관계를 누가 주도해 나가느냐'가 대화의 양상을 바꾸어 놓기 때문이다. 남자는 여자로부터 인정을 받고 싶어 하고 그 관계를 자신이 주도적으로 이끌어 가고 싶어 한다. 때로는 굳이 설명하지 않아도 될 일까지 장황하게 설명하여 듣는 사람을 싫증나게 하기도 한다.

3 질의 격률(The maxim of Quality)

대화에서 제공되는 정보의 양도 중요하지만 제공된 정보의 질도 중요하다. 아무리 많은 정보가 있다 하더라도 잘못된 정보나 신뢰성이 없는 정보라면 오히려 없는 것보다 못하다. 진실하고 증거가 타당하다고 여겨지는 말이 질의 격률을 지키는 말이다.

그라이스(Grice)는 질의 격률에서 지켜야 할 내용을 두 가지로 나누고 있다.

1) Do not say what you believe to be false(거짓이라고 믿는 것은 말하지 마라).
2) Do not say that for which you lack adequate evidence(충분한 증거를 갖지 않은 것은 말하지 마라).

거짓이란 남을 속이려고 의도적으로 꾸며내는 것을 말한다. 이것이 진술의 형태가 되면 거짓말이 되는데, 때로는 거짓 인상의 형태로 나타나기도 한다. 박기순(1988)에서는 거짓말을 네 가지 유형으로 나누어 제시하고 있다.

1) 정보나 데이터를 위조하여 행하는 사실적 거짓말
2) 거짓말을 하기 전에 미리 생각하고 준비한 준비된 거짓말
3) 앞뒤 생각 없이 얼떨결에 즉석에서 만들어지는 즉석 거짓말
4) 감정을 은폐하기 위하여 행하는 감정적 은폐의 거짓말

대화에 참여하는 사람들은 서로 협동하여 상호 유익한 대화를 이어가도록 할 의무가 있다. 그러나 상대방에게 진실하지 못한 정보를 제공하게 되면 이 정보를 사실로 받아들이는 사람에게 많은 피해를 입힐 수 있다. 진실하지 못한 정보는 질의 격률을 위배함으로써 협동의 의무를 다하지 못하게 된다.

13) 그녀의 아버지 : (견우의 주머니에서 나온 라이터를 보며) 이건 뭐하는 건가? 날아라 영계?
견우 : 예, 아, 그거 삼계탕집인가 봅니다.
그녀의 아버지 : (라이터의 뒤쪽을 보며) 확실히 보여 드립니다? 이건 또 뭔가?
견우 : 아, 그건 맛을 확실히 보여드린다는 뜻인가 봅니다.

(영화 「엽기적인 그녀」 중에서)

그녀의 집에 가게 된 견우(차태현 분)는 그녀의 아버지(한진희 분)와 술을 마시면서 대화를 하게 된다. 그녀의 아버지는 대화 도중 갑자기 소지품을 꺼내 보라고 명령한다. 그리고 견우의 라이터에 쓰인 글자를 읽으면서 견우에게 질문하는 내용이다. 견우는 나이트나 단란 주점에서 얻을 법한 라이터를 속이기 위해서 계속 다른 변명을 늘어놓지만 갈수록 대답이 궁색해지고 있다.

때로는 거짓말이 대화에 도움이 될 수 있다는 주장도 있다. '선의의 거짓말'은 오히려 대화를 부드럽게 하고 서로의 갈등을 해소하는 결과를 가져오기도 한다는 것이다.

'말기 암 환자와 의사와의 대화'가 여기에 해당한다. 불치의 병을 가지고 있지만 아직 정확한 병명을 모르고 있는 환자에게 굳이 사실을 말해 줌으로써 감당할 수 없는 충격에 빠지게 할 필요가 없다는 것이다. 이런 경우는 '지금 상태가 많이 호전되고 있다거나 걱정할 정도는 아니다'라는 거짓말로 환자를 안심시키는 것이 낫다는 것이다.

14) 형　사 : 너 어제 살인 사건이 난 동네에 갔었지?
　　피의자 : 아니오, 나는 그곳에 간 적이 전혀 없어요.
　　형　사 : 거짓말하지 마. 우린 지금 네가 그날 어디에 가서 무엇을 했는지
　　　　　　다 알고 있어. 빨리 바른 대로 말해, 어서.

범죄 수사를 하는 형사는 사건을 해결하기 위해 피의자의 범죄 사실을 잘 모르면서도 다 알고 있는 것처럼 거짓말을 한다.

15) 아버지 : 정희야, 몸은 건강하니?
　　딸　　 : 제 걱정은 하지 마세요. 아빠 딸은 언제나 건강하니까요.
　　아버지 : 그래? 다행이구나. 학교 친구들하고는 잘 지내고?
　　딸　　 : 그럼요, 처음에는 서먹서먹했지만 지금은 아주 친하게 잘 지내요.

아버지가 영국으로 유학 간 딸과 통화하고 있다. 아버지는 딸이 낯선 외국 생활에 제대로 적응하지 못할까봐 항상 걱정하고 있다. 딸은 이러한 아버지의 마음을 알고 아빠를 안심시키고 있다. 사실, 딸은 오늘도 친구들의 따돌림 때문에 눈물을 흘리기도 했지만, 아버지에게 이 사실을 그대로 말하기가 어려웠다. 만약 아버지가 이 사실을 아셨다면 당장 영국으로 오겠다고 하거나 딸 때문에 매일 걱정할 것이 분명했기 때문이다. 그리고 친구들과의 관계는 시간이 지나면 해결될 수도 있을 것이다.

그러나 이러한 경우에도 '선의의 거짓말'이 항상 옳은 것인가는 생각해볼 여지는 있다. '선의의 거짓말'이 문제를 해결하기보다는 더욱 악화시키는 경우도 많기 때문이다. 또, 거짓말에 익숙해지면 진실을 말해야 할 때도 악의적인 거짓말로 쉽게 바꾸어 버린다. 거짓말도 하면 늘게 되어 있다.

블래인(G. Blain)과 오해르(Dan O'hair, 1988)는 '자신의 이익을 얻기 위하여', '당황스런 상황을 피하기 위하여', '문제를 회피하거나 체면을 지키기 위하여' 거짓말을 한다고 하였다. 거짓말을 자주 하는 사람은 마음이 불안하거나 신경과민에 빠질 염려가 있다. 그리고 거짓말을 자주 하는 사람은 다른 사람의 신뢰를 받지 못한다. '양치기 소년'이 좋은 예이다. 거짓말을 자주 하는 사람의 말은 진실한 말도 거짓말로 들리며, 인간성 자체도 의심 받게 된다.

그라이스(Grice)는 질의 격률을 지키기 위해서는 진실하면서도 충분한 증거를 갖춘 말을 해야 한다고 했다. 근거나 증거가 부족한 말은 비록 의도적으로 하는 거짓말은 아니더라도 대화 상대자의 신뢰를 얻기가 어렵다. 때로는 잘못된 판단을 이끌어낼 수 있기 때문에 피해야 한다.

16) 친구A : 명수야, 요즘 내가 전국 디자인 공모전에 낼 작품을 준비하고 있는데 아이디어가 잘 떠오르지 않아서 걱정이다. 예전에 이 공모전에 출품했던 작품들을 한곳에 모아둔 곳은 없을까?

친구B : 응, 그 작품들은 아마 서울에 있는 디자인포장센터에 가면 있을 거야.
친구A : 정말 그곳에 가면 모든 작품들을 볼 수 있어?
친구B : 그럴 거야. 아니면 말고.

친구의 말을 믿고 없는 시간을 쪼개서 디자인포장센터에 가 봤지만 그런 작품들을 찾지도 못했다면 아까운 시간과 노력을 허비한 셈이 된다. 자신이 한 말에 책임질 수 없다면 신중하게 말을 해야 한다.

4 관련성의 격률(The maxim of Relevance)

풍부한 양의 정보와 진실한 내용의 정보라 해도 대화의 주제와 직접 관련이 없다면 대화에 기여할 수가 없다.

17) 친구A : 너, 어제 여친하고 근사한 곳에 가서 저녁을 먹었다면서?
친구B : 응, 그래. 그게 뭐 어때서?
친구A : 아니, 그냥. 네가 부러워서. 그런데 뭘 먹었는데.
친구B : 응, 클래식이 흐르는 정통 서양 레스토랑에서 고급 프랑스 요리에 포도주를 곁들여 먹으며 멋있는 저녁 시간을 보냈지. 그런데 말이야. 너 포도주의 종류에 따라 적정한 온도가 다르다는 거 알아? 화이트 와인은 8~10도 정도로 차가운 것이 좋고, 레드 와인은 실내온도에 맞춰 16~18도 정도로 맞추는 것이 좋아.
친구A : 응, 좋았겠구나. 그 레스토랑은 어디에 있어?
친구B : 문화동 사거리에서 궁내동 방향으로 50미터쯤 가다가 다시 좌회전하면 바로 그 음식점이 있어. 그런데 프랑스 음식은 소스가 매주 중요한 부분을 차지하기 때문에 그 종류도 참 다양하데. 프랑스 요리 중 거위의 간으로 만든 음식을 뭐라고 하는 줄 아니? 푸아 그라라고 하지.

친구 B는 어젯밤 고급 레스토랑에서 여자 친구와 함께 즐거운 시간을 가졌다. 친구 A는 어젯밤에 친구가 어떻게 지냈는지, 식당의 분위기나 식당 안의 장식 등이 궁금해서 물어보고 있다. 그런데 친구 B는 식당에서 있었던 일보다는 자신이 알고 있는 지식을 친구 A에게 주입시키는데 더욱 열중하고 있다. 그러나 친구 A의 관심 영역은 음식에 대한 지식이 아니므로 이를 잘 받아들일 수가 없다. 양의 격률과 질의 격률을 지키고 있지만 대화 상대자가 원하는 정보와 직접적으로 관련이 없는 내용이 많으므로 관련성의 격률을 위반하고 있다.

어떤 대화는 표면적으로 관련성의 격률을 잘 지키는 것처럼 보인다.

18) 사장 : 자네 정말 대학교 나왔나?
사원 : 네, 저는 분명히 4년제 정규 대학교를 나왔습니다.
사장 : 어휴, 죽어도 대학교 다녔다는 말은 하네. 기가 막혀서 원.

사장이 묻는 말에 사원은 정확히 대답하고 있고 오히려 사장의 두 번째 말이 대화의 주제와 어긋난 것처럼 보인다. 그러나 대화가 오고 가는 상황을 살펴보면 사장은 어이없는 실수를 한 사원을 나무라고 있다. 따라서 사원은 사장에게 사과의 말을 하는 것이 더 적절하다. 그런데 사원은 질문의 의도를 이해하지 못하고 문자 그대로 해석하여 대답을 하고 있다. 따라서 관련성의 격률을 잘 지키지 않은 사람은 오히려 사원이 된다.

이와 반대로 표면적으로는 관련성의 격률을 잘 지키지 않은 것처럼 보이나, 대화자의 의도를 잘 파악하여 대답하는 경우도 있다.

19) 친구A : 어? 너 순남이 아냐? 네가 왜 여기에 와 있어?
친구B : 응, 사정이 있어서 중국에 가지 못 했어.

친구 A는 친구 B가 6개월 전에 중국으로 간 줄 알고 있었다. 그런데 오늘 동창모임에서 친구 B를 다시 만나게 된 것이다. 따라서 친구 A는 동창모임에 어떻게 알고 오게 되었느냐를 묻는 것이 아니라 왜 중국에 가지 않았느냐고 묻는 것이었다. 친구 B도 이런 의도에 맞게 대답을 하고 있는 것이다. 둘 사이의 대화를 표면적으로만 본다면 아무런 관련성이 없는 것처럼 보인다. 그러나 대화의 상황을 잘 살펴보면 두 대화 사이에는 긴밀하게 관련되어 있다.

전정례(2000:91)에서는 대화의 적절성을 내용, 표현, 상황의 관련성으로 세분하여 설명하고 있다. 즉, 대화의 주제에 알맞은 내용으로 구성되어야 하고, 대화가 이루어지는 과정에서 표현이 적절해야 하며, 상황에 맞는 말을 하여야 한다는 것이다.

5 방법의 격률(The maxim of Manner)

질의 격률이 전달되는 정보의 내용에 관한 문제라면, 방법의 격률은 전달되는 정보의 표현에 관련한 것이다. 즉, 질의 격률에서는 내용이 얼마나 정확하고 얼마나 신뢰성이 있느냐에 초점이 맞춰진다면 방법의 격률에서는 발화자의 의도대로 표현이 명확하게 이루어지고 있느냐에 초점이 맞춰진다.

그라이스(Grice)는 방법의 격률에서 지켜야 할 내용을 네 가지로 세분하고 있다.

1) Avoid obscurity of expression(모호한 표현을 피하라).
2) Avoid ambiguity(중의성을 피하라).
3) Be brief(간략하게 말하라).
4) Be orderly(순서 있게 말하라).

먼저, 표현의 모호성을 피하라는 것이다. 표현의 모호성은 두 가지 이유에서 비롯된다. 첫째는 자신의 생각을 표현하려고 할 때, 적당한 말을 사용하지 못하는 경우이다. 평소에는 잘 아는 말도 갑작스럽게 말을 해야 할 경우에는 적절한 단어가 잘 떠오르지 않는 경우가 많다.

이와는 달리, 처음부터 그 말에 대해 잘못된 지식을 갖고 있는 경우가 있다.

> 20) 태초 이전에 세상은 땅과 하늘, 빛과 어둠, 물과 불이 한데 엉켜져 있는 그야말로 혼동의 세계였습니다. 이런 가운데서 조물주는 이들을 구별하고 질서를 바로 잡아 주었지요.

위의 내용에서 화자는 '혼동(混同)'이라는 말을 잘못 사용하고 있다. '혼동'은 '서로 다른 것을 같은 것으로 잘못 이해하는 것'을 말한다. 여기서는 '여러 가지가 마구 뒤섞여 있다'는 의미를 가진 '혼돈(混沌)'으로 바꿔 주어야 한다.

> 21) 기자 : 저, 의원님? 곧 탈당하신다고 하셨는데 언제쯤 탈당할 예정인가요?
> 의원 : 조금 있으면 탈당합니다.
> 기자 : 그 조금이라는 기간이 어느 정도를 말하는 겁니까?
> 의원 : 때가 되면 곧 탈당할 겁니다. 조금만 기다려 보세요.

모 정당에서 곧 탈당할 것이라고 선언한 의원이 탈당을 발표하지 않자 기자가 탈당할 시기를 재차 묻고 있다. 그러나 의원은 '조금 있으면', '때가 되면'이라는 모호한 말로 탈당 시기를 명확하게 밝히지 않고 있다. 이처럼 모호한 표현을 사용하는 사람들은 자신이 발언한 말에 문제가 생겼을 경우 책임을 회피하려는 의도를 갖고 있다.

때로는 자기가 알고 있는 지식을 남이 알지 못하도록 하려는 의도에서 모호한 표현을 사용하는 경우도 있다.

22) 리포터 : 예, 이 음식점은 50년 동안 설렁탕을 만들어 온 집인데, 아침부터 저녁 늦게까지 손님으로 발 디딜 틈이 없는 곳입니다. 오늘은 반드시 이곳 사장님께 그 비법을 물어서 여러분께 알려 드리도록 하겠습니다. 저, 사장님! 이 집 설렁탕은 어떻게 만들었기에 그렇게 유명합니까?

주　인 : 아유, 그걸 알려 드리면 안 되죠.

리포터 : 좋습니다. 그렇다면 이것 한 가지만 알려 주세요. 이 집 설렁탕의 비결은 고기 때문인가요? 아니면 국물 때문인가요?

주　인 : 국물 때문이라고 말씀드릴 수 있겠지만 반드시 그렇다고 말하기는 어렵네요.

설렁탕이 맛이 있으려면 여러 요인들을 두루 갖춰야 한다. 그래서 어떤 한 가지 이유만으로 단정해서 말하기가 어려운지도 모른다. 그러나 음식점 주인이 모호한 말을 하는 이유는 설렁탕의 비결이 다른 사람에게 알려지는 것을 꺼려하기 때문이다.

모호한 표현은 대화 상대자에게 명확한 정보를 전달하지 못한다는 측면에서 방법의 격률을 위반하고 나아가 상대방의 대화에 적극적으로 협력하지 않았기 때문에 협동의 원리도 위반하였다.

둘째로, 중의성(重意性)을 피하라는 것이다. '중의'는 하나의 표현 형식이 둘 이상의 표현 내용을 담고 있을 때를 말한다. 언어는 원래 소수의 자음과 모음 등을 서로 결합하여 무한한 세계를 표현하고 있다. 즉, 유한한 수단으로 무한한 내용을 표현하는 것이 언어이다. 이 경우, 반드시 하나의 형태가 여러 개의 의미를 담을 수밖에 없는데 이 과정에서 중의성은 필연적으로 발생할 수밖에 없다.

중의성은 단어 차원에서 발생하는 경우와 문장 차원에서 발생하는 경우로 나눌 수 있다.

23) ① 배가 왔다.
② 손이 크다.

위에서 '배'는 '해상 교통수단의 하나'를 가리킬 수도 있고, '과일의 한 종류'를 가리킬 수도 있다. 또, '손'은 '신체 기관의 하나'를 가리킬 수도 있고, '씀씀이의 정도'를 가리킬 수도 있다.

24) ① 노란 꽃을 들고 있는 할아버지와 할머니
② 영철이는 은주보다 등산을 더 좋아한다.

위에서 '노란 꽃을 들고 있는'이 수식하고 있는 대상은 '할아버지' 혼자일 수도 있고 '할아버지와 할머니 모두'일 수도 있다. 또, '영철이와 은주는 모두 등산을 좋아하는데 영철이가 등산을 더 좋아한다.'나 '영철이는 은주와 낚시를 모두 좋아하는데 그 중에서 낚시를 더 좋아한다.'는 의미의 해석이 모두 가능하다.

이러한 중의적 표현은 결국 가리키는 대상이 분명하게 어떤 것인지 알 수 없도록 한다. 그러므로 가급적 중의성이 있는 단어나 문장은 다른 단어로 바꾸어서 표현하거나 문장의 구조를 바꾸어서 표현하는 것이 좋다.

셋째로 간략하게 말하라는 것이다. 말을 표현하려는 사람은 항상 경제성의 원칙에 따라 말하려는 경향이 있다. 같은 말이라면 힘을 덜 들이고 말하려는 경향을 말한다. 이는 노력 경제의 법칙이라고도 한다. 그러나 내용을 간략하게 말하는 것은 단지 수고를 더는 것만을 의미하지는 않는다. 이는 전달하고자 하는 내용을 보다 명확하게 표현하는 것과도 밀접하게 연관되어 있다.

같은 양과 질의 정보를 전달할 때에도 전달하고자 하는 표현의 길이가 길어지면 내용에 대한 집중도가 떨어진다. 이러한 일이 반복되면 결국 대화 내용에 대한 이해를 어렵게 한다.

25) ① 돌이켜 회고해 보건대 우리가 지금까지 걸어온 길은 고난의 길이었습니다.
② 오늘은 지난주에 미리 예고한 대로 발표 수업을 하도록 하겠습니다.
③ 오늘은 정말 운이 나쁜 날이야. 왜 이렇게 운이 나쁜지 모르겠어. 길 가다가 갑자기 넘어지질 않나 지나가는 사람과 부딪치질 않나. 정말 운이 나쁜 날이야.

특수한 경우가 아니면 같은 말이 반복된다고 해도 정보가 달라지지 않는다. 오히려 전달되는 정보의 이해를 어렵게 만드는 경우가 많다.

이러한 경우는 하나의 핵심 의미를 전달할 때에도 많이 발견된다.

26) 선생님 : 학생이 학교의 규칙을 잘 지켜야지. 도대체 왜 안 지키는 거야?
머리만 해도 그래. 짧게 자르라면 잘라야 될 거 아냐.
왜 이렇게 머리를 길게 길러?
이 머리 길렀다가 나중에 팔아서 부모님 선물하려고?
그런 생각하지 말고 짧게 깎아서 지금 부모님 마음을 기쁘게 해 드려라.
자고로 학교 규칙도 안 지키는 녀석은 사회에 나가서도 법을 지키지 않을 놈들이야.
아니, 어째서 머리를 안 자르는 거야. 부모님이 머리 깎을 돈을 안 줄 리도 없을 텐데 말이야.
학 생 : 선생님! 알았어요. 머리 깎을 테니까 제발 그만 좀 하세요. 예?

학교 규정을 말하고 규정에 따라 머리를 깎도록 지도하면 될 일을 끝도 없이 늘어놓는 선생님의 말에 학생은 두 손을 모두 들고 말았다.

넷째, 순서 있게 말하라는 것이다. 말은 아무렇게나 연결하기만 하면 되는 것이 아니다. 대화에도 순서가 있어서 순서에 맞게 진행될 때 보다 성공적인 대화가 이루어진다.

27) 아　들 : 엄마, 나 용돈 올려줘. 이 돈 가지고는 도대체 생활할 수가 없어.
　어머니 : 애는 용돈 올려준 지가 언젠데 또 올려달라고 그래? 안 돼.

아들은 학교에서 돌아오자마자 다짜고짜로 어머니한테 용돈을 올려달라고 조른다. 용건을 말하기 위한 분위기 조성이나 아무런 배경 설명도 없이 자신의 주장에만 매달리고 있다. 결론은 더 올려줄 수 없다는 말만 듣는다.

27′) 아　들 : 엄마, 요즘 친구들하고 지내기가 너무 힘들어.
　어머니 : 아니, 왜? 친구들하고 사이가 안 좋니?
　아　들 : 아니 그런 게 아니라, 요즘 친구들하고 운동을 하거나 간식을 먹으러 가면 돈을 너무 많이 쓰게 돼. 친구들이 많이 사 주지만 나도 가끔은 사 줘야 하는데 내 용돈으로는 부족하고…. 그래서 가급적 친구하고 놀지 않으려고 해. 걔들은 무슨 돈이 그렇게 많은지 몰라.
　어머니 : 그래도 친구들하고 잘 어울려야지 그러다가 왕따 당하면 어쩌니?
　아　들 : 나도 그게 걱정이 되긴 해. 엄마, 엄마가 용돈을 조금 올려 주시면 안 돼요? 내가 용돈을 아무렇게나 쓰는 건 아니잖아요.
　어머니 : 알았어. 이번 달부터 삼만 원 더 올려 줄 테니 우는 소리 그만해.

아들은 어머니에게 용돈을 더 올려달라고 말하고 싶다. 그러나 처음부터 돈 얘기를 꺼내면 어머니는 거부할 것이 뻔했다. 먼저 용돈이 부족해서 친구 사이가 멀어지고 잘못하면 왕따 당할 처지에 있음을 알린다. 그 후에 용돈을 더 올려달라는 말을 해서 결국 허락을 받고 있다.

물건을 구매하려고 상대방을 만났을 때 처음부터 사업 얘기를 꺼내지는 않는다. 인사를 주고받고 날씨나 최근에 화제가 되고 있는 말들을 주고받다가 자연스럽게 사업과 관련한 내용으로 화제를 전환하게 된다. 이것은 정식 코스 요리를 먹을 때 입맛을 돋우기 위해 애피타이저를 먹는 효과와 같다. 대화를 할 때에도 부드러운 분위기를 조성한 후에 주된 화제를 다루는 것이 훨씬 효과적이다.

또 같은 내용이라 해도 시간적인 순서나 공간적인 순서에 따라 설명을 하면 말하는 사람도 조리 있게 설명할 수 있으며 듣는 사람도 내용을 쉽게 이해하고 보다 많은 내용을 기억할 수 있다.

6 예의의 원리(Politeness Principle)

리치(Leech, 1983)는 그라이스의 협력의 원리를 수용하면서 '예의의 원리'를 제안하였다(송경숙, 2002:55 참고). 리치에 의하면, 예의가 불균형적인 이유는 청자나 다른 삼자에게 예의를 갖춘 것이 화자 자신에게는 예의를 갖추지 않는 것이 될 수 있고 그 반대일 수도 있기 때문이다. 예의의 원리는 여섯 개의 하부 격률인 요령(Tact), 관용(Generosity), 인가(Approbation), 겸손(Modesty), 동의(Agreement), 동정(Sympathy)으로 구성되고 여기에 각각 쌍으로 이루어진 하부의 격률이 존재한다.

- 요령의 격률
  다른 사람에게 부담이 되는 표현은 최소화하고 혜택은 최대화하라.
- 관용의 격률
  나에게 혜택이 되는 표현은 최소화하고 비용은 최대화하라.

- 인가의 격률

다른 사람에 대한 비난은 최소화하고 칭찬은 최대화하라.

- 겸손의 격률

나에 대한 칭찬은 최소화하고 비난은 최대화하라.

- 동의의 격률

나와 다른 사람 사이의 불일치는 최소화하고 일치는 최대화하라.

- 동정의 격률

나와 다른 사람 사이의 반감은 최소화하고 동정을 최대화하라.

제5장 대화의 구조

1 대화의 과정

대화의 과정은 크게 도입, 중간, 종결로 나누어 볼 수 있다. 대화의 중심부에 해당하는 중간 부분은 다시 정보 교환, 의견 교환, 감정 교환의 단계로 나눌 수 있다(박갑수, 2000:314-315). 대화의 과정이 틀에 짜여진 대로 항상 이루어지지는 않는다. 그리고 대화는 만남인사와 끝인사를 나누는 그 이상의 것이며, 참여자들은 정보 교환, 의견 교환, 감정 교환의 상호작용 중 어느 하나라도 수행하게 된다.

도입에서 참여자들은 상대방을 탐색하고 본격적인 화제를 결정할 시간을 갖는다. 보통은 인사말을 건네거나 최근 사람들에게 화제가 되고 있는 내용이나 서로의 관심사를 주고받는다. 이때의 발화들은 내용상으로는 대수롭지 않으나 앞으로 진행될 화제를 준비하는 예비 단계로서 중요한 역할을 담당한다.

중간 단계에서 참여자들은 본격적인 화제로 대화를 나눈다. 대화를 나누는 목적을 구체적으로 실현하기 위해 진행되는데 일반적으로 정보 교환이 이루어진 다음 의견 교환과 감정 교환이 일어난다.

먼저 정보 교환의 단계는 일상적인 수준의 발화 교환에서 벗어나 본격적인 화제로 한 걸음 더 들어가서 '사실'을 주고받는 단계를 말한다.

28) 저는 이번 발표회에 큰 기대를 걸고 있습니다.

이러한 '사실'의 발화는 참여자에 관해서 몇 가지 사항을 알려준다. 이를 토대로 상대방은 화제의 기초를 마련한다.

29) (발표회를 위해 많은 준비를 해 왔으며, 이와 관련한 정보를 더 많이 듣고 싶어하고 있다. 발표회와 관련한 내용이라면 언제든지 대화할 준비가 되어 있다.) 이번 발표회에 많은 사람들이 참여했다고 해요.

있는 그대로의 사실에 대한 정보를 나누는 것에서 보다 진전된 형태는 그 질과 양이 더욱 충족될 수 있는 대화가 되도록 유도할 수 있다.

의견 교환의 단계는 참여자들이 화제나 상대방에게 한층 더 접근해서 서로의 의견을 주고받는 단계를 말한다.

30) 가능하다면 함께 발표회를 준비할 수 있었으면 합니다.

이런 식의 의견 제시는 상대방에 대해서 '사실'보다는 훨씬 더 많은 것을 알려 준다. 화자가 자신의 개인적인 의견을 말하는 것은 다른 사람들에게 서로의 대화를 지속시키기 위한 이야기의 재료를 제공하는 것일 뿐만 아니라, 자기 자신에 대해서도 중요한 정보를 제공하는 셈이다.

감정 교환의 단계는 서로가 나눈 정보와 의견을 토대로 내적인 감정을 확인하는 단계를 말한다.

31) 저도 영광으로 생각합니다. 오늘 정말 뜻 깊은 만남이 되었네요.

형식적으로 주고받는 감정적인 표현은 도입 단계에서도 충분히 이루어질 수 있다. 그러나 이 단계에서의 감정 교환은 상대방과 충분한 대화가 이루어진 후에 일어날 수 있는 일이다.

종결 단계는 의사소통의 목적이 달성되고 대화의 화제 내용이 충분히 교환되었을 때 참여자들이 대화를 끝맺게 되는 단계를 말한다. 보통 화제를 끝내고 작별 인사를 나누는 발화들이 나타난다.

2 순서 교대

대화는 말하는 사람과 듣는 사람으로 이루어진다. 이 둘의 관계는 항상 고정되어 있는 것이 아니라 상호 교환적이다. 서로 대화를 주고받는 과정 속에서 순서 교대가 지속적으로 이루어진다.

그렇다면 이러한 순서 교대에는 어떠한 원리가 작용하고 있는 것일까? 쉬글로프(S.Schgloff)와 제퍼슨(Jefferson, 1974)에서는 다음과 같은 원리를 제시하고 있다.

모든 대화 참여자는 말할 기회를 갖게 되며, 순서 교대의 차례는 사전에 결정된 것이 아니다. 또한 순서 교대는 대화의 중복이나 중단 없이 일어나는 것이 보통이며, 중복이 일어난 대화나 누군가 끼어들어 간섭이 생겨난 대화의 경우에도 교정 장치가 작용되어 순서가 정해진다.

구현정(2005:126)에서는 위의 원리를 여섯 가지 원리로 분석하여 설명하고 있다.

첫째, 모든 대화의 참여자는 말할 기회를 가져야 한다.

둘째, 순서 교대의 차례는 사전에 결정된 것이 아니다.

셋째, 순서 교대는 대화의 중복이나 대화의 중단 없이 일어나는 것이 보통이다.

넷째, 중복이 일어난 대화나, 말하는 도중에 누가 끼어들어서 간섭을 받은 대화에는 교정장치가 작동된다.

다섯째, 한 사람이 말할 때 대화의 길이도 사전에 결정되어 있지 않다.

여섯째, 대화는 연속적일 수도 있고, 비연속적일 수도 있다.

쉬글로프(S.Schgloff)와 제퍼슨(Jefferson, 1974)은 순서 교대의 원리와 함께 순서 교대를 지배하는 일정한 규칙이 있다고 주장하였다. 순서를 교체하기 위해서는 화자에게 주어진 배당몫이 있어야 한다. 이 배당몫의 크기는 한 낱말에서부터 몇 문장까지로 나타나는데 화자의 조정에 따라서 그 크기가 달라질 수 있다. 그리고 이 배당몫이 끝나는 시점이 순서를 교체할 수 있는 적정 지점이며, 이 지점에서 순서 교대를 지배하는 규칙이 적용된다고 하였다. 물론, 이 지점에 오더라도 여러 요소들에 의해서 순서 교대가 이루어지지 않을 수도 있다.

이들이 제시한 순서 교대 규칙은 다음과 같다.

규칙 1 : 어떤 순서의 교체 적정 지점에서 적용된다.

ㄱ) 만일 현재의 화자가 다음 화자를 선택하고 나면, 현재 화자는 말하기를 멈추어야 하며, 다음 화자가 말을 해야 한다. 순서가 바뀌는 것은 다음 화자를 선택한 다음 나타나는 교체 적정 지점에서 일어난다.

ㄴ) 만일 현재 화자가 다음 화자를 선택하지 않으면, 대화 참여자 누구라도 다음 화자로 나설 수가 있다. 제일 먼저 나선 화자가 다음 순

서에 대한 권리를 갖는다.

ㄷ) 만일 현재 화자가 다음 화자를 선택하지 않고, 또 다른 사람이 아무도 나서지 않으면, 현재 화자는 말을 계속할 수 있다. 그러나 반드시 그래야만 하는 것은 아니다.

규칙 2 : 다음에 계속 이어지는 모든 교체 적정 지점에서 적용된다.
현재 화자에 의해 규칙 1 ㄷ)이 적용되면, 다음 교체 적정 지점에서 1 ㄱ) - 1 ㄷ)이 적용되고, 또 다음 교체 적정 지점에서 순환적으로 적용되는데, 이 순환은 화자가 바뀔 때까지 반복된다.

이에 대해 Goodwin(1981)에서는 순서 교대는 규칙에 의해서 지배되는 것이 아니라 대화에 사용되는 신호들에 의해 지배된다고 하였다. 즉, 현재의 화자는 다음 화자에게 말할 권한을 넘겨주는 것에 대해 신호를 보내고, 이때 사용되는 신호는 대화 참여자들이 모두 공유할 수 있는 신호라는 것이다. 그리고 이러한 신호의 가장 대표적인 것으로 시선을 들고 있다. 그러나 대화자의 신호를 직접 확인하기 어려운 상황에서는 시선을 마주치기가 어려운데 어떻게 순서 교대가 일어날 수 있는지를 설명하기가 어렵다.

순서 교대의 신호

Devit(1994)에서는 순서 교대를 수행하기 위한 언어적, 비언어적 신호에 대해서 설명하고 있다(구현정, 2005:129 재인용).

첫째, 화자가 자신의 순서를 유지하려고 할 때는 숨을 들이마시며 말을 지속할 준비를 하고, 생각이 아직 완결되지 않았음을 나타내는 몸짓을 하고, 순서를 넘기지 않기 위해 다른 사람과 시선을 맞추지 않으며, 더 말을 할 것이 있음을 나타내기 위해 억양을 유지한다. 또 발화 중에 '어, 음' 등을 사용하여 아직 말할 것이 남아 있음을 표시하기도 한다.

둘째, 화자가 상대방에게 순서를 넘기려고 할 때는 상대방의 이름을 부르거나 억양을 실어 질문을 한다. 또 자신의 순서가 끝나면 침묵을 길게 하여 상대방이 말할 기회를 준다. 시선을 주거나 고갯짓을 하는 것도 순서를 넘기려는 행동이다.

셋째, 순서를 요구할 때는 말할 것이 있음을 알리는 신호를 보낸다. 청자가 '있잖아, 근데, 어, 음' 등의 말로 시작하면 이 사람이 말할 것이 있구나라고 생각해야 한다. 또한 눈이 확대되고, 입이 열려 있으면 순서를 요구하는 것으로 판단해야 하고, 손짓을 하거나 몸을 내미는 것도 순서를 요구하는 행동임을 알아야 한다.

넷째, 말할 것이 없을 때는 '난 몰라, 잘 모르겠어' 등의 부정적인 대답을 하거나, '응, 정말 그래' 등의 반응발화를 한다. 또 화자와 시선을 맞추려 하지 않고, 기침을 하거나 코를 푸는 행위를 한다.

순서 교대를 할 때의 주의점

대화는 두 사람 이상이 모여서 자유롭게 이야기를 주고받는 행위이다. 따라서 해야 할 말을 상대방에게 잘 전달하는 것도 중요하지만 적절한 시기에 대화의 순서를 교대해서 상대방이 무슨 말을 어떻게 하는지 잘 듣는 것도 중요하다. 할 말만 하고 상대방에게 대화의 순서를 넘기지 않는다면 상대방은 말을 독점한다고 불쾌하게 생각할 것이다. 반대로 상대방에게 말할 기회를 보다 충분히 주기 위해 말을 되도록 삼갔으나 상대방은 대화에 적극 협조하지 않고 방관만 하고 있다고 생각한다.

순서 교대를 원활히 하기 위해서는 다음과 같은 것이 고려되어야 한다.

앞에서도 밝혔듯이 자신의 말을 너무 길게 하거나 대화를 독점하지 말아야 한다. 말에 집중하다 보면 이런 사실을 의식하지 못하는 경우도 있다. 그러나 자기가 하고 있는 말이나 상대방이 보내는 신호들을 주의 깊게 살펴보면 어느 때가 교체 적정 시점인지를 알 수 있다.

혹, 자신이 계속 말을 이어가고 싶을 때는 교체 적정 시점이라고 판단되는 부분에서 휴지 없이 보다 빨리 말을 이어가서 순서 교대의 시점이 아니라는 신호를 보내주어도 좋다. 또, 여러 사람이 대화를 할 때에는 다음 화자를 지목하는 신호를 보내주면 적정한 순서 교대가 이루어질 수 있고 대화의 흐름도 원활해질 수 있다. 다음 대화를 이어가고자 하는 사람은 어떠한 형태로든 신호를 보내게 되므로 가능하면 이런 사람을 지목해 줌으로써 대화가 적극적으로 이루어지도록 하는 것이 좋다. 이러한 사람을 무시하고 대화에 잘 참여하지 않는 사람을 지목하게 되면 대화 참여자를 폭넓게 할 수 있다는 장점이 있는 반면, 상대방의 태도에 따라 대화의 분위기가 침체되거나 어색해지는 경우가 있다.

이와 함께 다른 모든 참여자들이 대화를 했는데도 적당한 순서를 발견하지 못할 경우에는 보다 적극적인 태도로 자기 의사를 표현하여야 한다. 대화 참여자 중에 침묵하고 있는 사람이 있으면 보이지 않게 신경이 쓰이며 부담스럽게 생각한다는 것이다. 자신에게 돌아온 대화의 순번을 놓치지 말고 적절히 대화에 참여하여야 한다. 그렇지 못할 때에라도 '예, 음, 그래' 등 간단한 긍정의 말을 하거나 말을 하지 않을 때에는 고개를 끄덕이거나 말하는 사람에게 시선을 맞추는 등의 행위가 필요하다.

사실 이러한 노력에도 자연스런 순서 교대를 통해 성공적인 대화를 이루기란 쉽지 않다. 특히, 상대자의 대화 습관을 잘 모를 때는 더욱 그러하다. 다음은 데보라 테넌(1993:60, 신우인 옮김)에 실린 예화이다.

> 사라의 오랜 친구인 스티브는 베티와 재혼하였다. 세 사람이 함께 모였을 때, 사라는 베티에게 친절하게 하려고 애를 썼다. 그러나 베티는 할 말이 별로 없는 것처럼 보였다. 모임을 마친 후에, 사라는 베티가 말을 끝까지 듣지 않는다고 생각한 반면, 베티는 남편에게 사라는 자기에게 말할 기회를 전혀 주지 않는다고 불평했다.

베티는 말할 기회를 엿보며 사라의 말이 멈추는 순간을 기다렸지만 그 기회는 결코 주어지지 않았다. 반면 사라는 어색한 침묵을 다소라도 완화시키려는 배려에서 쉬지 않고 말을 했다.

대화 중에 어떤 사람은 '긴 정지'를 기대하고, 어떤 사람은 '짧은 정지'를 기대한다. 그러나 대화 참여자들은 이러한 상황을 항상 인지하는 것은 아니다. 디트로이트 출신의 톰은 뉴욕 출신의 동료들과 대화할 때마다 자기의 말이 중간에 자꾸만 끊기는 것을 경험했다. 그 이유는 톰이 말하는 도중에 그들보다 더 오랫동안 멈추었기 때문이다. 그런데 톰이 알래스카 인디언 출신의 동료들과 대화할 때면 정반대의 현상이 나타났다. 알래스카 인디언들은 톰보다 더욱 천천히 말하기 때문이었다.

한국에서도 같은 상황이 발생하기도 한다. 비교적 말을 빨리 하고 중간에 쉬는 시간도 짧게 갖는 지역이 있는가 하면, 말을 느리게 하고 쉬는 기간도 길게 갖는 지역이 있다. 후자의 사람들은 전자의 사람들에 의해서 대화의 순서를 자주 뺏기게 된다. 이는 비단 지역에만 한정된 것은 아니다. 개인적 특성에 따라 비슷한 상황에 놓이는 경우가 많다.

3 대화의 중복

대화의 기본은 한 번에 한 사람만 말을 하고, 말하고 있는 사람이 말을 끝냈을 때에 다른 사람이 말을 시작할 수 있다. 그러나 대화 자체가 워낙 불규칙적이고 유동적이기 때문에 종종 이러한 원칙이 깨지는 경우가 있다. 대화가 오랫동안 정지되기도 하지만 때로는 두 사람 이상이 동시에 말을 하게 되어 대화의 중복이 생기는 경우도 있다.

대화의 중복이 일어나는 경우를 몇 가지로 나누어 보면 다음과 같다.

첫째, 다음 대화의 순서를 차지하려는 참가자가 현재의 화자가 말을 끝내기 전에 약간 중복시켜 말하는 경우가 있다.
둘째, 현재의 화자가 말하는 중간 중간에 동감이나 지지를 할 때 나타난다(예, 아, 그렇군요. 좋아요. O.K 등).
셋째, 대화의 시작이나 새로운 화제가 도입되었을 때, 대화를 먼저 시작하려고 대화 참여자들이 동시에 말하는 경우에 나타난다.
넷째, 화자의 말이 끝난 것으로 생각하여 다음 화자가 말을 시작할 때 나타난다.
다섯째, 화자가 말을 하고 있으나 다른 말을 꺼내는 경우에 나타난다.
여섯째, 화자의 말을 의도적으로 중단시키려 할 때 나타난다(잠깐, 이것 보세요, 죄송하지만 등).

대화의 중복은 우발적으로 일어나는 경우도 있고, 위의 첫째, 둘째, 여섯째와 같이 의도적으로 일어나는 경우도 있다. 대화의 중복이 일어나면 일시적으로 대화의 순서에 혼란이 일어나고 자연스런 흐름이 깨진다. 이 경우, 대화자들의 유형에 따라 대화의 상황이 악화될 수도 있지만 이에 크게 관여하지 않는 경우도 있다.

Tannen(1990)에서는 대화에 참여하는 사람들의 유형을 '적극관여형'과 '심사숙고형'으로 나누고 있는데, 적극관여형의 사람들끼리는 대화에서 중복이 일어나도 대화의 장애로 여기지 않는다. 상대방의 중복에 대해 호의적으로 받아들여서 때에 따라서는 대화 순서를 넘겨주고, 상대방의 중복이 마땅치 않을 때에는 대꾸를 하지 않거나 상대방의 발언을 무시하고 자기의 말을 계속한다. '심사숙고형'은 상대방이 말을 할 때는 가급적 말을 하지 않으려 하고 자신이 말하는 도중 상대방이 끼어들기를 하면 매우 예민하게 반응한다.

따라서 대화에 참여하는 사람들의 성향을 잘 파악하고 이에 따라 적절히 대응하여야 한다. 또, 중복이 일어난다고 해서 상대방에게 무조건 대화의 순서를 양보하거나 민감하게 반응하지 말고 필요하다고 생각될 때에는 이를 무시하고 자신이 해야 할 말을 끝까지 마무리하는 것도 필요하다. 다만, 다른 사람이 고의적으로 말을 중복시킬 경우에는 대화의 흐름을 잘 살펴보고 자신의 대화가 너무 길어지거나 대화의 주제에 벗어난 것이 있는지 등을 살펴서 적절하게 대화의 길이나 내용을 조절할 필요도 있다.

'중복'과 유사한 말로 '끼어들기'란 말이 사용되고 있는데 이원표(1999)에서는 청자반응신호, 우발적 말 끼어들기, 우호적 말 끼어들기, 비우호적 말 끼어들기로 나누고 있으며, 임규홍(2001)에서는 '끼어들기'의 유형을 다음과 같이 다양하게 구분하고 있다.

표 5 끼어들기의 유형

- 끼어들기
  - 방법
    - 표지
      - 있음
        - 언어적 끼어들기
          - 언표적 끼어들기
          - 담화 표지로 끼어들기
        - 비언어적 끼어들기
      - 없음
    - 형태
      - 겹치는 끼어들기
      - 안 겹치는 끼어들기
  - 기능
    - 수용태도
      - 호응하는 끼어들기
      - 부정하는 끼어들기
    - 진행상태
      - 말 이끄는 끼어들기
        - 주제 이끄는 끼어들기
        - 주제 바꾸는 끼어들기
      - 말 끝내는 끼어들기
        - 말 빼앗는 끼어들기
        - 대화 끝내는 끼어들기
    - 정보 이해
      - 정보 묻는 끼어들기
      - 정보 확인하는 끼어들기
      - 정보 보충하는 끼어들기
      - 정보 수정하는 끼어들기
      - 감정 표현하는 끼어들기

4 대응쌍

32) A : 충효관은 어디에 있지요?
B : 정면으로 보이는 건물입니다.

A : 오늘 만나주시면 안 돼요?
B : 오늘은 바쁜 일이 있어서 안 됩니다.

A : 안녕하세요?
B : 예, 안녕하세요?

A : 오늘 점심은 제가 사겠습니다.
B : 고맙습니다. 잘 먹겠습니다.

두 사람이 대화를 할 때에는 먼저 말을 거는 사람과 그 말을 받아서 하는 사람이 있다. 대화의 내용에 서로 연관성을 가지고 주고받는 말을 '짝말'이라고 하며 이들은 대응쌍을 이룬다. 대응쌍은 인접성 외에도 서로 다른 화자에 의해서 발화되어야 하며, 주는 말과 받는 말로 순서가 이루어진다. 그리고 이러한 대응쌍은 유형화되어 있는 것이 보통이다. 상대방이 '질문'을 했을 때에는 '대답'을 하고, '제안'을 했으면 이를 거절하거나 수락하는 형식이어야 한다. '인사'를 하면 '인사'로 받아 주는 것이 일반적이다.

이러한 대응쌍도 단순히 'A→B→A→B'의 순서대로 이어지지는 않는다. 이 사이에 다양한 형태의 대응쌍이 포함되기도 한다.

33) A : 영미하고 통화하려고 하는데 지금 집에 있어요?
B : 전화 거는 사람은 누구예요?
A : 아, 저는 영미 중학교 친구예요.
B : 영미는 지금 공부하고 있는데 잠깐만 기다리세요. 바꿔줄 테니까.

위의 대화에서는 A가 질문하고 그 사이에 새로운 질문과 대답이 끝난 후에 B의 대답이 이루어지고 있다. 이는 'A→(A→B)→B'의 구조로 변이되어 나타난 것이다. 실제로 'A→B' 사이에는 무수한 '(A→B)'가 개입될 수 있다.

34) A : 엄마, 오늘 오빠 여자 친구 만났지? 보니까 어때?
B : 그런 걸 네가 알아서 뭐 해?
A : 아이, 궁금하잖아. 어떻게 됐어?
B : 아 글쎄, 너는 공부나 해. 괜히 이런 것에 관심 두지 말고.

대응쌍에서 말을 받는 사람은 말을 거는 사람의 의도대로 대답하는 것은 아니다. 위의 대화에서 딸의 질문에 어머니는 대응을 하고 있지만 대답 대신 질문의 형식을 취하면서 물음에 답해 줄 수 없다는 거부 반응을 보내고 있다.

상대방이 기대하는 대로 반응을 보일 경우는 대답이 단순하고 간결한 구조로 나타난다. 그러나 기대에 어긋나게 반응을 보일 경우는 심리적 부담감이 매우 크게 작용하여 말의 표현이 복잡해지고 소요되는 시간도 길게 된다. 이는 상대방의 체면을 손상시킬 수 있는 비선호적 표현이기 때문에 이에 대한 부담을 덜기 위하여 보다 정중하게 말하려는 의식이나 태도가 나타난 것이다.

35) A : 너 오늘 괜찮으면 나하고 도서관에 가서 공부하자.
B : 응, 그래 같이 가자.

35) A′ : 너 오늘 괜찮으면 나하고 도서관에 가서 공부하자.
B′ : 어, 그러고 싶은데 오늘은 몸이 조금 안 좋아서 기숙사에 가서 좀 쉴까 해.

35)′에서 B는 상대방의 제의에 구체적으로 자신의 몸 상태까지를 설명하면서 정중히 거절하고 있다. 이러한 비선호적 표현은 문장 구조가 훨씬 복잡해

지고 대화를 할 때에도 지연시켜가며 말하게 된다.

그러나 비선호적 표현을 하면서도 단순하고 간결한 구조의 대응쌍이 만들어지면 의도적이든 그렇지 않든 갈등의 골이 깊어질 수밖에 없다.

36) A : 오늘 나하고 도서관에 가서 공부하자.
B : 안 돼.
A : 왜 안 돼?
B : 시간이 없어.
A : 정말 시간이 없는 거야?
B : 시간이 없다는데 왜 그래?

대화를 하는 중에 심한 논쟁을 하고 갈등의 골만 점점 깊어가는 것은 대화의 내용보다 표현의 방식 때문에 생기는 경우가 많다. 서로 간에 심한 논쟁이 이어질 경우라도 대화의 방식을 바꾸기만 한다면 차분하게 대화를 이어갈 수 있는 경우가 많다.

구현정(2005:38)에서는 대응쌍의 특성을 고려해서, 바람직한 대화를 위해 고려하여야 할 점을 다음과 같이 제시하고 있다.

첫째, 대응쌍이 주는 말로 발화되면 가능하면 선호적 받는 말을 선택하는 것이 좋다. 상대가 인사를 하면 수용하고, 상대가 질문을 하면 예상 가능한 대답을 하고, 상대가 비난을 하면 부인을 하는 것이다. 상대가 사과를 하면 별것 아니라고 의미를 완화시키고, 상대가 자책을 하면 그렇지 않다고 부인하는 것이 좋다.

둘째, 비선호적 받는 말을 선택하는 경우, 직접적이고 즉각적으로 표현하는 것은 매우 당돌한 느낌을 주고 상대방의 체면을 손상시키는 일이 된다. 그렇기 때문에 비선호적인 받는 말을 하려면 먼저 시간을 좀 끌거나 '글쎄, 사실은, 저어' 따위의 적당한 완화적 대화표지들을 사용하고, 비선호적 표현을 선택한 이유에 대해 변명을 한 후에 사절의 뜻을 간접적이고 부드러운 표현으로 약화시켜 표현한다.

셋째, 대응쌍의 주는 말과 받는 말 사이에 다른 표현이 끼어드는 것은 자연스러운 것이다. 삽입하는 말들을 통해 대화가 더 구체화될 수 있기 때문이다.

넷째, 의도적으로 비선호적 받는 말을 선택하는 경우, 특히 주저하거나 간접화하지 않고 직접적으로 표현하는 것은 상대방에게 도전하는 공격적인 행위로 받아들여진다. 따라서 상대방과 논쟁을 할 의사가 없을 때는 이렇게 표현하는 방식은 자제를 하여야 한다.

5 대화의 결속

참여자들은 화제를 중심으로 서로의 발화들을 결속하며 대화를 진행한다. 대화의 결속은 여러 면에서 문어 담화와는 다른 특징을 보인다. 첫째, 대화의 결속은 한 개별 화자만의 언어 전개로 이루어지는 것이 아니라 둘 이상의 참여자들이 공동으로 수행하여 이루는 것이다. 둘째, 대화는 문어 담화와는 달리, 하나의 화제에 매여 있지 않고 끊임없이 변화하는 모습을 보여 주기 때문에 그때마다 결속의 과정이 여러 번 나타날 수 있다(박갑수, 2000:316-317).

결속의 영역은 화제를 중심으로 형성된다. 화제가 앞뒤의 순서에서 확연히 구별되면서 내부적으로 결속된 하나의 단위를 이루는 영역을 '대화장(對話場)'이라고 한다(박성현, 1995:137). 즉 단일한 '대화장 화제'를 중심으로 하나의 대화장이 형성되고, 다음 대화장으로 넘어갈 때는 이전 화제와 단절되어 진행된다. 그런데 하나의 '대화장 화제'를 가진 대화장에서도 조금씩 화제의 양상이 변하기도 한다. 이러한 변화에 따라 대화장을 다시 '하위-대화장'들로 나눌 수 있다. 마찬가지로, 그 하위-대화장에서도 화제의 변화가 조금씩 있을 수 있는데 이를 토대로 다시 여러 개의 '화단(話段)'으로 나눌 수 있다. 참여자들이 한 대화장 내부에서 공통의 화제를 확립해 나가는 것이 곧 결속의 과정인데, 한 대화에서도 이러한 과정은 여러 번 수행될 수 있다.

이러한 대화의 결속 양상을 구조로 정리하면 다음과 같다.

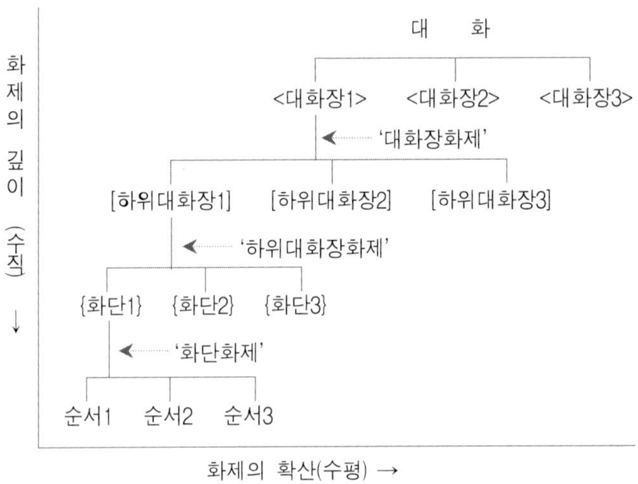

그림 3 대화의 결속 양상(박갑수, 2000:317)

제6장 대화의 장애 요소

대화를 원만하게 이끌어가는 것은 생각보다 쉽지 않다. 대화 참여자들에게는 대화의 기본 전제인 협동의 원리를 지켜야 한다는 무언의 약속이 있다. 그러나 대화가 진행되는 중에 의도했건 의도하지 않았건 많은 장애 요소를 만나게 된다. 이러한 장애 요소는 대화의 표현 형식과 관련된 것, 대화의 내용과 관련된 것, 대화자 사이의 관계와 관련된 것으로 크게 나눌 수 있다(구현정, 2005:195). 대화의 표현 장애는 표현하려는 언어 자체가 적절하지 못해서 생기는 장애이다. 잘못 발음한다거나 상황이나 내용에 어울리지 않은 어휘를 사용하거나 비문법적인 문장이나 중의적인 문장 등을 사용해서 표현 내용이 제대로 전달되지 않는 경우를 말한다. 대화 내용의 장애는 대화 내용을 잘못 이해해서 부적절한 반응을 보이거나 화제와 상관이 없는 내용을 거론하는 경우 등을 말한다. 또 대화 참여자 사이의 장애는 대화에 참여하는 사람들끼리의 관계를 해치거나 위협하는 요소들을 말한다.

1 대화 표현의 장애

발음이 정확하지 않거나, 말을 너무 빠르게 하거나, 말의 흐름이 너무 느리면 의미가 제대로 전달되지 않는 경우가 있다.

37) A : 나 오늘 개《게》 먹었다.

B : 어휴, 끔찍해. 어떻게 개를 먹니?

A : 끔찍하다니? 무슨 말이야?

B : 나도 개를 키우고 있지만 그 개를 어떻게 잡아먹니?

A : 무슨 말이야? 내가 말하는 것은 그 개가 아니고 개《게》란 말이야. 바다에서 잡는 개《게》.

A는 '게' 요리를 먹었다고 말하지만, 듣는 사람들은 '개'로 알아들을 수밖에 없다. 따라서 두 사람 사이에 잠깐 동안 의사소통에 장애가 생긴 것이다. '네가'와 '내가'도 변별이 잘 되지 않는다. 요즘 젊은이들 사이에서는 이를 확실히 구분하기 위해서 아예 '네가'를 '니가'로 말하기도 한다.

이처럼 60대 이하의 한국인들은 전설모음 중 'ㅔ'와 'ㅐ'를 구별하지 못한다. 그러나 아직도 한국어에는 'ㅔ'와 'ㅐ'의 모음에 따라 그 의미가 뚜렷이 변별되고 있으므로 발음할 때는 주의를 기울여야 한다. 이럴 때에는 천천히 발음하면서 분명하게 발음해 주는 것이 필요하다. 보통 [ㅔ]는 [ㅐ]보다 입을 적게 벌리고 혀는 위쪽으로 약간 올려서 발음하면 된다.

지역에 따라서는 'ㅡ'와 'ㅓ'를 구별하지 못하는 경우도 있다.

38) A : <u>먹든[먹던]</u> 음식은 다 쓰레기통에 버려라.

B : <u>으른[어른]이</u> 말하는데 뭣 허냐[하냐]?

말을 빠르게 하고 그런 말을 듣는 데 익숙한 사람도 있지만, 그렇지 못한 사람도 많다. 이런 현상은 지역에 따라서도 나타나지만 연령에 따라서도 나타난다. 보통 경상도 남부 지역에 거주하고 있거나 그곳에 오랫동안 거주했던 사람들은 비교적 말을 빠르게 한다. 또 젊은이들은 40-50대 이상의 성인들보다는 말을 빠르게 하는 경향이 있다. 그리고 남성보다는 여성이 말을 빠르게 하고 말 중간중간에 정지하는 시간도 짧은 편이다. 빠른 말에 익숙하지 않은 사람은 그 말을 듣고는 있지만 내용을 모두 수용하지 못한다. 이와 반대로 말을 너무 느리게 하면 듣는 사람의 긴장이 풀려 말에 집중하지 않게 되므로 결국 전달되는 내용을 다 수용하지 못한다.

이밖에 말의 장단이나 음의 고저에 따라서도 의미 차이가 생기며 말 중간에 쉬는 부분(휴지, 休止)을 어디에 두느냐에 따라서도 의미 차이가 생기므로 주의를 기울여야 한다. '雪'의 의미를 나타내는 말은 '눈:'이지만 '眼'의 의미를 나타내는 말은 '눈'이다. '밤(夜)'과 '밤:(栗)', '발(足)'과 '발:(簾)'은 모음의 길이에 따라 그 의미가 다르다.

39) A : 집에 가↓
B : 집에 가↑
C : 집에 가~

위에서 A는 집에 가도록 명령하는 말이고 B는 집에 가도 되냐고 묻는 말이다. C는 같이 집에 가자고 조르는 말이다. 문장 마지막 부분의 억양을 달리하면 의미도 차이가 난다.

40) A : 돈∨이만원
B : 돈이∨만원

A처럼 '돈' 다음에 잠깐 쉬고 말을 계속 이으면 돈의 실제 액수는 20,000원이 된다. 그러나 B처럼 '돈이' 다음에 쉬면 돈의 실제 액수는 10,000원이 된다.

현재 한국말의 자음 중에서 예삿소리를 된소리나 거센소리로 발음하려는 경향이 두드러지고 있다. [소주]를 [쏘주]로 발음하기도 하고 [과모임]을 [꽈모임]으로 발음하기도 한다. 심지어는 [과자]를 [꽈자]로 [폭발]을 [폭팔]로 발음하기도 한다. 그러나 이에 익숙하지 않은 사람에게는 대화에 장애가 생길 수 있다.

잘못 사용된 어휘나 특정한 지역이나 계층에서만 사용되는 어휘는 대화의 장애 요소가 된다.

41) A : 오늘 전국적으로 비가 왔는데 평균 강수량은 100mm라고 합니다.
B : 한문으로 이름을 써 놓으면 다른 사람이 읽을 수가 없잖아요.
C : 식사를 잡수실 때에는 큰 소리로 떠들지 마세요.

A의 '강수량'은 '강우량'으로 바꿔야 한다. '물'이 내린 것이 아니라 '비'가 내린 것이다. B의 '한문'은 '한자'로 바꿔야 한다. 여기서는 어떤 문자로 표기하느냐의 문제이므로 '한문(장)'은 적절하지 않다. C의 '식사'에는 이미 먹는다는 의미가 들어 있으므로 '잡수실'은 '하실' 정도로 바꾸는 것이 좋다.

은어나 비어, 속어 등을 사용하게 되면 소외감을 느끼거나 모욕감을 주어서 대화에 장애 요소가 되기도 한다. '짭새(경찰)', '범생이(모범생)', '담탱이(담임교사)' 등은 보편적으로 통용되는 말이 아니므로 이런 말의 의미를 잘 모르는 대화자들은 상대적으로 소외감을 느끼게 된다. 또 속어나 비어는 상대방의 인격을 깎아내리는 말이 대부분이므로 자존심에 상처를 입거나 모멸감을 느끼게 되므로 가급적 삼가는 것이 좋다.

은어나 비어, 속어를 사용하는 이유는 다음과 같다(구현정, 2005:202). 첫째, 욕구 불만으로 인한 반항적 심리가 작용하는 것이다. 둘째, 수치심을 은폐하려는 심리가 작용하는 것이다. 셋째, 유희적 쾌감을 맛보기 위한 수단으로 사용하는 것이다. 물론, 은어나 속어, 비어를 사용함으로써 대화 참여자들 간에 결속을 도모하고 친밀감을 느끼려는 의도에서 이를 적극 활용하는 경우도 있다. 공식적인 대화에서는 점잖게 대화를 하다가도 사적인 자리로 옮겨 대화가 진행되면 속어나 비어의 사용 빈도가 훨씬 높아진다. 그렇다고 이것이 항상 대화의 장애 요소로 작용하지는 않는다.

한편, 발화하는 문장 내에서도 서로 호응하는 말이 있다. 이 호응 관계가 제대로 이루어지지 않으면 어색한 말이 되어서 대화에 장애가 된다.

42) A : * 아무리 바빠도 그 일만은 절대 해야 한다.
B : ? 그 여자는 너무 예뻐요.

'절대'라는 말은 부정어와 호응 관계를 맺는다. 따라서 '절대 하지 말아야 한다'가 되어야 한다. 이 말을 듣는 사람은 '절대'라는 말을 생각해서 뒤의 말을 '하지 말아야 한다'라는 말로 이해할 수도 있고, '해야 한다.'는 말에 비중을 두어 '그 일을 해야 한다'라는 말로 이해할 수도 있다. '너무'도 부정어와 주로 호응하기 때문에 '예쁘다'는 말과는 어울리지 않는다. '너무'를 '아주'나 '매우'로 바꿔야 한다.

대화 중 상대방과의 관계에 대한 부담을 덜기 위해 직접적인 표현 대신에 간접적인 표현을 사용하는 경우가 있다. 그러나 이러한 표현이 대화에 장애 요소가 되기도 한다.

43) A : 자네 당장 이곳으로 올 수 있나?
B : 가고는 싶지만 택시비가 워낙 많이 들어서 힘들 것 같은데요.
A : 그래, 그럼 내가 택시비 줄 테니까 당장 이리로 와. 같이 술 한 잔 마시자고.

A는 회사에서 퇴근하여 집에 가고 있는 중이다. 그런데 직장 상사로부터 전

화가 왔다. 같은 부서에 있는 직원들끼리 술을 마시고 있으니 참석하라는 내용이다. B는 술을 마시고 싶지 않아서 택시비용을 이유로 들어 완곡한 표현으로 거부의사를 밝혔다. 직장 상사인 A는 B가 택시비 때문에 못 오는 것으로 생각하여 택시비를 대신 내 주겠다고 말하고 있다.

44) A : 오늘 저녁 모임에 참석할 수 있어?
B : 물론, 갈 수도 있지.
A : 반드시 와야 해. 자리를 예약해 놓을 테니까.
B : 시간이 되면 꼭 갈 게.

B는 저녁 모임에 참석해 달라는 부탁을 A로부터 받았다. 그러나 그의 대답에는 항상 함정이 있다. '물론'이라는 말이나 '꼭'이라는 말만 들으면 그 모임에 참석할 것처럼 들린다. 그러나 '갈 수도'나 '시간이 되면'이란 말을 사용하여 모임에 참석하지 않을 수도 있음을 은연중 말하고 있다. 식당 예약을 책임진 A로서는 B의 불투명한 태도 때문에 계속해서 B의 의사를 확인해 보고 있다.

2 대화 내용의 장애

화제의 불일치

대화가 항상 예정된 방향으로 진행되지는 않는다. 그렇다고 대화 순서가 바뀔 때마다 화제가 바뀌지는 않는다. 그리고 대화 참여자는 가능하면 화제에 맞는 말을 주고받아야 한다. 이는 관련성의 격률과 관계된 것이기도 하다.

45) A : 미라야, 내가 매번 느끼는 거지만 너는 참 성격이 좋더라.
B : 어 맞아, 지난번에도 조별 보고서 만들 때 얘가 다 했잖아. 그래도 불평 한 마디 안 하더라.

C : 그래, 늘 웃는 얼굴이잖아. 나는 미라가 얼굴 찡그리고 불평하는 것을 보지 못했어.

D : 너희들은 잘 모르는구나. 걔가 남친한테는 얼마나 바가지 긁는지 알기나 해?

친구들끼리 만나 대화를 하던 중, 미라의 성격을 칭찬하는 부분에 이르자 모두들 한 마디씩 장점을 말해 주고 있다. 친한 친구들이기 때문에 미라의 장단점을 모두 아는 사이이지만 이번에는 큰 마음먹고 칭찬을 해 주기로 무언의 약속을 한 상태다. 그런데, 갑자기 D가 나서서 미라의 단점을 들춰내고 있다. 대화의 흐름이 갑자기 꺾이게 될 것은 분명하다.

이처럼 대화의 큰 흐름이 있을 때 이를 무시하고 다른 화제를 꺼내게 되면 대화에 장애 요소가 된다. 만약, 미라의 장점이 어느 정도 이야기가 된 다음에 자연스럽게 단점이 제시된다면 별 문제가 되지 않을 것이다.

대화를 나누는 사람들이 항상 비슷한 나이이거나 지적 수준이 같을 수는 없다. 또 같은 또래의 사람이라 해도 서로의 관심 영역이나 전문 영역이 다르고 취미 생활도 다르다. 때문에 상대방이 잘 모르는 내용이거나 전문적인 용어를 사용하여 말을 하다보면 의사소통에 장애가 된다.

정치인들이나 고위 공직자가 초등학교나 중학교에서 일일 교사를 하는 경우가 있다. 그 중 어떤 사람들은 아이들이 쉽게 이해할 만한 수준의 내용을 가지고 대화하거나 강의를 한다. 그러나 일부의 경우는 대학교 학생이나 일반 시민들이 이해할 만한 수준의 어려운 내용을 화제로 삼거나 강의하는 경우가 있다. 대화의 상대에 따라 대화의 내용도 달라져야 한다.

46) A : 너 그거 언제 제출할 거니?

B : 다 되면 오늘 낼 거야.

A : 그 교수 굉장히 깐깐하다던데 그렇게 대충해서 내면 돼?

B : 아이 몰라, 그까짓 것 대충 내면 되지.

C : 야, 너희들 뭐라고 하는 거야? 뭘 제출한다는 거야?

간혹 같은 동아리 모임에 참석했을 때, 회원 중 일부가 같은 학과 친구이거나 자주 만나는 사이일 경우, A, B 두 사람만이 아는 대화를 진행시키는 경우가 있다. 둘 사이에는 별도의 설명이 없어도 대화가 쉽게 진행될 수 있으나 자세한 사정을 모르는 다른 대화 참여자는 화제에서 소외감을 느끼기가 쉽다. 여러 사람이 함께 대화를 나눌 때에는 가능하면 공통의 화제를 꺼내야만 모든 대화 참여자들이 공유하는 대화의 장을 만들 수 있다.

순서 교대가 이루어지지 않음

대화는 주고받는 것이다. 그러나 이 주고받는 대상이 항상 일정할 수는 없다. 말을 먼저 건네기도 하고 건넨 말을 받기도 해야 탄력적인 대화를 이끌어 갈 수 있다. 대화는 입사 면접처럼 한 사람이 일방적으로 묻기만 하고 다른 사람은 그 물음에 대답만 하는 경우와는 다르다. 서로의 정보를 공유하고 감정을 교류하면서 서로의 관계를 더욱 돈독히 하는 것이다.

47) A : 어디서 왔어요?
B : 인천에서요.
A : 무얼 타고 오셨어요?
B : 지하철을 타고 왔어요.
A : 그래 이곳에 오니까 좋아요?
B : 예, 좋아요.

언뜻 보면 대화가 물 흐르듯이 이어지는 것 같다. 그러나 자세히 보면, A는 새로운 질문거리를 찾느라 머릿속이 복잡해지고 있으며 대화의 주도권을 계속 잡고 있어야 한다는 것 때문에 스트레스가 쌓이고 있다. 반대로 B는 평등한 대화가 되지 못하고 계속해서 추궁당하고 심문당하는 것 같아 불쾌하게 생각하고 있다.

대화가 'A→B→A→B' 식으로 이어지다 보면 얼마 안 가서 할 말이 없어지거나 서로 대화하고자 하는 의욕을 잃게 될 것이다. 그러나 만약, 'A→B→B→A→A→B'이거나 이와 유사한 탄력적 대화 구조를 갖게 된다면 대화 내용도 풍부해지고 대화에 활력을 불어 넣을 수도 있다.

48) A : 어디서 왔어요?
B : 인천에서요. 그런데 댁은 어디에서 왔어요?
A : 저는 수원에서 왔어요. 버스를 타고 왔는데 시간이 많이 걸리더라고요.
B : 아 그래요? 저는 지하철을 타고 왔어요. 지하철로 오면 약속 시간을 잘 맞출 수가 있어서 좋아요.
A : 그래 이곳에 오니까 좋아요?
B : 예, 좋아요.

B는 A가 한 말에 대답을 하면서도 다시 상대방의 반응을 물어보고 있다. 때로는 상대방이 한 말에 "아, 그래요?"와 같은 말로 호응하기도 하면서 적극적으로 대화에 임하고 있다. 대화의 주도자가 되어서 대화를 이끌어가고 있다는 자신감을 가지면서도 때로는 상대방에게 대화의 주도를 넘겨서 대화를 주도하면서 받는 압박감에서 벗어나기도 한다.

3 대화 참여자 사이의 장애

대화의 걸림돌 사용

사람들은 편안한 마음으로 동등한 관계에서 대화를 이어가기를 원한다. 반면, 상대방이 일방적으로 우위에 서서 대화를 주도하거나 공세적인 입장으로 일관한다면 아무리 좋은 내용이라도 반감을 갖고 대화를 피하려는 마음이 생긴다.

대표적인 것이 명령이나 강요이다. 대화행위의 여러 유형 가운데 요구나 명령은 대화 상대자에게 가장 부담을 크게주고, 체면을 손상시킬 가능성이 높다. 따라서 직접적인 대화행위보다는 간접적인 대화행위를 통해 상대방이 자존심에 상처를 입지 않도록 주의해야 한다.

49) 아버지 : 공부하는 게 그렇게 쉬운 줄 알아? 그러니까 내 말 잘 듣고 내가 하라는 대로만 공부해. 그러면 후회하지 않을 거야.
→ 나도 공부해 보니까 정말 힘들더라. 너도 아빠의 경험을 잘 들으면 도움을 받을 수 있을 거야.
상 사 : 김대리, 자네가 거기 가 봤어? 모르면 잠자코 내 말만 들어.
→ 내가 거기를 가 봐서 잘 알거든? 그러니까 자네보다는 내가 더 잘 알 거야.
친 구 : 너희들이 나를 과대표로 뽑았으니까 내가 하자는 대로 따르기만 하면 돼.
→ 막상 과대표를 하니까 정말 힘들다. 지금 무척 어려우니까 많이 도와줘라.

경고나 위협도 상대방의 체면을 손상시키는 경우가 많다.

50) 친구A : 같이 일 저질러 놓고 혼자 빠질 셈이야?
친구B : 내가 언제 같이 일을 했어? 네가 혼자 한 거지.
침구A : 좋아, 빠질 테면 빠져. 그러나 언젠가 너는 천벌을 받을 날이 있을 거야.

경고나 위협을 하면 상대방이 쉽게 자신의 말을 들을 것 같지만, 때로는 자신의 체면이 손상되었다고 생각하여 말을 듣지 않고 오히려 반발하는 경우도 많다.

이 외에도 '훈계나 설교', '충고 또는 해결 방법의 제시', '설득이나 논쟁', '비평이나 비난', '분석 또는 진단', '동정 또는 위로', '캐묻기 또는 심문하기' 등도 자칫하면 대화를 원만하게 이끌기보다는 걸림돌로 작용하는 경우가 많으므로 더욱 주의해야 한다.

승자가 되려는 욕구

사람들마다 생활습관이나 가치관이 다르고, 취미나 개인이 추구하는 목표도 다르다. 그리고 이러한 자신만의 개성이나 차이를 상대방으로부터 인정받기를 바란다. 대화에서도 이러한 바람은 계속 유지된다. 따라서 상대방이 말하는 내용을 억압하거나 무시함으로써 자신의 생각을 일방적으로 인정받으려는 태도는 대화에 큰 걸림돌이 된다.

51) 준호 : 오늘 우리 야구 경기 보러 갈까?
    미진 : 너 그렇게 할 일이 없냐? 야구는 뭐 하러 보냐? 차라리 극장에 가서 재미있는 영화나 보는게 낫지.
    준호 : 그래 너는 항상 잘 낫지. 너나 재미있는 영화 실컷 봐라.

'야구 경기를 보러 가자'는 준호의 제안을 미진은 단번에 무시하면서 '영화를 보는 일이 훨씬 낫다'는 자신의 생각을 강요하고 있다. 이에 준호는 미진의 제안을 인정하는 척하면서 아예 대화 자체를 포기하고 말았다. 결국, 두 사람은 자신의 일방적으로 주장하거나, 상대방과의 대화를 포기하면서 자신이 대화에서 승자가 되기를 원하고 있다. 그러나 두 사람은 모두 대화에서 승자가 되지 못하고 있다.

대화에서 서로 승자가 되기 위해서는 서로의 다름을 인정하면서 함께 만족할 수 있는 해결책을 찾아야 한다. 둘 중 하나를 선택해야만 하는 경우에는 어느 것이 더 합리적인지, 상대방을 배려해서 결정할 수 있는 것인지를 고려해서 결정해야 원만한 대화가 이어질 수 있다.

51′) 준호 : 오늘 우리 야구 경기 보러 갈까?

미진 : 그래? 너 정말 야구를 좋아하는구나. 그렇지만 나는 지금 영화를 보고 싶은데.

준호 : 나도 너처럼 영화를 종하해. 그래도 오늘은 프로 야구 최종 결승전이잖아.

미진 : 좋아, 오늘은 야구 구경을 가지만, 다음 주에는 나하고 꼭 영화 보러 가는 거야?

준호 : 알았어. 약속할 게.

제7장 성공적인 대화를 위한 노력

1 자아에 대한 이해

속담에 '잘 되면 내 탓 안 되면 조상 탓'이라는 말이 있다. 좋은 결과는 나의 노력 때문에 만들어진 것이고 기대 이하의 결과는 처해진 상황이나 상대방의 잘못 때문이라고 생각한다. 이는 대화를 할 때에도 마찬가지이다. 성공적인 대화가 이루어질 때에는 상대방에 대한 평가가 관대해지다가도 매끄럽지 못한 대화 시간을 가졌을 때에는 그 원인을 상대방에서 찾는 경우가 많다. "대화를 독점해서", "저 혼자 잘난 체 해서", "대화에 관심이 없어서" 등의 허다한 이유를 대며 신랄하게 상대방을 비난한다.

그러나 대화는 혼자 하는 것이 아니다. 상대방이 대화 과정에서 행한 잘못보다 내가 행한 나의 대화 방식이 대화의 걸림돌로 작용하는 경우가 많다. 그러면서도 자신이 한 말이 왜 문제가 되는지도 모르는 경우가 많다. 따라서 다른 사람들과 성공적인 대화 시간을 갖기 위해서는 대화의 과정에서 가장 중요한 역할을 담당하는 내가 어떤 사람인지에 대한 이해가 반드시 필요하다.

어떤 가치관을 소유한 사람인가

먼저 나는 어떤 가치를 지향하는 사람인가에 대한 이해가 필요하다. 가치관이란 어떤 구체적인 행동양식이나 존재양식이 그 반대의 행동양식이나 존재양식보다 개인적 혹은 사회적으로 더 낫다는 확신을 말하는 것이다. 이 같은 가치의 개념은 옳은 것이 무엇이고, 좋고 바람직한 것이 무엇인가에 대한 개인의 도덕적인 생각을 말한다.

한 개인이 어떠한 가치관을 가지고 개인생활과 조직생활을 영위해 가느냐에 따라 그 개인과 조직의 운명에 중대한 영향을 미치게 된다. 마찬가지로 가치관에 따라 대화의 성향, 목적, 상대방을 대하는 태도가 달라질 수 있다.

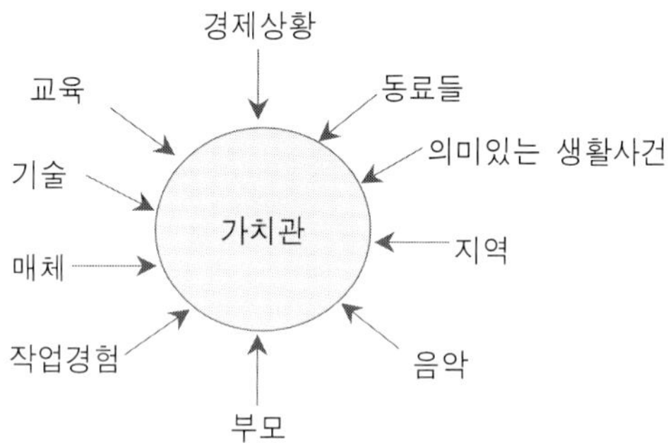

그림 4 가치관 형성에 영향을 주는 요인들(이홍기, 1998:118)

감각적 가치관

에리히 프롬은 인간의 욕구를 생존적 욕구와 초생존적 욕구로 구별했다. 생존적 욕구는 인간이 동물과 공통으로 가지고 있는 욕구로써 그것이 충족되지 않으면 인간은 생물로서의 목숨을 유지할 수 없다. 이 같은 생존적 욕구에 속하는 것으로써 식욕, 수면욕, 신체적 운동의 욕구, 성욕 등을 들 수 있다. 이러한 욕구들 중에서 식욕은 가장 복잡한 형태로 발달한다. 식욕의 가장 단순한 형태는 배고픔과 목마름이다. 그러나 문명이 발달함에 따라 이같이 단순한 생리적 욕구는 다양성과 복잡성을 가지게 되고 질적으로도 다원화된다. 그렇게 해서 인간은 복잡하게 얽힌 다양하고 다원적, 물질적인 욕망의 세계를 가지게 된다. 그 물질적 욕구를 채워주는 물질을 획득하는 수단인 돈 역시 인간의 강력한 욕구의 대상이 된다. 생존적 욕구들과 식욕, 그리고 물질과 금전에 관한 욕구들은 모두 감각적 차원의 욕구이다. 이들 감각적 가치들은 인간 내면에서 볼 때 가장 낮은 차원의 가치체계라 할 수 있다. 그렇다고 무의미하다는 것은 아니고 다른 가치들의 기초가 되고 있다.

생명적 가치관

생명적 가치관은 감각적 가치와 밀접한 관계를 가지고 있기 때문에 이 두 가지 가치를 구별하는 것은 어렵다. 그러나 감각적 가치와 생명적 가치는 다르다. 그 위계상 생명적 가치가 감각적 가치보다는 한 차원 위에 있다.

아무리 감각적으로 쾌감을 주는 것이 있다 해도 자신의 생명과 맞바꾸지는 않는다. 따라서 때로는 쾌락적 유혹을 버리고 자신의 생명을 보존하려는 노력을 기울인다. 요즘, 건강식품이나 건강 체조 등이 유행하고 있다. 다이어트를 하기 위해서 먹고 싶은 유혹을 힘겹게 물리친다. 보다 건강하고 품위 있는 삶을 유지하기 위해 잠깐의 쾌락을 버리는 것도 이와 같다. 대부분의 사람들이 도박이나 마약에 빠지지 않는 것은 그것이 자신에게 가져올 폐해를 알기 때문이다.

심적 가치관

감정 혹은 만족감의 위계질서에서 심적 희락은 그것보다 낮은 감각적 쾌락 및 생명적 쾌적감으로부터 구별되고 또한 그것보다 높은 정신적 희락 및 성스러운 열락으로부터도 구별되어야 할 특성이 있다. 심적 희비, 곧 심적인 기쁨과 슬픔은 감각적 쾌락과는 구별된다. 감각적 쾌락감은 신체의 어떤 부위에 의해서 느껴지지만 심적인 기쁨과 슬픔 혹은 불행과 행복감은 하나의 자아로서 느끼는 감정이다.

정신적 가치관

정신적 가치는 초생존적 욕구인 이성적 욕구, 사랑의 욕구, 심미적 욕구, 자유의 욕구, 창조적 욕구, 종교적 욕구 중에서 이성적 욕구와 종교적 욕구를 제외한 다른 욕구의 충족이 주는 것들이다. 사람은 여러 가지의 진리를 추구하며 진리를 발견할 때 기쁨과 즐거움을 체험한다. 이때 체험되는 기쁨과 즐거움은 감각적 쾌락, 생명적 쾌락, 심적인 기쁨이나 즐거움과는 구별되는 순수한 정신적인 기쁨과 즐거움이다.

인격적 가치관

가치의 위계질서에서 최고의 단계를 차지하는 가장 높은 가치이다. 이는 이념적 가치라고도 할 수 있다. 성스러운 최고의 가치는 본질적으로 인격가치라고 주장하기도 한다. 인간이 생물로서 생명을 보존하고 유지하기 위해서 감각적 가치가 충족되어야 하며 이는 생명적 욕구의 충족 여하에 따라서 선택되어진다.

어떤 태도를 취할 것인가

태도란 행동을 하기에 앞서 마음속에 형성된 심리적인 준비상태를 말한다. 모든 인간은 타인과 상황에 대해서 일정한 태도를 형성하면서 살아간다. 사람, 사물, 사건을 대하다보면 그것에 대한 좋은 느낌이나 싫은 느낌을 갖게 된다. 대화를 할 때에도 의식하든지 의식하지 않든지 대화자는 대화 참여자들에게 취해야할 태도를 갖고 있다. 그리고 이러한 태도가 대화에 많은 영향을 끼친다. "재는 주는 것 없이 싫더라." "여자가 잘해 봐야 얼마나 잘하겠어?" 등의 태도를 가진 사람은 대화 상대자의 말에 제대로 귀를 기울이지 않게 될 것이다.

태도는 '좋다 · 나쁘다'로만 구분되는 것은 아니다. '강 · 약', '많다 · 적다' 등으로 구분할 수도 있다. 태도는 성격을 토대로 구성되며 인간 내면에 깊게 박혀서 행동을 이끌어가는 동력이 된다. 또한 태도를 가치관과 동일한 개념으로 보려는 경우도 있지만 도덕적 판단을 포함하고 있지 않기 때문에 그 범위가 좁다. 즉 태도는 개인이 어떤 대상에 대하여 특정방식으로 감정을 갖거나 행동하게 되는 지속적인 일련의 신념과 감정이라 할 수 있다.

그러나 이러한 태도가 항상 행동으로 옮겨지는 것은 아니다. 한국 사람들은 일본이나 일본인에 대해 부정적인 생각을 가지고 있다. 그러나 막상 일본인들을 만나면 이를 구체적인 행동으로 표현하는 경우는 많지 않다. 라피에르 교수는 미국 사회에서 중국인에 대한 태도가 가장 부정적이었던 1930년대에 중국인 학생부부를 데리고 미국 각 지역을 여행했다. 그들은 66개의 호텔에 투숙하고 184개 식당에 들러 식사를 했다. 그러나 한 번도 거절당하지 않았다. 여행을 마친 후 그들이 들렀던 호텔이나 식당에 대한 설문을 했다. 설문 중에 '만약 중국 사람이 손님으로 올 경우 어떻게 하겠는가.'라는 내용이 있었다. 그 호텔과 식당의 92%가 중국인을 손님으로 절대 받지 않겠다는 답변을 했다.

나는 누구인가

'나는 누구인가?'에 대한 자신의 생각이 '자아개념(self-concept)'이다. 이러한 자아개념은 자신의 경험에 비추어 주변상황이나 사건을 평가하는 판단기준이 된다. 개인의 자아개념은 자신이 어떠한 인간이며 인생의 모든 상황에 대해 어떻게 행동하고 반응하는가를 나타낸다. 그것은 개인행동을 예측할 수 있도록 해 주는 지표가 되기도 한다. 자아개념은 지속적으로 유지된다.

이러한 자아개념은 몇 가지의 특성을 갖고 있다.

획득성

인간은 자아개념을 선천적으로 지니고 태어나지는 않았다. 살아가면서 나에 대한 지각을 형성한다. 그래서 자아개념은 성장하는 과정이다. 어린이는 나와 내가 아닌 것에 대해 배운다. 손가락과 발가락이 나의 일부임을 느끼는 부분적인 자각으로부터 시작하여 나에 대한 인식이 확대되어 간다. 사춘기 동안 자아개념은 항상 변동 상태에 있는데 그 이유는 이 기간 동안 청소년들의 생활에 많은 변화가 있기 때문이다. 미래에 대한 불확실함으로 인하여 명백한 목표 설정이 어려운 것도 한 이유이다. 이런 사춘기 문제와 갈등 해결에서 성인의 자아개념이 획득되는 것이다.

의미있는 타자의 영향

의미있는 타자란 살아가는 동안 개인에게 매우 중요하고 영향력 있는 사람들을 지칭한다.

개인의 삶에서 이런 중요한 타인들에 의해 강한 영향을 받고 개인의 자아개념이 형성된다. 이처럼 중요한 타인들과의 관계에서 개인은 자기 자신이 사랑받는지 받아들여지고 있는지 아닌지, 성공적인지 그렇지 않은지, 존경받고 있는지 아닌지를 알게 된다. 의미있는 타자는 항상 사회적 영향력에 비례하지는 않는다. 개인에게 중요하다고 생각되어지는 사람만이 그의 자아 내면에 영향을 미친다.

확장성

자아개념은 때로 자아 이외의 것에까지 확장되어 나타나기도 한다. 한국 사람들에게 가장 인상적인 말이 '우리'일 것이다. 서로 낯설게 느껴지던 사람들도 어떤 계기가 되어 일체감을 느꼈을 때 '남'이 아닌 '나'가 되는 것이 한국인에게 있어서의 '우리'이다. 한때 "우리가 남이가?"라는 말이 유행했던 적이 있다.

이러한 자아개념의 확대는 사람에 한정되지는 않는다. 내가 제일 사랑하는 애완동물을 다른 사람이 괴롭혔을 때, 자신이 당한 것처럼 화를 낸다. 아끼는 자동차에 흠이 갔을 때 자신이 상처를 입은 것처럼 아파하기도 한다.

외부의 어떤 대상이나 집단을 자아의 일부로 받아들여서 그런 대상이나 집단과 일체감을 느끼는 상황을 동일시라고 한다. 가족이나 집단 내에서 한 구성원이 고통을 경험할 때 집단 내의 다른 구성원들이 마치 자신의 고통처럼 느끼는 것이 바로 동일시의 결과이며 자아개념의 확장이다.

확고성

개인이 자신에 대해 지니고 있는 견해는 선택적인 것이다. 즉 자신에 대해 지니고 있는 견해와 일치하지 않거나 어울리지 않는 상황은 받아들이지 않게 되는데 자아개념이 바로 이러한 선택을 결정하는 판단의 기준이 된다는 것이다. 자신에 대해 긍정적인 견해를 지니고 있는 사람은 성공을 가져다주는 방식으로 행동하는 경향이 있다. 이러한 행동의 결과로써 그들은 보다 긍정적인 대우를 받게 되고 이로 인하여 개인적, 공적 생활에서 보다 행복해지고 효율적이게 된다. 이런 성공은 개인의 자신감을 높여주게 된다. 반대의 경우에도 이러한 연쇄적인 효과가 나타난다. 부적절한 감정을 지니고 있는 개인은 그 자신이 부적절한 존재임을 확인하는 방향으로 행동한다.

자아개념을 형성하는데 영향을 미치는 것은 크게 세 가지로 구분할 수 있다(구현정, 2005:84).

첫째, 자신에 대해 다른 사람들이 보이는 반응 방식이다. 내가 어떤 사람인지 알기를 원한다면 나를 대하는 다른 사람들의 행동을 살펴야 한다. 자신이 행동한 것에 대한 반응이 긍정적인지 부정적인지에 따라 나의 자아개념에도 영향을 미친다. 즉, 다른 사람이 나의 행동에 대해 긍정적인 반응을 보이면 나도 나에 대해 보다 긍정적으로 인식할 수 있다. 그러나 부정적인 반응을 보인다면 나에 대한 자신감이 떨어져서 부정적 이미지를 갖게 된다.

둘째, 자기 스스로 다른 사람과 비교해 보는 것이다. 사실 '남성'에 대한 이해는 '여성'에 대한 이해가 있을 때에만 가능하다. 내가 공부를 잘 하고 있는지 못 하고 있는지는 반 전체의 평균이나 점수를 확인했을 때 가능하다. 소위

‘공주병’이나 ‘왕자병’에 걸린 사람들은 자신을 객관적으로 비교해 보려고 하지 않는다. 자신만이 인정하는 울타리 속에서 착각하며 살아간다. 이와는 반대로 탁월한 능력을 갖고 있음에도 자신감이 부족하고 남 앞에 서는 것을 주저하는 사람도 있다. 객관적인 비교를 통해 자신의 위치를 발견하는 것도 자아개념을 확립하는데 도움이 된다. 다만, 이 세상은 항상 절대적인 기준에 따라 사는 것이 아님도 기억해야 한다. 비교를 통해 자기를 긍정할 수 있는 계기가 되도록 하여야 한다.

셋째, 자기 스스로 자신의 행동에 대해 해석하거나 평가해 본다. 모든 평가는 항상 공정하고 객관적이며 똑같이 보상받는 것은 아니다. 많은 사람들이 하찮게 여기는 것일지라도 자신에게 유의미한 행동이었다면 보다 긍정적으로 해석하고 오래 기억될 수 있다. 사랑하는 여자 친구를 위해 강의실까지 찾아가 꽃을 전달하는 남자는 주위 사람들의 따가운 시선에도 아랑곳하지 않는다. 이 남자에게는 소중한 사랑을 지키기 위해 그 어떤 것보다 이 일이 더 소중하다고 생각하기 때문이다.

나를 얼마나 보일 것인가

대화를 하다 보면 끊임없이 대화 참여자나 대화 참여자와 관련된 여러 가지 정보들을 알게 된다. 이와 함께 나도 다른 참여자들에게 나를 보여줄 수밖에 없다. 그런데 나는 과연 누구인가? 대화 중에 나는 나를 어디까지 보여주어야 하는가? 나는 나를 제대로 인식하고 있는 것인가? 이러한 나를 발견하고 나와 다른 사람의 반응 속에서 나를 진단해 볼 수 있는 방법이 조해리의 ‘마음의 창(window of mind)’이다. 조해리(Joe + Harry = Johari)의 창은 조셉 루프트(Joseph Luft)와 해링턴 잉햄(Harrington Ingham) 두 사람의 이름을 합성한 것이다.

자기공개의 정도 \ 피드백을 얻는 정도	내가 아는 것	내가 모르는 것
남이 아는 것	열린 영역 Open self	가려진 영역 Blind self
남이 모르는 것	숨겨진 영역 Hidden self	알 수 없는 영역 Unknown self

그림 5 조해리의 창

'조해리의 창'은 개인의 자기공개의 정도와 피드백을 얻는 정도에 따라 구분된다. 자기공개는 정보와 감정을 다른 사람과 함께 나눌 수 있을 만큼 신뢰가 돈독할 때 가능하다. 강한 신뢰와 호의를 느끼고 있다면 자아공개에 따르는 위험도 감수할 수 있다. 또한 개인이 매우 수용적이고 개방적임을 상대방이 느끼거나 이해할 때 피드백이 일어난다. 상대에 대한 인상이나 내가 상대에게 미친 영향을 솔직히 말하는 것이다. 이 경우에도 신뢰하는 마음이 강하면 감정을 함께 나누고 개방에 따르는 위험을 감수할 수 있다.

조해리의 창은 자기 공개의 정도에 따라 남이 아는 영역과 남이 모르는 영역으로 나누어진다. 또 피드백의 정도에 따라 내가 아는 영역과 내가 모르는 영역으로 나누어진다.

열린 영역(Open self)

열린 영역은 나도 알고 있고 다른 사람에게도 알려져 있는 나에 대한 정보이다. 열린 영역의 크기는 나와 상대방이 맺고 있는 관련성에 따라 달라진다. 나와 친하고 잘 통하는 사람에게는 열린 영역이 넓겠지만, 나와 친하지 않고 잘 통하지 않는 사람에게는 좁을 것이다. 열린 영역 중에서도 성별, 나이, 피부 등은 쉽게 알려질 수 있는 부분이다. 그러나 감정, 희망, 욕구, 학력, 경력 등은 친밀 정도에 따라 달라질 것이다. 열린 영역의 크기는 사람마다 차이가 있다. 어떤 사람들은 자신의 내면세계를 잘 드러내기도 하지만 그렇지 않은 사람도 있다.

열린 영역의 크기는 대화에도 영향을 준다. 열린 영역이 작으면 작을수록 대화를 원만히 이끌어가기가 어렵다. 나에 대해 공개를 하지 않으면 상대방도 자신을 공개하려 하지 않기 때문에 대화가 어려워진다.

보지 못하는 영역(Blind self)

보지 못하는 영역은 나에게는 알려져 있지 않으나 상대방에게는 알려져 있는 부분이다. 자신을 가장 잘 아는 사람이 곧 자신이다. 그러나 이는 모든 것을 안다는 것은 아니다. 때로는 스스로 인식하지 못하는 특성들을 다른 사람이 더 잘 아는 경우가 있다. 어떤 사람은 말할 때, 입술을 깨물며 말하는 습관이 있지만 본인은 잘 모르고 있다. 또 말하는 중간에 '킁킁거리는' 습관을 갖고 있지만, 자신은 인식하지 못하는 경우가 있다. 부정적인 말을 자주 사용한다거나 남이 말할 때 자주 끼어들거나 가로채는 사람도 자신은 잘 인식하지 못한다. 이처럼 보지 못하는 영역은 대화에 장애요소가 될 수 있으므로 가능한 좁히려는 노력이 필요하다.

숨겨진 영역(Hidden self)

숨겨진 영역은 나는 알고 있으나 다른 사람들은 모르는 부분이다. 남에게 정보를 알리지 않고 숨기려는 영역이다. 다른 사람에게 나를 드러낼 경우 위험이 뒤따르고 상처받기 쉬운 정보들이 여기에 속한다.

알 수 없는 영역(Unknown self)

알 수 없는 영역은 나도 모르고 다른 사람도 알지 못하는 부분이다. 이 부분은 심층적이고 무의식적인 욕망이나 두려움처럼 우리의 내면 깊숙이 숨겨져 있어서 누구도 인식하기 어려운 부분이다. 심리적 치료나 의료적 경험 등에 의해 전에는 알 수 없었던 정보를 새롭게 발견하는 경우가 있다.

자아의식에 대한 진단

그렇다면 조해리의 창을 통해 나를 평가해 보기로 한다.

먼저, 다음의 질문 열 가지를 1~10점까지 나누어 평가해 본다. '전혀 그렇지 않다'일 때는 1점, '완전히 그렇다'일 때는 10점을 매긴다. 그 사이는 정도에 따라 적절하게 점수를 매긴다.

- 평가 문항

1) 나의 일에 대해 다른 사람(상사, 동료, 부하)으로부터 이런저런 잔소리를 들으면 기분이 나쁘다.
2) 자기 일을 다른 사람에게 이것저것 말을 하는 것은 속이 얕은 사람이라고 생각한다.
3) 남의 말을 듣고 있는 중, 지루해지면 '요컨대 이러한 말이지?'라고 말의 허리를 자르는 일이 많다.
4) '너는 신비적이다'라고 불리어질 만큼 자신의 정체를 보이지 않는 것이 좋다.
5) 다른 사람(상사, 동료, 부하)이 무엇이라고 말하건 구애받을 필요는 없다.
6) 하고 싶은 말이 있어도 꾹 참고 속으로 혼자 처리하는 일이 많다.
7) 다른 사람(상사, 동료, 부하)으로부터 여러 가지 상담을 제안 받는 일은 거의 없다.
8) 타인의 일이나 의견에 대하여 의논을 하거나 자신의 생각을 말해 주지 않는다.
9) 타인으로부터 주의를 받거나 비판을 받으면 무의식적으로 반론하고 싶어진다.
10) 자신의 기분이나 생각을 정직하게 이야기하기보다는 애매모호하게 말한다.

• 점수 계산하는 방법

X축 : 10 - 홀수 번호 답의 합계 ÷ 5

Y축 : 10 - 짝수 번호 답의 합계 ÷ 5

• 자기의 자기 진단하기

위의 점수를 계산하여 X축과 Y축의 점수에 의해 진단하며 구분된 영역에서 가장 큰 면적이 자신의 자기 개방 형태이다. 예를 들면 X축=9점, Y축=8점이면 다음 [그림]과 같이 영역이 구분되어 개방형이 된다.

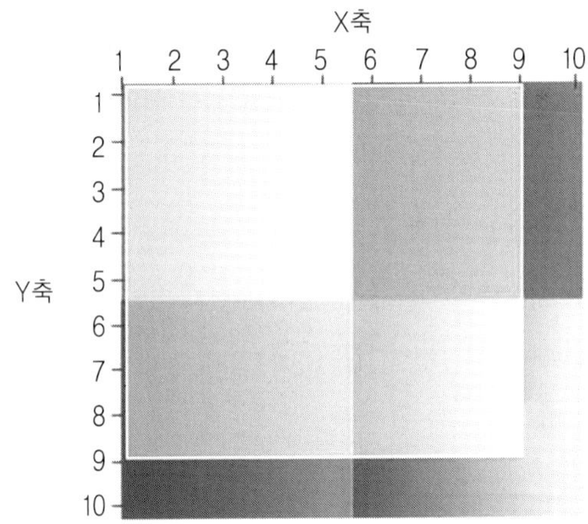

그림 6 자아 의식을 진단하는 방법

X축을 세로로, Y축을 가로로 하여 네 등분하면 네 개의 사각형이 만들어진다. 이 중 가장 큰 영역이 어디냐에 따라 네 가지 유형으로 나누어 볼 수 있다.

개방형

열린 영역이 가장 넓은 사람이다. 개방형은 인간관계가 원만한 사람이다. 적절하게 자기표현을 할 줄 알며 다른 사람의 말도 잘 경청한다. 다른 사람의 호감을 잘 사고 쉽게 친해진다. 지나치게 열린 영역이 넓은 사람은 말이 많고 경박한 사람처럼 보이기 쉽다.

자기주장형

보지 못하는 영역이 가장 넓은 사람이다. 자신의 기분이나 의견을 잘 표현하며 나름대로 자신감도 지닌 사람이다. 눈치가 없고 둔하나 자신은 잘 깨닫지 못한다. 이런 사람은 다른 사람의 반응을 주의 깊게 살피고 다른 사람의 조언이나 생각을 진지하게 받아들이는 자세를 가져야 한다.

신중형

숨겨진 영역이 가장 넓은 사람이다. 다른 사람의 말은 잘 듣지만 자신의 이야기는 잘 하지 않는 사람이다. 그가 어떤 생각이나 느낌을 갖고 있는지 잘 알지 못하기 때문에 다른 사람도 잘 접근하지 못한다. 자기 개방을 두려워하고 자신을 은폐하려고 한다. 이런 현상은 자신을 수용하지 못해서 생기는 경우가 많다. 신중형은 잘 적응하지만 내면적으로 고독감을 느끼는 경우가 많으며 현대인에게 가장 많은 유형이기도 하다. 자기 개방을 통해 다른 사람이 보다 쉽게 접근할 수 있도록 하는 것이 필요하다.

고립형

알 수 없는 영역이 가장 넓은 사람이다. 고립형의 사람들은 인간관계에 소극적이며 혼자 있는 것을 좋아한다. 다른 사람과 접촉하는 것을 어려워하거나 무관심한 경우가 많다. 이런 유형의 사람은 고집이 세고 주관이 지나치게 강한 사람도 있으나 대체로 심리적인 고민이 많고 사회생활에 잘 적응하지 못하는 경우가 많다. 자신에 대한 지속적인 통찰을 하며 인간관계를 넓혀 가는 것이 필요하다.

인간관계의 개선

조해리의 창을 통해 진단된 자아의식을 보다 개선하기 위해서는 자아에 대한 통찰, 자기공개의 확대, 대화 참여자들의 반응 수용 등을 통해 보다 나은 인간관계를 맺을 수 있도록 하여야 한다.

2 상대방에 대한 이해

어느 학교의 교사가 학생들에게 장애인을 비하하는 말을 한 적이 있다. 그런데 학생 중에는 부모님이 장애인이어서 이 말에 많은 상처를 받았고 재학생들과 학부모가 반발하여 문제 교사의 처벌을 요구했던 적이 있다. 그 교사는 학생들에 대한 배경지식을 더 넓히고 말을 하기 전에 자신이 한 말이 학생들에게 어떠한 영향을 미칠 것인가를 고려했어야 했다.

무심코 던진 말에 상대방은 치유하기 어려운 마음의 상처를 입기도 하고 평생 격려의 말로 기억하기도 한다. 만약 상대에 대해 보다 깊이 알 수만 있다면 상대가 원하는 대화를 이끌 수 있고 대화에 장애가 되는 요소들은 피하게 될 것이다. 따라서 대화할 때에 나에 대한 이해뿐만 아니라 대화 참여자에 대한 이해를 높이는 것도 중요하다.

상대방을 이해한다는 것은 쉽지 않다. 그리고 항상 상대방을 이해할 수 있는 환경에서 대화가 이루어지는 것도 아니다. 그러나 가능하면 대화를 시작하기 전에 상대방에 대한 정보를 많이 알고 대화 중에도 되도록이면 상대방을 이해하기 위한 노력을 기울여야 한다.

다음은 대화 과정에서 서로 간의 차이 때문에 갈등이 생길 수 있는 요인들을 살펴보기로 하겠다. 선의를 가지고 대화에 임하더라도 대화 스타일의 차이, 문화의 차이, 성의 차이 등은 대화의 걸림돌로 작용하는 경우가 많다.

대화 스타일의 차이

어떤 사람은 말을 할 때 동작언어를 거의 사용하지 않고 조용히 차분차분하게 말하는 습성이 있다. 그리고 자신의 말이 끝날 때까지 잘 경청하면서 듣기를 원한다. 그러나 어떤 사람은 소리를 높이고 다양한 동작 언어들을 사용해야 자신의 의사를 충분히 표현했다고 생각하는 사람이 있다. 이와 함께 다른 사람들이 자신이 말하는 동안 맞장구를 쳐 주는 등 즉각적인 반응을 보여주기를 바란다.

만약 조용하게 말하는 스타일의 사람에게 "아, 그렇군요.", "역시 대단하네요." "어머!" 등으로 맞장구를 쳐 주고 심지어 박수까지도 쳐 준다면 어떨까? 후자의 사람은 이렇게 함으로써 '네 말을 잘 듣고 있으며 무슨 말인지 나도 잘 이해한다', '네 말은 이치에 맞는 말이다'는 의미를 전달하려고 한 것이다. 그러나 조용하게 말하는데 익숙한 사람은 이러한 행동을 이해하기 힘들다. 그들의 현란한 행동과 맞장구는 자신의 말을 수시로 끊어버리는 것 같고, 말하는데 주의를 기울이지 못하게 만든다. 말하는 사람을 격려하게 하려는 이런 반응이 오히려 말하는 사람을 위축시키고 주눅이 들게 한다.

1) A : 요즘 교통질서를 지키지 않는 사람이 너무 많아 탈이야. 법이 좀 강화될 필요가 있어.
B : 맞아, 그런 놈들은 모두 감옥에 쳐 넣어야 해.
A : 에이, 아무리 그래도 그건 너무하잖아.

A는 교통질서를 화제 삼아 이야기를 가볍게 풀어나가려고 한 것뿐이었다. 그런데 B는 이 말에 즉각적인 반응을 보이면서 자신이 생각했던 것보다 더 강도 높은 처벌을 주장한 것이다. 순간 A는 당황하였다. '아니 이 친구가 내 말을 정말 진지하게 받아들이고 있나?' 아니면 '내 말에 반감을 가지고 비꼬기 위해서 저렇게 말하는 것인가?' 이런 생각 때문에 호의적으로 반응을 보이는 B에 대해 속으로 불쾌하기까지 했다. 그러나 B는 평소에 자신도 그렇게 생각해 왔고 다른 사람이 말할 때에는 적극적으로 대화에 참여하여 반응을 보이는 스타일을 갖고 있었다. 모두 선의를 가지고 대화에 임하였지만 이 둘

사이에는 대화 스타일의 차이 때문에 대화 중에도 불편한 관계가 지속될 수 있다.

사소한 것처럼 느껴지는 이러한 것들 때문에 대화의 진행이 매끄럽게 이어지기도 하고 심각한 장애를 받을 수도 있다. 모든 사람들의 대화 스타일은 다를 수밖에 없다. 따라서 대화하는 가운데 자신이 기대했던 대화 방식이 아니더라도 이를 이해하고 받아들이려는 자세가 중요하다. 대화하는 중에 이러한 차이가 발생할 때는 그것이 상대방의 적대적 행위에 의해서 일어나는 것인지 아니면 대화 방식의 차이에서 발생하는지를 확인해 보는 것도 필요하다. 계속 갈등의 요소로 남겨 둔 채 대화를 지속시키는 것보다 대화 참여자의 진위를 적절하게 확인해서 이를 해소하는 것도 한 방법이다.

2) A : 저, 실례지만 옆 자리가 비어있으면 앉아도 될까요?
   B : 그러세요.
   A : 그리고 제가 화장실에 다녀올 일이 있는데 이 짐 좀 맡겨도 될까요?
   B : 아이, 뭘 그렇게 어렵게 말하세요? 그냥 놓고 가세요.

A는 말을 할 때 직접 대화방식보다는 간접 대화방식을 선호하는 사람이다. 이에 반해 B는 직설적으로 말을 하는 것을 좋아한다. A가 계속해서 의문형의 완곡한 표현을 사용하자 "뭘 그렇게 어렵게 말하세요?"라고 말하면서 자신의 대화 방식을 지지하고 있다. 간접 대화방식을 선호하는 A는 짐을 맡기고 화장실을 가면서도 자신의 정중한 태도를 무시하고 있는 B에게 서운한 생각을 갖게 될 것이다.

직접 대화방식은 자신이 묻거나 명령하고 싶은 것이 있으면 질문이나 명령형의 표현을 그대로 사용하는 직접적이고 단선적인 대화행위이다. 이는 '경제성의 원리'와도 일치하는 것으로서 화자는 자신이 표현할 수 있는 여러 가지 방식 중에서 가장 적은 노력을 들여서 많은 결과를 얻고자 하는 생각을 갖고 있다.

3) A : 반찬 좀 더 주세요.
B : 커피 드시겠어요?
C : 도와 주셔서 고맙습니다.

반면, 간접 대화방식에서는 화자의 관점으로 볼 때는 돌려서 표현하기 때문에 실제로 발화되는 길이는 길어진다. 청자의 관점에서도 한 번 더 말의 뜻을 돌려서 계산하는 중간 단계를 거치게 되며 보다 간접적이고 복합적인 대화행위가 된다. '직접 대화방식'이 '경제성의 원리'에 충실하다면 '간접 대화방식'은 '공손성의 원리'에 보다 충실하다. 어떤 내용을 전달할 때, 화자는 그것이 전달되는 정보보다도 청자와의 관계에 미치는 영향들을 더 고려하여 발화한다. 직접적으로 표현하기 어려운 이야기를 간접적으로 표현함으로써 사회적인 관계를 부드럽게 하고 인간적인 갈등을 일으키는 요인들을 회피하기 위해서 의도적으로 간접적인 표현을 사용하는 것이다.

4) A : 여기 반찬이 떨어졌네요.
B : 커피 좋아하세요?/커피를 탈까요?
C : 이렇게까지 도와주시니 몸 둘 바를 모르겠습니다.

직접 대화방식을 선호하는 사람은 솔직하고, 체면을 중시하지 않으며 쉽게 친해질 수 있다. 그러나 때로는 무례하게 느껴지고 자기주장이 강하다는 인상을 준다. 간접 대화방식을 선호하는 사람은 자신을 내세우려 하지 않고 남을 배려하려는 마음이 강하다. 그러나 때로는 자신감이 결여되고 비굴하다는 인상을 받기도 한다. 한번 굳어진 대화의 방식은 쉽게 고쳐지지 않는다. 선호하는 대화방식의 장단점을 잘 파악하고 상대방을 이해하려는 자세가 중요하다.

문화의 차이

백인 여성과 흑인 여성이 같은 사무실에서 일하고 있었다. 어느 날, 백인 여성이 팔을 다쳐서 붕대를 감고 출근하게 되었다. 그런데 직장동료인 흑인 여성이 다친 팔에 대하여 아무런 말도 하지 않는 것이었다. 백인 여성은 섭섭한 마음과 함께 소외감도 느꼈다. 백인 여성은 흑인 동료가 침묵하고 있는 것을 자신에게 무슨 일이 생겨도 상관하지 않겠다는 것으로 해석했다. 그러나 흑인 여성은 일부러 다친 팔에 대하여 관심을 보이지 않은 것이다. 관심을 보이면 오히려 백인 동료가 언짢아하리라 생각했기 때문이다. 그래서 백인 동료가 먼저 다친 팔에 대하여 말할 때까지 기다렸다. 백인 동료에게 언급 여부를 결정하도록 배려한 것이다.

위의 예에서 흑인 여성에 대한 백인 여성의 오해는 서로 적대감 때문에 생긴 것이 아니라 흑백 간의 문화적 차이 때문이다. 아무리 선의를 가진 사람들이라도 문화적 차이가 생기면 쉽게 갈등을 느끼게 된다. 이러한 문화적 차이에 대한 이해나 배려를 가지고 대화에 임하면 설사 잘 모르는 상대라 할지라도 원만히 대화를 이끌어갈 수 있을 것이다.

우리는 나의 생각이나 생활 방식이 항상 옳은 것이고 모든 사람들도 그럴 것이라는 착각에 빠지는 경우가 많다. 그러나 가족 간에도 끊임없이 갈등을 겪는 것은 서로가 그만큼 많은 차이를 가지고 있다는 것을 보여준다. 하물며 문화가 서로 다른 사람들끼리 만날 때에는 이러한 차이가 더욱 심할 수밖에 없다.

한 미국 여성이 영국을 방문했는데, 영국 사람들의 무례함 때문에 기분이 무척 상했다. 그녀의 생각으로는 당연히 양해를 구해야 할 일인데도 영국 사람들은 계속 무시해 버렸던 것이다. 어느 날, 그녀는 기차를 기다리며 구내식당에 앉아 있었다. 그때 한 영국 부부가 물어보지도 않고 자기 테이블에 불쑥 앉는 것이었다. 눈길조차 주지 않은 채, 짐을 내려놓고 코트를 벗어서 의자에 걸쳐 놓았다. 그리고 아내에게 무엇을 먹겠느냐고 묻고는 음식을 가지러 휑하니 가버리는 것이었다. 그러는 동안 미국 여자에게는 한마디 말도 없었다. 마치 아무도 없는 것처럼 완전히 무시하고 자기 할 일만 했다.

미국의 경우는 복잡한 식당에서 빈자리가 없어서 모르는 사람과 테이블을 같이 사용해야 할 경우, 먼저 온 사람에게 "같이 앉아도 될까요?"라든지 "빈자리입니까?"라고 물어보는 것이 예의이다. 한마디 말도 없이 의자에 불쑥 앉는 것은 상상할 수도 없었다. 미국의 관습에 익숙해 있던 미국 여성은 영국인들의 무례함에 화가 머리끝까지 치밀어 올랐던 것이다. 그러나 영국인 부부는 그녀의 존재에 관심을 주지 않음으로써, 그녀로 하여금 처음 보는 사람에게 아는 체 해야 하는 부담감을 주지 않으려는 일종의 배려였다. 미국 여성은 '연관성'을 통한 '정중한 배려'를 기대했고, 영국인 부부는 일정한 거리를 유지함으로써 자신들의 '정중한 배려'를 표시했던 것이다. 사실 두 사람 모두 '정중한 배려'를 의식했지만 갈등의 골만 깊어졌다.

오늘날은 국제화 시대이다. 그동안 한국인들은 단일 민족, 단일 국가를 자랑스럽게 생각해 왔다. 그러나 이러한 의식은 새롭게 수정되어야 한다. 이제는 국내에 있는 대학 어디에서도 외국 유학생들을 쉽게 만날 수 있다. 또한 우리나라에도 조기 유학 열풍이 번져서 미주 및 유럽 지역은 물론이고 중국, 동남아시아 심지어는 아프리카에까지 진출하고 있다. 또 최근 농촌 총각의 1/3이 외국인 여성과 결혼한다는 통계 자료도 보고 되고 있으며 북한에서 탈출해온 동포들이 계속해서 들어오고 있다.

이제 한국도 다민족국가, 다문화사회로 이행하고 있다. 나와 다르다는 이유로 무조건 배척하거나 무시하려는 태도는 버려야 한다. 서로 다름을 인정하고 그 다름에도 관심을 가져 주어야 한다. 문화적 차이가 있지만 서로를 인정하고 이해하려는 마음이 있다면 대화 참여자 모두가 즐겁고 유익한 시간이 될 수 있을 것이다.

성의 차이

대체로 여자들은 남자보다 더 높은 음질을 가지고 있다. 목소리의 크기나 진행 속도가 달라지면 말의 의미가 달라지는 것처럼, 음질의 변화에 따라서도 의미가 달라진다. 문장의 끝에서 음질이 높아지면 질문 형식이 된다. 그런데 이럴 경우 상대방을 조른다거나, 잘못 알아들었다는 의미로 들릴 수 있다. 따라서 듣는 사람을 당황스럽게 만든다. 이런 표현 방식은 남자보다 여자가 더 자주 사용한다고 한다.

5) A : 무엇을 마실래?
 B : 커피?

A의 물음에 답한 B의 말은 커피를 마시겠다는 것인지 커피가 좋으냐고 묻는 것인지 분명하지 않다.

이러한 것은 정중어법의 사용 빈도와도 관련이 된다. 남자는 단정이나 선언과 같이 자기주장이 강한 대화행위를 더 많이 사용한다. 그런데 여자는 자기주장을 할 경우에도 직접적인 단정보다는 질문의 형식을 빌어서 간접 대화행위를 선호한다. 청자에 대한 요구를 할 때에도 남자는 직접적인 명령문을 더 많이 사용하는데 반해, 여자는 청유문이나 의문문으로 표현하는 간접적 방식을 선호한다.

문화적 배경이나 출신 배경이 같다해도 남자와 여자는 그 기질이나 습성, 대화 방식에서 차이를 보인다. 심지어는 수십 년 함께 생활해 온 부부사이라도 다른 대화 방식 때문에 잦은 충돌을 빚기도 한다. 대화를 할 때 성에 따라 대화 방식도 다르다는 것을 꼭 염두에 두어야 한다.

위험한 일

웃음을 짓는 건
바보스럽게 보일 위험이 있고

눈물을 흘리는 건
감상적인 사람으로 보일 위험이 있다.

누군가에게 손을 내미는 건
남의 일에 휘말릴 위험이 있다.

대중 앞에서 자신의 기획과 꿈을 발표하는 건
그것들을 잃을 위험이 있다

사랑하는 것은
사랑을 되돌려 받지 못할 위험이 있고

산다는 건 죽을지도 모를 위험이 있다.

희망을 갖는 건 절망에 빠질 위험이 있으며,

시도를 하는 건 실패할 위험이 있다.

하지만 위험에 뛰어들지 않으면 안 된다.
인생에서 가장 위험한 일은
아무런 위험에도 뛰어들지 않으려는 것이니까.

아무런 위험에도 뛰어들지 않는 사람
아무 것도 하지 않는 사람은
아무 것도 가질 수 없으며
아무 것도 아닌 사람이다.

그는 고통과 슬픔을 피할 수 있을지는 모른다.

하지만 그는 배울 수 없고
느낄 수 없고,
달라질 수 없으며,
성장할 수 없다.

살고, 사랑할 수 없다.
자신의 두려움에 갇힌 노예와 다를 바 없다.
그의 자유는 갇힌 자유다.
위험에 뛰어드는 사람만이 진정으로 자유롭다

- <영혼을 위한 닭고기 스프>에서

다른 사람과 공통의 화제를 가지고 대화를 나눈다는 것은 즐겁고 유익하다. 대화를 통해 새로운 정보를 얻기도 하며, 다른 사람과 친밀한 관계를 맺기도 한다. 때로는 자신의 새로운 면을 발견하기도 하고 보다 성숙한 인간으로 성장해 가기도 한다. 그러나 대화를 통해 상처를 받기도 하고 좌절에 빠지기도 한다. 상대방에 대한 신뢰가 깨지기도 하며 원수가 되기도 한다. 낯선 사람과 대화를 나누는 것이 두렵기도 하고 대화를 이끌어가는 것이 부담스럽게 느껴지기도 한다. 나를 이해한다는 것, 남을 이해한다는 것이 결코 쉽지 않다. 그러나 이를 두려워 해서 나를 숨기고 피하려는 사람은 결국 아무 것도 얻지 못한다. 대화의 달인은 하루아침에 되지 않는다. 어떤 대화 상황에서도 이를 피하지 않고 다양한 경험을 쌓아 가는 것이 그 무엇보다 중요하다.

제8장 효과적인 말하기

1 정확하게 말하기

효과적으로 말하기 위해서는 정확하게 말하는 것이 우선 필요하다. 그리고 정확하게 말하는 것의 기본은 정확하게 발음하는 것이다. 이를 위해 먼저 음성학에 대한 지식과 표준 발음법을 살펴보기로 한다.

음성학에 대한 지식

■ 소리를 내는 과정

소리를 내기 위해서는 공기를 불러일으키는 곳이 필요하다 이를 발동부라 하는데 주로 폐에서 시작된다. 폐에서 만들어진 공기는 성대라는 좁은 통로를 지나면서 비로소 소리가 된다. 성대는 얇고 예민한 근육으로 이루어져 있는데 성대의 진동 여부에 따라 유성음과 무성음으로 나뉜다. 모음은 모두 유성음이며, 자음의 대부분은 무성음으로 이루어져 있는데 한국어의 'ㅁ, ㄴ, ㅇ, ㄹ'는 유성음이다. 또 기류의 양에 따라 유기음과 무기음으로 나뉜다. 한국어의 자음 중 'ㅍ, ㅌ, ㅋ, ㅊ, ㅎ' 등은 유기음에 해당하고 이의 예사소리는 무기음이다. 또 성대가 터지면서 발음되는 성대파열음과 그렇지 않은 소리로도 나뉜다. 한국어의 된소리는 성대파열음에 속한다. 발성부에서는 소리가 몇 가지 유형으로 분화하지만 구체적인 말소리라고 할 수는 없다.

인두를 지나 코와 입술에 이르는 부분을 발음부라 하는데 이곳에서 다양한 말소리가 분화된다. 이는 코의 공깃길을 막고 입으로 공기를 내어 소리를 내는 입안소리와 입안의 어느 부분을 막고 코로 공기를 내어 소리를 내는 콧소리로 크게 나눌 수 있다.

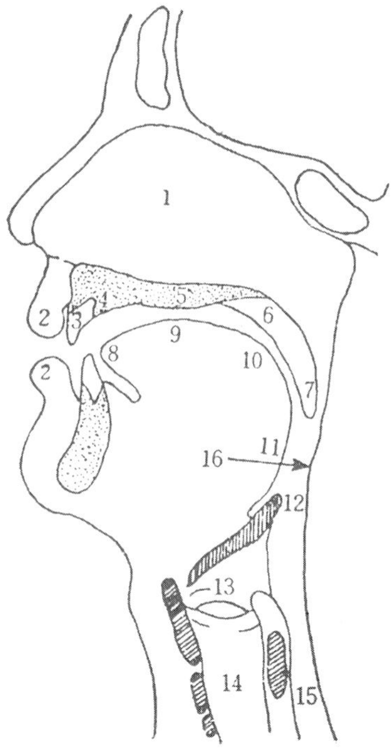

그림 7 음성기관 단면도

말소리는 공기가 발음부를 지나는 동안 장애를 받느냐 받지 않느냐에 따라 자음과 모음으로 나눌 수 있다.

다음은 현대 한국어의 자음 체계이다. 모두 19개의 자음으로 구분할 수 있는데 장애의 위치, 장애의 방법, 소리의 세기 등으로 나누어 그 차이를 설명할 수 있다.

표 6 현대 국어의 자음 체계(19개)

조음 방법 \ 조음위치 소리의 세계		입술소리	잇몸소리	센입천장소리	여린입천장소리	목청소리
파열음	약한소리	ㅂ p	ㄷ t		ㄱ k	
	된소리	ㅃ p'	ㄸ t'		ㄲ k'	
	거센소리	ㅍ p^h	ㅌ t^h		ㅋ k^h	
마찰음	약한소리		ㅅ s			ㅎ h
	된소리		ㅆ s'			
파찰음	약한소리			ㅈ tʃ		
	된소리			ㅉ tʃ'		
	거센소리			ㅊ $tʃ^h$		
유 음			ㄹ l			
비 음		ㅁ m	ㄴ n		ㅇ ŋ	

모음은 발음부를 지나는 동안 장애를 받지 않는 소리이다. 다음은 현대 한국어의 모음 체계이다. 모두 10개의 단모음과 12개의 이중모음으로 이루어져 있다. 그러나 젊은층으로 갈수록 9개 내지 8개의 단모음 체계에 익숙해져 있다. 지역에 따라서는 7모음 체계인 경우도 있다. 모음은 소리 내는 자리나 높이, 입술의 모양 등에 따라 나누어진다.

표 7 현대 국어의 단모음 체계(10개)

혀의 높이 \ 혀의 위치 입술 모양	전설 모음		후설 모음	
	평순	원순	평순	원순
고 모 음	ㅣ i	ㅟ y	ㅡ ɨ	ㅜ u
중 모 음	ㅔ e	ㅚ ø	ㅓ ə	ㅗ o
저 모 음	ㅐ ɛ		ㅏ a	

표 8 현대 국어의 이중모음 체계(12개)

반모음 \ 단모음	ㅣ	ㅔ	ㅐ	ㅓ	ㅏ	ㅗ	ㅜ
w	ㅟ	ㅞ	ㅙ	ㅝ	ㅘ		
j		ㅖ	ㅒ	ㅕ	ㅑ	ㅛ	ㅠ
ɨ	ㅢ						

현대 국어의 이중모음 중 'ㅢ'는 위치의 불안정으로 인해 다양한 변이음으로 발음되기도 한다. '민주주의의 의의'를 빨리 발음해 보면 [민주주이에 으이]로 발음된다. 그러나 한 개의 소리로 '의'가 나올 때는 '으'나 '이'로 발음해서는 안 된다.

■ 효과적인 음성의 요건

청자의 입장에서 화자의 말을 잘 들어보면, 음성을 전달하는 데 있어서 많은 사람들이 교정을 받아야 할 만큼 결함을 가지고 있다. 여러 언어 상황에서 의사소통의 어려움을 느끼는 원인은 화자가 말의 속도, 크기, 리듬, 억양을 표준어와 달리 쓰고 있다거나, 콧소리, 쉰 목소리, 거친 목소리, 막힌 목소리를 내기 때문이다.

청자는 화자가 말하고 있는 내용은 물론 음성 전달에서의 결함에도 귀를 기울인다. 그리고 이들은 대부분 그러한 음성 전달의 결함이 빈약한 사교 관계나 부족한 교육 수준, 지식의 부족, 지나친 감정, 긴장의 결과라고 생각하게 된다. 그리고 음성 전달이 제대로 이루어지지 않을 때 청자는 화자가 말하는 내용을 제대로 이해하지 못하게 된다. 따라서 좋은 음성 전달이 의사소통 과정에서도 중요하다는 인식이 필요하며 꾸준히 훈련할 필요가 있다.

훌륭한 음성 전달은 듣기 좋은 음색을 만드는 것부터 시작한다. 목소리를 훈련하는 과정에서 학생들은 자신의 결함을 없애고 그것을 강하고, 맑고, 듣기 좋은 음색으로 바꾸려고 노력해야 한다. 그런데 음색은 성대를 떨게 하는 호흡에서 비롯된 것이므로 좋은 음색을 얻기 위해서는 우선 호흡 조절을 잘 해야 한다. 호흡을 적절하게 조절하지 못한다면 성대가 지나치게 긴장되어 숨이 차고 거친 목소리가 나오게 된다. 적절한 호흡을 위해서는 숨을 자주 들이마시고 천천히 내뱉는 연습을 해야 한다(정승혜, 2000:64-74).

■ 긴장과 이완을 조절하는 연습

1) 아래에 나열되어 있는 부위를 적혀 있는 순서대로 긴장시키되 순서가

끝날 때까지 긴장을 계속 유지한다.

배 → 가슴 → 손 → 팔 → 어깨 → 목구멍 → 얼굴

2) 같은 순서로 이완시킨다.
3) 반대 순서로 긴장시킨다.
4) 반대 순서로 이완시킨다.
5) 새로운 순서를 정하여 긴장, 이완시킨다.

호흡을 조절하는 연습

1) 속으로 열까지 세며 천천히 숨을 들이마신다.
2) 같은 속도로 내뱉는다.
3) 같은 속도로 들이마신다.
4) 부드러운 소리를 내며 빨리 내뱉는다. 성량이 부족한 목소리가 이런 것이다.
5) 다시 천천히 들이마신다.
6) 반 정도의 속도로 내쉬며 부드러운 소리를 낸다. 먼저보다 성량이 늘어났을 것이다.
7) 처음 속도로 천천히 들이마신다.
8) '아' 소리를 내며 천천히 내뱉는다. 연습을 계속하면, 들이마시는 속도와 같게 내쉬면서 소리를 낼 수 있다.

음성 표현

순수한 음색

훌륭한 목소리를 얻기 위해서는 '순수한' 음색을 내는 것이 필요하다. 순수한 음색은 긴장을 풀고 하는 허밍 연습에 의해 얻을 수 있다. 이러한 연습은 우선 긴장 이완의 중요성과 그 쾌적한 느낌에 집중해야 한다. 먼저 신체 중에

서 부위가 큰 쪽의 긴장부터 푼 다음 흉부와 인두의 긴장을 푸는 데 전념한다. 성대의 긴장을 풀기 위해서는 '한숨을 쉬는' 연습을 한다.

적절한 조음

적절한 목소리 전달을 위해서는 정확한 조음 능력을 향상시키는 것이다. 상대방이 1미터 안팎 정도에 있는 대면 대화의 경우는 크게 신경 쓰지 않아도 되지만 청자가 십여 명 이상이고 대화의 장소가 넓을 때에는 조음에 더욱 신경을 써야 한다. 얼마나 정확하게 조음해야 하는가는 방의 크기, 청자의 수, 소음의 크기 등에 따라 결정된다.

조음 능력을 향상시키기 위해서는 우선 다른 사람의 조음을 들어보아야 한다. 다른 사람에게서 발견되는 오류는 자신에게서도 쉽게 발견될 수 있는 것이다. 그리고 이러한 결함을 없애기 위해서는 하루에 15분씩 규칙적으로 다양한 글을 소리 내어 읽는 것이 좋다.

강세의 조절

여러 가지 요인 때문에 큰 목소리를 내야 할 때가 있다. 이럴 경우 많은 사람들이 정확한 조음 대신에 성량만을 높이려고 한다. 조음 능력의 향상 없이 목소리만 크게 내면, 자신의 생각을 이성적으로 제시하지 못하는 경우가 많다.

대화 중에 성량이 떨어지면 대화 참여자가 그 말을 듣지 못하는 경우가 있다. 또 성량이 너무 높아지면 듣는 사람이 부담을 느끼게 되고 자칫하면 소음처럼 들릴 수가 있다. 평소에 자신의 성량을 잘 파악해 두었다가 대화의 상황에 맞게 이를 조절할 수 있어야 한다.

말하는 속도도 화제의 난이도와 중요도에 따라서 적절하게 조절할 수 있어야 한다. 느린 속도는 내용을 보다 정확하게 전달할 수 있고, 빠른 속도는 청자로 하여금 지루하지 않고 긴박감을 가지게 하는 장점이 있다. 한 가지 속도로 시종일관 말하는 것은 좋지 않다. 속도 역시 음성 전달의 다른 요소들과 마찬가지로 청자의 이해를 돕는데 기여한다.

표준 발음법

정확하게 말하기 위해서는 정확하고 분명한 발음을 해야 한다. 소리가 분명하지 않으면 상대방은 화자가 무슨 말을 했는지 알 수가 없다. 표준발음법을 이해하고 지속적으로 훈련을 해야 한다.

국어의 표준 발음법(문교부 고시 제88-2호, 1988.1.19)을 소개하면 다음과 같다.

제1장 총 칙

제1항 표준 발음법은 표준어의 실제 발음을 따르되, 국어의 전통성과 합리성을 고려하여 정함을 원칙으로 한다.

제2장 자음과 모음

제2항 표준어의 자음은 다음 19개로 한다.

ㄱ ㄲ ㄴ ㄷ ㄸ ㄹ ㅁ ㅂ ㅃ ㅅ ㅆ ㅇ ㅈ
ㅉ ㅊ ㅋ ㅌ ㅍ ㅎ

제3항 표준어의 모음은 다음 21개로 한다.

ㅏ ㅐ ㅑ ㅒ ㅓ ㅔ ㅕ ㅖ ㅗ ㅘ ㅙ ㅚ ㅛ
ㅜ ㅝ ㅞ ㅟ ㅠ ㅡ ㅢ ㅣ

제4항 'ㅏ ㅐ ㅓ ㅔ ㅗ ㅚ ㅜ ㅟ ㅡ ㅣ'는 단모음(單母音)으로 발음한다.

[붙임] 'ㅚ, ㅟ'는 이중 모음으로 발음할 수 있다.

제5항 'ㅑ ㅒ ㅕ ㅖ ㅘ ㅙ ㅛ ㅝ ㅞ ㅠ ㅢ'는 이중 모음으로 발음한다.

다만 1. 용언의 활용형에 나타나는 '져, 쪄, 쳐'는 [저, 쩌, 처]로 발음한다.

가지어 → 가져[가저]　　찌어 → 쪄[쩌]　　다치어 → 다쳐[다처]

다만 2. '예, 례' 이외의 'ㅖ'는 [ㅔ]로도 발음한다.

계집[계 : 집/게 : 집]　　계시다[계 : 시다/게 : 시다]
시계[시계/시게](時計)　　연계[연계/연게](連繫)
메별[메별/메별](袂別)　　개폐[개폐/개페](開閉)
혜택[혜 : 택/헤 : 택](惠澤)　　지혜[지혜/지헤](智慧)

다만 3. 자음을 첫소리로 가지고 있는 음절의 'ㅢ'는 [ㅣ]로 발음한다.

늴리리　　닁큼　　무늬　　띄어쓰기　　씌어
틔어　　희어　　희떱다　　희망　　유희

다만 4. 단어의 첫음절 이외의 '의'는 [ㅣ]로, 조사 '의'는 [ㅔ]로 발음함도 허용한다.

주의[주의/주이]　　협의[혀븨/혀비]
우리의[우리의/우리에]　　강의의[강 : 의의/강 : 이에]

제3장 음의 길이

제6항 모음의 장단을 구별하여 발음하되, 단어의 첫음절에서만 긴소리가 나타나는 것을 원칙으로 한다.

(1) 눈보라[눈 : 보라] 말씨[말 : 씨] 밤나무[밤 : 나무]
많다[만 : 타] 멀리[멀 : 리] 벌리다[벌 : 리다]
(2) 첫눈[천눈] 참말[참말] 쌍동밤[쌍동밤]
수많이[수 : 마니] 눈멀다[눈멀다] 떠벌리다[떠벌리다]

다만, 합성어의 경우에는 둘째 음절 이하에서도 분명한 긴소리를 인정한다.

반신반의[반 : 신 바 : 늬/반 : 신 바 : 니] 재삼재사[재 : 삼 재 : 사]

[붙임] 용언의 단음절 어간에 어미 '-아/-어'가 결합되어 한 음절로 축약되는 경우에도 긴소리로 발음한다.

보아 → 봐[봐 :] 기어 → 겨[겨 :] 되어 → 돼[돼 :]
두어 → 둬[둬 :] 하여 → 해[해 :]

다만, '오아 → 와, 지어 → 져, 찌어 → 쪄, 치어 → 쳐' 등은 긴소리로 발음하지 않는다.

제7항 긴소리를 가진 음절이라도, 다음과 같은 경우에는 짧게 발음한다.

1. 단음절인 용언 어간에 모음으로 시작된 어미가 결합되는 경우

감다[감 : 따] — 감으니[가므니] 밟다[밥 : 따] — 밟으면[발브면]
신다[신 : 따] — 신어[시너] 알다[알 : 다] — 알아[아라]

다만, 다음과 같은 경우에는 예외적이다.

끌다[끌 : 다] — 끌어[끄 : 러] 떫다[떨 : 따] — 떫은[떨 : 븐]
벌다[벌 : 다] — 벌어[버 : 러] 썰다[썰 : 다] — 썰어[써 : 러]
없다[업 : 따] — 없으니[업 : 쓰니]

2. 용언 어간에 피동, 사동의 접미사가 결합되는 경우

감다[감 : 따] — 감기다[감기다]　　꼬다[꼬 : 다] — 꼬이다[꼬이다]
밟다[밥 : 따] — 밟히다[발피다]

다만, 다음과 같은 경우에는 예외적이다.

끌리다[끌 : 리다]　　벌리다[벌 : 리다]　　없애다[업 : 쌔다]

[붙임] 다음과 같은 복합어에서는 본디의 길이에 관계없이 짧게 발음한다.

밀 - 물　　썰 - 물　　쏜 - 살 - 같이　　작은 - 아버지

제 4 장 받침의 발음

제 8 항 받침소리로는 'ㄱ, ㄴ, ㄷ, ㄹ, ㅁ, ㅂ, ㅇ'의 7 개 자음만 발음한다.
제 9 항 받침 'ㄲ, ㅋ', 'ㅅ, ㅆ, ㅈ, ㅊ, ㅌ', 'ㅍ'은 어말 또는 자음 앞에서 각각 대표음 [ㄱ, ㄷ, ㅂ]으로 발음한다.

닦다[닥따]	키읔[키윽]	키읔과[키윽꽈]	옷[옫]
웃다[욷 : 따]	있다[읻따]	젖[젇]	빚다[빋따]
꽃[꼳]	쫓다[쫃따]	솥[솓]	뱉다[밷 : 따])
앞[압]	덮다[덥따]		

제 10 항 겹받침 'ㄳ', 'ㄵ', 'ㄼ, ㄽ, ㄾ', 'ㅄ'은 어말 또는 자음 앞에서 각각 [ㄱ, ㄴ, ㄹ, ㅂ]으로 발음한다.

넋[넉]	넋과[넉꽈]	앉다[안따]	여덟[여덜]
넓다[널따]	외곬[외골]	핥다[할따]	값[갑]

없다[업 ː 따]

다만, '밟-'은 자음 앞에서 [밥]으로 발음하고, '넓-'은 다음과 같은 경우에 [넙]으로 발음한다.

(1) 밟다[밥 ː 따]　　　　밟소[밥 ː 쏘]　　　　밟지[밥 ː 찌]
　밟는[밥 ː 는→밤 ː 는]　　밟게[밥 ː 께]　　　　밟고[밥 ː 꼬]
(2) 넓-죽하다[넙쭈카다]　　　넓-둥글다[넙뚱글다]

제 11 항　겹받침 'ㄺ, ㄻ, ㄿ'은 어말 또는 자음 앞에서 각각 [ㄱ, ㅁ, ㅂ]으로 발음한다.

닭[닥]　　　흙과[흑꽈]　　　맑다[막따]　　　늙지[늑찌]
삶[삼 ː]　　젊다[점 ː 따]　　읊고[읍꼬]　　　읊다[읍따]

다만, 용언의 어간 말음 'ㄺ'은 'ㄱ' 앞에서 [ㄹ]로 발음한다.

맑게[말께]　　묽고[물꼬]　　　얽거나[얼꺼나]

제 12 항　받침 'ㅎ'의 발음은 다음과 같다.

1. 'ㅎ(ㄶ, ㅀ)' 뒤에 'ㄱ, ㄷ, ㅈ'이 결합되는 경우에는, 뒤 음절 첫소리와 합쳐서 [ㅋ, ㅌ, ㅊ]으로 발음한다.

　놓고[노코]　　좋던[조 ː 턴]　　쌓지[싸치]　　많고[만 ː 코]
　않던[안턴]　　닳지[달치]

[붙임 1] 받침 'ㄱ(ㄺ), ㄷ, ㅂ(ㄼ), ㅈ(ㄵ)'이 뒤 음절 첫소리 'ㅎ'과 결합되는 경우에도, 역시 두 음을 합쳐서 [ㅋ, ㅌ, ㅍ, ㅊ]으로 발음한다.

각하[가카]　　　　먹히다[머키다]　　　　밝히다[발키다]
맏형[마텽]　　　　좁히다[조피다]　　　　넓히다[널피다]
꽂히다[꼬치다]　　앉히다[안치다]

[붙임 2] 규정에 따라 'ㄷ'으로 발음되는 'ㅅ, ㅈ, ㅊ, ㅌ'의 경우에도 이에 준한다.

옷 한 벌[오탄벌]　　낮 한때[나탄때]　　꽃 한 송이[꼬탄송이]
숱하다[수타다]

2. 'ㅎ(ㄶ, ㅀ)' 뒤에 'ㅅ'이 결합되는 경우에는, 'ㅅ'을 [ㅆ]으로 발음한다.

닿소[다쏘]　　　　많소[만ː쏘]　　　　싫소[실쏘]

3. 'ㅎ' 뒤에 'ㄴ'이 결합되는 경우에는, [ㄴ]으로 발음한다.

놓는[논는]　　　　쌓네[싼네]

[붙임] 'ㄶ, ㅀ' 뒤에 'ㄴ'이 결합되는 경우에는, 'ㅎ'을 발음하지 않는다.

않네[안네]　　　　않는[안는]
뚫네[뚤네 → 뚤레]　　뚫는[뚤는 → 뚤른]

* '뚫네[뚤네 → 뚤레], 뚫는[뚤는 → 뚤른]'에 대해서는 제20항 참조.

4. 'ㅎ(ㄶ, ㅀ)' 뒤에 모음으로 시작된 어미나 접미사가 결합되는 경우에는, 'ㅎ'을 발음하지 않는다.

낳은[나은]　　놓아[노아]　　쌓이다[싸이다]　　많아[마ː나]
않은[아는]　　닳아[다라]　　싫어도[시러도]

제 13 항 홑받침이나 쌍받침이 모음으로 시작된 조사나 어미, 접미사와 결합되는 경우에는, 제 음가대로 뒤 음절 첫소리로 옮겨 발음한다.

깎아[까까] 옷이[오시] 있어[이써] 낮이[나지]
꽂아[꼬자] 꽃을[꼬츨] 쫓아[쪼차] 밭에[바테]
앞으로[아프로] 덮이다[더피다]

제 14 항 겹받침이 모음으로 시작된 조사나 어미, 접미사와 결합되는 경우에는, 뒤엣것만을 뒤 음절 첫소리로 옮겨 발음한다.(이 경우, 'ㅅ'은 된소리로 발음함.)

넋이[넉씨] 앉아[안자] 닭을[달글] 젊어[절머]
곬이[골씨] 핥아[할타] 읊어[을퍼] 값을[갑쓸]
없어[업 : 써]

제 15 항 받침 뒤에 모음 'ㅏ, ㅓ, ㅗ, ㅜ, ㅟ'들로 시작되는 실질 형태소가 연결되는 경우에는, 대표음으로 바꾸어서 뒤 음절 첫소리로 옮겨 발음한다.

밭 아래[바다래] 늪 앞[느밥] 젖어미[저더미]
맛없다[마덥따] 겉옷[거돋] 헛웃음[허두슴]
꽃 위[꼬뒤]

다만, '맛있다, 멋있다'는 [마싣따], [머싣따]로도 발음할 수 있다.

[붙임] 겹받침의 경우에는, 그 중 하나만을 옮겨 발음한다.

넋없다[너겁따] 닭 앞에[다가페] 값어치[가버치]
값있는[가빈는]

제 16 항 한글 자모의 이름은 그 받침소리를 연음하되, 'ㄷ, ㅈ, ㅊ, ㅋ, ㅌ, ㅍ, ㅎ'의 경우에는 특별히 다음과 같이 발음한다.

디귿이[디그시]	디귿을[디그슬]	디귿에[디그세]
지읒이[지으시]	지읒을[지으슬]	지읒에[지으세]
치읓이[치으시]	치읓을[치으슬]	치읓에[치으세]
키읔이[키으기]	키읔을[키으글]	키읔에[키으게]
티읕이[티으시]	티읕을[티으슬]	티읕에[티으세]
피읖이[피으비]	피읖을[피으블]	피읖에[피으베]
히읗이[히으시]	히읗을[히으슬]	히읗에[히으세]

제 5 장 음의 동화

제 17 항 받침 'ㄷ, ㅌ(ㄾ)'이 조사나 접미사의 모음 'ㅣ'와 결합되는 경우에는, [ㅈ, ㅊ]으로 바꾸어서 뒤 음절 첫소리로 옮겨 발음한다.

곧이듣다[고지듣따]	굳이[구지]	미닫이[미다지]
땀받이[땀바지]	밭이[바치]	벼훑이[벼훌치]

[붙임] 'ㄷ' 뒤에 접미사 '히'가 결합되어 '티'를 이루는 것은 [치]로 발음한다.

굳히다[구치다]	닫히다[다치다]	묻히다[무치다]

제 18 항 받침 'ㄱ(ㄲ, ㅋ, ㄳ, ㄺ), ㄷ(ㅅ, ㅆ, ㅈ, ㅊ, ㅌ, ㅎ), ㅂ(ㅍ, ㄼ, ㄿ, ㅄ)'은 'ㄴ, ㅁ' 앞에서 [ㅇ, ㄴ, ㅁ]으로 발음한다.

먹는[멍는]	국물[궁물]	깎는[깡는]	키읔만[키응만]
몫몫이[몽목씨]	긁는[긍는]	흙만[흥만]	닫는[단는]

짓는[진 : 는]　옷맵시[온맵씨]　있는[인는]　맞는[만는]
젖멍울[전멍울]　쫓는[쫀는]　꽃망울[꼰망울]　붙는[분는]
놓는[논는]　잡는[잠는]　밥물[밤물]　앞마당[암마당]
밟는[밤 : 는]　읊는[음는]　없는[엄 : 는]　값매다[감매다]

[붙임] 두 단어를 이어서 한 마디로 발음하는 경우에도 이와 같다.

책 넣는다[챙넌는다]　흙 말리다[홍말리다]　옷 맞추다[온마추다]
밥 먹는다[밤멍는다]　값 매기다[감매기다]

제 19 항 받침 'ㅁ, ㅇ' 뒤에 연결되는 'ㄹ'은 [ㄴ]으로 발음한다.

담력[담 : 녁]　침략[침냑]　강릉[강능]　항로[항 : 노]
대통령[대 : 통녕]

[붙임] 받침 'ㄱ, ㅂ' 뒤에 연결되는 'ㄹ'도 [ㄴ]으로 발음한다.
막론[막논 → 망논]　백리[백니 → 뱅니]　협력[협녁 → 혐녁]
십리[십니 → 심니]

제 20 항 'ㄴ'은 'ㄹ'의 앞이나 뒤에서 [ㄹ]로 발음한다.

(1) 난로[날 : 로]　신라[실라]　천리[철리]　광한루[광 : 할루]
대관령[대 : 괄령]
(2) 칼날[칼랄]　물난리[물랄리]　줄넘기[줄럼끼]　할는지[할른지]

[붙임] 첫소리 'ㄴ'이 'ㅀ', 'ㄾ' 뒤에 연결되는 경우에도 이에 준한다.

닳는[달른]　뚫는[뚤른]　핥네[할레]

다만, 다음과 같은 단어들은 'ㄹ'을 [ㄴ]으로 발음한다.

의견란[의 : 견난]　　임진란[임 : 진난]　　생산량[생산냥]
결단력[결딴녁]　　공권력[공꿘녁]　　동원령[동 : 원녕]
상견례[상견녜]　　횡단로[횡단노]　　이원론[이 : 원논]
입원료[이붠뇨]　　구근류[구근뉴]

제 21 항　위에서 지적한 이외의 자음 동화는 인정하지 않는다.

감기[감 : 기](×[강 : 기])　　옷감[옫깜](×[옥깜])
있고[읻꼬](×[익꼬])　　꽃길[꼳낄](×[꼭낄])
젖먹이[전머기](×[점머기])　　문법[문뻡](×[뭄뻡])
꽃밭[꼳빧](×[꼽빧])

제 22 항　다음과 같은 용언의 어미는 [어]로 발음함을 원칙으로 하되, [여]로 발음함도 허용한다.

되어[되어/되여]　　피어[피어/피여]

[붙임]　'이오, 아니오'도 이에 준하여 [이요, 아니요]로 발음함을 허용한다.

제 6 장　경음화

제 23 항　받침 'ㄱ(ㄲ, ㅋ, ㄳ, ㄺ), ㄷ(ㅅ, ㅆ, ㅈ, ㅊ, ㅌ), ㅂ(ㅍ, ㄼ, ㄿ,ㅄ)' 뒤에 연결되는 'ㄱ, ㄷ, ㅂ, ㅅ, ㅈ'은 된소리로 발음한다.

국밥[국빱]　　깎다[깍따]　　넋받이[넉빠지]　　삯돈[삭똔]
닭장[닥짱]　　칡범[칙뻠]　　뻗대다[뻗때다]　　옷고름[옫꼬름]
있던[읻떤]　　꽂고[꼳꼬]　　꽃다발[꼳따발]　　낯설다[낟썰다]
밭갈이[받까리]　　솥전[솓쩐]　　곱돌[곱똘]　　덮개[덥깨]

옆집[엽찝]　　넓죽하다[넙쭈카다]　　읊조리다[읍쪼리다]
값지다[갑찌다]

제24항　어간 받침 'ㄴ(ㄵ), ㅁ(ㄻ)' 뒤에 결합되는 어미의 첫소리 'ㄱ, ㄷ, ㅅ, ㅈ'은 된소리로 발음한다.

신고[신 : 꼬]　　껴안다[껴안따]　　앉고[안꼬]　　얹다[언따]
삼고[삼 : 꼬]　　더듬지[더듬찌]　　닮고[담 : 꼬]　　젊지[점 : 찌]

다만, 피동, 사동의 접미사 '-기-'는 된소리로 발음하지 않는다.
안기다　　감기다　　굶기다　　옮기다

제25항　어간 받침 'ㄼ, ㄾ' 뒤에 결합되는 어미의 첫소리 'ㄱ, ㄷ, ㅅ, ㅈ'은 된소리로 발음한다.

넓게[널께]　　핥다[할따]　　훑소[훌쏘]　　떫지[떨 : 찌]

제26항　한자어에서, 'ㄹ' 받침 뒤에 연결되는 'ㄷ, ㅅ, ㅈ'은 된소리로 발음한다.

갈등[갈뜽]　　발동[발똥]　　절도[절또]　　말살[말쌀]
불소[불쏘](弗素)　　일시[일씨]　　갈증[갈쯩]　　물질[물찔]
발전[발쩐]　　몰상식[몰쌍식]　　불세출[불쎄출]

다만, 같은 한자가 겹쳐진 단어의 경우에는 된소리로 발음하지 않는다.

허허실실[허허실실](虛虛實實)　　절절-하다[절절하다](切切-　)

제27항　관형사형 '-(으)ㄹ' 뒤에 연결되는 'ㄱ, ㄷ, ㅂ, ㅅ, ㅈ'은 된소리로 발음한다.

할 것을[할꺼슬]　　갈 데가[갈떼가]　　할 바를[할빠를]
할 수는[할쑤는]　　할 적에[할쩌게]　　갈 곳[갈꼳]
할 도리[할또리]　　만날 사람[만날싸람]

다만, 끊어서 말할 적에는 예사소리로 발음한다.

[붙임] '-(으)ㄹ'로 시작되는 어미의 경우에도 이에 준한다.

할걸[할껄]　　할밖에[할빠께]　　할세라[할쎄라]
할수록[할쑤록]　　할지라도[할찌라도]　　할지언정[할찌언정]
할진대[할찐대]

제 28 항　표기상으로는 사이시옷이 없더라도, 관형격 기능을 지니는 사이시옷이 있어야 할(휴지가 성립되는) 합성어의 경우에는, 뒤 단어의 첫소리 'ㄱ, ㄷ, ㅂ, ㅅ, ㅈ'을 된소리로 발음한다.

문 - 고리[문꼬리]　　눈 - 동자[눈똥자]　　신 - 바람[신빠람]
산 - 새[산쌔]　　손 - 재주[손째주]　　길 - 가[길까]
물 - 동이[물똥이]　　발 - 바닥[발빠닥]　　굴 - 속[굴 : 쏙]
술 - 잔[술짠]　　바람 - 결[바람껼]　　그믐 - 달[그믐딸]
아침 - 밥[아침빱]　　잠 - 자리[잠짜리]　　강 - 가[강까]
초승 - 달[초승딸]　　등 - 불[등뿔]　　창 - 살[창쌀]
강 - 줄기[강쭐기]

제 7 장　음의 첨가

제 29 항　합성어 및 파생어에서, 앞 단어나 접두사의 끝이 자음이고 뒤 단어나 접미사의 첫음절이 '이, 야, 여, 요, 유'인 경우에는, 'ㄴ' 음을 첨가하

여 [니, 냐, 녀, 뇨, 뉴]로 발음한다.

솜 - 이불[솜 : 니불]	홑 - 이불[혼니불]	막 - 일[망닐]
삯 - 일[상닐]	맨 - 입[맨닙]	꽃 - 잎[꼰닙]
내복 - 약[내 : 봉냑]	한 - 여름[한녀름]	남존 - 여비[남존녀비]
신 - 여성[신녀성]	색 - 연필[생년필]	직행 - 열차[지캥녈차]
늑막 - 염[능망념]	콩 - 엿[콩녇]	담 - 요[담 : 뇨]
눈 - 요기[눈뇨기]	영업 - 용[영엄뇽]	식용 - 유[시공뉴]
국민 - 윤리[궁민뉼리]	밤 - 윷[밤 : 뉻]	

다만, 다음과 같은 말들은 'ㄴ' 음을 첨가하여 발음하되, 표기대로 발음할 수 있다.

이죽 - 이죽[이중니죽/이주기죽]	야금 - 야금[야금냐금/야그먀금]
검열[검 : 녈/거 : 멸]	욜랑 - 욜랑[욜랑뇰랑/욜랑욜랑]
금융[금늉/그뮹]	

[붙임 1] 'ㄹ' 받침 뒤에 첨가되는 'ㄴ' 음은 [ㄹ]로 발음한다.

들 - 일[들 : 릴]	솔 - 잎[솔립]	설 - 익다[설릭따]
물 - 약[물략]	불 - 여우[불려우]	서울 - 역[서울력]
물 - 엿[물렫]	휘발 - 유[휘발류]	유들 - 유들[유들류들]

[붙임 2] 두 단어를 이어서 한 마디로 발음하는 경우에도 이에 준한다.

한 일[한닐]	옷 입다[온닙따]	서른여섯[서른녀섣]
3 연대[삼년대]	먹은 엿[머근녇]	
할 일[할릴]	잘 입다[잘립따]	스물여섯[스물려섣]

1 연대[일련대]　　　　먹을 엿[머글렷]

다만, 다음과 같은 단어에서는 'ㄴ(ㄹ)' 음을 첨가하여 발음하지 않는다.

6·25[유기오]　　　　3·1절[사밀쩔]　　　　송별 – 연[송 : 벼련]
등 – 용문[등용문]

제 30 항　사이시옷이 붙은 단어는 다음과 같이 발음한다.

1. 'ㄱ, ㄷ, ㅂ, ㅅ, ㅈ'으로 시작하는 단어 앞에 사이시옷이 올 때는 이들 자음만을 된소리로 발음하는 것을 원칙으로 하되, 사이시옷을 [ㄷ]으로 발음하는 것도 허용한다.

냇가[내 : 까/낻 : 까]　　샛길[새 : 낄/샏 : 낄]　　빨랫돌[빨래똘/빨랟똘]
콧등[코뜽/콛뜽]　　　　깃발[기빨/긷빨]　　　　대팻밥[대 : 패빱/대 : 팯빱]
햇살[해쌀/핻쌀]　　　　뱃속[배쏙/밷쏙]　　　　뱃전[배쩐/밷쩐]
고갯짓[고개찓/고갣찓]

2. 사이시옷 뒤에 'ㄴ, ㅁ'이 결합되는 경우에는 [ㄴ]으로 발음한다.

콧날[콛날 → 콘날]　　　　　　아랫니[아랟니 → 아랜니]
툇마루[퇻 : 마루 → 퇸 : 마루]　　뱃머리[밷머리 → 밴머리]

3. 사이시옷 뒤에 '이' 음이 결합되는 경우에는 [ㄴㄴ]으로 발음한다.

베갯잇[베갣닏 → 베갠닏]　　　　깻잎[깯닙 → 깬닙]
나뭇잎[나묻닙 → 나문닙]　　　　도리깻열[도리깯녈 → 도리깬녈]
뒷윷[뒫 : 뉻 → 뒨 : 뉻]

적절한 단어와 문장의 구사

효과적으로 말을 하기 위해서는 대화에 사용하는 단어를 적절하게 구사할 수 있어야 하며 가능하면 간결하고 의미의 중복이 없는 문장을 사용하여야 한다.

다음은 어휘를 잘못 사용하고 있는 것들을 바로 잡은 것이다.

의미 혼동에 의한 단어의 오용

1) 전국적으로 비가 오겠다. 강수량은…(→ 강우량)
2) 한문으로 자신의 이름을 쓴 책은(→ 한자로)
3) 그는 김영삼 대통령 출국의 출영객 중의 한 사람이다.(→ 전송객)
4) 강추위에 눈이 쌓여 스키장이 북적대었다.(→ 추운 날씨)
5) 어머니의 끓어오르는 피는 아들 넷을 연거푸 낳아 기르면서 조금씩 사그라들었다.(→ 사그라졌다)<양귀자, 천년의 사랑>
6) 바람이 포장에 펄럭이며 쓸려 갔다.(→ 스쳐 갔다)<한수산, 부초>
7) 유발시키지 못했다.(→ 유발하지)<유유정, 상실의 시대>
8) 이런 질문을 가진 분이 많습니다.(→ 의문)
9) 식사를 잡수실 때는 큰 소리로 떠들지 마십시오.(→ 하실)
10) 채점을 내는 중입니다.(→ 채점하는)

문맥에 호응되지 않는 어휘

1) 그 여자는 너무 예쁘다.(→ 아주, 매우)
2) 마침 내가 던진 공에 맞아 유리창이 깨졌습니다.(→ 공교롭게)
3) 나는 합격 소식을 듣고 몹시 기뻐했다.(→ 매우)

외래어 남용으로 인한 오용

1) 아주 대학교가 첫 케이스이다.(→ 사례, 경우)
2) 잠실 메인 스타디움에서 축구경기가 있다.(→ 주 경기장)
3) 엘리베이터 → 승강기, 하이테크 → 고도의 과학기술

카운터다운 → 초읽기, 리모콘 → (원격)조정기

4) 그 친구 다음 달에 미국에 들어간다.(→ -으로 나간다)

5) 그 사람 일본에서 나왔다.(→ 돌아왔다)

6) 저희 나라(→ 우리)

저희 한국 팀으로서는 수비 문제가(→ 우리)

7) 대동아 전쟁, 이씨조선(→ 태평양전쟁, → 조선왕조)

외국어식 조어의 경우

1) 머지않아 가을 바람이 불겠거니라고 생각하면서……(→ 불겠거니)

2) 부루투수에 의하여 살해당했다.(→ 한테)

3) 대단히 궁금시 됩니다.(→ 궁금합니다)

용언 활용의 잘못

1) 거칠은 얼굴로 나타났다.(→ 거친)

2) 나를 듯한 쾌적한 기분(→ 날)

3) 반말투도 삼가해야 할 것이다.(→ 삼가야)

4) 스키어들을 설레이게 했다.(→ 설레게)

5) 첩첩이 쌓인 산골(→ 싸인)

6) 다음 물음에 알맞는 답을 고르시오.(→ 알맞은)

7) 청주는 점차 흐리고 있습니다.(→ 흐립니다)

8) 나는 건강하고 싶다.(→ 건강하게 되고 싶다)

사동·피동법의 오용

1) 문이 잠겨져 있는 집(→잠겨)

2) 결코 잊혀지지 않는 추억(→잊히지)

3) 연필로 쓰여진 편지(→쓰인)

■ 주체·객체의 혼동

1) 면회 접수를 하고 기다렸지요.(→ 신청)

2) 추곡을 수매한 돈을 받아 든 농부들(→ 판)

■ 불필요하게 의미가 중복된 말

1) 순간 그의 머릿속에는 뇌리를 스치는 기억 하나가 있다.

2) 도저히 수용하지 못해 용납할 수 없는 경우가 허다히 많습니다.

3) 미리 자료를 예비한 분은 별도의 자료를 만들 필요가 없습니다.

4) 돌이켜 회고해 보건대 형극의 가시밭길을 우리는 걸어왔습니다.

5) 소설은 작품이 쓸거리로 택하는 제재의 성격에 따라 여러 종류로 나눌 수 있다.

6) 한국은 지난 월드컵 예선 때부터 수준 향상을 보여, 이번에 강력한 우승 후보로 꼽히고 있는 사우디아라비아와 팽팽한 접전을 벌일 것으로 예상된다.

7) 노동자, 농민, 사업자 모두가 더불어 함께 기쁨을 나누는 세상을 만듭시다.

8) 그는 우리 사회도 이제는 민주화가 정착되었다고 덧붙여서 부연했다.

9) 그 문제를 다시 재론함으로써 얻을 수 있는 이익이 뭐니?

10) 그의 죄상은 조사가 끝나면 백일하에 분명히 드러날 것이다.

11) 그는 약관(弱冠) 이십 세의 나이에 이미 소설가로 이름을 떨쳤다.

12) 우리 학교는 시끄러운 소음을 막기 위해 방음벽을 설치하고 있다.

13) 그 선수는 매일같이 뛰고 달리고 달음박질치는 훈련을 열심히 해 왔다.

14) 주지하듯이 민주화는 혼란을 수반하기 마련임을 모두들 알고 있다.

15) 푸른 창공을 나는 즐거움이 어떤지는 행글라이딩을 해 본 사람만이 압니다.

16) 저는 선생님께 이 말씀을 드리지 않으면 안 되겠다고 생각했습니다.

17) 직업을 구하는 구직자들이 오늘도 취업 공고판 앞에 죽 늘어서 있습니다.

■ 중의적으로 해석될 수 있는 말

1) 아내는 미소를 머금고 이웃 사람과 얘기하고 있는 남편을 바라보고 있었다.
2) 밤낮의 기온 차이가 심한 가을뿐만 아니라 여름에도 감기에 걸릴 수 있으므로 노약자는 언제나 조심해야 한다.
3) 불행하게도 세상을 떠난 그 분은 쉽게 사람들의 기억에서 사라졌다.
4) 그 때 한 용감한 시민이 소리를 지르면서 도망가는 범인을 뒤쫓기 시작했다.
5) 그 작품의 주인공은 순수한 마음을 가진 어린이와 철학자이다.
6) 사람이 많은 도시를 다녀 보면 각양각색의 삶의 모습들을 직접 알 수 있게 된다.
7) 소녀가 그렇게 조르는 데도 소년은 어젯밤 이야기를 끝내 소녀에게 하지 않았다.
8) 병배는 철수보다 낚시를 더 좋아한다.
9) 여행을 무척이나 좋아하는 아우의 친구를 만났다.

■ 주어와 서술어의 호응이 바르지 않은 말

1) 그들은 날마다 적당한 운동과 체육 이론을 열심히 연구하였다.(→ 적당한 운동을 하고)
2) 사계절에 걸친 등산 중에 겨울산은 나에게 더 큰 기쁨을 준다.(→ 겨울 등산은)
3) 행복은 얼마나 어려운가, 많은 사람들은 포기하고 말지만 그래도 다수는 얻기도 한다.(→ 행복을 얻기란)

2 효과적인 말하기

효과적인 말하기의 기본 원칙

효과적인 말하기의 기본 원칙을 김종택(1996:48)에서는 다음과 같이 제시하고 있다.

1) 반복성의 원칙 : 같은 말을 반복하거나 여러 가지 예를 들어 그 의미가 정확하게 전달되도록 해야 한다.
2) 피드백의 원칙 : 주고받음에 유의해야 한다.
3) 간략한 정보 제공의 원칙 : 효과적인 화법이 되기 위해서는 상대방에게 너무 많은 정보를 제공해서는 안 된다.
4) 단언적 표현의 배제 : 내 자신의 의견이 반드시 옳다는 독선적인 표현을 피해야 한다. 상대방에게 여유를 제공할 수 있는 표현법을 사용하여야 효과적이다.
5) 개방적인 대화 : 대화 내용에 대한 고정 관념을 버리고 상대방의 의견을 충분히 받아들여 서로의 의견을 조화, 통일시킴으로써 최선의 결론에 도달할 수 있도록 개방적인 태도를 지녀야 한다.

정승혜(2000:153)에서는 말하기의 태도와 자세는 화자에 대한 이미지를 결정짓는 중요한 요인이 된다고 보고 다음과 같은 태도와 자세를 제시하고 있다.

1) 성실한 태도

화자의 태도는 성실하여야 한다. 말하는 태도만이 아니라 듣는 태도도 역시 성실할 것을 권장한다. 말하면서 딴 곳을 바라본다든가, 성의 없이 말하는 것은 상대방에 대한 결례이다.

2) 부드러운 표정

좋은 표정을 만들기 위해서는 끊임없이 노력하여야 한다. 부드러운 표정은 하루아침에 만들어지는 것은 아니다. 긍정적인 마음가짐으로 항상 미소를 짓는 습관을 기르는 것도 좋은 방법이다.

3) 바른 자세

바른 자세는 말하는 사람의 바른 마음가짐에서 나온다. 다른 곳에 몸을 기댄다든가 한쪽 다리를 떤다든가 하는 행동은 상대방에게 불쾌감을 줄 수 있다.

4) 몸짓

몸짓은 동작언어라고도 하며, 의사소통에 있어서 매우 중요한 역할을 한다. 상대방과 눈을 맞춘다든가, 고개를 끄덕인다든가 하는 행동 등은 호감을 갖게 해 준다.

효과적인 말하기의 실례

나-전달법과 너-전달법

사람들이 많이 오고가는 길에서 한 사람이 무심코 다른 사람의 발을 밟았다.

1) A : 아니 이 사람이 도대체 눈은 어디에다 달고 다니는 거야?
B : 그까짓 발을 밟았다고 뭐 죄 없는 눈까지 들먹거리는 거야? 그러는 당신은 뭐 잘난 것 있어?
A : 남의 발을 밟은 주제에 미안하다는 말은 한 마디 안 하고 뭐가 어째?
B : 지금 미안하다는 말이 나오게 생겼어?

두 사람의 대화에서는 '무심코 발을 밟게 된 행동'과는 상관없이 상대방의 자존심을 짓밟고 상대방의 인격에 상처를 입히는 말만 주고받고 있다. 이러한 결과가 빚어진 데는 언어 표현 내용 때문이기도 하지만 말을 주고받는 방식 때문에 생기는 경우도 많다.

즉, A는 발을 밟은 B의 행동에만 초점을 두고 상대방을 비난하고 있다. B는 A에게 미안한 감정을 가지고 있었으나 상대방이 자신의 행동뿐만 아니라 인격까지 모독하는 것에 반발하여 같이 상대방을 비난하고 있다. 결국, A와 B는 '발을 밟은 행동'과는 전혀 무관하게 감정싸움만 되풀이하고 있다.

2) A : 당신이 발을 밟으니까 발이 아파서 도저히 걸을 수가 없잖아요.
B : 아 정말, 미안합니다. 제가 다른 곳을 보다가 그만 발을 밟고 말았네요.
A : 무심코 한 행동이지만 당한 사람은 고통이 너무 심해요.
B : 미안합니다. 앞으로는 주의를 기울이겠습니다.

위에서 A는 상대방이 발을 밟은 행동뿐만 아니라 그것이 자신에게 미친 영향과 그로 인해 자신이 어떤 상태에 놓여있는지도 말하고 있다. B는 A의 이러한 심정을 충분히 이해하고 있었기 때문에 즉시 사과하고 자신의 행동이 의도적인 것이 아니었음을 해명하고 있다. A는 다시 한번 자신뿐만 아니라 다른 사람도 이런 일이 있으면 고통을 받을 것이라고 말해 준다. B는 자신을 직접 비난하지 않는 말을 충분히 받아들이고 다시 한번 사과를 한다.

이처럼 같은 대화의 내용이라도 초점이 누구에게 있느냐에 따라 대화의 방식이 전혀 달라진다. 나-전달법은 주어가 일인칭으로 시작하여 이야기하는 전달법이다. 반대로 너-전달법은 주어가 이인칭으로 시작하여 이야기하는 전달법이다.

대화상에서 나-전달법과 너-전달법은 전달 과정에서의 부호화와 해독 과정이 서로 다르다. 나-전달법은 청자에게 화자의 상태를 밝힘으로써 청자가 화자를 이해할 수 있으며, 화자 스스로도 자신의 솔직한 상태를 직접 표현하도록 한다. 반면 너-전달법은 화자의 의도를 드러내지 않음으로써 청자가 화자를 이해하는데 어려움이 있고 청자에게 심리적 부담을 안겨 준다.

다음은 말을 자주 가로채는 아이에게 어머니가 이야기를 하는 내용이다.

3) 너-전달법 : 너 정말 못됐구나! 엄마 말을 그렇게 가로막으면 못 써.
나-전달법 : 내 말이 아직 끝나지 않았는데, 네가 말을 가로막으면 무척 속상하단다.

위의 너-전달법은 자녀 중심적인 메시지이며 부정적인 지시어의 사용이 많고, 자녀들의 비수용적인 행위의 결과에 대해 부모들이 어떻게 느끼는지는 나타나 있지 않다. 다만 명령이나 위협, 자녀들을 억누르는 말, 부정적인 표현들이 많다.

4) A : 너 무척 피곤해 보인다.
B : 응, 나 오늘 하루 종일 걸어 다니기만 했어. 지금은 너무 피곤하니까 나한테 말 시키지 마.
A : 너는 나하고 말하기 싫으면 피곤하다고 하더라?
B : 말 시키지 말라니까? 아이 짜증나.

상대방의 행동이 마음에 들지 않을 때 즉각 이를 문제 삼거나 수정하려는 경우가 많다. 그러나 이러한 말을 들은 상대방은 자신의 잘못을 시인하고 문제를 수정하려는 것이 아니라 자신의 인격이 무시당했다고 생각하여 적대적이거나 방어적인 자세를 취한다.

5) A : 너 무척 피곤해 보인다.
B : 응, 나 오늘 하루 종일 걸어 다니기만 했어. 지금은 너무 피곤하니까 나한테 말 시키지 마.
A : 네가 말하기 싫다고 하니까 나도 말하고 싶은 마음이 없어지네? 할

얘기가 있었는데 다음에 이야기하자.

B : 무슨 말인데? 지금 말하면 안 되니?

나-전달법은 상대방의 문제를 나의 관점으로 바꾸어 이야기하기 때문에 극단적인 감정을 배제하고 솔직하고 담담하게 말을 할 수 있다.

<너-전달법>

"민영아, 넌 대체 아침에 일어나 이부자리도 개지 않고 가면 누가 치우라는 거니? 엄마가 너의 식모니, 종이니? 계집애가 자기 옷도 하나 정리 못하고, 넌 엄마 뼛골 빠지는 것 보고 싶어 그러니? 당장 치우고 나가!"

<나-전달법>

"얘, 민영아! 아침에 일어나 이부자리도 정돈하지 않고 입었던 옷도 여기저기 던져 놓으니까, 네가 학교에 간 다음 네 방을 치우는데 시간도 걸리고 피곤하구나. 그러다 보니 내가 혹사당하는 느낌도 들고 네가 집안일이 얼마나 힘든지를 몰라주는 것 같아서 매우 섭섭하구나."

<긍정적 나-전달법>

다른 사람에게 줄 수 있는 가장 의미 있는 선물 중의 하나가 상대방이 나에게 어떤 기쁨, 즐거움, 환희, 흥분을 주고 있는지를 함께 나누는 것이다. 긍정적인 나-전달법은 상대방에 대한 평가 없이 내가 갖고 있는 긍정적인 감정을 나-전달법으로 표현하는 것이다.

일반적으로 '착하다, 예쁘다, 부지런하다' 등은 상대방에 대해 이미 평가를 내리고 있는 말이다. 평가는 보다 상위의 사람이 하위의 사람에게 하는 것이 보통이다. 따라서 평가가 담긴 말 자체로도 상대방의 기분을 상하게 할 수 있다.

6) A : 네 머리가 항상 깨끗해서 너를 쳐다보기만 해도 즐겁다.

B : 네가 어디에 있는지 알려줘서 안심이 된다. 이제는 네가 어디에 있는지 내가 걱정하지 않아도 되니까 말이야.

<개방적인 나-전달법>

인간관계에서 문제가 생겼을 때 이를 해결하는 것보다 문제가 생기기 전에 미리 좋은 관계를 만드는 것이 더 중요하다. 이럴 때는 개방적인 나-전달법을 활용하는 것이 좋다. 상대방의 행동과 관계없이 평소 나는 어떤 사람이라는 것을 수시로 알려 주는 것이다. 평소에 이런 말을 자주 들었던 사람이라면 나를 보다 잘 이해해 줄 것이다.

7) A : 나는 성격이 화끈한 게 좋더라. 속으로 감추고 말을 하지 않는 사람을 보면 너무 답답해.
B : 나는 파마머리를 한 여자보다 머리를 길게 기른 여자가 좋더라. 왠지 순수해 보이거든.

상대방이 말을 잘 하지 않고 우물쭈물하고 있을 때, '나는 화끈한 성격이 좋다'고 말하면 자신에게 말하는 것 같아 기분이 상할 것이다. 여자 친구가 파마머리를 하고 나온 날 불쑥 '긴 머리가 좋다'는 말을 하면 당분간 여자 친구를 못 만날 지도 모른다. 미리미리 자신의 성향을 상대방에게 알려두는 것이 좋다.

제9장 효과적인 듣기

1 듣기의 중요성

어떤 사람이 해군 규모를 협의하기 위해 프랭클린 루즈벨트를 찾아왔다.

"저는 해군 관계 일로 대통령을 뵈러 왔습니다."

루즈벨트는 자기 의견을 말하기 시작했다. 그리고 약 30분간 계속 이야기를 했다. 방문자는 가끔씩 그 말을 받아서 말할 뿐이었다. 인터뷰가 끝나고 방문객이 돌아간 다음 루즈벨트는 그의 비서에게 이렇게 말했다.

"내 저 사람처럼 훌륭한 능변가는 처음이야."

쉬지 않고 자기가 하고 싶은 말을 하는 것만이 말을 잘하는 것은 아니다. 루즈벨트를 방문했던 사람은 말을 잘 하는 사람이라기보다 말을 잘 듣는 사람이었다. 그는 말을 잘 듣는 것이 얼마나 중요한 것인가를 알고 있었던 것이다.

대화는 주고받는 것이다. 말을 잘 건넬 줄도 알아야하지만 말을 잘 받을 줄도 알아야 한다. 대화를 하는 과정에서 가장 흔하게 나오는 불만은 상대방이 내 말을 잘 듣지 않고 제대로 이해하지도 않는다는 것이다. 이를 바꿔 말하면 나도 대화를 할 때 남의 말을 잘 듣지 않는 경우가 많다는 것이다.

미국인은 하루의 50~80%를 듣는 데 쓰지만 그 중 반만 적극적으로 듣는다고 한다. 이 중 25%만 이해하고 기억은 그보다 훨씬 적게 한다. 의사소통 과정에서 문제가 생기는 것은 듣기를 제대로 하지 않기 때문이기도 하다. 상대방의 이야기를 제대로 듣지 않았는데도 적절하게 대응하며 말을 이어가기는 어렵다.

2 효과적인 듣기

Berko, Wolvin&Wolvin(1998)은 듣기 기술을 향상시키기 위한 방법으로 다음의 내용을 제시하고 있다.

첫째, 효과적인 의사소통을 위해서는 청자와 화자가 모두 책임을 나누어야 한다. 화자는 청자의 주의와 관심을 끌고 정확한 발음과 적절한 단어, 문장을 선택하여 전달하고자 하는 내용을 체계 있게 전달하여야 한다. 반면 청자는 전달되는 내용에 대해 즉각적인 반응을 보내며 이해하지 못하는 부분에 대해서는 질문을 하는 등의 방법을 통해 확인해야 한다.

둘째, 판단을 유보한다. 화자가 지닌 지엽적인 특징에 집착하여 전달하려는 내용을 무시하거나 일부러 듣지 않으려는 경우가 있다. "목소리가 왜 저래?", "여자가 말하는 것은 믿을 게 못돼.", "재수 없게 생겼어." 등 대화의 본질과 상관없는 이유 때문에 대화의 내용 자체를 거부해서는 안 된다.

셋째, 느긋한 청자가 되어야 한다. 상대방이 충분히 말을 할 기회를 주어야 한다. 대화할 때 가장 싫어하는 행동이 대화 중에 남의 말을 끊는 것이다. 그리고 상대방의 말을 듣는 중간에 자신이 해야 할 이야기를 생각하다 보면 대화의 내용을 놓치는 경우가 있다. 충분히 상대방의 말을 듣고 대답을 하는 것이 훨씬 효과적이다.

넷째, 자기중심적인 단정을 피해야 한다. 다른 사람이 말하려는 것은 깊이 생각지 않고 오직 자기주장만을 앞세우려는 사람이 있다. 말하는 사람의 의도를 충분히 이해한 다음에 자기 생각을 말하는 것이 좋다. 대화는 진공상태에서 이루어지는 것이 아니라 여러 다양한 상황 속에서 이루어진다. 이러한 상황을 충분히 이해한 다음에 끼어들기가 가능하다. 그렇지 않으면 상황에 어울리지도 않은 말을 하다가 주위 사람의 웃음거리가 되기도 한다.

다섯째, 자극적인 단어에 감정적으로 반응하지 않아야 한다. 흥분된 감정을 가지고 대화에 임하다보면 상대방의 말이 제대로 귀에 들어오지 않는다. 가능하면 차분한 상태에서 대화를 이어가는 것이 좋다.

여섯째, 듣는 자세가 듣기에 영향을 미친다는 것을 깨달아야 한다. 상대방의 이야기를 적극적으로 경청하려는 자세가 필요하다. 몸을 뒤로 뺀다든가 대화 참여자와 시선을 맞추지 않는 등의 행위는 올바른 듣기 태도가 아니다. 몸을 앞으로 기울이고 자주 화자와 시선을 마주치며 바른 자세로 듣는 것이 필요하다.

일곱째, 주의가 산만한 것을 통제해야 한다. 상대방의 말을 듣는 동안 과도한 몸동작이나 주변 시설물에 주의를 뺏기지 않도록 해야 한다. 소음이 심한 곳을 피하고 주변의 온도나 습도가 너무 높거나 낮지 않도록 하는 것도 주의를 집중시키는 한 방법이다.

여덟째, 화자의 암시에 주목해야 한다. 화자의 말을 처음부터 끝까지 주의를 기울여 듣는다는 것은 사실상 불가능하다. 화자가 중간 중간에 보내는 표지들을 잘 파악하여 중심 내용을 잘 파악하는 것도 중요하다. 화제를 정리할 때는 '결국, 이상으로, 요약하면' 등의 표지가 사용되고, 화제가 전환될 때는 '그런데, 아무튼' 등의 표지가 사용된다. 이와 함께 말의 속도, 성량, 고저, 휴지 등의 변화를 잘 감지하는 것도 잘 듣는 방법의 하나이다.

아홉째, 자신의 언어로 바꾸어 들어야 한다. 화자에게 전달되는 내용을 이해하여 자신의 표현으로 바꾸어 보면, 그 의도를 정확하게 알 수 있다.

열째, 의사소통에 참여했을 때 상대방이 어떤 위치에서 어떤 자세로 말하는지를 기억하는 것도 좋다. 자세를 기억하면 말한 내용을 쉽게 기억해 낼 수 있다고 한다.

Raymond S. Ross는 잘못된 듣기의 방법을 지닌 사람들을 여섯 가지 유형으로 나누어 설명하기도 한다.

① 끄덕거리기형

다른 사람의 이야기에 고개를 끄덕거리거나 반응을 보이며 듣는 척하지만 실제로는 듣지 않고 딴 생각을 하는 사람을 말한다.

② 돼지형

다른 사람이 자기 이야기를 들어 줄 것을 바라면서도 상대방의 이야기는 들으려는 의지가 없는 사람을 말한다. 남의 말을 도중에 막고 자기 말만 하려는 사람들이 이 부류이다.

③ 빈 칸 채우기형

다른 사람의 이야기를 들을 때 그 전체는 듣지 않고 일부분만 들으면서 듣지 않은 부분은 자기 생각을 멋대로 채워 넣고 말하는 이의 이야기 내용을 자기 나름대로 해석하는 사람을 말한다.

④ 꿀벌형

자기에게 흥미 있거나 중요한 내용만 듣고, 그 나머지는 듣지 않는 사람을 말한다. 이런 사람은 마치 꿀벌이 꽃에서 필요한 꿀만 따고 꽃을 보지 않는 것과 같기 때문에 이렇게 부른다.

⑤ 귀머거리형

남의 말에 완전히 귀를 닫고 전혀 듣지 않는 사람을 말한다. 겉으로도 전혀 듣지 않는 것처럼 행동하거나 말하는 이의 이야기를 전혀 하지 못하는 척하기도 하며, 설사 듣더라도 그 내용을 잊어버리는 사람을 말한다.

⑥ 창던지기형

남의 이야기를 들으면서 말하는 이가 잘못을 저지르기를 기다리다가 만약 잘못을 발견하면 곧 적에게 창을 던지듯 그것을 반박하는 사람을 말한다.

정승혜 · 문금현(2000:159-160)에서는 남녀 대학생 289명에게 평소에 언어 생활을 하면서 청자의 듣기 태도 중에서 싫다고 느꼈던 점을 조사한 바 있다.

① 대면 대화

내 용	빈도수
이야기 도중 상대의 말을 끊는다.	104
눈을 안 마주치고 시선 집중을 하지 않는다.	89
전혀 반응이 없이 잠자코 있다.	41
말하는 도중에 다른 사람과 이야기한다.	39
이야기가 덜 끝났는데 다른 화제를 꺼낸다.	33
딴청을 피우거나 딴짓을 한다.	32
다리를 떤다.	31
말하는 도중에 걸려온 휴대폰 전화의 통화를 오래 한다.	30
고개를 건성으로 끄덕거리지만 사실은 듣지 않고 있다.	28
이야기를 듣지 않고 자기 생각을 골똘하게 하거나 먼 곳을 쳐다본다.	27
자꾸 몇 번씩 다시 말해 줄 것을 요구한다.	26
껌을 씹는다.	25

② 공식적인 발표

내 용	빈도수
옆 사람과 잡담하며 떠들거나 큰 소리로 웃는다.	34
졸거나 잔다.	21
휴대폰 소리에 이야기의 흐름이 끊긴다.	20
발표가 끝나기 전에 자주 들락날락한다.	19
다른 일이나 다른 공부를 한다.	15
거울을 보면서 화장을 고친다.	10
대답을 요구하는 질문에 아무 반응을 하지 않는다.	9
흥미 있는 내용만 듣고 그렇지 않은 내용은 듣지 않는다.	9

③ 전화 대화

내 용	빈도수
TV를 보거나 다른 것에 정신을 쏟고 있다.	4
말이 끝나기도 전에 전화를 끊는다.	4
통화 도중 양해 없이 옆 사람과 이야기한다.	3
먹으면서 통화한다.	2

듣기 훈련 놀이(Role Play)

말 전하기 놀이를 하면서 듣기의 중요성을 인식시켜 줄 수 있다. 놀이의 방법은 다음과 같다.

① 5명씩 조를 짜서 조별로 앉는다.

② 1번이 자기가 하고 싶은 말을 5개 문장 내외로 적어서 앞에 제출한다.

③ 1번이 2번에게 적은 내용을 말한다.

④ 2번은 1번에게 들은 내용을 3번에게 전달한다.

⑤ 3번은 4번에게 전달, 4번은 5번에게 전달하다.

⑥ 5번이 최종적으로 들은 내용을 종이에 적는다.

⑦ 5번이 적은 내용을 읽는다.

⑧ 선생님이 1번에게 적어준 내용을 읽어 차이점을 비교한다.

⑨ 가장 정확하게 내용을 전달한 조가 가장 높은 점수를 받는다.

위와 같은 방법이지만 조별로 내용을 달리 하지 않고 같은 내용을 제시하고 조별로 비교해 보는 것도 좋다.

3 효과적인 듣기의 실례

공감적 경청

듣기의 걸림돌

듣기가 잘 안 되는 이유 중에는 대화를 하는 사람들의 잘못된 태도도 포함된다. 대화를 할 때 상대방의 말을 그대로 들어주겠다는 태도보다 자신의 생각이나 철학, 경험 등을 더 많이 말해 주면서 문제를 해결해 주겠다는 태도를 가지는 것이다. 더구나 상대적으로 약자의 위치에 있는 사람들에게는 이러한 대화의 태도가 두드러지게 나타난다. 이러한 태도는 명령, 경고, 훈계, 충고, 설득, 비평, 칭찬, 동정 등의 구체적인 방법으로 실현된다.

1) 아내 : 여보, 나 오늘 영화를 한편 봤는데 너무 슬퍼서 많이 울었어요.
남편 : 그래, 잘 했어. 우는 동안에 스트레스가 확 풀렸을 거야.
사람들이 보는 데서 창피하게 울기는.
여자들은 눈물이 많아서 탈이야.

아내가 모처럼 영화관에 가서 슬픈 영화를 보고 왔다. 저녁에 돌아온 남편에게 낮에 영화관에서 있었던 일을 이야기했다. 사실, 아내는 영화를 보면서 일어났던 감정들을 남편에게 솔직하게 이야기했을 뿐이지 어떤 칭찬이나 비난, 동정을 바란 것은 아니었다. 그런데 남편은 어떤 형태로든 조언이나 평가를 해 주어야 한다는 생각 때문에 격려나 칭찬, 때로는 비난을 하기도 한다.

2) 자녀 : 엄마, 나 피곤하고 졸려요.
부모 : 1) 너 숙제부터 해야 돼. (명령)
2) 너 숙제 안 해 가면 선생님께 혼난다. (경고)

3) 아무리 피곤해도 해야 할 일은 먼저 할 줄 알아야지. (훈계)
4) 그러니까 밖에서 너무 뛰어 놀면 안 돼요. (충고)
5) 네 문제점은 숙제를 하기 싫어하는 거야. (설득)
6) 넌 매일 그런 식으로 숙제도 안 하고, 뭐가 될래? (비평)
7) 너 어제 늦게까지 컴퓨터 게임 했구나? 그래서 피곤하지? (분석)
8) 저런, 가여워라. (동정)
9) 왜? 몸이 어디가 아픈 것 아니냐? 열은 안 나니? (캐묻기)

자녀가 부모에게 무슨 말을 전달하려고 할 때 부모들은 조금 더 아이들이 말을 할 수 있는 기회를 주어야 한다. 그러나 부모들은 아이의 말을 제대로 듣기보다는 말 속에 들어 있는 의미를 짐작하여 자신의 판단을 들려주기에 바쁘다. 이러한 상황에서 아이는 더 이상 부모와의 대화를 이어가려고 하지 않는다. 아예 입을 닫거나 부모의 말에 반항하게 될 것이다.

3) 자녀 : 1) 엄마는 나보다 숙제가 더 중요해요?
2) 한 번 혼나고 말지요, 뭐.
3) 누가 안 한대요?
4) 뛰어 노는 게 뭐가 나빠요?
5) 그래요, 나는 숙제도 제대로 못하는 바보예요.
6) 엄마는 숙제 잘 해서 그렇게 훌륭하게 되셨어요?
7) 엄마는 내가 항상 게임만 한다고 생각하세요?
8) 엄마 그냥 좀 피곤한 게 뭐 가여운 일이에요?
9) 그냥 좀 피곤하다는데 뭘 그러세요?

문제를 가지고 있는 자녀에게 가장 필요한 것은 그들의 말을 들어주는 일이다. 유능한 상담자가 상대방의 말을 들어주는 데 대부분의 시간을 보내듯이 부모도 마찬가지로 자녀의 말에 귀 기울여 경청할 수 있어야 한다.

■ 공감적 경청

상대방이 말을 할 때 잠시 침묵을 두어 말하는 사람이 계속 그 말을 이어가게 하는 것도 경청의 한 방법이다. 때로는 상대방의 말을 열심히 듣고 있다는 표시로 고개 끄떡이기, 미소 짓기, 얼굴 찡그리기 등 비언어적 표지를 사용할 수 있다. 침묵의 경우, 때로는 말하는 사람을 불안하게 할 수도 있으므로 간단한 언어적 표지를 사용하면 더욱 좋다.

4) 공감적 경청을 위한 언어적 표지
관심 표현 : 그래서?, 그런데?, 그 다음은?
공감 표현 : 그러게 말이야, 그럼.
동정 표현 : 저런, 쯧쯧, 저걸 어쩌나? 안됐다.
기쁨 표현 : 참 잘됐다, 멋지다, 신난다. 야호!
놀라움 표현 : 오, 그래?, 어머나, 정말이야?

그러나 위와 같은 방법은 아주 제한적인 효과만을 기대하는 소극적 경청에 해당한다. 보다 적극적인 경청의 방법은 공감적 경청이다. 공감적 경청은 자신의 메시지를 포함하지 않고 상대방의 메시지를 반복하거나 확인하는 종류의 언어적 반응이다. 이 방법은 청자가 화자의 말을 정말로 이해하고 있는지를 확인할 수 있게 해 주고, 청자가 화자의 말을 제대로 듣고 있음을 화자에게 알려 주는 역할을 해 준다.

5) 자녀 : 나는 수학에는 재능이 없는가 봐요. 수학 때문에 공부할 맛이 안 나요.
부모 : 수학을 배울 만큼 머리가 따라가지 못한다고 생각되어 불안한 모양이구나.
(수학 공부를 그렇게 하니까 그렇지)

공감적 경청의 단계

공감적 경청은 3단계로 구분할 수 있다.

1단계 : 화자가 말이나 태도, 말씨, 또는 신체적 표현 등을 통하여 문제를 가지고 있다는 단서를 전달한다.

2단계 : 청자는 관찰할 수 있는 단서로 코드를 해독하고 화자가 어떤 문제로 어려움을 겪는지 추측해서 느낌이나 생각을 청자에게 말해 준다.

3단계 : 화자는 청자의 말을 다시 받으면서 자신의 감정을 확인하고, 그 감정을 거부하거나 보다 분명한 신호를 다시 보내고자 한다.

6) 자녀 : 머리에서 피가 나고 있어요.

1단계에서 자녀는 넘어져서 머리가 찢어졌고 피가 나서 겁이 나 있는 상태이다. 그러나 자녀는 내면적 심리 상태는 나타내지 않고 외적인 상태만을 말하고 있다. 이의 표현 과정을 분석해 보면 자녀(발신자)는 자신의 내면에서 일어나는 '감정'을 표현할 수 있는 '부호(상징)'를 선택해서(부호화의 과정) 그 부호를 부모(수신자)에게 보내고 있다.

7) 부모 : 너는 머리를 다쳐서 겁이 나 있구나.

2단계에서는 자녀가 어떤 문제로 어려움을 겪는지 추측해서 느낌이나 생각을 말해 주게 된다. 여기서의 추측은 "반창고를 원해요.", "화가 나요.", "고통스러워요.", "병원에 가요.", "피를 멈추게 해 주세요."와 같이 다양하게 나타날 수 있다. 그런데 이 단계에서 부모가 자신이 생각하고 있는 말이나 해답을 직접 말하는 것은 바람직하지 않다. 자신의 말을 최소한으로 줄이고 주의를 집중하여 자녀의 말에 집중하고 있다는 확신을 주어야 한다. 이는 "나는 너를 걱정하고 있다. 너는 나에게 중요한 존재다. 너를 돕기 위해서 여기에 있다."라고 말하는 것과 같은 효과를 나타낸다. 그 다음 자녀의 이야기 속에 들어 있는 감정에 귀 기울여줌으로써 자녀들이 자신의 감정을 인정하는 법을 배우도록 도와주어 자신의 감정을 자신의 문제와 연결시킬 수 있게 한다. "너는 이렇게 느끼는 것 같은데, 내 추측이 맞는 거니, 틀리는 거니?"라고 자녀에게 되묻는다.

8) 자녀 : 네 맞아요. 겁이 나요.

3단계에서는 자녀가 부모의 말을 다시 받아서 자신의 감정을 재확인하고 그 감정에 대한 분명한 신호를 보내고 있다.

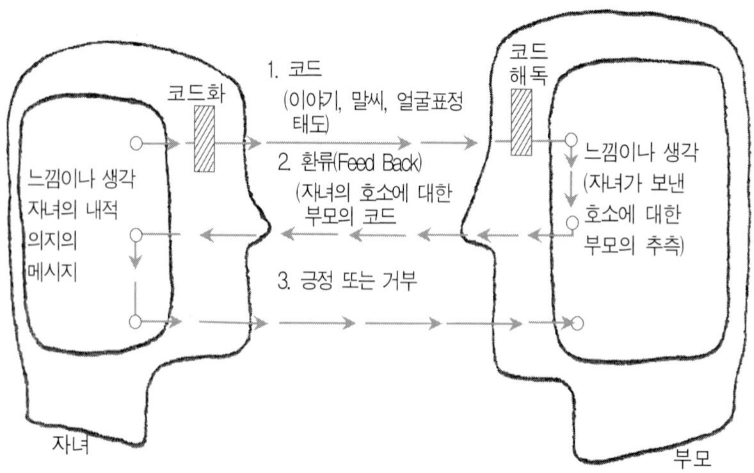

그림 8 공감적 경청의 소통 모형(구현정, 2005:236)

위의 2단계와 3단계를 반복하다 보면 자녀들이 자신의 감정과 이야기의 내용을 연결할 수 있도록 도와 주게 되어 충분히 자녀의 문제가 해결되는 경우가 많다. 그러나 어려운 문제에 맞닥뜨리게 되면 자녀 스스로가 문제 해결사가 되어 스스로 여러 다른 대안들을 찾아보고 가능한 결과들을 비교해 볼 수 있도록 하고 이를 격려해 주는 것이 좋다.

9) "그 일에 대해서 너는 무엇을 할 수 있을까?"
"그 외에 또 다른 방법은 없을까?"

그 다음에 부모는 자녀가 그 대안의 결과를 예측해 보도록 기회를 제공하여야 한다.

10) "네가 그렇게 한다면 어떻게 될 것이라고 생각하니?"

자녀가 정보를 원하면 자신의 경험담이나 몇 가지 아이디어를 제공할 수도 있으나 부모가 의도하는 행동 방식을 취하게 할 속셈으로 사용해서는 안 된다. 스스로 대안을 선택하도록 끝까지 기회를 부여해 책임감과 자존감을 갖도록 해야 한다.

11) "그 일은 어떻게 되었니?"

자녀가 선택한 대안을 실천하도록 일종의 약속(언제, 무엇을, …)을 하도록 분위기를 조성해야 한다. 문제를 처리한 이후에도 위와 같이 확인하고 결과에 대해 격려해 줄 수 있어야 한다.

다음은 일반적인 대화와 공감적 경청에 의한 대화를 비교해 본 것이다. 여기에 실린 예는 코비(1989)에서 인용한 것이다.

12) 자녀 : 아빠, 난 지쳤어요. 학교는 지루하고 따분해요.

부모 : 얘야, 무슨 일이 있니?

자녀 : 학교는 도대체 저에게 도움이 안 돼요. 학교에서는 얻을 것이 하나도 없어요.

부모 : 글쎄, 넌 아직 학교의 장점을 몰라서 그러는 거야. 나도 너만할 때는 그렇게 생각했던 일이 기억나는구나. 특히 몇몇 과목들은 아무 쓸모가 없다고 생각했는데, 나중에 보니 나에게 큰 도움이 되었어. 꾹 참고 기다려 보렴. (충고)

자녀 : 저는 제 인생의 10년을 학교에서 보냈어요. 저는 자동차 정비사가 되고 싶은데 골치 아픈 수학이 무슨 도움이 되겠어요.

부모 : 뭐, 자동차 정비사라고? 그 말은 농담이겠지? (비판)

자녀 : 아니오. 농담이 아니에요. 제 친구는 이미 학교를 그만 두고 자동차 수리를 하고 있어요. 그리고 돈도 벌고 있다고요. 얼마나 실용적이에요?

부모 : 지금은 그렇게 보일지도 모른단다. 하지만 조금 더 지나면 네 친구는 후회하게 될 거야. 네 장래희망이 자동차 정비사가 되는 것은 아닐 거야. 네게는 그것보다 더 나은 직업을 준비하기 위한 교육이 필요해. (충고)

자녀 : 난 모르겠어요. 내 친구는 아주 잘 살고 있어요.

부모 : 얘야, 너 정말로 공부에 열중해 보았니? (질문)

자녀 : 물론이지요. 전 지금 고등학교에 다니고 있어요. 그리고 노력도 해 보았지만 다 헛수고예요.

부모 : 얘야, 네 학교는 아주 훌륭한 학교란다. 좀 더 학교를 믿어 보렴.

자녀 : 다른 아이들도 저와 마찬가지로 생각하고 있어요.

부모 : 네 엄마와 내가 지금의 네가 되도록 하기 위해서 얼마나 많은 희생을 해 왔는지 아니? 여기까지 와서 학교를 그만둘 수는 없어. (판단)

자녀 : 부모님이 절 위해 희생하신 것 알아요. 하지만 그건 소용없는 일이었어요.

부모 : 애야, 이제부터 공부하는 시간을 좀 늘여 보렴. (충고)

자녀 : 아빠, 소용없어요. 신경 쓰지 마세요. 더 이상 이 문제에 대해 이야기하고 싶지 않아요.

위의 대화에서 부모는 좋은 의도를 가지고 자녀와 대화를 나누고 있지만 자녀는 마음을 닫고 더 이상 대화를 나누려 하지 않는다. 부모가 자신의 경험과 생각을 바로 자녀에게 전달하려는 태도는 자녀의 감정이나 생각을 무시하고 있다는 판단을 하게 되고 자녀는 그러한 부모와 대화를 나누는 것은 무의미하다고 생각하는 것이다.

다음은 부모와 대화를 나누면서 자신이 생각하고 있는 것이나 부모의 말을 어떻게 받아들이고 있는지를 나타낸 것이다.

13) 자녀 : 아빠, 난 지쳤어요. 학교는 지루하고 따분해요.
(난 아빠에게 이야기하고 싶고, 아빠의 관심을 끌고 싶다.)

부모 : 애야, 무슨 일이 있니?
(관심을 가져 주시는구나. 이젠 됐다.)

자녀 : 학교는 도대체 저에게 도움이 안 돼요. 학교에서는 얻을 것이 하나도 없어요.
(난 학교 공부에 문제가 있어서 심리적으로 큰 고민이 된다.)

부모 : 글쎄, 넌 아직 학교의 장점을 몰라서 그러는 거야. 나도 너만할 때는 그렇게 생각했던 일이 기억나는구나.
(오, 그게 아닌데! 여기서 아빠의 자서전 제3장이 나오는구나. 내가 얘기하고 싶은 것은 이게 아닌데, 아빠가 먼 길을 걸어서, 눈길에 푹푹 빠지면서 학교에 다닌 것에 대해서는 정말 관심이 없는데, 내 문제를 이야기하고 싶을 뿐인데.)
특히 몇몇 과목들은 아무 쓸모가 없다고 생각했는데, 나중에 보니 나에게 큰 도움이 되었어. 꾹 참고 기다려 보렴.
(시간이 내 문제를 해결해 주지는 않을 거야. 아빠에게 이야기해 버

리면 좋겠는데, 그 문제를 서슴없이 털어놓을 수 있으면 좋으련만.)

자녀 : 저는 제 인생의 10년을 학교에서 보냈어요. 저는 자동차 정비사가 되고 싶은데 골치 아픈 수학이 무슨 도움이 되겠어요.

부모 : 뭐, 자동차 정비사라고? 그 말은 농담이겠지?

(아빠는 내가 자동차 정비사가 되는 것을 좋아하지 않으실 거야. 내가 학교를 그만둔다고 해도 안 좋아하시겠지. 그러나 난 내가 한 말을 정당화시켜야 돼.)

자녀 : 아니오. 농담이 아니에요. 제 친구는 이미 학교를 그만두고 자동차 수리를 하고 있어요. 그리고 돈도 벌고 있다고요. 얼마나 실용적이에요?

부모 : 지금은 그렇게 보일지도 모른단다. 하지만 조금 더 지나면 네 친구는 후회하게 될 거야.

(어이구! 이젠 교육의 가치에 대한 제16장이 나오는구나.)

네 장래희망이 자동차 정비사가 되는 것은 아닐 거야.

(아빠가 그걸 어떻게 아시죠? 아빠는 정말로 내가 원하는 것에 대해 무슨 아이디어가 있어요?)

네게는 그것보다 더 나은 직업을 준비하기 위한 교육이 필요해.

자녀 : 난 모르겠어요. 내 친구는 아주 잘 살고 있어요.

(그 애는 실패하지 않았어요. 학교를 졸업하지 않았지만, 실패하지 않았단 말이에요.)

부모 : 얘야, 너 정말로 공부에 열중해 보았니?

(우린 지금 핵심에 접근하지 못하고 있어요. 만일 아빠가 듣기만 한다면 난 정말로 중요한 것을 이야기할 수 있을 텐데.)

자녀 : 물론이지요. 전 지금 고등학교에 다니고 있어요. 그리고 노력도 해 보았지만 다 헛수고예요.

부모 : 얘야, 네 학교는 아주 훌륭한 학교란다. 좀 더 학교를 믿어 보렴.

(오, 맙소사. 지금 우린 신뢰에 대해 이야기하고 있구나. 난 내가 이야기하고 싶은 것에 대해 이야기하기를 원하는데)

자녀 : 다른 아이들도 저와 마찬가지로 생각하고 있어요.

(저도 어느 정도는 학교에 대해 신뢰하고 있어요. 저도 멍청이는 아니란 말이에요.)

부모 : 네 엄마와 내가 지금의 네가 되도록 하기 위해서 얼마나 많은 희생을 해 왔는지 아니?

(응, 그렇지. 이제 죄의식을 느끼게 하는구나. 내가 멍청이겠지. 학교는 훌륭하고 부모님도 훌륭하시니 멍청한 건 나야.)

여기까지 와서 학교를 그만둘 수는 없어.

자녀 : 부모님이 절 위해 희생하신 것 알아요. 하지만 그건 소용없는 일이었어요.

(아빠는 정말 전혀 이해를 못 하시는군요.)

부모 : 얘야, 이제부터 공부하는 시간을 좀 늘여 보렴.

(그게 문제가 아니에요. 난 결코 아빠에게 내 사정을 말할 수 없을 거야. 해 보려고 한 내가 바보였지.)

자녀 : 아빠, 소용없어요. 신경 쓰지 마세요. 더 이상 이 문제에 대해 이야기하고 싶지 않아요.

이제 부모의 입장에서 자녀를 이해하는 것이 아니라 자녀의 입장에서 이해하려는 공감적 경청의 방법으로 바꿔본 대화를 살펴보기로 하겠다.

14) 자녀 : 아빠, 난 지쳤어요. 학교는 지루하고 따분해요.

(난 아빠에게 이야기하고 싶고, 아빠의 관심을 끌고 싶어요.)

부모 : 너 학교에 대해 좌절감을 갖고 있구나.

(됐어요! 그게 바로 내가 느끼는 거예요.)

자녀 : 확실히 그렇게 생각해요. 학교는 도대체 실용적이 못 된다고요. 난 거기서 얻는 것이 하나도 없어요.

부모 : 너는 학교가 아무 도움이 되지 않는다고 느끼고 있는 것 같구나.

(자, 생각해 보자. 이게 내가 말하려고 하는 것인가?)

자녀 : 그럼요. 나는 내게 도움이 되는 것을 하나도 배우지 못하고 있어요. 제 친구는 이미 학교를 그만두고 자동차 수리를 하고 있어요.

그리고 돈도 벌고 있다고요. 얼마나 실용적이에요?

부모 : 너는 친구가 정말로 잘 생각했다고 여기고 있는 모양이구나. (글쎄요.)

자녀 : 아마 자기 나름대로는 그렇게 생각하고 있는 것 같아요. 그렇지만 몇 년이 지나면 후회하게 될 것이 확실해요.

부모 : 너는 친구가 잘못 결정한 것을 후회하게 될 것이라고 생각하는구나.

자녀 : 네, 친구는 교육받는 것을 포기했는데, 교육을 받지 않고 이 세상에서 성공하기는 어려울 거예요.

부모 : 교육은 정말 중요한 것이지.

자녀 : 그래요, 아빠. 졸업장이 없어서 직장도 못 얻고 대학교도 못 가면 어떻게 되겠어요? 교육은 반드시 받아야 해요.

부모 : 그래, 교육은 너의 장래를 위해 중요하지.

자녀 : 네, 그런데 아빠, 전 정말 큰 걱정이 있어요. 그런데 엄마한테는 비밀로 해 주셔야 돼요.

부모 : 넌 엄마에게 비밀로 하고 싶어 하는구나.

자녀 : 꼭 그런 건 아니에요. 엄마도 언젠가 알게 되실 테니까요. 아빠, 저 오늘 논술 시험을 봤어요. 그런데 선생님께서 제 수준은 초등학교 4학년 수준밖에 안 된다고 하셨어요. 전 고등학생인데 말이에요. 아빠, 난 낙제를 할지 몰라요. 그런데 낙제를 하느니 차라리 학교를 그만두고 싶어요. 그렇지만 학교를 그만 다니고 싶지는 않거든요.

부모 : 너 힘들어하고 있구나. 지금 아주 어려운 문제를 안고 있어.

자녀 : 그래요, 아빠. 아빠는 내가 어떻게 해야 한다고 생각하세요?

공감적 경청을 통해 자녀의 이야기를 충분히 들어주면 자녀는 부모에게 스스럼없이 자신의 고민을 말하게 되고 이에 대한 해결책을 구하게 된다. 그러나 이러한 공감적 경청은 기계적이고 부자연스럽다고 느껴져 처음부터 효과가 나타나는 것은 아니다. 꾸준히 그 기술을 익혀서 자연스런 상태가 되도록 해야 한다.

제10장 대화의 유형

1 남녀 간의 대화

인종에 따라 인간의 존엄성에 차이가 없듯이 성별에 따라 그 능력의 차이가 존재하지도 않는다. 그런데 능력차가 없다는 것이 곧 남녀는 모두 같다는 것을 의미하지는 않는다. 최근에는 남녀 차이에 대한 관심이 높아지면서 성별에 따른 특징들이 보다 명백하게 밝혀지고 있다. 서로 다른 문화나 언어 공동체 속에 살면서도 남자와 여자는 근본적으로 차이를 보이고 있으며 이러한 차이는 역으로 문화나 개별 언어 공동체를 초월하여 일치하고 있다는 점도 특기할 만하다. 남자와 여자는 기질적으로 차이가 있고 사고방식에 있어서도 분명히 다르며 이러한 차이는 대화 방식에도 차이를 가져오게 한다는 것이다.

다음은 남자와 여자의 삶과 생활 방식 등의 차이를 화성인과 금성인에 비유하여 설명한 내용을 정리한 것이다(존 그레이, 김경숙 역, 2002).

화성에서의 삶

화성인들은 능력과 효율, 업적을 중요하게 여긴다. 그들은 자기 능력을 입증해 보이거나 힘과 기술을 신장시키기 위해 끊임없이 노력한다. 목적을 이루는 능력을 통해 그들은 자기 존재를 확인한다. 그리고 성공과 성취를 통해서 충족감을 맛본다.

화성에서는 모든 것에 이러한 가치가 반영된다. 심지어 남자들이 입는 의복조차도 기능과 능률 위주로 디자인된다. 경찰관, 군인, 사업가, 과학자, 택시 운전사, 기술자, 요리사 등 모두가 하나같이 제복을 착용하고 그게 안 되면 모자라도 써서 자신들의 권한과 지위를 표시한다.

남자들은 '현대 심리학', '셀프', '피플' 같은 잡지를 읽지 않는다. 그보다는 사냥이나 낚시, 자동차 경주 같은 야외 활동에 더 흥미를 느낀다. 그들은 뉴스와 날씨, 스포츠에는 관심을 갖지만, 연애소설이나 수필 등에는 별로 관심이 없다.

그들은 사람들이나 느낌보다는 '사물'과 '사실'에 더 관심이 많다. 심지어 오늘날의 지구에서도 여자들은 사랑을 그리는 반면 남자들은 힘 좋은 차, 고성능 컴퓨터, 첨단 기계장치나 도구, 보다 진보된 기술 등 자신의 목표를 이룩하고 능력을 과시하는 데 도움이 될 만한 '물건'에 집착을 보인다.

목적을 달성한다는 것은 화성인들에게 있어 자신들의 유능함을 입증하고 스스로 만족감을 얻는 데 중요한 것이다. 그들은 혼자 힘으로 무언가를 이룩했을 때만 자기 자신에 대해 긍지를 갖게 된다. 아무도 그를 대신해서 목적을 달성해 줄 수 없다. 화성인들은 전적으로 혼자 일을 처리해 냈다는 데서 자부심을 느낀다. 자율은 능률과 힘, 능력의 표상이다.

화성인들의 이 같은 특성을 이해하면, 그들이 왜 잘못을 지적받거나 할 일을 지시받는 것을 그렇게 싫어하는지 이해할 수 있을 것이다. 남자에게 그가 청하지도 않은 조언을 해주는 것은 곧 그가 일을 앞에 놓고 어찌할 바를 모른다거나, 아니면 혼자서는 해낼 수 없으리라고 여긴다는 것이 된다. 남자들에게 있어 능력은 더 없이 중요한 문제여서 그들은 이런 경우 몹시 과민한 반응을 보인다.

화성인들은 자기 문제를 스스로 처리하는 게 보통이므로 전문적인 조언이 필요한 경우가 아니라면 좀처럼 자기 이야기를 남에게 털어놓지 않는다. 그들은 이렇게 생각한다. '나 혼자서도 해결할 수 있는 문제에 왜 남을 끌어들이는가?' 남의 도움이 있어야 일이 해결되는 경우가 아니라면 그들은 자기 문제를 입 밖에 내지 않는다. 스스로 할 수 있는 일에 도움을 청하는 것은 유약하다는 증거이다.

그러나 만약에 정말로 도움이 필요한 경우에는 그 도움을 얻어 내는 것이 능력으로 간주되기도 한다. 이런 경우 그들은 믿을 만한 사람을 찾아가 자기 문제에 대한 조언을 구한다. 화성에서 자기 문제를 털어놓는 것은 도움을 구할 경우에 국한되며, 이때 조언을 요청받은 쪽에서는 수리공 모자를 쓰고 잠시 상대의 이야기를 듣고는 귀중한 조언을 해준다.

여자들이 자기 문제를 이야기할 때 남자들이 자꾸만 해결책을 제시하려고 하는 것은 화성에서의 그러한 관습 때문이기도 하다. 여자가 자기의 우울한 마음을 무심코 털어놓거나 낮에 있었던 속상한 일에 대해 큰 소리로 이야기하면, 남자는 그녀가 자기에게 전문적인 조언을 구하는 거라고 생각한다. 그는 당장 수리공 모자를 집어쓰고 해결 방안을 내놓기 시작한다. 이것이 그가 도움을 주려하고 사랑을 표현하는 방식이다.

금성에서의 삶

금성인들의 가치관은 화성인들과는 다르다. 그들은 사랑, 개인 간의 친밀한 관계, 대화, 아름다움 등에 높은 가치를 둔다. 서로 도와주고, 관심을 쏟고, 보살펴 주는 일에 그들은 많은 시간을 할애한다. 여성들은 자신의 느낌을 남들과 관계를 맺고 함께 나누는 일을 통해 자기 자신에 대한 만족을 느낀다.

금성에서는 모든 것에 이러한 가치가 반영된다. 고층 빌딩을 건축하고 고속도로를 건설하는 일보다 조화와 사랑으로 함께 어울려 사는 삶에 더 관심을 기울인다. 그들에게는 일이나 기술보다는 인간관계가 훨씬 중요한 것으로 인식된다. 거의 모든 부분에서 그들의 세계는 화성과 대조된다.

그들은 화성인들처럼 권한을 표시하기 위해 제복을 입지 않는다. 오히려 그날그날의 기분에 따라 옷을 바꿔입기를 즐긴다. 자기표현 특히 자신의 느낌을 표현하는 것이 그들에겐 매우 중요한 것이어서 기분이 바뀌면 하루에 몇 번씩 옷을 갈아입기도 한다.

그들의 주된 관심사는 인간관계이다. 그들에게는 개인적인 감정을 서로 나누는 것이 어떤 목표를 이룩하고 성공하는 것보다 훨씬 더 중요하다. 함께 이야기를 나누고 함께 느끼는 데서 그들은 엄청난 만족감을 얻는다.

남자들이 이런 점을 이해하기란 쉽지 않다. 여자들이 마음을 주고받고 친밀한 관계를 맺는 데서 얻는 만족감은 남자가 경주에서 이기거나 목표를 이루거나 문제를 해결했을 때 느끼는 만족감에 필적한다는 것을 그들은 이해할 필요가 있다.

여자들은 목표 지향적이라기보다 관계 지향적이다. 그들은 자신의 능력 대신에 자기가 지닌 따뜻함과 사랑과 관심을 표현하고 싶어 한다. 화성인 둘이서 점심 식사를 하러 갈 때는 계획에 대한 논의나 사업상의 목적 등 해결해야 할 일이 있을 경우이다. 그들에게 있어 레스토랑에 간다는 것은 쇼핑을 하고 요리를 하고 설거지를 하지 않고도 손쉽게 음식을 먹을 수 있는 하나의 능률적인 방법이다. 반면에 금성인들이 함께 점심을 먹으러 가는 것은 우정을 돈독히 하고 관계를 풍요롭게 하는 계기이다. 여자들이 레스토랑에서 나누는 대화는 의사와 환자 사이에 오가는 상담만큼이나 내밀하고 솔직한 것일 수가 있다.

금성에서는 누구나 심리학을 공부해 상담에 관한 한 최소한 석사 학위 정도는 갖고 있다. 그들은 인격적 성장이나 마음의 치유 등 정상적인 것에 열중한다. 금성에는 곳곳에 아름다운 공원과 잘 가꾸어진 정원, 쇼핑센터, 레스토랑이 있다.

금성인들은 매우 직관적이다. 수세기에 걸쳐 타인의 욕구를 미리 헤아려 마음을 써 주는 동안 그들에겐 뛰어난 직관력이 생기게 되었다. 그들은 다른 사람의 기분을 헤아려 주고, 그가 무엇을 필요로 하는지 살펴 주는 일에 긍지를 느낀다. 진정한 사랑이란 상대가 청하지 않아도 미리 알고 도와주고 보살펴 주는 것이라고 그들은 생각한다.

남에게 자기 능력을 입증해 보이는 것이 금성인들에게는 그다지 중요한 것이 아니기에, 누가 도움을 제의해 온다고 해서 기분 상할 것도 없고, 도움을 구한다는 것이 곧 유약함의 표시로 받아들여지지도 않는다. 그러나 남자는 여자가 조언을 해줄 경우 그녀가 자기 능력을 믿지 않는다고 느껴 자존심이 상할 수가 있다.

누군가가 자기를 도와주겠다고 하면 그것이 오히려 자랑거리일 수 있는 여자들에게 남자들의 이러한 과민함은 참으로 황당한 것이다. 여자들은 상대가 도움을 제의해 올 경우 그가 자기에게 오히려 애정을 갖고 있다고 생각하지만, 남자들은 그럴 경우 스스로 무능력하고 약하다고 느낀다. 심지어 상대가 자기를 사랑하지 않는 거라고 생각하기도 한다.

금성에서는 조언과 충고가 관심의 표시로 받아들여진다. 금성인들은 어떤 일이 잘 되어 가고 있을 때도 더 잘 될 수 있을 거라는 믿음을 갖고 있다. 무엇이든 좀 더 낫게 만들고 싶어하는 것이 그들의 천성이다. 누군가를 좋아하게 되면 금성인들은 어떤 점들은 이러이러하게 해 보면 훨씬 낫겠다든가 예뻐 보이겠다든가 하는 등의 이야기를 서슴없이 해준다. 조언을 하고 건설적인 비판을 아끼지 않는 것이 그들의 사랑법이다.

음성적 차이

여자는 남자보다 높은 소리로 말한다. 사람이 일반적으로 사용하는 주파수는 100~400Hz 정도이다. 남자가 사용하는 언어음의 기본 주파수는 120Hz이고, 여자의 기본 주파수는 220Hz 정도여서 여자가 남자보다 기본 주파수의 영역이 두 배 이상 높다. 또, 남자의 음질이 굵고 탁한데 반해, 여자의 음질은 가늘고 맑다. 가는 소리는 신뢰감을 주기 어렵고 탁한 소리는 불쾌감이나 싫증을 느끼게 한다.

여자의 말은 남자의 말보다 기복이 심하고 상승어조를 많이 사용한다. 평서문의 접속어미와 종결어미에서도 의문문처럼 상승어조를 사용한다. 하강어조는 강함, 딱딱함, 단호함 등을 나타내지만 상승어조는 친밀감, 부드러움, 공손함 등을 나타낸다.

여자는 남자보다 표준 발음이나 품위 있는 어조에 가까운 형태를 많이 사용하지만, 남자는 방언의 사용을 더 선호한다. 또 여성은 남성보다 '쪼금', '따른 것'처럼 된소리를 많이 사용한다. 이와 함께 콧소리나 유아어, 'ㄹ' 첨가어도 자주 사용한다.

문법적 차이

남자는 서술문을 자주 사용한다. 반면에 여자는 자기주장을 할 경우에도 의문문의 형식을 더 많이 사용한다. 청자에 대한 요구를 나타낼 때도 남자는 명령문을 더 많이 사용하고, 여자는 청유문이나 의문문 등의 간접 대화형식을 자주 사용한다. 여자는 남자에 비해 미완성형의 문장을 사용하는 빈도가 높다. 또, 높임법에서도 남자는 '-습니다' 등의 격식체를 많이 사용하는데 반해, 여자는 '-어요' 등의 비격식체를 많이 사용한다.

어휘적 차이

남자에 비해 여자는 감탄사를 많이 사용한다. '어머나, 어쩜, 어머, 아이 참, 흥, 피' 등은 여자들이 주로 사용한다. 남자들은 줄임말의 사용이 여자들보다 적은 편이다. '그치, 근데, 어쩜, -죠, 잖아요' 등은 여자들이 더 많이 사용한다. 여자들은 유아어를 많이 사용하며 감정이나 정도를 나타내는 부사어의 사용이 많다. 남자들은 은어, 비어 속어나 금기어들을 대화에서 더 자주 사용한다.

남녀 차이에 대한 다양한 견해

1. 남자는 독립적이어서 어리광을 삼가지만 여자는 대개 의존적이며 어

리광을 부리는 편이다.

2. 남자는 경쟁적, 목표지향적인 반면 여자는 수용적, 인격적 욕구지향적인 편이다.
3. 남자는 공격적인 반면 여자는 양육적인 성격이 강하다.
4. 남자는 무슨 일을 잘못했을 때 죄의식을 느끼지만 여자는 오히려 수치의식을 느낀다.
5. 남자는 지배적이고 우월적인 성향을 보이는 반면 여자는 복종적이며 열등감을 느끼는 경우가 많다.
6. 남자는 포괄적인 반면 여자는 작은 일에 신경을 쓴다.
7. 남자는 물건 지향적이며 사물 감각이 뛰어난 반면 여자는 사람 지향적이며 인격 감각이 뛰어나다.
8. 남자는 활동을 함께 함으로 친구를 사귄다. 따라서 운동이나 활동을 같이 함으로써 친해지는 편이다. 그러나 여자는 감정을 나눔으로 친구를 사귄다. 즉 얼굴과 얼굴을 마주 보며 감정을 나눔으로 친밀감을 느낀다.
9. 남자는 시각 지향적이어서 시각과 후각이 상대적으로 더 예민한 반면 여자는 청각 지향적이며 청각과 촉각이 상대적으로 더 예민하다.
10. 남자는 뇌의 오른쪽 반구가 발달하여 시공간 능력이 뛰어난 반면 여자는 뇌의 왼쪽 반구가 발달하여 언어적 능력이 뛰어나다.
11. 남자는 이성적인 반면 여자는 감정적이다.
12. 남자는 사물을 논리적으로 깊이 생각하기 때문에 추리적 판단을 하는 반면 여자는 직관으로 사물을 보기 때문에 직관적 판단에 능하다.
13. 남자는 독립적으로 결단하는 반면 여자는 타인의 암시나 시사에 의해 결정하는 편이다.
14. 남자는 대체로 유행에 무관심한 반면 여자는 유행에 민감하다.

15. 남자는 주관에 쏠리지 않고 객관적으로 사람과 사물을 보는 편이나, 여자는 타인의 기분을 잘 이해하고 공감하는 편이다.
16. 남자에게 있어서 사랑은 연극에 있어 휴식시간이지만, 여자에게 있어서 사랑은 연극 그 자체이다.
17. 남자는 일에서 만족을 찾는 반면, 여자는 관계 속에서 만족을 누린다.
18. 남자는 직장이나 직업을 통해 자아를 실현하지만, 여자는 가정이나 관계를 통해 자아를 실현한다.
19. 남자는 자신의 일에 몰두한다. 그래서 자아 도취성 성격장애자들이 많은 편이다. 반면 여자는 다른 사람들에 지나치게 책임을 느낀다. 그래서 신경증 환자들이 많은 편이다.
20. 남자는 승패가 중요하다. 여자는 화목한 관계가 중요하다. 그래서 남자는 '우리'라는 관계가 없어도 '나'라는 개념으로 홀로 설 수 있지만, 여자는 '관계'가 기본적인 욕구이다.
21. 남자는 대인관계에 있어서도 서열과 위계질서에 대한 관심이 있으며, 또 어려운 일이 있어도 여간해서는 도움을 청하지 않는다. 반면 여자는 대인관계에 있어서 수평적이고 대등한 관계를 원한다.
22. 남자는 위계질서의 꼭대기에 혼자 있을 때 안정감을 느낀다. 반면 여자는 관계망의 중심에 있을 때 안정감을 느낀다.
23. 남자는 사회적 관점에서 생각하고 판단한다. 반면 여자는 개인적 관점에서 생각하고 판단한다.
24. 남자는 여자보다 방랑적이고 모험적이다. 반면 여자는 남자에 비해 안정 지향적이다.

남녀의 기질적인 차이가 결혼생활에 미치는 영향

1. 남자는 존경을 받고 싶어하는 욕구가 강하지만 여자는 사랑을 받고 싶어하는 욕구가 강하다.

2. 남자의 흥미와 관심사는 사업의 성공이나 재산, 권력에 대해 야심이 집중되는 반면 미혼 여성들의 가장 큰 관심은 가정을 갖는 것이고, 장래의 직업이나 사회적 활동에 대한 것이다.
3. 남자들은 가정에 돌아와서도 먼저 아내와 대화를 나누기보다는 신문이나 TV를 통해 세상에서 일어나는 일들에 대해 더 관심이 많다. 그러나 여자는 결혼을 애정적인 견지에서 바라보며 가사, 육아, 식사, 가정의 행복이 최대 관심사이다. 따라서 남편의 그러한 모습을 보면서 자기에게 무관심하고 애정이 없다고 생각한다.
4. 남성들이 '아버지'가 되고자하는 마음은 여성들의 '모성애'에 비해 훨씬 약하다. 또 부성애도 뒤늦게 나타난다. 반면 여성은 '어머니'가 되고자하는 마음이 매우 강하다.
5. 남성에게 있어서 결혼은 중요하기는 하지만 생활의 전부는 아니다. 그러나 대부분의 여성들은 인생의 의의를 결혼에 둔다. 가정이 없는 생활이란 지극히 공허하고 무의미하다고 생각한다.
6. 남성은 부부관계에 중점을 둔다. 그래서 남성은 두 사람만의 생활로 만족할 수 있다. 그러나 여성은 오히려 가족이나 자식에게 중점을 둔다. 따라서 여성은 부부생활만으로 만족할 수 없으며 오히려 어머니가 되는데 관심이 더 많다.
7. 남자들은 여성에게 높은 점수를 따려면 큰 것을 해주어야 한다는 생각을 한다. 사소한 일로 여자를 만족시킬 수는 없다고 믿는다. 그러나 여자는 사랑의 선물이 크고 작음에 관계없이 같은 점수로 처리한다. 아주 사소한 것이라도 큰 일을 해 준 것과 동일하게 평가받기도 한다.
8. 남자는 논리적이어서 종교성이 약한 반면 여자는 기질이 감정적이어서 종교성이 강하다.

2 통신상에서의 대화

통신언어 사용 실태에 대한 예시

1) A : 방가방가(반갑습니다. 반가워요)
   B : "저랑 팅구하거 시푼살암은 멜슝~ 날려듀세효 ^^" (저랑 친구하고 싶은 사람은 메일 슝 날려 주세요.
   C : ㅁㅐ휠ぜっじサ㈜ㅅㄲっズき?(메일 보내줄거지요? 라는 뜻의 통신언어)
   D : ㉯㉯납 因九月패ㅇㅇ궈 ⓡⓖㅇ돩돩돩 /긍ㅇ ⓔ뎨 ㉯. . 亞영ⓔ능흡..../을뤄 뎐학乙 家 ! ! ㅠ.ㅠ(나나납!! 이구월패밀린거 알지요?/근데 이제 나..아영이는요../서울로 전학을 가요!(눈물)-실제 통신문 중에서)

초기 통신어에서는 소리나는 대로 적은 '안냐세여'(←안녕하세요), '무러바요'(←물어봐요), '담'(←다음)처럼 자모음 일부를 변형하고 줄이는 식이었다. 그러나 90년대 후반 '외계어'라 불리는 2단계에 와서는 한글자모 영어 한자 일본어 특수문자 등 모든 기호가 조합돼 통신사용자 외에는 아예 해독이 불가능한 수준으로 변질됐다(ㅈH환ㅇr←재환아, 雨녕댜←운영자, ㅇ1제브ㅌ-1←이제부터, ㅊrㅋrㅈi돩?←착하지?, 할ㄲ-11요ㄷ.ゴ ← 할게요).

통신언어 사용에 대한 구체적 분석 내용

맞춤법 파괴

통신언어에서 나타나는 반형식주의적인 특징은 다음과 같은 맞춤법 파괴를 통해 찾아 볼 수 있다. 실제 나는 소리와는 다른 표기이지만 규범이기 때문에 지켜지던 것들을 소리나는 대로 적는 연철이나 소리나는 대로 적기도 하지만 이와 역행하는 분철, 된소리로 적기 등으로 나타난다.

2) 맞춤법 파괴의 유형

① 연철 : 가튼데(같은데), 인가니(인간이), 알아써요(알았어요), 마자마자 (맞아맞아)

② 소리나는 대로 적기 : 궁물(국물), 마니(많이), 조은(좋은), 추카(축하)

③ 분철 : 글애더(그래도), 낵아(내가), 굴엄, 굴음, 글음(그럼)

④ 된소리로 적기 : 몇짤(몇살), 싶따(싶다), 쫌(좀), 했쩌?(했어?)

■ 띄어쓰기 파괴

글자를 빨리 쳐서 시간을 줄이기 위한 경제성의 욕구로 파악하는 경향도 있지만, 이와 반대되는 현상도 나타난다.

3) A : 말좀많이해라

B : 나만안데는고야?

C : 욕하지말라구했는데~~~~~~~~~

D : ㅇ ㅏ ㄹ ㅏ 씀당...

■ 문장부호의 중복사용

마침표의 부호는 생략되거나 여러 개의 점을 찍고, 물음표나 느낌표도 여러 개를 사용한다.

4) A : 움... 갑뚜기 할말이 없넹??

B : 진짜 강추!!! 껵보세염..

■ 줄임(축약)

경제성의 원리는 간결한 쪽으로의 변화를 수반한다.

5) 모 음 : 설(서울), 넘(너무), 앤(애인), 잼(재미), ㅎㅎㅎ, ㅊㅋㅊㅋ, ㅋㅋㅋㅋ

자 음 : 셤(시험), 션(시원), 쉭(수학)

음절축약 : 어케(어떻게), 방가(반갑습니다)

보태기(첨가)

경제성의 원리를 의도적으로 파괴하는 현상도 나타난다. 이러한 언어들은 유희적인 성격을 가진 것들이 많다.

6) 모음 : 했쥐(했지), 총량뤼(청량리)
자음 : 외롭당(외롭다), 넵(네), 여봉(여보),

문장의 변화

국어 문장은 종결어미를 사용해서 문장을 종결짓는다. 통신언어에서는 어간만으로 문장을 끝맺거나, 명사나 명사형만으로 종결되는 의문문이 많이 사용된다.

7) A : 그거보고 무서워했던 제 자신이 부끄럽~
B : 그럼 이만 줄~~~~~~
C : 번개해봤음?
D : 아니 왜감당을 못함??

소리의 다양성에 의한 언어유희

소리와 뜻의 일대일의 대응관계를 무시하고 다양하게 표현하는 경우가 많다.

8) 안녕하세요: 아나세용. 아령하세여. 안냐때욤. 안냐때횻. 안냐샘. 안냐세여. 안냐세염. 안냐세엽. 아냐세요. 안냐셈. 안녕하세영. 안뇽하떼욥. 안늉하세염. 안냥하세여. 안여하세요. 앙냥하세염. 앙뇽하세효. 앙뇽하세효. 언늉하세염.

그런데 : 건데. 건뎅. 건뒈. 군데. 군뎁. 군뎃. 군뎅. 군뒈. 군디. 궁뒈. 근뎀. 근뎅. 근뒈. 근뒟. 근뒤. 굴온데. 글언데. 긍데. 긍뎅. 긍뒈.

그럼 : 9럼. 거럼. 거롬. 검. 고돔. 고럽. 곰. 구덤. 구람. 구럼. 구롬. 굴엄. 굴옴. 굼. 규럼. 그람. 그롬. 글엄. 글음. 금.

바보 : 바버, 바부, 바붕, 바비, 밥튀, 밥팅, 밥흐, 밥5

사랑하다 : 따랑하다, 살앙하다, 상하다, 솨랑하다, 솽하다, 쌀랑하다, 쌀앙하다, 쏴랑하다, 쏴룽하다, 쐉하다, 짜랑하다.

뜻의 전이(변화)

기존의 소리가 담고 있던 뜻을 바꾸거나 새로운 의미를 추가하고 있다.

9) 의미가 전이된 어휘

잠수 : 대화를 하지 않는 것.

도배하다 : 게시판을 글을 자꾸 올리는 것

번개 : 갑자기 만나는 것.

퍼오다 : 다른 곳에서 글을 옮기는 것.

삽질 : 퍼온 글, 다른 사람이 쓴 글을 그대로 옮겨 적은 글.

초청장 : 대화방으로부터 초대하는 메시지.

문닫다 : 공개방을 비공개방으로 전환.

여성어 사용

통신언어에서는 여성어의 우위가 두드러지게 나타난다. 그리고 높임을 표현하는 종결어미에 있어서도 남성들이 선호하던 격식 높임의 '-습니다'보다는 여성들이 선호하는 비격식 높임의 '-어요'체가 주로 사용되며, 감탄사의 사용이 두드러진다.

10) A : 그쵸??

B : 아이~~~~말하고 나니까 뚝뜨럽다

C : 키티는 넘넘 귀여워용

유아어 사용

초등학생 이상의 청소년이나 성인들이 인터넷에서는 유아어에 가까운 말을 자주 사용하고 있기도 하다.

11) A : 고맘뜹미다(고맙습니다)

B : 울 아빠두 얼렁 나왔음 좋겠당 구징~~~~

C : 메덩메덩

■ 지역방언의 사용

표준어에 밀려 있던 방언의 세력을 확장시켰다.

12) A : 근갑따/동상들아~~~/긍게 아그들아 재밌게 놀아보자...

B : 개안타!/넌 우예 생긴노?/머꼬...

C : 나 또 왔슈~~~/나보고 한거유??/안디야

■ 은어 사용

통신언어에서 나타나는 은어의 사용은 익명성이라는 대화 환경과 대화 대상이 비슷한 집단이라는 특수성 때문에 나타나는 현상이다.

13) A : 제가 뻥치게 생겼나요? ↔ 허풍떨다, 거짓말하다

B : 땡잡았다! ↔ 아주 운이 좋다

C : 열씨미해~ 부시삽 되면... 초코닭갈비 한 턱 쏴~ -_-;;; ↔ 비용을 혼자서 모두 내다

■ 비속어 사용

직접 대면하지 않는다는 점 때문에 쉽게 비어나 비속어가 사용된다.

14) 초등학교 고학년들의 대화

천사** ▶ 나여자다 이개새끼야

eiz*y ▶ 나가나가나가

Thegeni* ▶ 근데

Thegeni* ▶ 미친년아

천사** ▶ 이개보다도 못한 놈아

☆ morningsun*(morningsun*)님께서 들어오셨습니다

sm지연바부 ▶ 누군 욕 못하는 줄 아냐?

Thegeni* ▶ ..
재혁이에요 ▶ 아무나이겨라 잘싸운다
천사* ▶ 이 등신아
천사* ▶ 욕해라
Thegeni* ▶ 싸이코냐/
날아라경식 ▶ 신고해야 겠구만..
sm지연바부 ▶ 아까부터 난리야..

15) 중학생들의 대화

이명* 체리야
처키의신부 씨발
>> 빤나우유맛(산소**)님이 퇴실 하였습니다. <<
앙마 미친놈아,,
이명* 악/ㅏ도 말햇지만
처키의신부 불르지마
앙마 니가 먼저 시비 걸었짜나,,
처키의신부 개새끼야
이명* 니 주제를 알어
처키의신부 존나
처키의신부 더러워
>> 공개방에서 비공개방으로 변경 되었습니다.<<
이명* 니는 니갖 존나 잘난지 아나바
>> 이명*(솔**)님이 퇴실 하였습니다. <<
처키의신부 니 꼴이나
처키의신부 알어
비愛 미친넘...
앙마 병신가튼ㅅ 새끼,,

표정문자(이모티콘)의 사용

직접 대면 형식이 아닌 자판을 통해 이루어지는 간접 대화 형식의 한계를 극복하고 보다 친밀하고 실감 있게 전달하려는 의도에서 표정문자의 사용이 많아진다.

16) 다양한 표정문자

:-]	능글맞은 웃음.
:D	소리내어 웃음.
;(	화가 났을 때
<:-(	실망
:-/	의심날 때
:-o	놀랐을 때
^.^	행복한 웃음
^.~	윙크
*^_^*	얼굴 빨개지며 미소짓기
ㅠ.ㅠ	주룩주룩 내리는 눈물
(*_*)	사랑에 눈멀었을 때
($_$)	돈에 눈이 멀었을 때

통신 언어의 발생 요인

통신언어가 발생한 동기는 언어적인 측면과 사회 문화적인 측면에서 찾아볼 수 있다. 통신언어는 게시판이나 전자우편보다는 대화방에서 먼저 시작되었다고 보는 것이 일반적이다. 원활한 대화를 위해서 실시간으로 대화가 이루어지는 대화방에서는 입말의 속도 못지 않은 빠른 입력이 필요하다. 그러나 개인에 따라 입력 능력에 차이가 있을 뿐만 아니라, 아무래도 말하는 속도에 비해 자판을 입력하는 속도가 더딜 수밖에 없다. 이를 보완하기 위해, 통신상에서 생략이나, 축약, 소리나는 대로 적기 등의 전형적인 통신언어가 발생했을 것이라는 것은 어렵지 않게 생각할 수 있다. 이때 웬만한 오타는 그냥 넘어가는 것이 보통이다. 통신언어에서 나타나는 '축약'이나 '생략' 등은 우리나라의 통신언어에만 있는 것이 아니다. 전국을 떠들썩하게 했던 월드컵 응원 열기 속에서 붉은 악마가 선보인 'CU@K리그'에서 CU는 'See you'를 비슷한 발음의 알파벳으로 대신한 통신언어이다.

그런데 통신언어는 이렇게 축약이나 생략형만 있는 것이 아니다. 통신언어에는 음절이나 자소를 첨가하는 유형이 다양하게 발달해 있다.

17) A : 그걸믿으시납.
B : 이쁜꿈꾸세엽!!^^
C : 홈페이쥐~넘 이뿌닷...
D : 감사하갔숩돠~
E : 멜 날리구 펴가세영~.

위와 같이 자모를 첨가하는 통신언어의 경우에는 사용 이유를 언어 경제성 원리로 설명할 수 없다. 이는 의사소통의 효율성에서 그 원인을 찾아야 할 것이다. 통신언어, 특히 대화방에서 이루어지는 의사소통은 문자를 사용하지만 대화 형식은 실제로 말하는 구어에 가깝다. 그런데 상대방을 직접 대면한 상태에서 대화를 할 때에는 언어만으로 의사소통을 하는 것이 아니다. 말하는 사람의 심리 상태를 알 수 있는 억양이나, 손짓, 몸짓, 표정, 그밖에 주변 상황들도 대화의 중요한 요소가 된다. 그런데 대화방에서 문자를 사용해서 하는 대화에서는 이러한 요소들이 모두 빠지므로 의미가 제대로 전달되지 않는 경우가 있다.

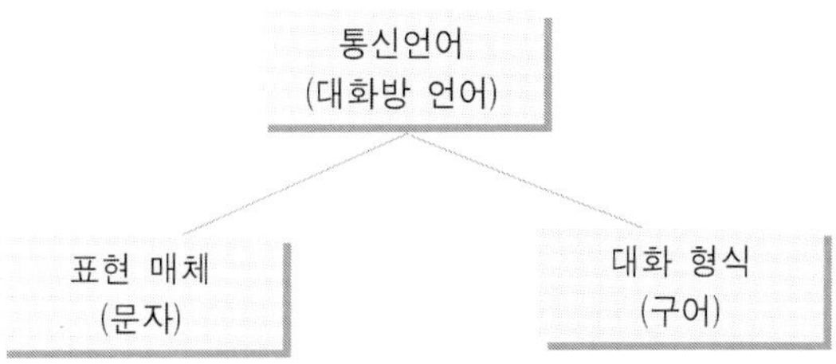

그림 9 통신언어의 특징

문자로 의사소통이 이루어지는 통신상에서는 대화에서 주어지는 언어 외적인 정보를 다른 방법으로 표현한다. 실제 말하는 것처럼 소리나는 대로 적거나 자모를 첨가하여 말하는 사람의 심리적 태도를 표현한다. 언어 운용면에서는 의성어, 의태어와 같은 흉내말을 사용하거나 표정문자(emoticon)를 자주 사용한다. 앞에서 '맵으시납', '꿈꾸세엽', '이쁘닷' 등은 원말의 어말에 자모를 첨가하여 힘주어 말하는 느낌을 주고, '펴가세영'은 귀여운 느낌을 준다.

18) A : 홍보 마니 해주시구요! 그럼 이만.. 꾸벅.
B : 그럼 전 이만...휘리릭~
C : 근데 정말 그 사진 몇 년이나 된 건가요?^^
D : 저도 물론 피서 한번 못가봤습니다. ㅠ.ㅠ

위의 경우 실제 대화 장면에서는 '꾸벅' 대신 인사하는 동작이 있었을 것이고, '^^'와 'ㅠ.ㅠ'에 대해서는 미소를 짓거나 당황스러운 표정을 짓는 상황이었을 것이다. 여기서 흉내말이나 표정문자는 마치 대사로 이루어진 희곡에서 등장인물의 동작이나 표정, 심리 등을 나타내는 지문과 같은 역할을 한다.

즉, 음절을 줄이거나 소리나는 대로 적는 등의 방법으로 타수를 줄여 빠르고 편리하게 글자를 적으려는 경제적 동기와, 일상어와는 달리 형태를 바꾸어 봄으로써 통신 분위기를 재미있게 하거나 편하게 하려는 표현적 동기, 그리고 규범에 기초를 두고 있는 현실 공간의 말글살이에서 벗어나 보고자 하는 심리적 동기 등이 복합적으로 어울려 현재의 통신 언어를 만들어 내었다.

한편, 통신언어를 사용하는 층이 주로 청소년 세대라는 점에 주목하여 그들이 통신언어를 보다 적극적으로 사용하는 이유를 청소년 세대의 문화적 특성과 관련지어서 생각해 볼 수 있다. 이에 대해 상명대학교의 구현정 교수는 현대 문화를 대표하는 포스트모더니즘의 속성을 통해 통신언어에 나타난 현상들을 설명하고자 하였다. 즉 포스트모더니즘의 반형식주의적 사고는 통신상에서 맞춤법이나 띄어쓰기의 파괴로 나타나며, 전통성의 거부는 축약과 첨가, 모음 변화 등을 통해 기존 언어의 규칙성을 파괴하는 양상으로 나타난다. 다양성을 추구하는 포스트모더니즘적 사고는 통신언어에서 기존 권위에 대한 부정으로 남성어 대신 여성어를 사용하거나 아동어나 방언의 사용, 은어, 비속어, 의성어·의태어, 표정문자 등이 수평적으로 사용되는 현상으로 나타난다.

특히, 90년대 신세대 집단이 가지는 또 하나의 특징은 이들이 80년대부터 본격화하기 시작한 영상매체의 확산 속에서 성장한 세대라는 점이다. 이들은 어린 시절부터 컬러 TV와 비디오, 전자게임과 컴퓨터 등이 새로운 영상매체에 익숙해 있다. 이는 이들이 이전 세대에 비해 상대적으로 논리성에 약한 대신 감각적이고 감성적인 성향을 가지고 있음을 의미한다. 흔히 활자문화 세대의 가치 기준이 '무엇이 옳고 그른가'에 있는 반면 신세대의 가치 기준이 '어떤 것이 좋고 싫은가'에 있다는 평가는 그런 점을 반영한다. 언어 표현이 정확하지 않고 기존의 체계를 거부하는 것도 단순히 시대의 흐름을 역행하려는 것도 있지만 이들 세대에게 논리적이고 규범적인 것은 그다지 중요하지 않다.

통신언어가 가지는 긍정적 요인과 부정적 요인

통신언어 사용의 긍정적인 측면으로는 먼저, 새말의 생성을 들 수 있다. 통신 환경은 대화의 새로운 장면이다. 새로운 장면에서 대화를 하는데 그 상황에 걸맞은 어휘가 없다면 새말을 만들어 쓰는 것은 자연스러운 일이다. 통신언어의 새말 유형은 기존의 언어 재료를 갖고 합성이나 파생에 의해 새말을 만드는 것과 아예 새로운 어근을 창조하는 경우로 나누어 볼 수 있다. 통신상에서 만들어진 새말은 대부분 순우리말이다. 이렇게 만들어진 말이 우리말 어법에 어긋나는 것이 아니라면 구태여 이를 사용하는 것을 막을 이유는 없다.

둘째, 어휘 의미가 풍부해 진다는 점이다. 계속해서 새로운 단어를 만드는 것은 기억해야 하는 단어의 수가 많아진다는 점에서 기억의 부담이 높아진다.

통신상의 새로운 환경에 걸맞는 단어가 없을 때 기존의 단어를 그대로 사용하되 연상적 또는 비유적인 차원에서 새로운 의미를 부여함으로써 기존 단어를 효율적으로 사용할 수 있다. 예를 들어, 게시판에 글을 연속적으로 올리는 행위에 대해서 '도배하다'라고 한다든가, 다른 게시판에서 가져온 글을 '퍼온 글'이라고 하는 것 등은 연상 의미를 적절히 활용한 것이다.

무엇보다도 의사 전달이라는 측면에서 통신언어의 가장 긍정적인 측면은 말하는 이의 의도를 듣는이에게 보다 정확하게 전달할 수 있다는 점이다. 언어 운용면에서 의성어, 의태어나 표정문자를 사용하거나, 표기 형태를 변형하여 규범적인 맞춤법 표기로는 전달할 수 없는 화자의 미묘한 태도를 오해 없이 전달할 수 있다. 언어의 본질적인 기능이 의사 전달이라고 할 때, 통신언어의 가장 긍정적인 기능이라고 할 수 있다.

그러나 이러한 사실로 통신언어를 무작정 허용하기에는 그 폐해 또한 적지 않다. 우선 내용 면에 있어서 비속어나 은어의 남발은 매우 심각한 수준이다. 비속어의 사용은 통신언어 상의 문제만은 아니다. 우리나라 사람들은 비속어나 은어의 사용에 대해서 상당히 관대한 편이다. 청소년 또래 집단에서 비속어의 사용은 오히려 친분감의 표현으로 이해되기도 한다. 그러나 상대가 누구인지 모르는 상태에서 자신 또한 익명성이 보장된 것을 방패삼아 무책임하게 비속어를 사용하는 것은 명백한 언어폭력으로 간주하여야 한다. 이와 같은 불건전한 언어 사용은 국어순화에 결정적으로 악영향을 미칠 수 있으며, 우리의 정서 또한 황폐하게 한다.

통신언어의 본질적인 문제는 언어 파괴에 있다. 언어가 변하는 것은 자연스러운 일이라고 했지만, 그것은 오랜 시간을 거치면서 대다수의 언중들이 자연스럽게 동화하는 과정에서 이루어진다. 이에 반해 통신언어에 나타나는 언어 변이는 지나치게 빠르고 무원칙적이며 언중의 합의에 의한 것이 아니라 다분히 개인적이다. 이러한 언어 파괴는 결국 의사소통에 장애 요소가 된다. 특히,

통신언어의 주 사용층인 청소년들과 이에 대한 지식이 없는 기성세대 간에 의사소통의 장벽이 된다. 이러한 언어 왜곡은 가족간의 대화조차 어렵게 할 수 있으며 폐쇄적 인간관계를 형성하는 요인이 된다. 언어의 본질적인 기능이 의사를 전달하는 것인데 의사가 제대로 전달되지 않는다면 이는 언어로써의 기능을 제대로 수행하지 못하는 것이다. 또한 통신언어는 남북한 언어 이질화의 새로운 요인이 될 수 있으며 외국인이 우리말을 배우는 과정에서도 큰 걸림돌이 될 수 있다.

다음은 우리 말글 교육에 대한 문제이다. 맞춤법에 맞지 않은 왜곡된 통신언어를 의식 없이 사용하다보면 가뜩이나 부족한 맞춤법에 대한 지식수준이 더욱 낮아질 수 있다. 통신언어 사용이 맞춤법 지식을 떨어뜨릴 수도 있지만, 한편으로는 통신언어를 사용한다는 핑계로 맞춤법을 확인하지 않고 적당히 넘기려는 태도도 보인다. 이는 결국 올바른 표기 교육에 있어 악순환이 반복되는 것이다.

통신언어 사용에서 가장 우려되는 세대가 초등학교 학생들이다. 아직 언어에 대한 의식이 갖추어지지 않은 상태인데 통신언어 사용에 대해서는 오히려 적극적이다. 대화방에서 통신언어를 사용하지 않으면 촌스럽다고 생각하여 따돌리거나 심지어는 쫓아내기까지 한다고 한다. 초등학교 학생들은 통신상에서 사용할 말과 일상에서 사용할 말을 구별해야 한다는 인식이 거의 없다. 그러다 보니 글짓기를 할 때 통신언어가 그대로 노출되는 것도 예사이다.

문제점 해결

학생

'가려쓰기'를 하는 것이다. 통신언어는 컴퓨터를 매개로 하는 의사소통 방식이다. 통신언어는 어디까지나 통신상에서 사용하는 '문자 언어'라는 인식을 분명히 가져야 한다. 통신언어의 효과는 통신상에서 극대화되는 것이다. 통신언어를 일반 대화 환경에서 사용하는 것은 크게 효과가 없을 뿐만 아니라 의미 없는 일이다. 그런데 최근에는 통신언어를 대화방이나 게시판뿐만 아니라 일상 언어에서까지 사용하는 것을 보게 된다. 아직은 언어 유희적인 차원에서 사용하는 경우가 대부분이지만 이는 직접적으로 언어를 훼손시키는 일이므로 어법에 맞는 새말을 사용하는 경우를 제외하고는 어떤한 경우에도 사용해서는 안 된다. 또한 통신상에서도 '가려쓰기'를 해야 한다. 친교적 수단을 위해, 또는 화자의 태도를 구체적으로 묘사하기 위해, 또는 타수를 줄이기 위한 노력 경제 등의 이유로 개인간의 대화에서 이루어지는 통신언어의 사용까지 막을 수는 없다. 그러나 공적인 게시판에 글을 올리거나 상대방의 지위가 파악되지 않은 사람과 대화를 하거나, 윗사람에게 전자우편을 보낼 때는 반드시 규범에 맞는 언어를 사용해야 한다.

올바른 통신 언어 사용의 정착을 위해서는 통신언어 사용의 주체인 청소년들의 자발적인 노력이다. 다행스럽게 청소년들 사이에서 통신언어를 바로 쓰고자 하는 노력이 확산되고 있는 것은 매우 바람직한 일이다. 그 출발은 앞에서 '외계어'라고 불렀던 제2 단계 통신언어에 대한 부정적인 인식이 계기가 되었다. 통신언어든 아니든 언어의 기본적인 기능은 의사를 전달하는 것이다. '외계어'로 불리는 통신언어는 언어로써의 기능을 거의 포기한 형태라고 할 수 있다. 극단적인 언어 왜곡의 형태에 청소년들조차 고개를 돌린 것이다. 결국 통신언어는 의사소통 방식으로써 효율성을 살리되 우리말의 언어 질서를 훼손시키지 않은 범위 안에서 자리매김할 수 있도록 해야 할 것이다.

학교, 교육 당국

첫째, 문법 교육의 강화를 들 수 있다. 현재 각급 학교에서 이루어지는 국어 교육 가운데 문법 부분이 차지하는 영역이 크지 않을 뿐더러 고등학생의 경우 대학 입시에 반영되는 비중이 낮기 때문에 학교에서 계획만큼도 교육을 제대로 하지 않는 경우가 많다. 초등학생에서 대학생에 이르기까지 통신 언어에

전면적이고 일상적으로 노출되어 있는 상황에서 국어 문법에 대한 교육 시간을 큰 폭으로 늘이고 문법을 필수 과목으로 정함으로써 지금보다 보다 교육의 강도를 높일 필요가 있다고 본다. 그리고 문법 지식에 대한 교육 시기도 지금은 고등학교에 집중되어 있는데 중학교나 초등학교에 그 비중을 더 둘 필요도 있다. 학교 교육에서 맞춤법 등을 포함한 문법 지식을 확고히 익힌 상태에서는 새롭게 통신 언어를 접하더라도 문제성이 강한 통신어의 사용은 일시적인 것이 될 가능성이 많으며, 자신의 바른 일상 언어를 유지하는 이용자가 많아짐으로써 전체 통신어의 질적 변화도 가능할 것이다. 이런 관점에서 볼 때 어린 학생들이 우리말글에 대한 체계가 제대로 갖추어지지 않은 시기부터 컴퓨터를 많이 사용하게 되면 학교에서 배우게 되는 규범에 대한 거부감이 심하게 되고, 또 학습의 효과도 크게 떨어질 것으로 예측된다.

둘째, 국어 교육 속에 통신 언어와 관련한 내용을 필수적으로 포함시켜야 한다. 국어 교과서에서 신문이나 방송 언어를 다루는 것처럼 통신 공간에서 사용되는 문장도 다룸으로써 정규 과목 시간에 통신어의 문제점이나 특성을 학생들 스스로 느끼게 해야 한다. 그러한 문제에 대하여 언론이나 학계에서 지적하는 것은 청소년들에게 제대로 전달되기도 어렵고, 또 남의 이야기라 여길 가능성이 높다. 학생들 스스로가 통신 언어에 들어 있는 문제점을 찾아내고 그 문제를 풀어 나가기 위한 방법들을 토의할 때 통신 언어의 부정적 효과는 보다 쉽게 제거할 수 있을 것이다. 통신 속에서 소리나는 대로 적거나 붙여 적음으로써 어떤 이점이 있으며, 동시에 어떤 더 큰 문제점이 있는지를 생각해 볼 수 있도록 실제 통신 언어 사용 사례를 적절한 분량으로 교과서 속에 제시할 필요가 있다. 학생들은 어떤 주제보다도 관심과 흥미를 가지고 검토하고 토의할 것으로 보인다. 새로 개편되는 국어 교과서를 아직 검토해 볼 수는 없지만, 만약 국어 교과서에서 '국어 실태'나 '국어 순화'와 관련한 단원이 상당한 비중을 차지하면서도 통신 언어에 대한 것이 없다면 그것은 현재의 중요한 언어 현실을 감안하지 못한 조치인 점에서 비판의 여지가 크다고 하겠다.

셋째, 컴퓨터 교육의 시작 단계에서 바른 문장을 통한 자판 익히기를 지도하며, 규범에 맞는 언어를 통신 공간에서 사용하도록 교육시킨다. 우리나라에서는 현재 중고등학교는 물론이고 초등학교에서부터 컴퓨터 교육을 시키고 있다. 개인적으로는 초등학교 입학 이전에 이미 컴퓨터 사용을 시작하는 일도 많다. 그런데 처음 컴퓨터를 배울 때, 기기 사용법이나 각종 응용 프로그램의 사용법은 교육시키지만 자판 익히기에 대해서는 개인적인 노력에 맡기는 것이 보통이다. 그러다 보니 초등학생이나 중학생 등 대부분의 컴퓨터 입문자들은 컴퓨터를 배워서 한글 자판의 효과적인 사용법도 익히지 못하고 바로 통신이나 인터넷에 접속하게 된다. 통신에 접속하면 주로 대화방부터 들어가게 되는데 그 속에서 유행하는 소리나는 대로 적기, 의도적으로 바꾸어 적기 등 규범에 어긋난 언어를 아무런 비판 없이 당연한 것으로 받아들이는 것으로 보인다. 그러한 표기부터 손에 익숙하다 보니 바른 표기형이 무엇인지를 알고 있더라도 나중에는 바른 글자 입력이 불편해서 잘못된 표기를 여전히 유지하는 것이 아닌가 한다. 따라서 컴퓨터를 배우기 시작할 때 교과서 문장과 같이 규범에 맞는 언어 자료를 통해 글자 입력에 익숙해지도록 타자 훈련을 시킬 필요가 있다. 또한 컴퓨터 교육의 초기 단계에서 기기 조작법만 가르칠 것이 아니라 통신 공간에서 지켜야 할 예의와 바른 언어 사용에 대해서도 관심 있게 가르친다면 그 효과는 들인 노력에 비해 훨씬 크게 나타날 것으로 생각된다.

통신업체, 사이트 운영 및 관리자, 문화관광부, 정보통신부 관계 당국

통신 운영자는 바른 언어 사용을 위한 자체적인 홍보 활동을 강화할 필요가 있다. 통신 언어와 관련하여 토론 공간이나 게시판을 설치하여 이용자들의 관심을 촉구하고, 설문 조사를 실시하여 연구자들에게 자료를 제공하는 일이 문제 해결에 도움이 될 것이다. 현재 대화 전문 사이트인 <세이클럽>에서는 대화방 안내말에서 "홍길동님께서 들어 오셨습니다.", "홍길동님께서 나가셨습니다."와 같이 경어법이 잘 갖추어진 문장을 쓰고 있다. 또 컴퓨터 통신망인 <천리안>에서는 대화방에 들어갈 때 "불건전대화 및 언어폭력을 하는 회원은 신고합시다", "성적 언어폭력을 행사하는 경우, 피해자가 신고시 가해자는 법적 처벌을 받을 수 있습니다. 우리 모두 건전한 언어를 사용합시다."라고 경고문을 보여 준다. 이러한 운영자의 언어 사용과 경고문 게시는 소극적인 홍보 활동이라 볼 수 있을 것인데, 대화방 분위기를 밝고 긍정적인 것으로 바꾸는 데 도움이 되며, 동시에 이용자들의 언어 사용에도 좋은 영향을 끼치는 것으로 보인다. 게시판이나 대화방 등에서 통신 운영자들이 모범적인 언어를 사용할 때 이용자들의 바람직한 통신 언어 사용은 앞당겨질 수 있을 것이다. 이와 함께, 이용자 실명제 확대, 익명 대화방을 없애거나 최소한으로 줄이기, 언어 폭력자에 대한 충분한 제재와 통신이름 공개 등의 방법을 모든 통신망 운영자들이 동시에 실시하는 좀 더 구체적인 조치를 취할 필요도 있겠다. 다만 통신이름 공개 등의 조치는 통신 언어 가운데서 심한 욕설이나 근거 없는 비방 등의 경우에 해당하는 것이며, 어문 규범에 어긋난 표기를 하였다고 해서 통신 이용 상의 제약을 주기는 어렵다.

한편, 통신 운영자들은 이러한 홍보 활동과 병행하여 통신망 운영 체계와 관련된 보다 직접적인 노력을 기울일 필요도 있다. 문서 작성기에서 자동으로 맞춤법 교정을 할 수 있듯이 통신에서도 이용자들이 잘못된 표기를 했을 때나 비속어, 지나친 외래어 등을 입력했을 때 바르게 교정해 주는 프로그램을 운영 체계 속에 포함으로써 일반인이나 아직 우리말에 대한 학습이 충분하지 않은 초등학생들에게 도움을 줄 수 있을 것이다. 그러한 교정 또는 거름 장치의 채용 여부를 이용자들이 선택할 수 있도록 하면 전문적인 학술 토론을 위하여 규범에 맞지 않는 사례의 입력이 필요할 때나 욕을 통하여 스트레스를 푼다든지, 형태 변이를 통하여 재미를 느끼고자 하는 소수 이용자들의 '권리' 또는 '편의'도 함께 보장할 수 있을 것이다.

통신 언어의 문제점을 해결하기 위한 언어 및 통신 관련 정책자의 노력도 필요하다. 문화관광부나 국립국어연구원 홈페이지 등에서 통신 언어에 대한 질의응답란, 토론방 등을 개설하여 통신 언어에 대한 이용자들의 관심을 높이며, 규범에 맞는 통신 언어 사용으로 이끌 필요가 있다. 통신 언어의 실태 파악과 함께 일상어 속에 나타나고 있는 통신 언어의 영향력이 어느 정도인지를 조사·분석하는 연구 작업도 계속해 나가야 할 것이다. 이와 함께 각급 학교의 홈페이지에서도 반드시 통신 언어의 바른 용법을 알릴 수 있는 공간을 마련하여 학생들에 대한 교육이 빠르게 이루어질 수 있도록 교육 당국에서 힘을 보태야 한다. 각급 학교에 인터넷 전용선을 깔고 컴퓨터를 충분히 설치해 주는 것도 중요하지만 그에 못지않게 학생들이 통신 언어를 바르게 쓸 수 있도록 하기 위해 교육부가 어떤 노력을 기울여야 할지를 연구하는 일도 중요하다.

정보통신과 관련된 정책을 총괄하는 정보통신부에서는 현재 전기통신사업법에 의하여 설치된 민간기구인 '정보통신윤리위원회'에 인터넷 사용과 관련하여 나타나는 문제의 심의 및 조정 업무를 맡기고 있는 상태이다. 그러나 현재의 그러한 조직은 제 기능을 다하지 못하는 것으로 보인다. 일반 통신 이용자들이 그러한 조직이 있는지를 잘 알지 못하며, 이름을 들어 보았더라도 무엇을 하고 있는지를 잘 모르는 것으로 생각된다. 통신 공간의 문제와 관련되어 있다고 해서 통신 수단만으로 홍보해서는 안 되고, 좀 더 다양한 방법을 통해 조직에 대한 홍보부터 시작할 필요가 있다. 또한, 지금까지의 사업 내용을 보면 주로 통신 사용시의 예절이나 음란물 유통, 바이러스 유포 등의 불법적인 문제에 치중되어 있는 것으로 보이는데, 우리가 분석한 통신 언어 실태의 심각성을 고려할 때 앞으로는 시야를 넓혀 언어의 문제를 진지하게 검토할 필요가 있는 것으로 판단된다.

■ 가정

학부모들의 통신 언어에 대한 깊이 있는 이해가 필요하다. 교사나 학부모들이 통신 세계에 익숙하게 되면 학생 또는 자녀들이 통신어를 은어로 사용할 수 없을 것이며, 학생과 교사, 자녀와 부모와의 심리적 거리도 줄어들 것이다. 또 통신 언어가 무엇이 문제가 있는지, 어떤 표기 방식이 무엇 때문에 나오게 되었는지를 교사들이 이해하게 되면 문법 교육이나 작문 지도에서 자신감을 갖고 효과적으로 학생을 지도할 수 있을 것이다. 잘못된 표기의 상당수는 맞춤법이나 국어 문장 구조에 대한 지식의 부족에서 나온 것임을 앞서 확인한 바 있는데, 이러한 통신 언어에 대한 실태를 분명히 인식함으로써 국어 문법 교육의 구체적 목표와 방법을 세우고 실행에 옮길 수 있을 것이다.

둘째, 가정이나 사회에서 다른 사람을 배려하고 존중하는 문화를 가꾸어 나감으로써 통신 이용자와 비이용자 사이에서 나타날 수 있는 거리와 단절 현상을 줄일 수 있을 것이다. 통신 언어를 잘 아는 사람들이 그렇지 않은 사람을 두고 자기들만의 은어를 쓰는 일은 그 사람을 무시하는 일이 될 수 있다. 또 격식을 갖추어야 할 보고서나 수업 시간 작문, 시험 답안지 등에서 기호형 표현을 동원한다든지 규범에 어긋난 통신 언어를 쓰는 일은 교사나 교수의 인격을 무시하는 행위가 될 수 있다. 근본적으로는 통신 공간 안에서도 게시판을 보는 사람이나 대화 상대방의 편의보다는 화자 편의 중심의 글자 적기 방식은 다른 사람의 불편을 고려하지 않은 이기적 언어 행위라 할 수 있다. 남을 배려하지 않고 심지어 따돌리기까지 하는 이러한 상당수 통신 이용자들의 언어 사용은 사소하다고 생각할 수도 있지만 그것은 행위 전반적인 문제로 발전할 수 있다. 남을 배려하지 않는 생각과 행동에 익숙한 사람들이 늘어나다 보면 가정이나 사회 등 공동체 구성원들 사이의 상호 교감이나 공동체 의식의 약화 현상이 발생하고 결과적으로는 바람직한 공동체의 유지가 어려워질 수 있을 것이다. 현재의 통신 언어 사용과 그 일상어로의 파급을 '단순한' 언어의 문제로 넘겨 버려서는 안 되는 이유가 여기에 있다. 특히 청소년들에게 가정이나 사회에서 남을 배려하고 존중하는 마음을 갖도록 지도할 때 통신 언어의 문제는 그만큼 줄어들 것이다.

사회 단체

통신어뿐만 아니라 일상어에서 바른 언어 사용을 위한 시민 운동을 강화함으로써 현재 드러난 통신 언어의 문제점을 어느 정도 해소할 수 있을 것이다. 우리 사회에서 정치, 경제, 환경 등의 분야에서 활발한 시민 운동이 전개되어 왔는데, 언어와 관련된 전문적인 시민 단체는 별로 찾아보기 어려운 실정이다. 따라서 일상 언어 생활 속에서 지속적으로 관심을 가지고 올바른 국어 정책 및 국민들의 바른 언어 사용을 위해 운동할 수 있는 전문 시민 단체가 생겨나 활동한다면 현재 나타나고 있는 통신어의 문제점을 보다 쉽게 해소할 수 있을 것으로 생각된다. 언어의 문제는 무엇보다 인내심을 가지고 지속적으로 널리 알려 나가는 것이 최선의 해결책이라 믿기 때문이다. 시민들의 자발적인 운동과 그에 대한 관계 기관의 적극적인 지원은 우리 언어 문화의 차원을 높이는 데 크게 기여하리라 기대해 본다.

참 고 문 헌

구현정 · 전영옥(2005), 의사소통의 기법, 박이정.

국립국어연구원(1992), 표준화법해설, 국립국어연구원.

김우룡 · 장소원(2004), 비언어적 커뮤니케이션론, 나남출판.

박갑수 외(2000), 국어표현 · 이해교육, 집문당.

송경숙(2002), 담화분석-대화 및 토론 분석의 실제-, 한국문화사.

아르눌프 데퍼만 지음, 박용익 역(2002), 회화분석론, 역락.

유혜숙 · 이민호 · 방민화(2005), 움직이는 말하기, 집문당.

이익섭(2004), 사회언어학 3차 개정판, 민음사.

이홍기 · 홍용기(1998), 인간관계론, 한올출판사.

전라남도장흥교육청(2003), 효과적인 의사소통, 부모역할 잘 할 수 있다!, 장학자료 2003-11호.

전영우(1987), 국어화법론, 집문당.

전정례 · 허재영(2002), 얘기 좀 할래요?, 건국대학교출판부.

정승혜 · 문금현(2000), 대학생을 위한 화법 강의, 태학사.

조 지라드 외 지음, 김용환 역(2005), 사람을 움직이는 대화의 기술, 버들미디어.

데보라 태넌 지음, 신우인 옮김(1993), 말 잘하는 남자? 말 통하는 여자!, 풀빛.

김용경 · 조오현 · 박동근(2002), 컴퓨터 통신언어 사전, 역락.

김용경외(2004), 사이버 소설의 미적구조와 세계관 연구, 박이정.

부 록

- 한글 맞춤법 해설
- 신구 맞춤법 규정 대조
- 국어의 로마자 표기법 해설
- 한국인의 계촌법과 명칭

'한글 맞춤법' 해설

이 만 식

훈민정음, 즉 한글은 창제 당시 '나랏말'이었고 그 자체가 '맞춤법'이라 할 것이다. 곧 나랏법으로 제정된 셈이다. 시대와 환경에 따라 언어는 역사성에 의하여 변하게 마련이며 따라서 표기법도 많이 달라진다. 더구나 개인에 따라 표기 체계가 천차만별일 경우가 흔하다. 그리하여 일정한 표기법이 필요한 것이다.

우리말의 표기 기준안은 1933년에 제정한, 민간 어문 연구 단체인 조선어학회(현재는 한글학회)의 '한글 맞춤법 통일안'이었다. 비록 여러 번에 걸쳐 수정과 보완을 거치기는 하였으나 50여 년 동안 우리 언어 생활의 준규로서 이바지한 바가 실로 크다 하겠다. 한편으로는 그 기간이 시사하는 만큼 정부가 '나랏말'에 대하여 얼마나 둔감했었는가를 단적으로 말하여 준다.

뒤늦게나마 국가 차원의 새 '한글 맞춤법'을 확정한 점은 퍽 다행스럽다. 정부는 1988년 1월 19일 문교부(현재는 교육부) 고시 제 88-1호로 표기법을 확정 고시하였는데 1989년 3월 1일부터 시행한다고 부칙으로 밝혔다. 시행까지 순탄한 작업은 아니었다. 1970년부터 '한글 맞춤법 통일안'(1933년)과 '표준어(1936년)'의 재사정에 착수하여 왔지만 일부 항목에 대하여 학회와 학자간의 이견이 첨예하여 쉽사리 정리하기 힘든 점도 있었다.

이제는 모든 국민들이 이 법을 익히고 준수하는 길만이 완전한 문맹 퇴치라 할 것이다. 시행된 지 여러 해가 지났지만 지식인마저도 종래의 맞춤법으로 표기하거나 아예 틀린 말을 쓰는 경우가 허다하다. 대학생들에게 물어보면 중·고교 국어 시간에 한글맞춤법과 표준어 규정을 일일이 살피고 익힐 시간이 없었다고 한다. 다른 어떤 어문 교육보다 우선하여야 한다는 점을 재인식할 필요가 있다. 흔히들 우리말의 표기가 까다롭다는 어처구니 없는 반응은 개인의 무지에 대한 자각이 없었거나 부실한 홍보와 교육의 부재에서 연유된 것이다. 틀린 말이 뿌리 깊게 습관화되면 이를 바로잡기에 상당한 노력이 따라야 하기 때문에 까다롭다거나 어렵다라고 생각한다. 재교육이나 교과 과정의 필수 수업을 통하여 하루속히 배우고 익혀야 할 일이다.

언어는 변천하므로 이 규정이 언제까지나 완전한 것은 아니다. 국가는 학계의 의견을 두루 물어 현실의 언어를 폭넓게 반영하고, 보완하거나 수정해야 할 것은 그때마다 능동적으로 담아내야 할 것이다. 물론 집중적이고 성의가 있는 교육도 뒤따라야 함은 당연하다.

본 해설은 종래의 '한글 맞춤법 통일안'과 견주어 달라진 부분에 대하여 설명하고 알기 쉽게 대조표를 덧붙였다. 지나치게 문법적으로 검토하는 것은 익힘에 부담만 더할 뿐이어서 필요한 것만 해설하였다.

주요 개정 내용을 살펴보면 다음과 같다.

1. 명칭과 체재가 바뀌었다. 불필요한 규정도 정리하였다.

종래의 '한글 맞춤법 통일안'은 7장 63항으로 이루어져 있었다. 이 가운데 오늘날에는 불필요한 규정인 제33항, 제34항, 제35항, 제38항, 제40항, 제41항, 제45항, 제46항 등을 삭제하고 부록이었던 '표준어 규정'을 따로 정리하였다. 명칭도 '안(案)'이 아닌 '법(法)'임을 공포하여 '한글 맞춤법'으로 고쳤다. 새 맞춤법은 모두 6장 57항으로 되어 있으며 부록으로 문장 부호에 관한 규정을 두었다.

2. 사전에 올릴 적의 자모 순서를 정하였다(제4항 붙임2).

이제까지 우리말 사전에 올리는 자음과 모음의 순서는 편찬자에 따라 달랐던 것이 사실이다. 같은 출판사나 학회에서 발행하는 사전까지도 올림말의 자모 순서를 달리하는 경우가 있어, 이용하는 이가 불편하였다. 이러한 점을 해소하기 위하여 자모의 순서를 다음과 같이 정한 것이다.

자음 : ㄱ ㄲ ㄴ ㄷ ㄸ ㄹ ㅁ ㅂ ㅃ ㅅ ㅆ ㅇ ㅈ ㅉ ㅊ ㅋ ㅌ ㅍ ㅎ
모음 : ㅏ ㅐ ㅑ ㅒ ㅓ ㅔ ㅕ ㅖ ㅗ ㅘ ㅙ ㅚ ㅛ ㅜ ㅝ ㅞ ㅟ ㅠ ㅡ ㅢ ㅣ

3. 두음 법칙에 관한 규정을 구체화하였다.

접두사처럼 쓰이는 한자(漢字)가 붙어서 된 말이나 합성어에서도 뒷말의 첫소리를 두음 법칙에 따라 적도록 규정하였다(제 10항 붙임 2, 제11항 붙임 4, 제12항 붙임2).

예문 1 신여성(新女性), 공염불(空念佛), 역이용(逆利用), 연이율(年利率), 내내월(來來月)……

종래의 '한글 맞춤법 통일안'의 두음 법칙에 관한 일반적인 규정을 세부 규정으로 보완하였다. 낱말의 첫소리가 아니더라도 두음 법칙의 지배를 받도록 하여, 두음 법칙에 의하여 적는 낱말의 형태를 유지하자는 것이다.

4. 단어의 첫머리 이외의 한자는 본음대로 적는다(제12항 붙임 1).

'樂園'은 '낙원'으로 적지만, '快樂'은 '쾌낙'이 아닌 '쾌락'으로 적는다는 것이다. 종래에는 '학습란 : 학습난', '동구릉 : 동구능' 등이 혼용되었으나 앞엣 것으로 쓰면 된다. '欄'이나 '陵' 자체를 접미사로 쓰이는 한자로 보지 않고 자립 명사로 여긴다면 문제의 여지는 있으나 표기상의 혼란을 막기 위하여 정한 것이다.

두음 법칙에 관계 없이 한자어에서 본음으로도 나고 속음으로도 나는 것은 각각 그 소리에 따라 적는 것도 현실음을 중시한 점이다(제52항).

'승낙(承諾)', '만난(萬難)', '안녕(安寧)', '분노(忿怒)', '토론(討論)' 등은 본음을 적은 것이고, '허락(許諾)', '곤란(困難)', '의령(宜寧)', '대로(大怒)', '의논(議論)' 등은 속음대로 적은 것이다.

5. 종전에는 분명한 규정이 없어 '선열 : 선렬(先烈)', '선율 : 선률(旋律)'이 쓰는 이에 따라 엇갈리게 표기하였다.

이에 대하여 한자어의 첫머리 이외의 경우에는 두음 법칙이 적용되지 아니하므로 본음대로 '개량(改良)', '협력(協力)' 따위로 적으나 한자음 '렬, 률'은 예외 단서가 있다. 즉 '렬'과 '률'이 모음이나 'ㄴ'받침 뒤에 이어질 때는 '열, 율'로 적는다(제11항 붙임 1다만).

이 단서 조항은 시안에서 보충한 규정이다. 따라서, 그 동안 질문이 많았던 '合格率', '就業率'과 '失敗率', '白粉率'은 각각 '합격률', '취업률', '실패율', '백분율'로 적으면 된다. 앞에 예로 든 것도 '선열', '선율'이 옳다.

6. 한 단어 안에서 같은 음절이나 비슷한 음절이 겹쳐 나는 부분은 같은 글자로 적는다 (제13항).

우리말은 [ㄱ][ㄷ][ㅂ]과 같은 예사소리나 [ㄲ][ㄸ][ㅃ]과 같은 된소리 뒤에 다시 이와 같은 소리가 이어지면, 의식적으로 예사소리로 발음하지 않는 한, 이어지는 첫 소리는 된소리로 발음되는 경우가 대개이다. 예를 들면 '딱닥하다'로 표기하여도 그 발음은 [딱딱하다]이다. 따라서 '막고' '듣다가' 등의 경우에는 어간과 어미의 본래 형태대로 적으나, 음성 상징어와 같이 같은 음절이나 비슷한 음절이 겹쳐날 때는 같은 글자로 적어야 한다.

예문 2 딱딱하다. 쌕쌕거리다, 똑딱똑딱, 쓱싹쓱싹, 밋밋하다, 씁쓸하다, 짭짤하다, 유유상종, 누누이……

7. 된소리로 나는 접미사는 된소리로 적는다(제54항).

따라서 '지게꾼 : 지겟군', '나무꾼 : 나뭇군', '일꾼 : 일군'과 같은 혼란은 더 이상 없을 것이다. 앞엣것을 취하면 된다. '빛깔, 볼때기, 뒤꿈치, 객쩍다, 코빼기, 겸연쩍다'로 적으면 바른 표기이다.

8. 종전에 개략적으로 나열했던 부록의 문장 부호를 체계적으로 분류하고 부호 명칭과 그 사용법을 구체적으로 명시하였다(부록).

예컨대 마침표를 온점(.)과 물음표(?), 느낌표(!)로 나누어 종전에 (.)를 '마침표'로 이름하던 모순을 없앴다. 쉼표도 (,)는 '반점'으로 이름하고 가운뎃점(·), 쌍점(:), 빗금(/)을 정리하였다.

9. 두 개의 용언이 어울려 한 개의 용언이 되는 합성어인 경우 앞말의 본뜻이 유지되고 있는 것은 그 원형을 밝히어 적지만, 본뜻에서 멀어진 합성어의 앞말은 어간과 어미를 구별하여 적지 아니한다(제15항 붙임 1).

우리말에는 두 개의 용언이 합쳐 새로운 낱말을 이루는 경우가 많다.

'돌아가다'는 '돌다+가다'이며 '떨어지다'는 '떨다+지다'인 것이 예가 된다. 이러한 낱말은 앞말에 본뜻이 담겨 있지만 '드러나다', '사라지다', '쓰러지다'에서 보듯이 합성된 앞말의 뜻이 단일어인 '들다', '살다', '쓸다'와 무관하여 합성 용언으로 보기에는 무리이기 때문에 원형을 밝히어 적지 않는 것이다.

10. 종결형에 사용되는 어미 '-오'는 '요'로 소리나더라도 그 원형을 밝혀 '-오'로 적고, 연결형에 사용되는 '이요'는 '이요'로 적는다(제15항 붙임 2, 3).

예문 3 이것은 책이요, 저것은 붓이요, 또 저것은 연필이오

'이' 아래에서 '오'가 '요'로 소리나는 것은 자연스러운 발음 현상이지만 표기상의 연결형과 종결형을 구별하기 위해 '이요'와 '이오'로 이원화한 것이다.

유의할 것은 '읽어요, 참으리요, 좋지요' 등은 어미 뒤에 높임의 뜻을 지니는 조사 '-요'가 결합된 형태라는 점이다.

11. 용언 활용의 경우, 그 어간이나 어미가 원칙에 벗어나면 벗어나는 대로 적되, 어간의 끝 'ㅂ'이 'ㅜ'로 바뀔 적에는 '-와'로 적지 아니하고 '-워'로 적는다(제18항 6).

즉, '가깝다, 아름답다, 새롭다, 괴롭다'의 'ㅂ'불규칙 활용형인 '가까와, 아름다와, 새로와, 괴로와'를 다음과 같이 적는다는 것이다.

예문 4 가까워, 아름다워, 새로워, 괴로워

17세기 전후부터 대폭 파괴되어 오던 모음조화 현상이 현대에 들어와 제도적으로 뒷받침하여 깨뜨려진 용례라 하겠다. 논의의 여지는 있으나 이미 많은 언중(言衆)들에 의해 '-워'로 발음되는 환경에서 표준어로 정착된 점을 인정한 경우라 하겠다.

'돕다', '곱다'와 같은 단음절 어간에 어미 '-아'가 결합되어 '와'로 소리 나는 것은 '도와, 고와'로 적으면 된다.

12. 부사에 '-이'가 붙어서 역시 부사가 되는 경우에는 그 원형을 밝혀 적는다(제25항 2).

'부사+이'의 구조로 형성된 단어로 여겨지는 '더욱+이', '일찍+이'가 그 예인데 종래의 표기인 '더우기', '일찌기'를 버리고 '더욱이', '일찍이'로 써야 한다.

13. 부사의 끝음절이 분명히 '이'로만 나는 것은 '-이'로 적고, '히'로만 나거나 '이'나 '히'로 나는 것은 '-히'로 적는다(제51항).

말하자면 부사의 끝음절 발음이 분명하게 '이'로 나는 것만 '-이'로 쓰고 모두 '-히'로 쓴다는 것이다. '깨끗이, 따뜻이, 반듯이 ……'는 그 발음이 '이'가 분명하지만 '도저히', '가만히'는 발음하는 사람에 따라 '히'나 '이'로도 발음되어 임의적인 소지가 있다. 이러한 경우에는 '-히'로 통일하여 표기하도록 하였다.

대체로 '-히'가 붙는 경우는 '-하다'가 붙는 어근 뒤나, '히'발음이 굳어진 부사인 경우다. '-이'가 붙는 경우는 명사나 부사 뒤이거나, 'ㅅ'받침이나 'ㅂ'불규칙 용언의 어간 뒤, '-하다'가 붙지 않는 용언의 어간 뒤임을 이해해두면 편리하다.

14. 한자어에는 사이시옷을 붙이지 않음을 원칙으로 하되 다음의 두 음절로 된 여섯 개 한자어는 사이시옷을 받쳐 적는다(제30항 3).

예문 5 곳간(庫間), 셋방(貰房), 숫자(數字), 찻간(車間), 툇간(退間), 횟수(回數)

이 단어들은 역사적·관습적으로 널리 사이시옷을 받쳐 적었기 때문이다. 고유어든 한자어든 '사이시옷' 표기는 언어 생활에 혼란을 주는 것이 사실이다. 아직도 '齒科'를 '칫과'로 써야 하는지 '치과'로 써야 하는지를 묻는 이가 많다. 이제 위의 여섯 한자어를 제외하고는 사이시옷을 받쳐 적지 아니하면 된다. 한자에 사이시옷을 붙이지 않는 것은 거슬러 올라가 '君군ㄷ字쫑', '世子ㅿ位'와 같이 단어라기보다는 어구(語句)에 사용된 것으로 보는 견해가 지배적이고, 역사적으로도 한자에 받침으로 쓰인 예가 없기 때문이다. 실상은 한자에 한글 받침을 받쳐 적는 꼴이기도 하여 위의 한자어에만 허용한 것이다.

한자어 뿐만 아니라 고유어와 한자어가 복합된 경우나 고유어인 경우에도 된소리 발음으로 건조화 되어가는 언어 현상을 순화하고 교정하는 차원에서 사이시옷의 표기 확대는 삼가야 할 것이다.

순 우리말의 경우 사이시옷을 받쳐 적는 원리는 제30항을 학습하면 된다.

15. 준말 표기에 있어, '-지-않-'의 준 꼴은 '-잖-'이며 '-하지-않-(-ㅎ지-않-)'의 준 꼴은 '-찮-'으로 적는다(제 39항).

이에 따라 '그렇지 않은'의 준말은 '그렇쟎은'이 아니라 '그렇잖은'으로 적어야 한다. 이는 'ㅣ+ㅏ'가 ㅣ모음 동화현상으로 'ㅑ'로 되는 음리(音理)현상에 어긋난 표기로도 볼 수 있겠다. 그러나, 이미 '같잖다', '귀찮다'와 같이 축약형이긴 하나 굳어진 단어 형태로 본다면 '그렇찮-'은 어의(語義)를 이루고 있는 어간 형태인 셈이다. 우리말에 있어 축약으로 형성된 중모음 '쟈챠' 등이 어간 형성을 하는 경우를 발견할 수 없기 때문에 단모음으로 표기한다는 것이다. 따라서 '적지 않은'의 준말은 '적잖은', '변변하지 않다'의 준말은 '변변찮다'로 적는다.

16. 어간의 끝음절 '하'의 'ㅏ'가 줄고 'ㅎ'이 다음 음절의 첫소리와 어울려 거센소리로 될 적에는 거센 소리로 적는다(제40항).

'간편하게'의 준말을 종래는 '간편ㅎ게'로 적었으나 이제는 '간편케'로 적는다. 우리말은 음절표음주의에 맞게 적어야 하므로 비음절인 'ㅎ'을 적는다는 것은 이에 크게 벗어난 것이기 때문이다. 그러므로 '-하다'의 준 꼴로는 '-타'로 적어야 한다. '가하다'는 '가타', '다정하다'는 '다정타'로 적는 준말이 그것이다.

그리고 어간의 끝음절 '하'가 아주 줄 적에는 준대로 적는다. '거북하지'는 '거북지', '생각하건대'는 '생각건대', '깨끗하지'는 '깨끗지', '넉넉하지'는 '넉넉지'로 적는다는 것에 유의해야 한다.

17. 두 가지로 구별하여 적던 말들은 한 가지로 통일한다(제55항).

이제까지 '맞추다'와 '마추다'를 구별하여 '맞게 하다'의 뜻이면 '맞추다'로 '주문하다'의 뜻이면 '마추다'로 썼다. 그러나 새 맞춤법에서는 '맞추다'로 통일하여 적는다. 종래의 '안성 마춤'도 '안성맞춤'으로 적으면 된다. 또 '뻗치다'와 '뻐치다'의 경우는 '뻗치다'로 적는다. 이는 두 낱말의 뜻을 분명히 구별하지 못하기 때문이다.

18. 단위를 나타내는 명사는 띄어 쓰되, 순서를 나타내는 경우나 숫자와 어울리어 쓰이는 경우에는 붙여 쓴다(제43항).

'두 개 층'은 띄어 쓰지만 '이층', '2층'은 붙여 쓰는 경우다. 또한 수를 적을 때 종래에는 십진법에 따라 띄어 썼으나, 이제는 '만(萬)'단위로 띄어 쓴다.

19. 보조 용언은 띄어 씀을 원칙으로 하되, 경우에 따라 본용언에 붙여 씀도 허용한다(제47항).

'돌아-보다, 도와-주다, ……'와 같이 우리말 용언에는 '본용언-보조 용언'의 꼴이 매우 많다. 용언 뒤에 붙어 보조적으로 뜻을 더해 주면서 본용언과 함께 서술부를 이루는 용언(동사·형용사)을 보조 용언이라 하는데, 일반적으로 '-아/-어' 뒤에 연결되는 보조 용언과 의존 명사에 붙는 '-하다, -싶다' 보조 용언은 띄어 쓰면 두 단어가 되지만 쓰는 이에 따라 붙여 쓰면 한 단어로도 볼 수 있다. 일반인들이 이러한 점을 문법적으로 따져 일일이 띄어 쓰기란 현실적으로 난감하다. 때문에 적당히 붙여 씀도 허용한 것이다.

예문 6

불이 꺼져 간다. /불이 꺼져간다.
집안 일을 도와 드린다. /집안 일을 도와드린다.
비밀을 다 말해 주었다. /비밀을 다 말해주었다.
눈이 내릴 듯하다. /눈이 내릴듯하다.
비가 올 성싶다. /비가 올성싶다.

다만, 앞말이 합성 동사인 경우(보조 용언이 거듭되는 꼴)는 표기가 길어져 읽기가 불편하므로 합성 동사 뒤에 연결되는 보조 용언을 띄어 쓰도록 하였다

예문 7

그 사실을 잊어먹어버렸다. → 그 사실을 잊어먹어 버렸다.
그 사실을 모두 말해주어버렸다. → 그 사실을 모두 말해주어 버렸다.

20. 성과 이름, 성과 호 등은 붙여 쓰고, 이에 덧붙는 호칭어, 관직명 등은 띄어 쓴다(제48항).

성(姓)과 이름, 성과 호를 하나의 고유명사로 본 것이다. 다만, 성이 두 글자인 경우, 예컨대

‘남궁진’일 때는 성이 ‘남’인지 ‘남궁’인지 구별하기 어렵기 때문에 ‘남궁 진’으로 띄어 쓰면 된다.

21. 성명 이외의 고유 명사는 단어별로 띄어 씀을 원칙으로 하되, 단위별로 띄어 쓰는 것도 허용한다(제49항).

원칙적으로는 ‘경성 대학교 정보 산업 대학’이지만 각각 독립적인 지시 대상물로 파악되도록 ‘경성대학교 정보산업대학’으로 쓰는 것을 허용하였다. 그밖에 전문용어나 학술 용어도 이에 준하여 띄어 쓰거나 붙여 쓰면 된다.

이상으로 주요 개정 내용을 살펴보았다. 성깃하게 해설한 점은 시중에 발간된 바른말 해설서나 맞춤법 사전 등을 참조하여 스스로 바른 언어 능력을 키워야 할 것이다. 맞춤법에 관한 전반적인 사항과 표준어 규정은 국립국어원 홈페이지에서 열람하기 바란다. 때로 열어 보아 익히면 더 바랄 것이 없겠다.

신구 맞춤법 규정 대조

① 이 표는 1988년 1월 19일 문교부(현 교육부)가 개정 고시한 '한글 맞춤법'의 주요 개정 내용을 발췌, 한글 학회가 발표한 '한글 맞춤법 통일안(1933)'과 대조한 것이다.

② '______'친 단어(또는 형태)는 종전과 달라진 것임을, '[×]'는 잘못된 표기임을 표시한다.

구분	종전맞춤법	개정맞춤법	내 용
명칭	한글 맞춤법 통일안	한글 맞춤법	'통일안'삭제
체재	본문 : 총론, 각론 7장 63항, 부록 : 표준어, 문장부호	본문 : 6장 57항, 부록 : 문장 부호	
미비점 보완	규정 없음.	사전에 올릴 때의 자모 순서를 규정함. 〈제4항 붙임2〉	・자음 : ㄱ ㄲ ㄴ ㄷ ㄸ ㄹ ㅁ ㅂ ㅃ ㅅ ㅆ ㅇ ㅈ ㅉ ㅊ ㅋ ㅌ ㅍ ㅎ ・모음 : ㅏ ㅐ ㅑ ㅒ ㅓ ㅔ ㅕ ㅖ ㅗ ㅘ ㅙ ㅚ ㅛ ㅜ ㅝ ㅞ ㅟ ㅠ ㅡ ㅢ ㅣ
	두음 법칙에 대한 일반 규정은 있으나 세부 규정은 없음.	두음 법칙에 대한 규정을 구체화함. 1. 접두사처럼 쓰이는 한자가 붙어서 된 말이나 합성어에서 뒷말의 첫소리가 'ㄴ', 'ㄹ'소리로 나더라도 두음 법칙에 따라 적도록 규정. 〈제10항 붙임 2, 11항 붙임 4, 12항 붙임2〉	남존(男尊)+여비(女卑)→남존여비[남존녀비×] 신(新)-+여성(女性)→신여성[신녀성×] 공(空)-+염불(念佛)→공염불[공념불×] 연(年)-+이율(利率)→연이율[년리율×] 해외(海外)+여행(旅行)→해외여행[해외려행×] 내(來)-+내월(來月)→내내월[래래월×] 중(重)-+노동(勞動)→중노동[중로동×]
	규정없음 ('가정난, 가정란'혼용됨)	2. 단어의 첫머리 이외의 한자는 본음대로 적는다. 〈제12항 붙임 1〉	쾌락(快樂) 거래(去來) 연로(年老) 지뢰(地雷) 가정란(家庭欄) 동구릉(東九陵)
	규정 없음. ('선열, 선렬'혼용됨)	'모음, ㄴ'받침 뒤에 이어지는 한자음 '렬, 률'은 '열, 율'로 적는다. 〈제11항 붙임1〉	한자 모음 뒤 'ㄴ'받침 뒤 기타의 경우 列(렬) : 나열(羅列) 전열(前列) 일렬(一列) 烈(렬) : 의열(義烈) 선열(先烈) 충렬(忠烈) 裂(렬) : 오열(五裂) 분열(分裂) 결렬(決裂) 劣(렬) : 비열(卑劣) 천열(賤劣) 졸렬(拙劣) 律(률) : 규율(規律) 선율(旋律) 법률(法律) 率(률) : 비율(比率) 백분율(百分率) 확률(確率)
	규정 없음. ('똑딱똑딱, 똑닥똑닥' 혼용됨)	한 단어 안에서 같은 음절이나 비슷한 음절이 겹쳐나는 부분은 같은 글자로 적는다. 〈제13항〉	똑딱똑딱[똑닥똑닥×] 쓱싹쓱싹[쓱삭쓱삭×] 연연불망[연련불망×] 눅눅하다[눙눅하다×] 밋밋하다[민밋하다×] 짭짤하다[짭잘하다×]

구분	종전맞춤법	개정맞춤법	내 용
미비점 보완	규정 없음. ('일꾼, 일군'혼용됨)	된소리로 나는 접미사는 된소리로 적는다. 〈제54항〉	-꾼[-군×] : 일꾼 [일군×], 지게꾼 [지겟군×], 심부름꾼[심부름군×] -깔[-갈×] : 빛깔[빛갈×], 때깔[때갈×], 성깔[성갈×] -때기[-대기×] : 귀때기[귓대기×], 볼때기[볼대기×] -꿈치[-굼치×] : 발꿈치[발굼치×], 뒤꿈치[뒷굼치×] -빼기[-배기×] : 이마빼기[이마배기×], 코빼기[코배기×] -쩍다[-적다×] : 객쩍다[객적다×], 겸연쩍다[겸연적다×]
	문장 부호의 이름과 사용법을 개략적으로 나열함	문장 부호를 유(類)와 종(種)으로 나누고, 그 이름과 사용법을 체계적으로 정리함. (부록)	1. 마침표 : 온점(.)·고리점(｡), 물음표(?), 느낌표(!) 2. 쉼표 : 반점(,)·모점(、), 가운뎃점(·), 쌍점(:), 빗금(/) 3. 따옴표 : 큰따옴표("")·겹낫표(『』)·작은따옴표('')·낫표(「」) 4. 묶음표 : 소괄호(( )), 중괄호({ }), 대괄호([ ]) 5. 이음표 : 줄표(—), 붙임표(-), 물결표(~) 6. 드러냄표 : 드러냄표(°, ˙) 7. 안드러냄표 : 숨김표(××, ○○), 빠짐표(□) 줄임표(……) 8. 불필요한 문장부호 삭제함(낱값표@, 거침표∨, 홑이름표-)
어미의 형태	'이요'로 통일함 (이것은 책이요, 저것은 붓이요)	'오'와 '이요'는 구별해서 적음. 1. 종결형 어미 '-오'는 '요'로 소리나더라도 '오'로 적는다. 〈제15항 붙임2〉 2. 연결형에서 사용되는 '이요'는 '이요'로 적음 〈붙임 3〉	이것은 책이오[책이요×]. 이리로 오시오[오시요×]. 이것은 책이 아니오[아니요×]. 이것은 책이요[칙이오×], 저것은 붓이요[붓이오×], 또 저것은 먹이오.
	모음 조화의 규칙성에 따라 양성 모음에 붙은 'ㅂ'받침 뒤에 어미 '-아'가 결합하면 모두 '와'로 적기로 함. (가까와, 괴로와, 새로와)	불규칙 용언 중에서 어간의 'ㅂ'이 '우'로 소리나는 것은 '우'로 적는다. 〈제18항 6〉	깁다 : 기워 기우니 기웠다. 가깝다 : 가까워 가까우니 가까웠다. 괴롭다 : 괴로워 괴로우니 괴로웠다. 새롭다 : 새로워 새로우니 새로웠다. 쉽다 : 쉬워 쉬우니 쉬웠다. 외롭다 : 외로워 외로우니 외로웠다. 〔예외〕'곱-, 돕-'과 같은 단음절 어간에 어미 '-아'가 결합되어 '와'로 소리나는 것은 '-와'로 적음. 돕다〔助〕: 도와 도와서 도와도 도왔다 곱다(麗) : 고와 고와서 고와도 고왔다
	-는이보다 -(으)ㄹ만큼	어미로 쓰이는 다음 말들은 발음 형태대로 적는다. 〈제57항〉 -느니보다 -(으)리만큼	구차하게 사느니보다…[사는이보다×] 나를 미워하리만큼……[미워할이만큼×]

구분	종전맞춤법	개정맞춤법	내 용
접미사	곰곰 더우기 일찌기	부사에 '-이'가 붙어서 부사가 되거나, 뜻을 더하는 경우에는 그 어근이나 부사의 원형을 밝히어 적는다. 〈제25항〉	곰곰+-이→곰곰이 생긋+-이→생긋이 더욱+-이→더욱이 [더우기×] 오뚝+-이→오뚝이 [오뚜기×] 일찍+-이→일찍이 [일찌기×]해죽+-이→해죽이
-이 -히	분명히 '이'나 '히'로 발음되는 것은 '이'나 '히'로 적고, '이'와 '히'가 혼용되는 것은 '-하다'가 붙을 수 있는 것은 '히'로, 그렇지 않은 것은 '이'로 함	부사의 끝음절이 분명히 '이'로만 나는 것은 '-이'로 적고, '히'로만 나거나 '이'나 '히'로 나는 것은 '히'로 적는다. 〈제51항〉	1. '이'로만 나는 것 가붓이 깨끗이 나붓이 느긋이 둥긋이 따뜻이 반듯이 버젓이 산뜻이 의젓이 가까이 고이 날카로이 대수로이 많이 번거로이 적이 헛되이 겹겹이 번번이 일일이 집집이 틈틈이 2. '히'로만 나는 것 극히 급히 딱히 속히 작히 족히 특히 엄격히 정확히 3. '이, 히'로 나는 것 솔직히 가만히 간편히 나른히 무단히 각별히 소홀히 쓸쓸히 정결히 과감히 꼼꼼히 심히 열심히 급급히 답답히 섭섭히 공평히 능히 당당히 분명히 상당히 조용히 간소히 고요히 도저히
사이시옷	한자어에도 사이시옷을 붙임.	한자어에는 사이시옷을 붙이지 않고 두 음절로 된 다음 6개 한자어만 사이시옷 붙임. '곳간(庫間), 셋방(貰房), 숫자(數字), 찻간(車間), 툇간(退間), 횟수(回數)'에는 사이시옷이 붙음 〈제30항 3〉	내과(內科)[냇과×] 이과(理科)[잇과×] 총무과(總務課)[총뭇과×] 장미과(薔薇課)[장밋과×]
준말표기	┌그렇잖은 ├적잖은 ├만만찮다 └변변찮다	'-지 않-'이 준 꼴은 '-잖'으로, '-하지 않-'이 준 꼴은 '-찮'으로 적기로 한다. 〈제39항〉	그렇지 않은→그렇잖은 [그렇쟎은×] 적지 않은→적잖은 [적쟎은×] 만만하지 않다→만만찮다 [만만챦다×] 변변하지 않다→변변찮다 [변변챦다×]
	어간 끝음절 '하'의 'ㅏ'가 줄고 'ㅎ'소리만 남을 적에는 'ㅎ'을 그 자리에 둠을 원칙으로 하고, 그 위의 받침으로 씀도 허용함. (가하다→가ㅎ다, 갛다) (간편하게→간편ㅎ게)	1. 어간의 끝 음절 '하'의 'ㅏ'가 줄고, 'ㅎ'이 다음 음절의 첫소리와 어울려 거센소리로 될 적에는 거센소리로 적는다. 〈제40항〉 2. 어간의 끝 음절 '하'가 아주 줄 적에는 준대로 적음. 〈제40항 붙임2〉	간편하게→간편케 [간편ㅎ게/간편ㅎ게×] 연구하도록→연구토록 [연구ㅎ도록×] 가하다→가타 [가ㅎ다/갛다×] 다정하다→다정타 [다정ㅎ다×] 흔하다→흔타 [흔ㅎ다/흖다×] 거북하지→거북지 [거북ㅎ지/거북치×] 생각하건대→생각건대 [생각ㅎ건대/생각컨대×]

구분	종전맞춤법	개정맞춤법	내 용
형식통일	┌맞추다(주문하다) └마추다(맞게하다) ┌뻗치다(뻗다, 뻗지르다의 강세어) └뻐치다(멀리 연하다)	두 가지로 구별하여 적던 '맞추다, 마추다'는 '맞추다'로, '뻗치다. 뻐치다'는 '뻗치다'로 통일해서 적음. 〈제55항〉	양복을 맞추다. 구두를 맞춘다. 맞춤 셔츠, … 입을 맞추다, 나사를 맞춘다, 차례를 맞춘다, … 멀리 뻗친다. 세력이 남극까지 뻗치다, … 다리를 뻗치다, …
띄어쓰기	수량을 나타내는 의존명사는 띄어 씀을 원칙으로 함.	의존 명사와 단위를 나타내는 명사는 띄어 쓰되, 순서를 나타내는 경우나 숫자와 어울리어 쓰이는 경우에는 붙여 쓸 수 있다. 〈제43항 다만〉	한 개 차 한 대 소 한 마리 열 살 두시 삼십분 9초 제일과 삼학년 육층 1446년 10월 9일 2대대 16동 502호 제1실습실 80원 10개 7미터
	수를 우리글로 적을 때는 십진법에 따라 띄어 씀.	수를 적을 때는 '만(萬)' 단위로 띄어 씀. 〈제44항〉	십이억 삼천사백오십육만 칠천팔백구십팔 12억 3456만 7898
	보조 용언은 띄어 씀을 원칙으로 함.	보조 용언은 띄어 씀을 원칙으로 하되, 경우에 따라 붙여 씀도 허용한다. 〈제47항〉	비가 올 듯하다. (원칙) / 비가 올듯하다. (허용) 그 일은 할 만하다. (원칙) / 그 일은 할만하다. (허용) 잘 아는 척한다. (원칙) / 잘 아는척한다. (허용) 〔예외〕 본용언에 조사가 붙거나 합성 동사 다음에 오는 보조 용언은 띄어 씀. 불이 꺼져만 간다. 비가 올 듯도 하다. 잘난 체를 한다. 네가 덤벼들어 보아라.
	성과 이름, 성과 호는 띄어 씀을 원칙으로 함.	성과 이름, 성과 호 등은 붙여 쓰고, 이에 덧붙은 호칭어·관직명 등은 띄어 쓴다. 〈제48항〉	김양수(金良洩) 최학수(崔學洙) 서화담(徐花潭) 이태백(李太白) 채영신 씨 최치원 선생 박동식 박사 충무공 이순신 장군 [예외] 성과 이름, 성과 호를 분명히 구별할 필요가 있을 경우에는 띄어 쓸 수도 있다.
	여러 개의 단어로 이루어진 고유 명사나 술어는 띄어 씀을 원칙으로 함.	성명 이외의 고유 명사는 단어별로 띄어 씀을 원칙으로 하되, 단위별로 띄어쓸 수도 있다. 〈제49항〉	대한 중학교(원칙) / 대한중학교(허용) 한국 대학교 사범 대학(원칙) / 한국대학교 사범대학(허용)
	전문 용어는 단어별로 띄어 씀을 원칙으로 함.	전문 용어는 단어별로 띄어 씀을 원칙으로 하되 붙여 쓸 수도 있음 〈제50항〉	┌만성 골수성 백혈병(원칙) └만성골수성백혈병(허용) ┌중거리 탄도 유도탄(원칙) └중거리탄도유도탄(허용)

국어의 로마자 표기법 해설

김 용 경

정부에서 1984년 1월 13일자로 국어의 로마자 표기법을 고시한 이래, 그동안 로마자 표기법 개정의 필요성이 계속 대두되어 오다가 2000년 7월 7일에 새로운 로마자 표기법이 고시되었다. 종전에 고시된 로마자 표기법의 개정을 요구하게 된 주된 요인은 표기방식의 어려움 때문이었다. 오늘날 우리가 로마자를 표기하는 것은 필사에 의존하던 시기와는 매우 달라서 주로 컴퓨터와 같은 정보 기기에 의존하는 경우가 훨씬 많아졌다. 이처럼 컴퓨터 기기를 사용할 때에는 자판에 배열된 문자만을 사용해야 훨씬 능률적인 표기를 할 수 있다. 그럼에도 기존의 로마자 표기법에는 반달표(ŭ, ŏ) 등을 사용하거나 어깻점(k′, t′, p′) 등을 사용해 왔기 때문에 상당한 불편을 겪어야 했다. 또한, 많은 외국인들이 이러한 부호의 정확한 음가나 표기법을 이해하지 못한다는 문제도 부각되었다. 따라서 이번 개정된 표기법은 이러한 어려운 부호를 사용하지 않는다는 것이 가장 큰 특징이라 할 수 있다.

둘째는 같은 음이라 할지라도 표기하는 글자가 달랐던 것을 가능한 같은 글자로 표기하려는 방식이다. 가령, '국어'를 이전의 방식대로 표기한다면 kugŏ로 해야 하지만 개정된 표기법으로는 gugeo가 되어서 'ㄱ'에 대한 표기가 일정해진다. 물론, 이러한 방식이 모든 표기법에 완전하게 적용된 것은 아니지만, 많은 부분에서 개선하려는 노력이 있었다. 이것 또한 정보 기기의 발달에 따른 일관성 있는 표기 방식의 필요성이 더욱 절실해졌기 때문이기도 하다.

셋째, 종전의 제1장 제3항에 '1음운 1기호의 표기를 원칙으로 한다'가 삭제되었다. 위의 반달표나 어깻점은 1음운 1기호 원칙을 지키기 위해 만들어진 것이었는데, 이러한 부호가 사라짐으로써 이러한 원칙이 존재할 필요가 없어진 것이다.

물론, 이러한 개정이 있었음에도 84년에 고시된 표기법의 기본 원칙 '국어의 로마자 표기는 국어의 표준 발음법에 따라 적는다'나 '로마자 이외의 부호는 되도록 사용하지 않는다'는 원칙은 그대로 유지되고 있다. 따라서 '신라'는 silla로 적는다든가 '덕문'은 deongmun으로 적는 원칙은 그대로 유지되며, 앞에서 말한 반달표나 어깻점을 사용하지 않음으로 해서 '로마자 이외의 부호를 사용하지 않는다'는 조항은 더욱 강화되었다.

새로운 개정안은 여러 가지 면에서 정보화 시대에 필요한 표기법임에도 불구하고 아직 문제점들이 남아 있다. 그 첫째는 로마자 표기는 한국인들이 쓰기에도 편리해야 하겠지만, 외국인들이 쓰기에도 편리해야 한다. 그런데 현재 외국인들이 사용하는 표기는 주로 84년에 개정된 안을 바탕으로 하고 있다. 가령, '부산'은 Pusan으로 표기하고 있다. 이러한 지명이나 인명이 이미 기존의 표기 방식으로 지도나 백과사전에 올라 있는데, 새롭게 바꾼다면, 큰 혼란이 따를 것이 분명하다. 둘째는 새롭게 개정된 표기법이 과연 국어의 음을 제대로 표기하고 있는가이다. 가령, '순천역에서 정읍행 타는 곳'을 현행 표기법으로 표기한다면, Suncheonyeokeseo Jeongeuphaeng taneungot이 된다. 그러나 이를 위의 국어를 무시하고 로마자를 우리말로 읽는다면, '순체오녀케세오 전게웁행 타네웅옽'이나 이와 유사한 식으로 읽게 될 것이다. 외국인들이 이렇게 읽고 발음한다면 과연 한국사람들이 알아 들을 수 있을까 의문이다. 또, 개정안을 만든 정부에서는 앞으로 더 이상 바꿀 필요가 없는 안을 만들었다고 하지만, 현재 남북한 국어의 로마자 표기법이 다르기 때문에 한시적으로 쓰일 수밖에 없는 약점이 있다.

주요 개정 내용을 정리해 보기로 하겠다.

<모음>

(1) 단모음

ㅏ	ㅓ	ㅗ	ㅜ	ㅡ	ㅣ	ㅐ	ㅔ	ㅚ	ㅟ
a	eo	o	u	eu	i	ae	e	oe	wi

(2) 이중 모음

ㅑ	ㅕ	ㅛ	ㅠ	ㅒ	ㅖ	ㅘ	ㅙ	ㅝ	ㅞ	ㅢ
ya	yeo	yo	yu	yae	ye	wa	wae	wo	we	ui

<자음>

(1) 파열음

ㄱ	ㄲ	ㅋ	ㄷ	ㄸ	ㅌ	ㅂ	ㅃ	ㅍ
g, k	kk	k	d, t	tt	t	b, p	pp	p

(2) 파찰음

ㅈ	ㅉ	ㅊ
j	jj	ch

(3) 마찰음

ㅅ	ㅆ	ㅎ
s	ss	h

(4) 비음

ㄴ	ㅁ	ㅇ
n	m	ng

(5). 유음

ㄹ
r, l

1. 표기상의 차이점

국어의 음	종전	현행	용례
ㅓ	ŏ	eo	· 성주 Sŏngju → Seongju
ㅡ	ŭ	eu	· 금곡 Kŭmgok → Geumgok
ㄱ	k/g	g	· 광주 Kwangju → Gwangju
ㄷ	t/d	d	· 대구 Taegu → Daegu
ㅂ	p/b	b	· 부산 Pusan → Busan
ㅈ	ch/j	j	· 제주 Cheju → Jeju
ㅋ	k′	k	·
ㅌ	t′	t	· 태안 T′aean → Taean
ㅍ	p′	p	· 평택 P′yŏngt′aek → Pyeongtaek
ㅊ	ch′	ch	· 충주 Ch′ungju → Chungju
ㅅ	s/sh	s	· 실상사 Shilsangsa → Silsangsa

여기서, 모음의 경우 글자 'ㅢ'는 그 앞에 자음이 왔을 때에 [ㅣ]로만 발음하도록 표준 발음법에 규정되어 있다. '희'는 [히]로만 발음하도록 한 것이다. 그러나 로마자 표기를 할 때에는 '의' 자체가 ui이므로 '희'를 hi가 아닌 hui로 적도록 하였다. 표준 발음법을 따르는 것을 원칙으로 하였지만 어원 의식을 무시할 수 없기 때문에 예외를 인정한 것이다.

자음의 경우에도, 받침 'ㄷ, ㅅ, ㅆ, ㅈ, ㅊ, ㅌ'은 어말에서 대표음 [ㄷ]으로 중화된다. 예를 들어 '곧', '옷', '젖', '빛', '밭'의 발음은 [곧], [옫], [젇], [빋], [받]이다. 그리고, 'ㄱ, ㄷ, ㅂ'을 모음 앞에서는 g, d, b로 적지만, 자음 앞과 어말에서는 k, t, p로 적는다. 국어의 'ㄱ, ㄷ, ㅂ'은 어말에서는 파열이 일어나지 않고 그저 폐쇄만 이루어진다. 이런 소리를 적는 데는 g, d, b보다는 k, t, p가 적합하다.

여기서 표기 일람표의 자음이란 발음형이므로 한글 표기와 혼동하지 말아야 한다. 한국어에 겹받침이 11개 있지만 겹받침은 어말에서 둘 중의 어느 하나로만 발음된다. 예를 들어 '삯', '여덟', '삶', '값' 등을 표기할 경우 이들의 발음은 [삭], [여덜], [삼], [갑]이므로 sak, yeodeol, sam, gap으로 적어야 한다.

'ㄹ'의 경우 모음 앞에서는 r, 자음 앞이나 어말에서는 l이다. 따라서 '리을'은 rieul이다. 다만 'ㄹㄹ'이 올 경우에는 ll로 적는다. 즉 '대관령[대괄령]'과 같은 경우는 Daegwalryeong이 아니라 Daegwallyeong이 된다.

2. 표기상의 유의점

1) 음운 변화가 일어날 때에는 변화의 결과에 따라 다음 각호와 같이 적는다.

제1장 제1항에서 밝힌 것처럼 국어의 로마자 표기는 표준 발음을 적는 것을 원칙으로 한다. 글자와 발음이 상이한 경우는 크게 다섯 가지로 나눌 수 있다.

첫째, 자음 사이에서 동화 작용이 일어나는 경우이다. 이 경우도 몇 가지로 나누어 볼 수 있다.

㉮ 'ㄱ, ㅂ'이 비음인 'ㄴ, ㅁ' 앞에서 비음인 'ㅇ, ㅁ'으로 바뀌는 비음화 현상이다. '백마[뱅마]', '갑문[감문]'이 그런 예이다.

㉯ 'ㄹ'은 비음인 'ㅁ, ㅇ' 다음에서 반드시 비음인 'ㄴ'으로 바뀐다. '탐라[탐나]', '종로[종노]'가 그렇다. 'ㄹ'은 비음인 'ㄴ' 다음에서 'ㄴ'으로 바뀔 수 있다. '신문로[신문노]'가 그런 예이다.

㉰ 'ㄹ'은 'ㄱ, ㅂ' 다음에서 'ㄴ'으로 바뀌는데 이 때는 'ㄱ, ㅂ'도 'ㅇ, ㅁ'으로 바뀐다. '십리[심니]', '독립[동닙]'이 그런 예이다.

㉱ 'ㄹ' 다음에 'ㄴ'이 올 때에는 'ㄴ'이 'ㄹ'로 바뀐다. '별내[별래]'가 그런 경우이다.

㉲ 'ㄴ' 다음에 'ㄹ'이 올 때에 앞의 'ㄴ'이 'ㄹ'로 바뀌기도 한다. '신라[실라]'가 그런 예이다.

둘째, 'ㄴ, ㄹ'이 덧나는 경우이다. 합성어에서 둘째 요소가 '야, 여, 요, 유, 얘, 예' 등으로 시작되는 말이면 'ㄴ, ㄹ'이 덧난다. '학여울[항녀울]', '물약[물략]'이 그런 경우이다.

셋째, 구개음화가 되는 경우이다. 'ㄷ, ㅌ' 다음에 '이'가 오면 'ㄷ, ㅌ'이 'ㅈ, ㅊ'으로 바뀐다. '굳이[구지]', '같이[가치]'가 그런 예이다.

넷째, 'ㄱ, ㄷ, ㅂ, ㅈ'이 'ㅎ'과 합하면 거센소리가 된다. '좋고[조코]', '놓다[노타], 낳지[나치]'의 경우 소리대로 적는다. 다만, 체언에서는 'ㅎ'을 살려서 적기로 하였다. '묵호[무코]'를 소리대로 적을 경우 Muko가 되는데 '호'의 'ㅎ'이 사라져 버려 거부감을 유발한다. 'ㄱ, ㅂ' 다음에 'ㅎ'이 오는 체언의 경우는 어원 의식을 존중하여 'ㅎ'을 살려서 적기로 하였다.

다섯째, 된소리되기의 경우이다. 된소리되기는 빈번히 일어나는 현상이다. '울산'이라 적지만 누구나 발음은 [울싼]이다. 발음에 따라 적는 원칙을 고수하면 Ulsan이 아니라 Ulssan이 되어야 한다. 그러나 '울산'을 Ulssan으로 적어 온 전통이 없고 Ulsan으로 적어서 문제를 낳은 적도 없다. '팔당'의 경우도 [팔땅]으로 발음되는데 발음에 따라 적는 원칙을 고수한다면 Palttang이 되어야 한다. 그런데 '팔당'의 경우는 비교적 발음이 명확하지만 다른 것들은 발음이 명확하지 않은 경우가 더 많다. 예컨대 '당고개'의 경우 발음이 [당꼬개]인지 [당고개]인지 한국인들 사이에서도 의견이 분분하여 가리기가 쉽지 않다. 외국인들의 경우는 더 말할 나위가 없다. 표기의 안정을 위하여는 발음이 희생되는 한이 있더라도 된소리되기는 표기에 반영하지 않기로 하였다.

2) 발음상 혼동의 우려가 있을 때에는 음절 사이에 붙임표(-)를 쓸 수 있다.

모음의 '애', '어', '으', '외'는 불가피하게 두 글자인 ae, eo, eu, oe로 쓴다. 그 결과 모음이 겹칠 경우에는 발음하기가 애매한 경우가 생긴다. '해운대'를 Haeundae로 쓰면 '하은대'로 읽을 수도 있다. 이런 경우에 '하은대'로 읽는 것을 막기 위하여 '해'와 '운' 사이에 붙임표를 넣어 Hae-undae로 쓸 수 있도록 하였다. 그러나 이는 의무 사항이 아니다. 처음 읽는 사람은 어떻게 읽어야 할지 혼선을 겪을 수 있겠지만 '해운대'임을 아는 사람에게는 붙임표를 넣은 Hae-undae라는 표기가 눈에 거슬린다. 굳이 음절 구분을 하고자 할 경우에만 붙임표를 넣고 일반적으로는 넣지 않는다. 자음의 경우에도 'ㅇ'은 ng로 쓰기 때문에 다음에 모음이 이어 나오면 발음에 혼선이 생길 수 있다. '홍익'을 Hongik으로 적으면 '혼긱'으로 읽을 가능성이 있으므로 Hong-ik으로 쓸 수 있도록 한 것이다. 그러나 일반적으로는 발음상 혼동의 여지가 있더라도 붙임표를 넣지 않는다.

3) 고유 명사는 첫 글자를 대문자로 적는다.

4) 인명은 성과 이름의 순서로 띄어 쓴다. 이름은 붙여 쓰는 것을 원칙으로 하되 이름 사이에 붙임표(-)를 쓰는 것을 허용한다.

㉮ 이름에서 일어나는 음운 변화는 표기에 반영하지 않는다. 예컨대 '복남[봉남]'이와 '봉남[봉남]'이를 발음이 같다고 해서 똑같이 Bongnam이라 적지 않는다. 인명은 지명과 달리 글자 하나 하나를 따로 표기해 주기로 한다.

㉯ 성의 표기는 따로 정한다. 성(姓)은 표기법대로 따르라고 하기 어려운 경우가 많다. '이'는 I, '오'는 O, '우'는 U가 되는데 그렇게 쓰는 사람이 사실상 없는 형편이다. '김', '박'의 경우에도 Gim, Bak으로 쓰는 사람은 극소수에 불과하고, Kim, Park으로 쓰는 사람이 대부분이다. 물론 표기법에 따르도록 하는 것이 제일 좋으나 오래도록 여권, 신용카드, 명함, 논문 등에서 Kim, Park으로 써 온 사람으로 하여금 Gim, Bak으로 바꾸게 하는 것은 거의 불가능에 가깝다. 아무리 표기법에 따른 표기가 아니라 하더라도 이미 대부분의 사람이 그렇게 쓰고 있다면 그것을 인정할 수밖에 없다.

5) '도, 시, 군, 구, 읍, 면, 리, 동'의 행정 구역 단위와 '가'는 각각 'do, si, gun, gu, eup, myeon, ri, dong, ga'로 적고, 그 앞에는 붙임표(-)를 넣는다.

붙임표(-) 앞뒤에서 일어나는 음운 변화는 표기에 반영하지 않는다. 행정 구역 단위 앞에는 붙임표를 넣음으로써 행정 구역 단위임을 보여 주기로 하였다. '리(里)'의 경우는 주목을 요한다. '상리'는 발음이 [상니]이고 '현리'는 [혈리], '하리'는 [하리]여서 별도의 규정이 없다면 각각 Sang-ni, Hyeol-li, Ha-ri가 된다. 이렇게 되면 '리'가 하나의 행정 구역 단위임을 이해하기 어렵기 때문에 발음상 괴리가 있더라도 모음 다음에 오는 'ㄹ'을 대표로 삼아 -ri로 고정한 것이다. '면(面)'의 경우에도 붙임표 앞뒤에서 음운 변화가 일어날 수 있는데 음운 변화가 일어나더라도 표기에 반영하지 않는다. '삼죽면'의 경우 발음은 [삼중면]이지만 '삼죽'과 '면'을 따로 적어 Samjuk-myeon으로 표기한다.

6) 자연 지물명, 문화재명, 인공 축조물명은 붙임표(-) 없이 붙여 쓴다.

남산, 한강 등의 자연 지물명이나 다보탑, 석굴암과 같은 문화재명의 경우 산, 강, 탑, 암과 같은 요소 앞에는 붙임표(-)를 붙이지 않는다. 남산, 한강, 다보탑, 석굴암 그 자체가 하나의 고유 명사이기 때문이다. 또, 행정 구역 단위는 그 목록이 확실히 정해져 있지만 자연 지물명이나 문화재명에서는 후행 요소가 어떤 것들인지 분명하지 않기 때문에 일률적으로 붙임표를 쓰지 않기로 한 것이다.

7) 인명, 회사명, 단체명 등은 그동안 써 온 표기를 쓸 수 있다.

인명, 회사명, 단체명은 그동안 써 온 표기를 바꾸기가 대단히 어려운 경우가 많다. 특히 세계적으로 알려진 기업의 경우 기업명을 바꾸는 것은 사실상 불가능에 가깝다. 따라서 인명, 회사명, 단체명 중에서 그동안 써 온 표기를 그대로 쓰고자 할 경우에는 이를 허용하였다. 다만, 이제 처음 표기를 시작하는 사람이나 회사, 단체는 표기법에 따를 것을 강력히 권장한다. 표기법에 따르지 않고 체계와 상관없이 표기할 경우에는 로마자 표기가 무엇인지 예측이 되지 않아 일일이 그 표기를 따로 기억해야 하므로 정보 검색 등에 매우 불리하다.

8) 학술 연구 논문 등 특수 분야에서 한글 복원을 전제로 표기할 경우에는 한글 표기를 대상으로 적는다.

이 때 글자 대응은 제2장을 따르되, 'ㄱ, ㄷ, ㅂ, ㄹ'은 g, d, b, l로만 적는다. 음가 없는 'ㅇ'은 붙임표(-)로 표기하되 어두에서는 생략하는 것을 원칙으로 한다. 기타 분절의 필요가 있을 때에도 붙임표(-)를 쓴다. 철저하게 한글 복원을 염두에 두고 로마자 표기를 해야 하는 경우가 종종 있다. 주로 언어학 학술 논문을 작성할 때나 전산 분야에서 그런 일이 있는데 대개 한국어 문장을 통째로 로마자로 적을 경우이다. 이런 경우에는 한글 맞춤법에 따라 적힌 대로 로마자 표기를 할 수밖에 없다. 그 경우에도 글자 배당은 표음법에 따른 표기를 그대로 사용한다. 다만, 'ㄱ, ㄷ, ㅂ, ㄹ' 네 글자만은 표음법에서 이미 각각 두 글자를 배당하고 있기 때문에 그 중에서 g, d, b, l을 전자법에서 사용하도록 하였다. 엄밀한 의미의 전자법에서는 음가 없는 'ㅇ'도 기호를 배당해야 하는데 붙임표(-)를 쓰도록 하였다. 다만, 단어 처음에서는 붙임표를 쓰지 않는 것을 원칙으로 한다. 또 '있습니다'의 경우 issseubnida가 되어 '잇씁니다'로 복원될 여지가 있으므로 '있'과 '습니다' 사이에 붙임표(-)를 쓸 수 있도록 하였다.

3. 주요 지명 표기의 예

(1) 행정 구역

가. 특별시, 광역시, 도

시 · 도	현 행	종 전
서울특별시	Seoul	Seoul
부산광역시	Busan	Pusan
대구광역시	Daegu	Taegu
광주광역시	Gwangju	Kwangju
인천광역시	Incheon	Inch'ŏn
대전광역시	Daejeon	Taejŏn
울산광역시	Ulsan	Ulsan
경기도	Gyeonggi-do	Kyŏnggi-do
강원도	Gangwon-do	Kang-won-do
충청북도	Chungcheongbuk-do	Ch'ungch'ŏngbuk-do
충청남도	Chungcheongnam-do	Ch'ungch'ŏngnam-do
전라북도	Jeollabuk-do	Chŏllabuk-do
전라남도	Jeollanam-do	Chŏllanam-do
경상북도	Gyeongsangbuk-do	Kyŏngsangbuk-do
경상남도	Gyeongsangnam-do	Kyŏngsangnam-do
제주도	Jeju-do	Cheju-do

나. 강원도의 시 · 군 · 구

시 · 도	시 · 군 · 구	현 행	종 전
강원	강릉시	Gangneung-si	Kangnŭng-shi
	동해시	Donghae-si	Tonghae-shi
	삼척시	Samcheok-si	Samch'ŏk-shi
	속초시	Sokcho-si	Sokch'o-shi
	원주시	Wonju-si	Wonju-shi
	춘천시	Chuncheon-si	Ch'unch'ŏn-shi
	태백시	Taebaek-si	T'aebaek-shi
	고성군	Goseong-gun	Kosŏng-gun
	양구군	Yanggu-gun	Yanggu-gun
	양양군	Yangyang-gun	Yang-yang-gun
	영월군	Yeongwol-gun	Yŏng-wol-gun
	인제군	Inje-gun	Inje-gun
	정선군	Jeongseon-gun	Chŏngsŏn-gun
	철원군	Cheorwon-gun	Ch'ŏrwon-gun
	평창군	Pyeongchang-gun	P'yŏngch'ang-gun
	홍천군	Hongcheon-gun	Hongch'ŏn-gun
	화천군	Hwacheon-gun	Hwach'ŏn-gun
	횡성군	Hoengseong-gun	Hoengsŏng-gun

다. 속초시, 고성군의 동

시·군·구	읍·면·동	현 행	종 전
속초시	교동	Gyo-dong	Kyo-dong
	금호동	Geumho-dong	Kŭmho-dong
	노학동	Nohak-dong	Nohak-dong
	대포동	Daepo-dong	Taep'o-dong
	도문동	Domun-dong	Tomun-dong
	동명동	Dongmyeong-dong	Tongmyŏng-dong
	설악동	Seorak-dong	Sŏrak-dong
	영랑동	Yeongnang-dong	Yŏngnang-dong
	장사동	Jangsa-dong	Changsa-dong
	조양동	Joyang-dong	Choyang-dong
	중앙동	Jungang-dong	Chung-ang-dong
	청학동	Cheonghak-dong	Ch'ŏnghak-dong
	청호동	Cheongho-dong	Ch'ŏngho-dong
고성군	간성읍	Ganseong-eup	Kansŏng-ŭp
	거진읍	Geojin-eup	Kŏjin-ŭp
	죽왕면	Jugwang-myeon	Chugwang-myŏn
	토성면	Toseong-myeon	T'osŏng-myŏn
	현내면	Hyeonnae-myeon	Hyŏnnae-myŏn

(2) 교통 관련 지명

가. 서울 지하철

노 선	역	현 행	종 전
서울1호선	청량리	Cheongnyangni	Ch'ŏngnyangni
	제기동	Jegi-dong	Chegi-dong
	신설동	Sinseol-dong	Shinsŏl-dong
	동대문	Dongdaemun	Tongdaemun
	종로5가	Jongno 5(o)-ga	Chongno 5-ga
	종로3가	Jongno 3(sam)-ga	Chongno 3-ga
	종각	Jonggak	Chonggak
	시청	City Hall	City Hall
	서울역	Seoul Station	Seoul Station
국철(경원선)	이촌	Ichon	Ich'on
	서빙고	Seobinggo	Sŏbinggo
	한남	Hannam	Hannam
	(단국대앞)	(Dankook Univ.)	(Dankook Univ.)
	옥수	Oksu	Oksu
	응봉	Eungbong	Ŭngbong
	왕십리	Wangsimni	Wangshimni
	청량리	Cheongnyangni	Ch'ŏngnyangni
	회기	Hoegi	Hoegi
	(경희대앞)	(KyungHee Univ.)	(KyungHee Univ.)

	외대앞	Hankuk Univ. of Foreign Studies	Hankuk Univ. of Foreign Studies
	신이문	Sinimun	Shinimun
	석계	Seokgye	Sŏkkye
	성북	Seongbuk	Sŏngbuk
	(광운대앞)	(Kwangwoon Univ.)	(Kwangwoon Univ.)
	월계	Wolgye	Wolgye
	녹천	Nokcheon	Nokch'ŏn
	창동	Chang-dong	Ch'ang-dong
	방학	Banghak	Panghak
	도봉	Dobong	Tobong
	도봉산	Dobongsan	Tobongsan
	망월사	Mangwolsa	Mang-wolsa
	(신흥대학)	(Shin Heung Coll.)	(Shin Heung Coll.)
	회룡	Hoeryong	Hoeryong
	의정부	Uijeongbu	Ŭijŏngbu
	의정부 북부	Uijeongbu bukbu	Ŭijŏngbu pukpu
국철(수원선)	서울	Seoul	Seoul
	남영	Namyeong	Namyŏng
	용산	Yongsan	Yongsan
	노량진	Noryangjin	Noryangjin
	대방	Daebang	Taebang
	신길	Singil	Shin-gil
	영등포	Yeongdeungpo	Yŏngdŭngp'o
	신도림	Sindorim	Shindorim
	구로	Guro	Kuro
	가리봉	Garibong	Karibong
	독산	Doksan	Toksan
	(하안동입구)	(Haan-dong)	(Haan-dong)
	시흥	Siheung	Shihŭng
	석수	Seoksu	Sŏksu
	관악	Gwanak	Kwanak
	안양	Anyang	Anyang
	명학 (성결대앞)	Myeonghak(Sungkyul Christian Univ.)	Myŏnghak(Sungkyul Christian Univ.)
	금정	Geumjeong	Kŭmjŏng
	군포	Gunpo	Kunp'o
	(한세대앞)	(Hansei Univ.)	(Hansei Univ.)
	부곡 (철도대학)	Bugok(Korea Railroad College)	Pugok (Korea Railroad College)
	성균관대	SungKyunKwan Univ.	SungKyunKwan Univ.
	화서	Hwaseo	Hwasŏ
	수원	Suwon	Suwon

국철(경인선)	구로	Guro	Kuro
	구일 (동양공전앞)	Guil(Dongyang Tech. Coll.)	Kuil(Dongyang Tech. Coll.)
	개봉	Gaebong	Kaebong
	오류동	Oryu-dong	Oryu-dong
	온수 (성공회대입구)	Onsu (Sungkonghoe Univ.)	Onsu (Sungkonghoe Univ.)
	역곡 (가톨릭대앞)	Yeokgok(Catholic Univ. of Korea)	Yŏkkok(Catholic Univ. of Korea)
	소사 (서울신대)	Sosa(Seoul Theological Univ.)	Sosa(Seoul Theological Univ.)
	부천 (부천대입구)	Bucheon (Bucheon Coll.)	Puch'ŏn (Bucheon Coll.)
	중동	Jung-dong	Chung-dong
	송내	Songnae	Songnae
	부개	Bugae	Pugae
	부평	Bupyeong	Pup'yŏng
	백운	Baegun	Paegun
	동암	Dongam	Tong-am
	간석	Ganseok	Kansŏk
	주안 (인하대학교)	Juan (Inha Univ.)	Chuan (Inha Univ.)
	쑥골	Ssukgol	Ssukkol
	제물포 (인천대앞)	Jemulpo (Univ. of Incheon)	Chemulp'o (Univ. of Inchon)
	도원	Dowon	Towon
	동인천	Dongincheon	Tong-inch'ŏn
	인천	Incheon	Inch'ŏn
서울2호선	시청	City Hall	City Hall
	충정로 (경기대입구)	Chungjeongno (Kyonggi Univ.)	Ch'ungjŏngno (Kyonggi Univ.)
	아현	Ahyeon	Ahyŏn
	이대	Ewha Womans Univ.	Ewha Womans Univ.
	신촌	Sinchon	Shinch'on
	홍대입구	Hongik Univ.	Hongik Univ.
	합정	Hapjeong	Hapchŏng
	당산	Dangsan	Tangsan
	영등포구청	Yeongdeungpo-gu Office	Yŏngdŭngp'o-gu Office
	문래	Mullae	Mullae
	신도림	Sindorim	Shindorim
	대림 (구로구청)	Daerim (Guro-gu Office)	Taerim (Kuro-gu Office)

구로공단	Gurogongdan	Kuro-gongdan
신대방	Sindaebang	Shindaebang
신림	Sillim	Shillim
봉천	Bongcheon	Pongch'ŏn
서울대입구 (관악구청)	Seoul Nat'l Univ. (Gwanak-gu Office)	Seoul Nat'l Univ. (Kwanak-gu Office)
낙성대	Nakseongdae	Naksŏngdae
사당	Sadang	Sadang
방배	Bangbae	Pangbae
서초	Seocho	Sŏch'o
교대	Seoul Nat'l Univ. of Education	Seoul Nat'l Univ. of Education
강남	Gangnam	Kangnam
역삼	Yeoksam	Yŏksam
선릉	Seolleung	Sŏllŭng
삼성	Samseong	Samsŏng
종합운동장	Sports Complex	Sports Complex
신천	Sincheon	Shinch'ŏn
잠실 (송파구청)	Jamsil (Songpa-gu Office)	Chamshil (Songp'a-gu Office)
성내	Seongnae	Sŏngnae
강변 (동서울터미널)	Gangbyeon (East Seoul Bus Terminal)	Kangbyŏn (East Seoul Bus Terminal)
구의 (광진구청)	Guui (Gwangjin-gu Office)	Kuŭi (Kwangjin-gu Office)
건대입구	Konkuk Univ.	Konkuk Univ.
성수	Seongsu	Sŏngsu
뚝섬	Ttukseom	Ttuksŏm
한양대	Hanyang Univ.	Hanyang Univ.
왕십리	Wangsimni	Wangshimni
상왕십리	Sangwangsimni	Sang-wangshimni
신당	Sindang	Shindang
동대문운동장	Dongdaemun Stadium	Tongdaemun Stadium
을지로4가	Euljiro 4(sa)-ga	Ŭlchiro 4-ga

나. 공항

시 · 도	공 항	현 행	종 전
서울	김포 국제공항	Gimpo Int'l Airport	Kimp'o Int'l Airport
대구	대구 국제공항	Daegu Int'l Airport	Taegu Int'l Airport
광주	광주 국제공항	Gwangju Int'l Airport	Kwangju Int'l Airport
울산	울산 공항	Ulsan Airport	Ulsan Airport
강원	강릉 공항 속초 공항 원주 공항	Gangneung Airport Sokcho Airport Wonju Airport	Kangnŭng Airport Sokch'o Airport Wonju Airport
충북	청주 국제공항	Cheongju Int'l Airport	Ch'ŏngju Int'l Airport
전북	군산 공항	Gunsan Airport	Kunsan Airport
전남	목포 공항 여수 공항	Mokpo Airport Yeosu Airport	Mokp'o Airport Yŏsu Airport
경북	예천 공항 포항 공항	Yecheon Airport Pohang Airport	Yech'ŏn Airport P'ohang Airport
경남	김해 국제공항 사천 공항 통영 공항	Gimhae Int'l Airport Sacheon Airport Tongyeong Airport	Kimhae Int'l Airport Sach'ŏn Airport T'ong-yŏng Airport
제주	제주 국제공항	Jeju Int'l Airport	Cheju Int'l Airport

(3) 명 소(고궁)

시 · 도	고 궁	현 행	종 전
서울	경복궁 경희궁 덕수궁 비원 운현궁 창경궁 창덕궁	Gyeongbokgung Gyeonghuigung Deoksugung Biwon Unhyeongung Changgyeonggung Changdeokgung	Kyŏngbokkung Kyŏnghigung Tŏksugung Piwon Unhyŏn-gung Ch'anggyŏnggung Ch'angdŏkkung

(4) 일반 용어

가. 식생활 용어

명 칭	현 행	종 전
갈비	galbi	kalbi
김치	gimchi	kimch'i
된장	doenjang	toenjang
떡	tteok	ttŏk
떡국	tteokguk	ttŏkkuk
막걸리	makgeolli	makkŏlli
소주	soju	soju
볶음밥	bokkeumbap	pokkŭmbap
불고기	bulgogi	pulgogi
비빔밥	bibimbap	pibimpap
삼계탕	samgyetang	samgyet'ang
설렁탕	seolleongtang	sŏllŏngt'ang
송편	songpyeon	songp'yŏn
식혜	sikhye	shik'ye
약식	yaksik	yakshik
한식	hansik	hanshik

나. 의생활 용어

명 칭	현 행	종 전
갓	gat	kat
댕기	daenggi	taenggi
두루마기	durumagi	turumagi
마고자	magoja	magoja
버선	beoseon	pŏsŏn
비녀	binyeo	pinyŏ
상투	sangtu	sangt'u
저고리	jeogori	chŏgori
한복	hanbok	hanbok

다. 명절과 풍습

명 칭	현 행	종 전
김장	gimjang	kimjang
단오	dano	tano
대보름	daeboreum	taeborŭm
돌	dol	tol
무당	mudang	mudang
백일	baegil	paegil
사주	saju	saju
삼신각	samsingak	samshin-gak
설날	seollal	sŏllal
솟대	sotdae	sottae
장승	jangseung	changsŭng
제사	jesa	chesa
족보	jokbo	chokpo
차례	charye	ch'arye
추석	chuseok	ch'usŏk
한가위	hangawi	han-gawi

(5) 역사 지명

국 가	현 행	종 전	기 간
고구려	Goguryeo	Koguryŏ	B.C. 37~668
백제	Baekje	Paekche	B.C. 18~660
신라	Silla	Shilla	B.C. 57~935
발해	Balhae	Palhae	698 ~ 926
고려	Goryeo	Koryŏ	918 ~ 1392
조선	Joseon	Chosŏn	1392 ~ 1910
대한민국	Daehanminguk	Taehanmin-guk	1948 ~

(6) 경동대학교 주소

San91-1, Bongpo-ri, Toseong-myeon, Goseong-gun, Gangwon-do, Korea
(대한민국 강원도 고성군 토성면 봉포리 산91-1)

한국인의 계촌법과 명칭

이 만 식

우리 겨레는 예로부터 타민족보다 단일민족임을 자랑스럽게 여겨왔다. 이는 혈연을 바탕으로 한 의식이다. 가통(家統)을 중요시하는 가문정신의 긍지는, 크게는 한 핏줄의 민족임을 자각하는 동족의식의 출발점이기도 하며, 작게는 본관(本貫 또는 本鄕)을 중심으로 일가(一家)의 정을 나누는 기틀이 되기도 한다. 그리하여 세계 문화인류학사에 빛나는 족보(族譜) 문화를 일찍이 성립시켜 왔다. 한편, 이러한 가문 인식체계는 과학적인 계촌법(또는 寸禮法)을 창출하였고 다른 언어에서도 보기 드문 친척명칭(親戚名稱) 언어를 발달시켰다.

훔볼트(W. v. Humboldt)는, 민족성은 언어구조 속에 반영되므로 한 나라의 언어는 특정한 민족정신의 발산이며, 그 민족이 세계를 바라보는 고유하고도 독자적인 세계관의 표현이라고 하였다. 이러한 관점에서 볼 때 한국의 가족체계는 가문의 유대와 질서 그리고 자애(慈愛)의 정신이 담긴 친족 명칭어를 발달시켰다 볼 수 있다.

점차 농경중심 사회에서 산업사회로, 대가족 사회에서 핵가족 사회로, 산아제한 가족계획 및 의식의 서구화로 인하여 이제는 가문의 대동성(大同性)이 예전과 같지 아니한 환경이지만, 일가나 친척의 교류마저 끊어지는 것은 실로 안타까운 일이 아닐 수 없다. 가문정신과 숭조사상(崇祖思想)은 낡은 유물이 아니라 현대사회에서 새롭게 인식하고 해석하여야 할 값진 전통이다. 효(孝)・경(敬)・예(禮)・상부상조(相扶相助)의 바탕이 가문에서부터 그 뿌리가 길러지고, 삼가고 심신을 돈독히 하여 명예를 지키고자 하는 데도 또한 여기에서 싹이 튼다 할 것이다.

이 장에서, 우리의 계촌법과 호칭・지칭어에 관하여 살펴보고자 하는 것은 이러한 의미에서이며, 친척 간에 바른 우리말의 예절을 지니고자 함이다.

(1) 친척의 의미와 촌수

일반적으로 친척(親戚)이라 함은, 아버지를 중심으로 한 친족(親族)과 어머니와 처를 중심으로 한 척족(戚族)을 일컫는 말이다. 곧 혈연과 혼인을 기초로 한 인간관계이다. 법률상(민법 제777조)으로는 친족의 범위를 8촌 이내의 부계혈족(친족 또는 종족), 4촌 이내의 모계혈족(외족), 배우자와 처의 부모(인척(姻戚)), 그리고 남편의 8촌 이내의 부계혈족과 4촌 이내의 모계혈족으로 규정하고 있다.

그런데, 모든 친족의 관계는 직계친(直系親)과 방계친(傍系親), 존속친(尊屬親)과 비속친(卑屬親)으로 구분된다. 부모, 자녀, 손자 등과 같이 혈통이 직상직하(直上直下)로 연결되면 직계친이며, 형제자매, 백숙부, 종형제자매, 조카 등과 같이 혈통이 공동시조에 의하여 갈라져서 연결되면 방계친이라 한다. 항렬(行列)에 따라서는 부모 및 부모와 같은 항렬 이상에 속하면 존속친, 자녀 및 자녀와 같은 항렬 이하에 속하면 비속친이라 한다. 그러므로 흔히 직계존비속이라 함은 조부모, 부모, 자녀, 손자를 일컫는 것이다.

촌수(寸數)는 자기와 친척간의 관계를 수(數)로 나타낸 것이다. 숫자가 적을수록 가까운 사이임을 나타낸다.

부부지간은 무촌(無寸)인데, 이는 타인끼리 만나 가장 가까운 일심동체를 이룬 존재이기도 하면서, 정이 멀어지면 남남이 될 수 있다는 교훈이 담겨져 있는 듯 싶다. 부자지간은 1촌이며 형제지간은 2촌이다. 조손지간(祖孫之間)도 2촌인데 직계에서는 계촌하지 아니하므로 존속의 경우 '대(代)'라 하고, 비속의 경우 '세(世)'라 한다. 예를 들어 할아버지는 나의 2대조(二代祖), 증조는 3대조(三代祖)가 되며, 나는 할아버지의 3세손(三世孫), 증조의 4세손(四世孫)이 된다. 흔히 '저는 ○○파 23대손입니다'라고 말하는 것은 잘못 말한 것으로 나는 ○○파의 비속이므로 '-세손'으로 고쳐야 옳다. 이를테면 고조할아버지는 나의 4대조 할아버지가 되고, 나는 고조할아버지의 5세손이 되는 것이다.

촌수를 따지는 방법은 직계존속의 공동시조까지 거슬러 올라가면서 1대마다 1촌씩 더한 수에 대상자까지 내려오면서 1세(世)마다 1촌(寸)식 더한 수를 합한다. 예를 들어 당숙의 손자라면 '아버지-조부-증조부(공동시조)-종조부-당숙-당숙의 아들(재종형제)-당숙의 손자(재종 조카)'에 이르기까지 모두 7단계를 거치므로 7촌이 된다.

치촌(置寸)에 있어서 4~5촌은 종(從), 6~7촌은 재종(再從), 8~9촌은 삼종(三從)관계인데 내용은 다음의 계촌법의 도표를 참고하기 바란다.

(2) 친척 간의 위계와 호칭, 지칭어

친척은 예로부터 당내간(堂內間)이라 하여 한 집안 식구로서 고락을 같이하였다. 죽은 후에도 유복지친(有服之親)이라 하여 상복을 입는 각별한 인간관계를 지닌다.

이러한 친척간의 위계는 윗세대는 부모를 대하듯 공경하며 아랫세대는 자식과 동일하게 아끼고 사랑하였다. 동등세대는 짝수 촌수(4촌 형제, 6촌 형제, 8촌 형제 등)이며, 윗세대나 아랫세대는 홀수 촌수(삼촌, 오촌 아저씨, 칠촌 아저씨 등)가 된다.

친척 이외 일가(一家)의 경우는 세대의 높낮이를 기준으로 대접하되, 나이도 고려하여 아랫세대라 하더라도 나이가 자신보다 많으면 나이로 대접하는 예(禮)가 있었다.

여기서는, 호칭(내가 상대를 부를 때)과 지칭(다른 이에게 말할 때)에서 잘못을 범하기 쉬운 것을 중심으로 살펴보고자 한다.

① 할아버지 형제(종조부)는 차례에 따라 '큰할아버지' '작은할아버지'라 부른다. 할머니도 이와 같다.

② 아버지 형제도 차례에 따라 '큰아버지' '둘째 큰아버지' '작은아버지'라 부른다. 흔히 아버지의 동생을 '삼촌'이라 하는데 이는 호칭이 아닌 촌수관계에 대한 명칭이다. 그러므로 당연히 '작은아버지'라야 하고, 현실 호칭을 인정하더라도 미혼인 경우에만 '삼촌'이라 불러야 할 것이다.

③ 부모는 어릴 때 '엄마' '아빠'라 부르지만, 성인이 된 후에는 '어머니' '아버지'라 불러야 하며, 격식을 갖출 때는 '어머님' '아버님'으로 불러야 한다. 내가 남에게 아버지를 칭할 때는 '저의 아버지'또는 '가친(家親)' '엄친(嚴親)' 이라 하지만, 남의 아버지를 그 자녀에게 말하는 경우에는 '춘부장(春府丈)' '춘당(春堂)' '어르신네'가 된다. 돌아가신 나의 아버지는 '선친(先親)' '선고(先考)', 돌아가신 남의 아버지는 '선부장(先府丈)' '선대인(先大人)' 등으로 일컫는다. 나의 어머니는 '모친(母親)' '자친(慈親)', 돌아가셨으면 '선자(先慈)' '선비(先妣)' 등이라 하고, 남의 어머니는 '자당(慈堂)' '대부인(大夫人)', 돌아가셨으면 '선대부인(先大夫人)'이라 일컫는다.

압존법에 있어서 '할아버지, 애비 옵니다'라고 말하는 것이 예로부터 호칭 예절이나 오늘날 그리 쓰이지 아니하므로 '애비'는 '아버지', '어미'는 '어머니' 정도로 하여도 무방할 것이다.

④ 아버지의 4촌 형제(종백숙부 또는 당숙)는 '아저씨', 그 배우자는 '아주머니'라 부른다. 아버지 세대의 어른에 대한 호칭은 모두 이와 같다. 남에게 말할 때는 '당숙' '당숙모'라고 한다.

⑤ 동일 호칭에 대하여 대상이 여럿일 때는 대체로 대상을 분명히 하기 위하여 살고 있는 마을의 이름(택호)을 붙여 '포천 아저씨', '상계동 할아버지' 등과 같이 말하기도 한다.

⑥ 요즘 주부들이 시댁 남편의 아우를 '삼촌'이라 부르는 경우가 있는데, 이는 자녀들에게 잘못된 언어 습관을 가르치는 격이다. 미혼자는 '도련님', 기혼자는 '서방님'이라 부르는 것이 마땅하다 남편의 형인 경우는 '아주버님'이 된다. 남편의 누이를 '고모'라고 부르는 것도 잘못이다. 남편의 여동생은 '아가씨', 누나인 경우는 '형님'이 바른 호칭이다. 아울러 남편의 형의 아내는 '형님', 남편의 아우의 아내는 '동서'라고 부른다.

시부모 앞에서 남편을 지칭할 때 '그이' 또는 '아빠'라고 말하는 것은 교양 없는 말씨이다. '아비' '아범' 또는 '아가씨 오빠' '도련님 형'이라 하여야 한다.

타인에게 남편을 지칭할 때도 '우리 아빠' '저희 남편'이라 하는 것은 실로 어처구니없는 지칭이다. 마땅히 '애 아빠' '제 남편' '바깥양반'이라야 할 것이다. 아내를 지칭할 때도 이에 준하면 된다.

참고로 남의 남편을 지칭할 때는 '댁의 남편'이 아닌 '댁의 부군(夫君)'으로 해야 예를 갖추는 것이며, 남의 아내를 지칭할 때는 스승의 부인이 아닌 다음에야 '사모님'이 아닌 '부인(夫人)' '여사(-님)'가 바른 말이다.

⑦ 형제의 아내는 남자의 경우 '형수님' '형수(-씨)' '제수씨'라 부르고 누나의 남편은 '자형', 누이동생의 남편은 나이가 많더라도 우애하고 '자네' '김서방'이니 한다.

여자의 경우, 오빠와 동생의 아내는 '올케'인데 손위는 '언니(새-)', 손아래는 '올케' '누구 엄마'라 부른다. 자매의 남편은 '형부', '제부'인데 호칭도 이와 같고 동생의 남편인 경우는 '제부' 외에 '○서방'이라 불러도 된다. 자매의 남편끼리는 동서(同壻)간인데 자매의 서열에 관계없이 나이에 따라 예를 갖춘다.

⑧ 아내의 남자 형제와는 '처남·매부'간인데, 손위 처남의 경우 자신보다 나이가 많을 때 '형님'이라 할 수도 있지만 '처남'이라 부르는 것이 일반적이다. 대체로 나이차이가 10년 이내인 손위 처남이나 동서, 기타 아내의 동등 세대는 서로가 사회적 사귐으로 허물없이 우애롭게 지낸다.

아내의 자매는 '처형, 처제'이다. 요즘 허물없이 처가 식구를 대한다 하여 처제에게 낮춤말을 쓰는 경우가 허다한데 이는 경박스러운 일이며 나이에 관계없이 처제는 예를 갖추어 말하는 것이 옳다

⑨ 장인과 사위는 옹서간(翁壻間)이라고 하며 아내의 아버지를 '장인 어른', 아내의 어머니를 '장모님'이라 부른다. 요즘 들어 장인·장모를 '아버님', '어머님'이라 부르는데 이는 원래 친가부모의 호칭이지 처가의 호칭이 아니다.

⑩ 어머니의 형제는 '외숙부님' 또는 '외삼촌'이라 부르며 '외아저씨' '외아주머니'라고도 한다. 외가의 호칭은 대체로 근친의 호칭에다 '외-'자를 붙여서 말한다. 참고로 아버지의 외가(外家)는 진외가(陣外家)라 하고, 어머니의 외가는 외외가(外外家)라 하는데 부를 때는 '진외-', '외외-'자를 붙이면 된다.

⑪ 사돈 사이에서 남자끼리는 대체로 10년 이내의 나이 차이면 벗으로 여기기도 하였으나 근래에는 드물어 '사돈(-어른)'으로 극진하게 예우한다. 남자 사돈이 여자 사돈에게는 '사부인'이라 하고 여자끼리는 '사돈', '사부인', 여자 사돈이 남자 사돈에게는 '사돈어른'이라 부른다. 윗세대의 경우는 '사장어른', '안사장어른'이라 호칭하며, 아랫세대인 경우는 '사돈', '사돈도령', '사돈총각', '사돈아가씨'라고 부른다.

이밖에 장유유서(長幼有序)의 예법과 겸양의 태도를 갖추어 말해야 하는 경우가 있다. 예를 갖추어야 할 사람이나 남의 집안 어른의 이름을 물을 때, 살아 계신 분은 "함자가 무엇입니까?"라 묻고, 돌아가신 분은 "휘자(諱字)는 무엇입니까?"라고 해야 한다. 또 어른의 이름을 함부로 부르지 않는 관습이 있어서, 아버지나 할아버지의 이름을 말할 때 가령 "꽃부리 영(英)자 심을 식(植)자입니다"라고 하거나 "영자 식자입니다"라고 말해야 예의에 벗어나지 않는다.

자기의 성(姓)을 소개할 때는 겸양의 뜻으로 '이가(李哥)'니 '김가(金哥)'니 하고, 남의 성은 '이씨(李氏)'니 '김씨(金氏)'니 한다. 그러나, 자신의 가문 전체를 일컬을 때는 '이씨문중'이니 '김씨문중'이니 하는 것이 바람직하다.

계촌법(系寸法)

친족간(직계 · 방계)의 계촌도

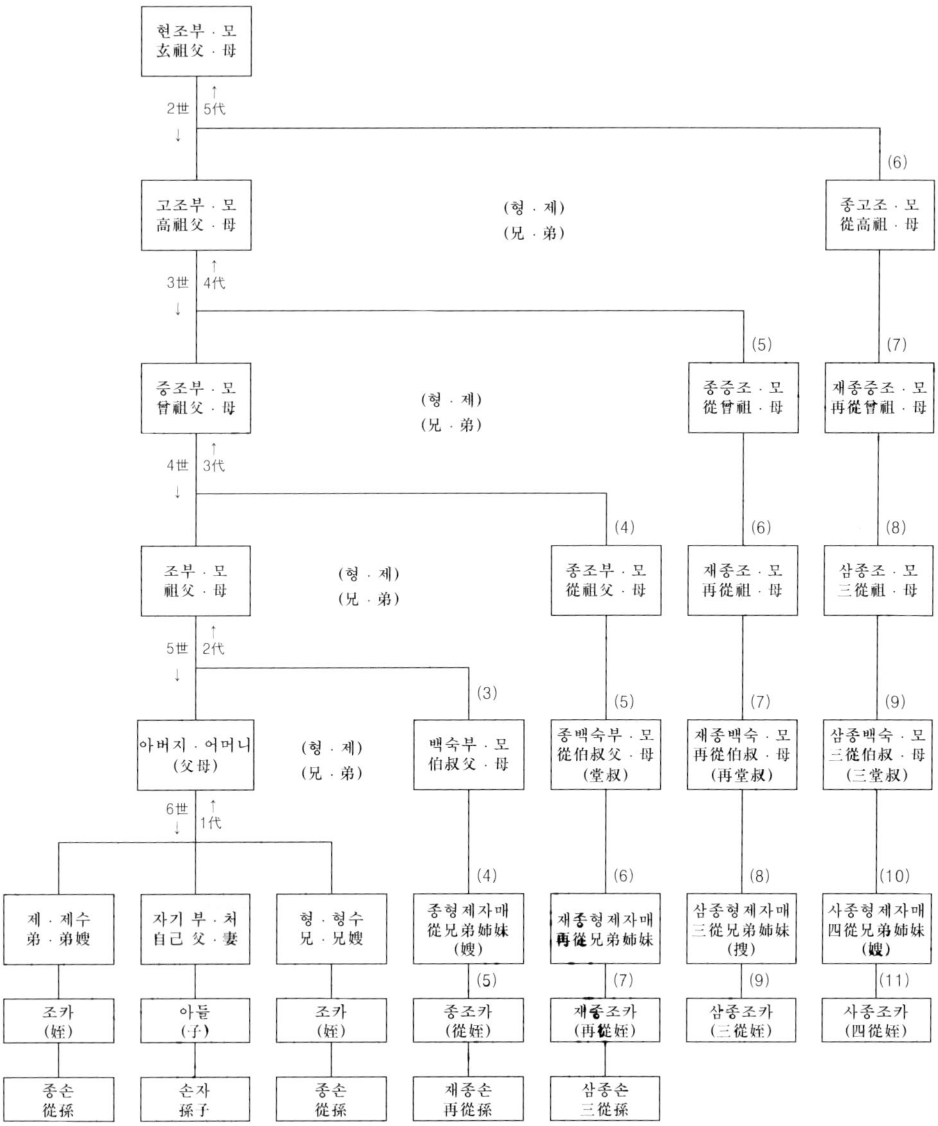

내종(內從)간의 계촌도

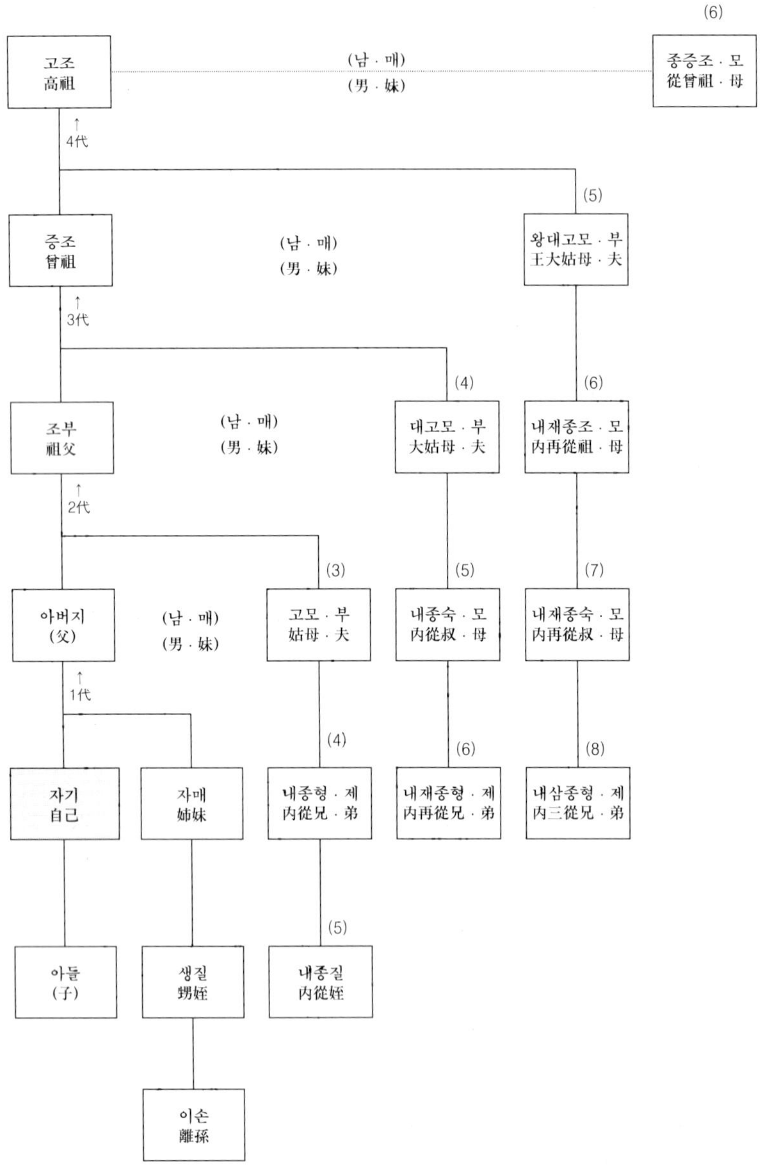
고조
高祖
(남 · 매)
(男 · 妹)
(6)
종증조 · 모
從曾祖 · 母
4代
(5)
증조
曾祖
(남 · 매)
(男 · 妹)
왕대고모 · 부
王大姑母 · 夫
3代
(4)
(6)
조부
祖父
(남 · 매)
(男 · 妹)
대고모 · 부
大姑母 · 夫
내재종조 · 모
內再從祖 · 母
2代
(3)
(5)
(7)
아버지
(父)
(남 · 매)
(男 · 妹)
고모 · 부
姑母 · 夫
내종숙 · 모
內從叔 · 母
내재종숙 · 모
內再從叔 · 母
1代
(4)
(6)
(8)
자기
自己
자매
姉妹
내종형 · 제
內從兄 · 弟
내재종형 · 제
內再從兄 · 弟
내삼종형 · 제
內三從兄 · 弟
(5)
아들
(子)
생질
甥姪
내종질
內從姪
이손
離孫

외종(外從)간의 계촌도

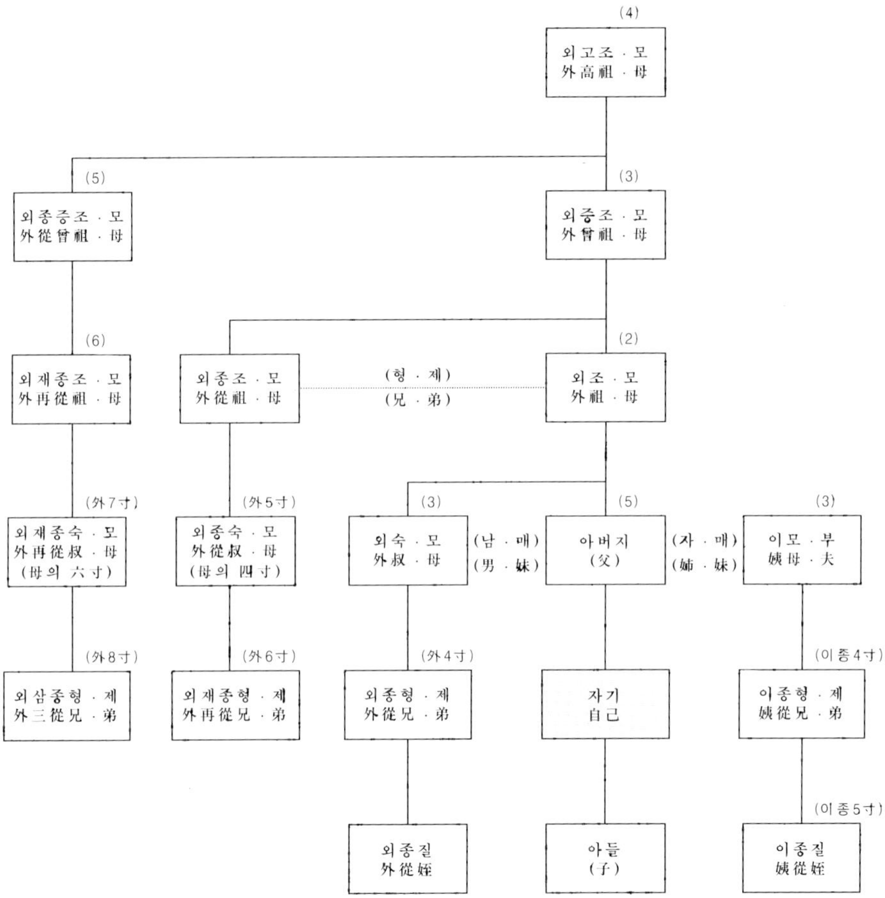
(4)
외고조 · 모
外高祖 · 母
(5)
외종증조 · 모
外從曾祖 · 母
(3)
외증조 · 모
外曾祖 · 母
(6)
외재종조 · 모
外再從祖 · 母
외종조 · 모
外從祖 · 母
(형 · 제)
(兄 · 弟)
(2)
외조 · 모
外祖 · 母
(外7寸)
외재종숙 · 모
外再從叔 · 母
(母의 六寸)
(外5寸)
외종숙 · 모
外從叔 · 母
(母의 四寸)
(3)
외숙 · 모
外叔 · 母
(남 · 매)
(男 · 妹)
(5)
아버지
(父)
(자 · 매)
(姉 · 妹)
(3)
이모 · 부
姨母 · 夫
(外8寸)
외삼종형 · 제
外三從兄 · 弟
(外6寸)
외재종형 · 제
外再從兄 · 弟
(外4寸)
외종형 · 제
外從兄 · 弟
자기
自己
(이종4寸)
이종형 · 제
姨從兄 · 弟
외종질
外從姪
아들
(子)
(이종5寸)
이종질
姨從姪

글쓰기와 말하기를 어떻게 할 것인가

2007년 3월 5일 초판 1쇄 발행
2021년 2월 25일 개정11쇄 발행

저 자 이만식 · 김용경
펴낸이 임 순 재

펴낸곳 **(주)한올출판사**
등 록 제11-403호
주 소 서울시 마포구 모래내로 83(성산동, 한올빌딩 3층)
전 화 (02) 376-4298 (대표)
FAX (02) 302-8073
홈페이지 www.hanol.co.kr
e-mail hanol@hanol.co.kr
정 가 18,000원

ISBN 978-89-8325-956-1